21世纪全国高等院校财经管理系列实用规划教材·财务会计系列

信息化会计实务

杜天宇 田凤彩 主编

北京大学出版社
PEKING UNIVERSITY PRESS

内 容 简 介

本书围绕用友 T3 标准版，系统地介绍了信息化会计的初始化和日常业务处理。本书主要内容包括用友 T3 与系统管理、总账业务初始化、总账日常业务、购销存核算、工资管理、固定资产管理、现金管理、期末业务和会计报表处理等。本书每章配有相应的业务实训，各章的业务实训合在一起，从整体上看，是一个特定企业会计业务的简化案例。整本书结合案例编写，章节顺序按会计实际工作的进程安排，从建账开始，经原始凭证、记账凭证处理、账簿处理、期末转账，最后输出会计报表。另外，每章附有相对应的业务实训及完成业务实训过程中常见错误问题和解决问题的基本思路，并结合每章的难点和关键点，设置了思考题。

本书适合高等院校会计信息化课程教学和专业培训使用，也可作为会计工作者和相关人员的业务参考书使用。

图书在版编目（CIP）数据

信息化会计实务/杜天宇，田凤彩主编. —北京：北京大学出版社，2014.9
（21世纪全国高等院校财经管理系列实用规划教材·财务会计系列）
ISBN 978-7-301-24730-3

Ⅰ. ①信… Ⅱ. ①杜…②田… Ⅲ. ①会计电算化—高等学校—教材 Ⅳ. ①F232

中国版本图书馆 CIP 数据核字（2014）第 199010 号

书　　　　名：	**信息化会计实务**
著作责任者：	杜天宇　田凤彩　主编
策 划 编 辑：	王显超
责 任 编 辑：	王显超
标 准 书 号：	ISBN 978-7-301-24730-3/C·1039
出 版 发 行：	北京大学出版社
地　　　　址：	北京市海淀区成府路 205 号　100871
网　　　　址：	http://www.pup.cn　新浪官方微博:@北京大学出版社
电 子 信 箱：	pup_6@163.com
电　　　　话：	邮购部 62752015　发行部 62750672　编辑部 62750667　出版部 62754962
印 　刷 　者：	三河市博文印刷有限公司
经 　销 　者：	新华书店
	787 毫米×1092 毫米　16 开本　17.25 印张　396 千字
	2014 年 9 月第 1 版　2014 年 9 月第 1 次印刷
定　　　　价：	35.00 元

未经许可，不得以任何方式复制或抄袭本书之部分或全部内容。

版权所有，侵权必究

举报电话：010-62752024　电子信箱：fd@pup.pku.edu.cn

21世纪全国高等院校财经管理系列实用规划教材
专家编审委员会

主 任 委 员　刘诗白

副主任委员　（按拼音排序）

　　　　　　韩传模　　　　李全喜　　　　王宗萍
　　　　　　颜爱民　　　　曾　旗　　　　朱廷珺

顾　　　问　（按拼音排序）

　　　　　　高俊山　　　　郭复初　　　　胡运权
　　　　　　万后芬　　　　张　强

委　　　员　（按拼音排序）

　　　　　　程春梅　　　　邓德胜　　　　范　徵
　　　　　　冯根尧　　　　冯雷鸣　　　　黄解宇
　　　　　　李柏生　　　　李定珍　　　　李相合
　　　　　　李小红　　　　刘志超　　　　沈爱华
　　　　　　王富华　　　　吴宝华　　　　张淑敏
　　　　　　赵邦宏　　　　赵　宏　　　　赵秀玲

法 律 顾 问　杨士富

丛 书 序

我国越来越多的高等院校设置了经济管理类学科专业，这是一个包括理论经济学、应用经济学、管理科学与工程、工商管理、公共管理、农林经济管理、图书馆、情报与档案管理 7 个一级学科门类和 31 个专业的庞大学科体系。2006 年教育部的数据表明，在全国普通高校中，经济类专业布点 1518 个，管理类专业布点 4328 个。其中除少量院校设置的经济管理专业偏重理论教学外，绝大部分属于应用型专业。经济管理类应用型专业主要着眼于培养社会主义国民经济发展所需要的德智体全面发展的高素质专门人才，要求既具有比较扎实的理论功底和良好的发展后劲，又具有较强的职业技能，并且又要求具有较好的创新精神和实践能力。

在当前开拓新型工业化道路，推进全面小康社会建设的新时期，进一步加强经济管理人才的培养，注重经济理论的系统化学习，特别是现代财经管理理论的学习，提高学生的专业理论素质和应用实践能力，培养出一大批高水平、高素质的经济管理人才，越来越成为提升我国经济竞争力、保证国民经济持续健康发展的重要前提。这就要求高等财经教育要更加注重依据国内外社会经济条件的变化，适时变革和调整教育目标和教学内容；要求经济管理学科专业更加注重应用、注重实践、注重规范、注重国际交流；要求经济管理学科专业与其他学科专业相互交融与协调发展；要求高等财经教育培养的人才具有更加丰富的社会知识和较强的人文素质及创新精神。要完成上述任务，各所高等院校需要进行深入的教学改革和创新，特别是要搞好有较高质量的教材的编写和创新工作。

出版社的领导和编辑通过对国内大学经济管理学科教材实际情况的调研，在与众多专家学者讨论的基础上，决定编写和出版一套面向经济管理学科专业的应用型系列教材，这是一项有利于促进高校教学改革发展的重要措施。

本系列教材是按照高等学校经济类和管理类学科本科专业规范、培养方案，以及课程教学大纲的要求，合理定位，由长期在教学第一线从事教学工作的教师编写，立足于 21 世纪经济管理类学科发展的需要，深入分析经济管理类专业本科学生现状及存在的问题，探索经济管理类专业本科学生综合素质培养的途径，以科学性、先进性、系统性和实用性为目标，其编写的特色主要体现在以下几个方面：

（1）关注经济管理学科发展的大背景，拓宽理论基础和专业知识，着眼于增强教学内容与实际的联系和应用性，突出创造能力和创新意识。

（2）体系完整、严密。系列涵盖经济类、管理类相关专业以及与经管相关的部分法律类课程，并把握相关课程之间的关系，整个系列丛书形成一套完整、严密的知识结构体系。

（3）内容新颖。借鉴国外最新的教材，融会当前有关经济管理学科的最新理论和实践经验，用最新知识充实教材内容。

（4）合作交流的成果。本系列教材是由全国上百所高校教师共同编写而成，在相互进行学术交流、经验借鉴、取长补短、集思广益的基础上，形成编写大纲。最终融合了各地特点，具有较强的适应性。

（5）案例教学。教材融入了大量案例研究分析内容，让学生在学习过程中理论联系实际，特别列举了我国经济管理工作中的大量实际案例，这可大大增强学生的实际操作能力。

（6）注重能力培养。力求做到不断强化自我学习能力、思维能力、创造性解决问题的能力以及不断自我更新知识的能力，促进学生向着富有鲜明个性的方向发展。

作为高要求，经济管理类教材应在基本理论上做到以马克思主义为指导，结合我国财经工作的新实践，充分汲取中华民族优秀文化和西方科学管理思想，形成具有中国特色的创新教材。这一目标不可能一蹴而就，需要作者通过长期艰苦的学术劳动和不断地进行教材内容的更新才能达成。我希望这一系列教材的编写，将是我国拥有较高质量的高校财经管理学科应用型教材建设工程的新尝试和新起点。

我要感谢参加本系列教材编写和审稿的各位老师所付出的大量卓有成效的辛勤劳动。由于编写时间紧、相互协调难度大等原因，本系列教材肯定还存在一些不足和错漏。我相信，在各位老师的关心和帮助下，本系列教材一定能不断地改进和完善，并在我国大学经济管理类学科专业的教学改革和课程体系建设中起到应有的促进作用。

刘诗白
2007 年 8 月

刘诗白 现任西南财经大学名誉校长、教授，博士生导师，四川省社会科学联合会主席，《经济学家》杂志主编，全国高等财经院校《资本论》研究会会长，学术团体"新知研究院"院长。

前　言

　　高等教育中，会计及相关专业教学始终面临着面向实际，缩小课堂理论教学和实际工作需求差距的问题。基础会计、财务会计等课程，各章节的内容相对独立，介绍的理论、方法，倾向于多数企业通用性，所做的作业和实验之间，缺乏实际工作中的关联性，无法结合具体企业系统介绍会计业务，这样就使学生难以系统、准确地理解和掌握其中所介绍的理论和方法，从而，忽略实际工作中会计数据之间的关系，难以意识到会计数据只有放在特定的企业环境中才具有现实意义。为了弥补财务会计教学的不足，本课程采用具体企业会计业务案例教学，以缩小教学和会计实际工作的差距。本书案例、章节内容完全以此为目标编写。

　　本书各章配有相应的业务案例，全书各章的业务实训合在一起，从整体上看，是一个特定企业会计业务（为期一个月）的简化案例。本书的主要内容结合业务案例编写，章节顺序按会计实际工作的进程安排，从建账开始，经原始凭证、记账凭证处理、账簿处理、期末转账，最后输出会计报表。

　　为便于大家学习，本书每章附有业务实训过程中常见错误和问题，及其解决问题的基本思路，并结合本章难点和关键点，设置了思考题。

　　本书在介绍财务软件应用基础上，突出强化会计案例业务的完整性、系统性和实践性；期望学员通过业务实训，获得实际会计工作的初步体验，一定程度上感受会计实际工作中可能遇到的问题，并借此培养学员应对实际问题的思路。

　　我们根据多年的教学实践及毕业生的反馈，认为会计软件应用课程和教材，应该侧重于会计实际工作能力的培养和训练，我们的观点通过教学实践也得到进一步的验证。但由于我们现用教材软件版本相对较老，所以，我们这次以较新软件版本（用友 T3 版）重新编写了本书。

　　本书由杜天宇负责全书的总体规划和总纂，田凤彩负责全书的业务实训案例的整体规划和总纂。各章具体分工：杜天宇编写第 3、8 章；田凤彩编写第 4 章；周心编写第 5、9 章；蔡洁编写第 6、7 章；杜昌道编写第 1、2 章。

　　关于财务软件，我们选择了用友 T3 标准版。

　　由于水平有限，书中难免有许多纰漏之处，望批评指正。

　　意见和建议请发邮箱 4880662@163.com

编　者
2014 年 7 月

目 录

第 1 章 用友 T3 与系统管理 ………… 1

1.1 用友 T3 的基本构架 ………… 1
 1.1.1 用友 T3 系统结构 ………… 1
 1.1.2 用友 T3 系统功能简介 ………… 1
1.2 账套管理 ………… 4
 1.2.1 系统管理登录 ………… 4
 1.2.2 建立账套 ………… 5
 1.2.3 编码方案与数据精度 ………… 10
 1.2.4 账套修改 ………… 12
1.3 系统管理中的其他操作 ………… 12
 1.3.1 操作员管理 ………… 12
 1.3.2 账套数据备份和恢复 ………… 15
 1.3.3 年度账管理 ………… 16
 1.3.4 视图管理 ………… 17
本章小结 ………… 18
业务实训 1 系统管理 ………… 19

第 2 章 总账业务初始化 ………… 21

2.1 基础档案设置 ………… 21
 2.1.1 企业部门档案管理 ………… 21
 2.1.2 职员档案管理 ………… 24
 2.1.3 客户档案管理 ………… 25
2.2 会计科目设置 ………… 29
 2.2.1 外币核算设置 ………… 29
 2.2.2 会计科目设置 ………… 30
2.3 项目档案管理、凭证类别和结算方式 ………… 33
 2.3.1 项目档案管理 ………… 33
 2.3.2 企业凭证分类 ………… 38
 2.3.3 银行结算方式设置 ………… 39
 2.3.4 常用摘要设置 ………… 40
2.4 账务处理中的其他初始化 ………… 41
 2.4.1 期初余额录入 ………… 41
 2.4.2 账套参数设置 ………… 42
 2.4.3 常用会计凭证设置 ………… 43
本章小结 ………… 45
业务实训 2 账务处理初始化 ………… 45

第 3 章 总账日常业务 ………… 59

3.1 记账凭证填制 ………… 59
 3.1.1 记账凭证填制的基本操作 ………… 59
 3.1.2 有辅助信息的记账凭证填制 ………… 61
 3.1.3 凭证填制注意事项 ………… 63
3.2 记账凭证修改及审核 ………… 65
 3.2.1 记账凭证修改 ………… 65
 3.2.2 查看其他凭证信息 ………… 68
 3.2.3 记账凭证删除 ………… 69
 3.2.4 记账凭证审核 ………… 70
 3.2.5 出纳签字 ………… 72
3.3 记账凭证查询及记账 ………… 73
 3.3.1 记账凭证查询 ………… 73
 3.3.2 记账凭证打印 ………… 73
 3.3.3 科目汇总 ………… 74
 3.3.4 记账 ………… 75
3.4 会计账簿查询 ………… 76
 3.4.1 会计基本账簿查询 ………… 76
 3.4.2 辅助核算账簿查询 ………… 83
本章小结 ………… 87
业务实训 3 总账日常账务 ………… 88

第 4 章 购销存核算 ………… 92

4.1 购销存核算初始化 ………… 92
 4.1.1 购销存基础设置 ………… 92
 4.1.2 购销存核算科目设置 ………… 98
 4.1.3 期初余额处理 ………… 101
4.2 采购核算日常业务 ………… 102
 4.2.1 采购管理系统功能概述 ………… 103
 4.2.2 采购发票处理 ………… 104

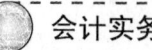

		4.2.3	供应商往来业务	106
		4.2.4	材料库存管理	108
	4.3	销售核算日常业务		112
		4.3.1	销售发票处理	113
		4.3.2	其他应收单、收款单单据处理	114
		4.3.3	产成品库存业务核算	115
		4.3.4	购销存业务的逆向处理	117
		4.3.5	购销存核算月末处理	119
	本章小结			121
	业务实训 4	购销存核算		121

第 5 章 工资管理 132

	5.1	工资管理基础		132
		5.1.1	工资管理子系统的主要功能	132
		5.1.2	工资管理和其他子系统的关系	133
		5.1.3	工资管理子系统的操作流程	133
		5.1.4	新建工资环境	134
		5.1.5	建立工资类别	137
	5.2	工资管理初始化		139
		5.2.1	基础设置	139
		5.2.2	人员档案处理	142
		5.2.3	工资项目设置	145
		5.2.4	工资费用分摊设置	148
	5.3	日常工资业务		150
		5.3.1	工资数据处理	150
		5.3.2	工资表输出	153
		5.3.3	工资费用分摊	154
		5.3.4	其他业务	157
	本章小结			160
	业务实训 5	工资管理		161

第 6 章 固定资产管理 168

	6.1	固定资产应用基础		168
		6.1.1	固定资产子系统概述	168
		6.1.2	固定资产子系统账套参数设置	170

	6.2	固定资产初始化		174
		6.2.1	固定资产子系统基本初始设置	174
		6.2.2	固定资产卡片设置及期初余额录入	180
	6.3	固定资产日常业务		183
		6.3.1	固定资产卡片处理	183
		6.3.2	折旧处理	186
		6.3.3	记账凭证管理	188
		6.3.4	固定资产日常主要业务的逆向处理	190
		6.3.5	其他业务处理	191
	本章小结			193
	业务实训 6	固定资产管理		193

第 7 章 现金管理 197

	7.1	日记账及相关业务		197
		7.1.1	日记账查询	197
		7.1.2	日记账打印	199
		7.1.3	资金日报	200
		7.1.4	支票登记簿	200
	7.2	银行存款对账		202
		7.2.1	银行对账初始设置	202
		7.2.2	对账单录入	204
		7.2.3	银行对账	205
		7.2.4	银行余额调节表输出	209
		7.2.5	银行对账情况查询	210
		7.2.6	长期未达账项审计	211
	本章小结			212
	业务实训 7	现金管理		212

第 8 章 期末业务 215

	8.1	自定义转账凭证		215
		8.1.1	基本操作步骤	215
		8.1.2	自定义转账函数使用说明	217
		8.1.3	自定义转账凭证举例	219
	8.2	特殊形式的转账凭证		221
		8.2.1	对应结转	222
		8.2.2	销售成本结转	223

目 录

8.2.3 售价（计划价）销售成本
　　　结转 …………………… 224
8.2.4 汇兑损益结转 …………… 224
8.2.5 期间损益结转 …………… 225
8.3 月末常规业务 ………………… 226
　8.3.1 自动转账凭证生成 ……… 226
　8.3.2 特殊形式转账凭证生成 … 227
　8.3.3 对账处理 ………………… 230
　8.3.4 结账处理 ………………… 230
本章小结 ……………………………… 232
业务实训 8　期末业务 ……………… 233

第 9 章　会计报表处理 …………… 236
9.1 UFO 报表概述 ………………… 236
　9.1.1 UFO 报表管理系统的主要
　　　功能 …………………… 236
　9.1.2 UFO 报表中的基本概念 … 237

9.2 报表格式设计 ………………… 239
　9.2.1 报表格式设计的基本操作
　　　步骤 …………………… 239
　9.2.2 会计报表格式设计举例 … 239
9.3 报表公式编辑 ………………… 246
　9.3.1 业务函数概述 …………… 246
　9.3.2 常用函数介绍 …………… 246
　9.3.3 会计报表数据的采集 …… 250
9.4 日常会计报表 ………………… 255
　9.4.1 会计报表数据处理 ……… 255
　9.4.2 表页管理 ………………… 257
　9.4.3 报表打印输出 …………… 259
本章小结 ……………………………… 260
业务实训 9　会计报表处理 ………… 260

参考文献 …………………………… 262

第 1 章 用友 T3 与系统管理

教学目标

通过本章的学习，在了解用友 T3 系统基本构架的基础上，初步认识用友 T3 各个子系统的主要功能及其之间的相互关系；重点掌握企业实际工作中，建立账套的基本步骤和操作方法、账套数据备份和恢复的操作方法、会计操作人员管理及其业务操作授权处理步骤和方法。

用友管理软件的主要产品包括用友 NC、用友 ERP、用友通等主要系列，其中，用友 NC 适用于集团企业，用友 ERP 适用于中小型企业，而用友通则是面向小型企业开发的。本书主要介绍用友通中的 T3，以下简称用友 T3。

1.1 用友 T3 的基本构架

用友 T3 基于用户实际需求，面向成长型企业开发设计；立足于优化企业运营，实现精细化财务与业务控制的一体化管理，帮助企业快速、准确应对市场变化，是一款运行稳定、安全、成熟的小型企业管理软件系统。

1.1.1 用友 T3 系统结构

用友 T3 系统结构如图 1.1 所示。

软件的整体结构可分为系统管理和用友 T3 两大部分（两大操作窗口）。系统管理的主要功能是软件系统、会计数据管理与维护，具体而言，就是账套管理、会计人员权限管理、会计数据的备份和恢复等；用友 T3 实际上是一个企业级控制平台，包含财务包、财务增强包、财务业务一体化包 3 个套装产品，是企业购销存业务管理和会计核算的集成中心。

用友 T3 作为软件的核心，集供应、生产、销售、财务解决方案于一体，突出对关键流程的控制，实现对主要业务过程的全面管理。这一智能化管控平台支持立体综合统计分析，使企业能够更快应对市场变化、更强管控关键流程、更全洞察运营全貌，为企业科学决策提供依据。用友 T3 由总账管理、会计报表、工资管理、固定资产管理、财务分析、采购管理、销售管理、库存管理、核算管理等主要部分组成。

1.1.2 用友 T3 系统功能简介

用友 T3 系统由服务于不同层面的子系统构成。下面对这些子系统的功能进行简要介绍。

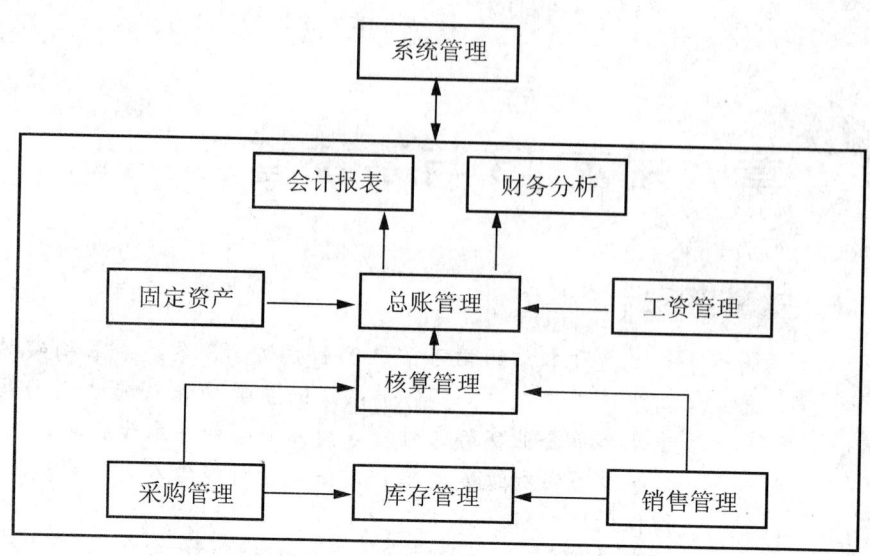

图 1.1 用友 T3 系统的基本结构

1. 总账子系统

总账子系统是用友 T3 系统的核心，业务数据在生成凭证以后，全部归集到总账子系统进行处理。从账套初始设置、日常业务、账簿查询到月末结账等全部的财务处理工作均在总账子系统中实现。日常的收款、付款、报销等业务的凭证制单工作，也可以在总账中进行处理。

近年来，随着用户对会计信息系统需求的不断提高和软件开发公司对总账子系统的不断完善，许多商品化财务软件的总账子系统还增加了个人往来款核算和管理、部门核算和管理、项目核算和管理及现金银行管理等功能。

2. 采购管理子系统

采购管理是企业物资供应部门按已确定的物资供应计划，通过市场采购、加工订制等各种渠道，取得企业生产经营活动所需要的各种物资的经济活动。无论是工业企业还是商业企业，采购管理的状况都会影响到企业的整体运营状况。采购管理追求的目标是保持与供应商的紧密关系，保障供给，降低采购成本。

采购管理与库存管理联合使用可以追踪存货的出库情况，把握存货的畅滞信息，从而减少盲目采购，避免库存积压，同时可以将采购结算成本自动记录到存货（原材料、库存商品）成本账中，便于财务部门及时掌握存货采购成本。

采购管理子系统兼顾处理采购业务过程中相应的原始会计凭证。

3. 库存管理子系统

库存管理子系统侧重于企业存货出入库数量的管理，为企业管理者提供了在市场竞争环境下合理利用资源，提高经济效益的库存管理方案。

库存管理子系统兼顾处理库存管理业务过程中相应的原始会计凭证。

4. 销售管理子系统

销售管理以销售业务为主线，兼顾处理销售业务过程中相应的原始会计凭证，实现销售业务管理与核算一体化活动。销售管理一般和存货中的产品核算相联系，实现对销售收入、销售成本、销售费用、销售税金、销售利润的核算，生成产品收发结存汇总表、产品销售明细账等表格及账簿。

5. 核算管理子系统

核算管理的功能主要是进行存货出、入库成本的核算，以及在购销过程中形成单位往来款项管理，并可以将购销存业务产生的各种单据生成凭证，传入总账系统。

存货核算是企业会计核算的一项重要内容。进行存货核算，应正确计算存货购入成本，促使企业努力降低存货成本；应反映和监督存货的收发、领退和保管情况、存货资金的占用情况；促进企业提高存货的使用效果。

6. 工资管理子系统

工资管理子系统是以职工个人的原始工资数据为基础，完成职工工资的计算，工资费用的汇总和分配，计算个人所得税，帮助查询、统计和打印各种工资表，自动编制工资费用分配转账凭证，并将生成的凭证传递给总账。该系统实现了企业人力资源的部分管理工作。这一子系统适用于各类企业及行政、事业和科研单位。

7. 固定资产管理子系统

固定资产管理子系统主要功能有：固定资产卡片管理，包括卡片增加、删除、修改、查询、打印、统计与汇总；固定资产变动核算，输入固定资产增减变动或项目内容变化的原始凭证后，自动登记固定资产明细账，更新固定资产卡片；折旧计提和分配，生成"折旧计提及分配明细表"、"固定资产综合指标统计表"，实现各种相关账表的查询、统计和打印等；系统产生的转账凭证可自动转入总账等子系统。

8. 会计报表子系统

会计报表子系统适用于各行业的财会、人事、计划、统计、税务、物资等部门。通过财务报表子系统完成各种会计报表的编制与汇总工作，生成各种内部报表、外部报表及汇总报表，并根据报表数据生成各种分析表和分析图等。

随着网络技术的发展，财务报表子系统能够利用现代网络通信技术，为行业型、集团型用户提供远程报表的汇总、数据传输、检索查询和分析处理等功能，既可用于主管单位又可用于基层单位，支持多级单位的逐级上报和汇总。

9. 财务分析子系统

财务分析是财务管理的重要组成部分，是利用已有的账务数据对企业过去的财务状况、经营成果及未来前景的一种评价。财务分析子系统运用了各种专门的分析方法，对账务数据做进一步的加工、整理、分析和研究，从中取得有用的信息，从而为决策提供正确的依据。

1.2 账套管理

1.2.1 系统管理登录

系统管理员、账套主管均可登录系统管理进行相应的操作，但两者的操作权限不同。系统管理员负责整个系统的维护工作，主要包括账套的建立、引入和输出等账套管理工作，操作员（包括账套主管）及其权限的设置。账套主管在系统管理中负责自己主管账套的维护工作。操作人员必须注册后，方可在管理系统中进行业务处理。

在用友管理软件的各种版本中，系统管理员使用固定的名字 Admin，初次登录时系统没有设置密码（即不输入密码即可登录）；账套主管由系统管理员（Admin）建立账套、增加操作员后，依据本单位的制度规定设置。

【操作步骤】

（1）如图1.2所示，依次单击菜单"开始"→"所有程序"→"用友 T3 系列管理软件"→"用友 T3"→"系统管理"，则弹出用友软件系统管理窗口。

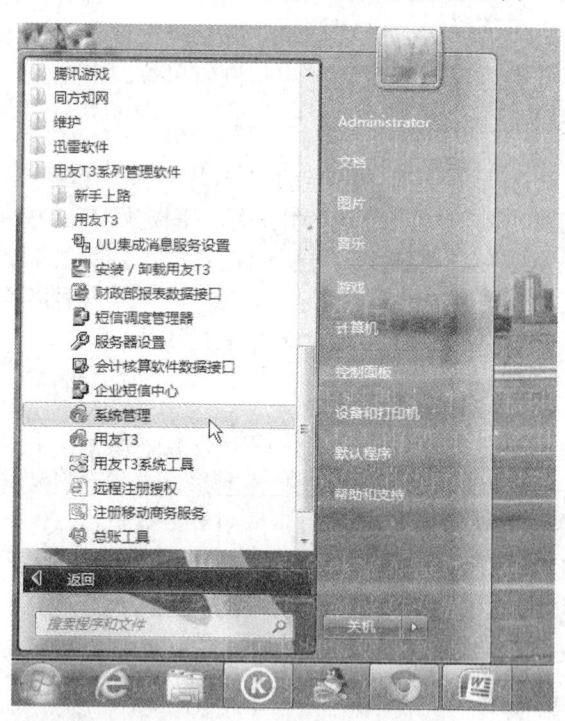

图 1.2 系统启动

（2）在系统管理窗口（图1.3），依次单击菜单"系统"→"注册"，弹出系统注册对话框（图1.4）。其中，通常服务器可以被系统自动搜索得到，如有必要则需依据本单位的具体情况设置；用户名及操作人员的名字可以是系统管理员或账套主管（两者的操作权限不同）；系统管理员的名字为 ADMIN；账套主管可以理解为本单位财务部门的负责人（即登录时需输入该负责人的姓名）；初次登录时密码为空，即不需录入密码。

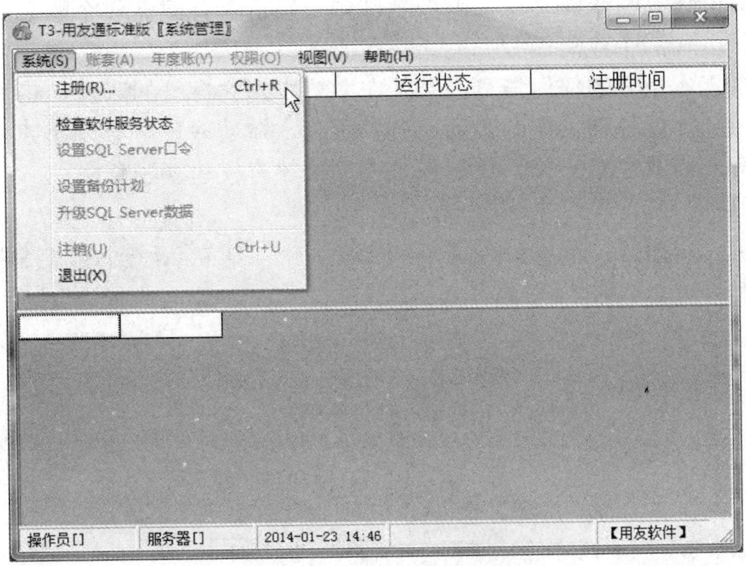

图1.3 "系统管理"窗口

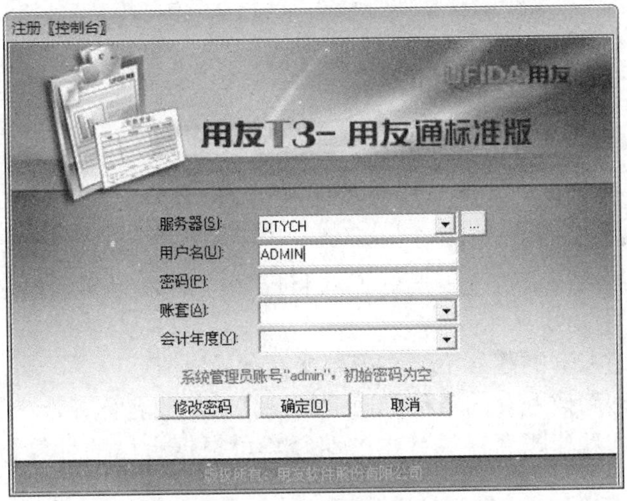

图1.4 "系统注册"窗口

（3）设置完成后，单击"确定"按钮，进入系统。如果需要设置或修改密码时，可在系统注册窗口(图1.4)用鼠标选择"修改密码"按钮，系统弹出密码设置、修改窗口，可进行具体处理。

系统管理窗口中"系统"菜单下的"注销"命令是指已登录的操作员从系统管理中退出，其目的是让其他操作员能够注册，实施其他管理。具体方法是：用户注册进入系统管理，依次单击菜单"系统"→"注销"即可。

1.2.2 建立账套

"账套管理"的内容包括建立账套、修改账套、恢复账套和备份账套。会计制度规定一个核算单位只能设立一个账套,在财务软件中一般设置有建立多个账套的功能,这主要是为拥有多个子公司的企业集团服务的。

由于系统中无本企业的任何信息,必须在系统中建立自己的账套,将本单位的基本信息输入计算机后,才能处理具体的会计业务,所以,在处理日常会计业务之前,首先要新建本单位的账套。需要注意的是,只有系统管理员才有权建立账套。

【操作步骤】

(1) 在系统管理窗口,依次单击菜单"账套"→"建立",进入建立新账套功能。

(2) 输入账套信息(图1.5)。

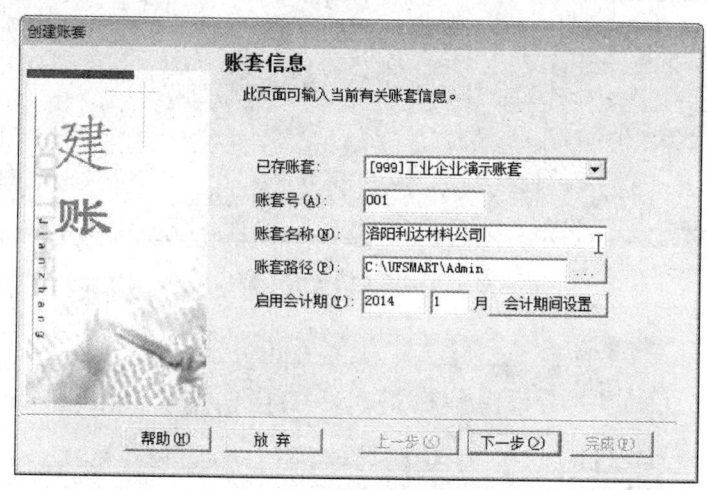

图1.5 账套基本信息输入窗口

窗口项目说明:

① 已存账套:系统以下拉列表框的形式将已建立的账套列示出来,以供参照,不能输入或修改。

② 账套号:新建账套的编号不能与现存账套编号重复。

③ 账套名称:即新建账套的名称,通常是核算单位的名称。

④ 账套路径:即新建账套存放数据的路径,可根据自己的计算机数据存放情况输入路径。

⑤ 启用会计期:即新建账套的启用时间,具体到"月"。

⑥ 会计期间设置:在输入启用会计期后,单击"会计期间设置"按钮,弹出会计月历设置对话框(图1.6)。企业可根据需要在这一对话框内设置本单位每月的结账日期,设置方法:先双击"结束日期"栏下的第一行,弹出右侧的日历控件后,在其中选择结账时间并单击"确定"按钮。

输入完成后,单击"下一步"按钮,继续进行;单击"放弃"按钮,取消此次建账操作。

(3) 输入单位信息(图1.7)。

窗口项目说明:

① 单位名称:即企业全称。企业全称只在发票打印时使用,其余情况下,全部使用简称。

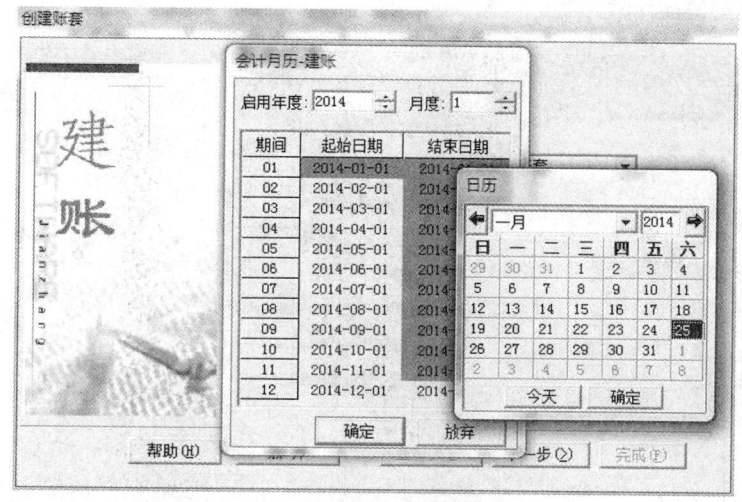

图 1.6 结账日期选择窗口

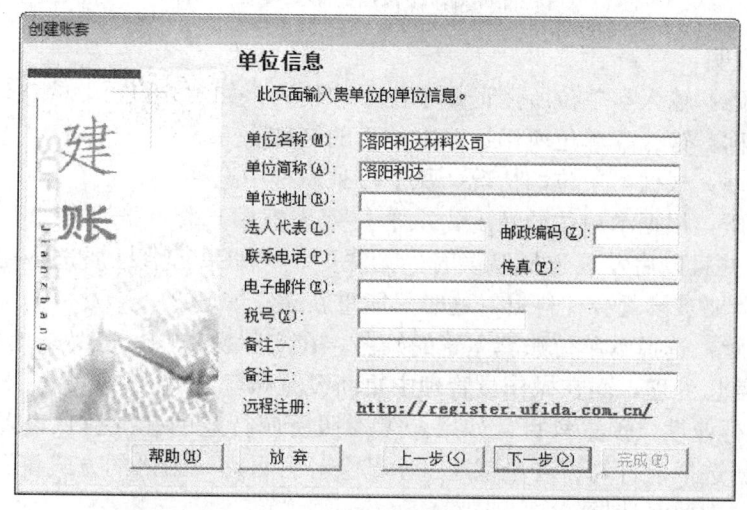

图 1.7 单位信息输入窗口

② 单位简称：企业名称的缩减。
③ 单位地址：企业详细地址，可以不输。
④ 法人代表：企业法人姓名，可以不输。
⑤ 邮政编码：企业邮政编码，可以不输。
⑥ 联系电话：企业联系业务电话，可以不输。
⑦ 传真：企业传真号码，可以不输。
⑧ 电子邮件：企业电子邮件地址，可以不输。
⑨ 税号：企业税号，可以不输。
⑩ 备注一、备注二：输入企业认为有关该单位的其他信息，如所有制类型等。

输入后，单击"下一步"按钮，继续进行；单击"上一步"按钮，返回第一步设置；单击"放弃"按钮，取消该次建账操作。

(4) 设置核算类型(图1.8)。

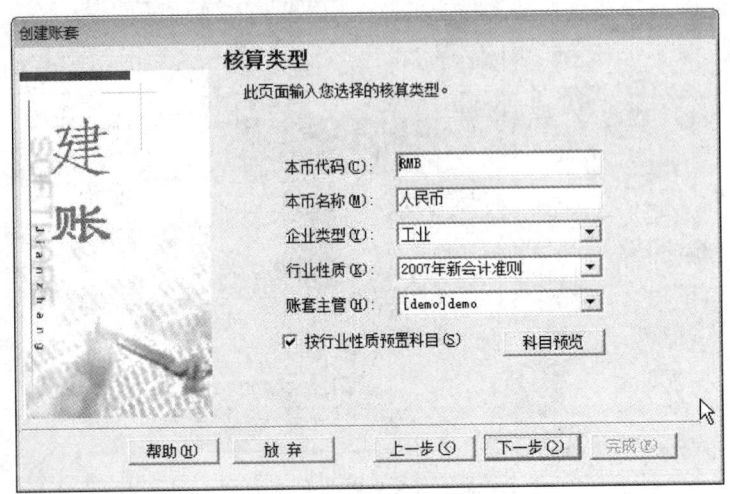

图1.8 核算信息输入窗口

窗口项目说明：

① **本币代码**：输入本单位所用记账本位币的代码，如"人民币"的代码为RMB。

② **本币名称**：输入本单位所用记账本位币的名称。

③ **企业类型**：根据本单位的情况，从下拉列表框中选择。

④ **行业性质**：根据本单位的情况，从下拉列表框中选择。此项信息影响后续的"会计科目设置"，并且以后发现选择错误时，无法更正；如果行业性质选择错误，那么将不能按企业的具体要求设置会计科目，这时只能重新建立账套。

⑤ **账套主管**：选择本单位账套主管的姓名。在实际操作中，若尚未增加会计操作员，则可忽略该项信息处理，而在操作员管理中重新设置账套主管。

⑥ **是否按行业性质预置科目**：如果希望参照所属行业的标准科目设置本单位的会计科目，则在该复选框前打勾；若希望通过全部会计科目逐一录入的方式设置本单位的会计科目时，可不选中此复选框。

输入完成后，单击"下一步"按钮，继续进行；单击"上一步"按钮，返回第二步设置；单击"放弃"按钮，取消此次建账操作。

(5) 基础信息选项设置(图1.9)。

窗口项目说明：

① **存货是否分类**：如果本单位的存货类别繁多，可以在"存货是否分类"复选框前打勾，表明要对存货进行分类管理；反之，可以选择不进行存货分类。如果选择了存货要分类，设置基础信息时，必须先设置存货分类，然后才能设置存货档案。若选择存货不分类，设置基础信息时，可以直接设置存货档案。

② **客户是否分类**：若本单位较多客户希望分类管理，则可以在"客户是否分类"复选框前打勾，表明要对客户分类管理；反之，表示不进行客户分类。如选择了客户要分类，在设置基础信息时，必须先设置客户分类，然后才能设置客户档案。若选择客户不分类，设置基础信息时，则可以直接设置客户档案。

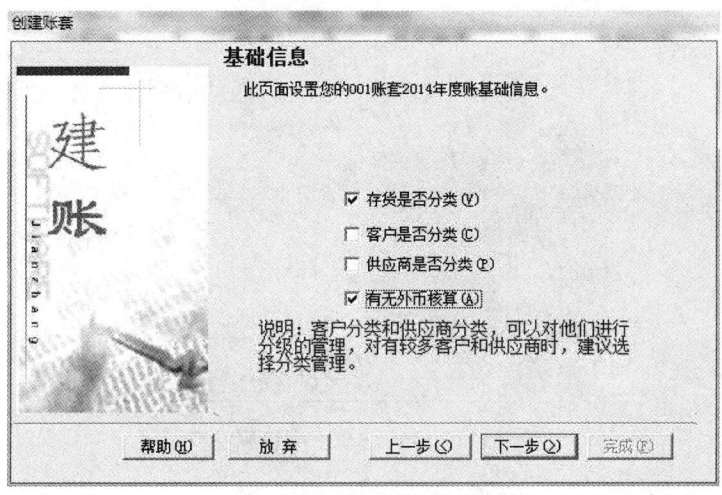

图1.9 基础信息选项设置窗口

③ 供应商是否分类：如本单位的供应商较多，且希望进行分类管理，可以在"供应商是否分类"复选框前打勾，表明要对供应商分类管理；反之，可以选择不进行供应商分类。如选择供应商要分类，设置基础信息时，必须先设置供应商分类，然后才能设置供应商档案。若选择供应商不分类，设置基础信息时，则可以直接设置供应商档案。

④ 是否有外币核算：如果本单位有外币业务，可以在此复选框前打勾；否则不进行设置。

（6）单击"下一步"按钮进入业务流程选择窗口（图1.10），学习中选择默认设置（标准流程）。

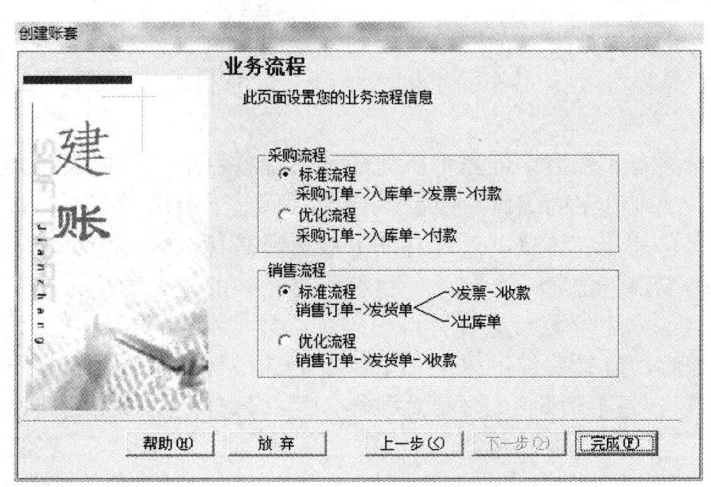

图1.10 业务流程选择窗口

（7）单击"完成"按钮，系统提示"是否可以创建账套？"，单击"是"按钮，进入企业编码方案设置窗口（图1.11）；单击"放弃"按钮，取消此次建账操作。

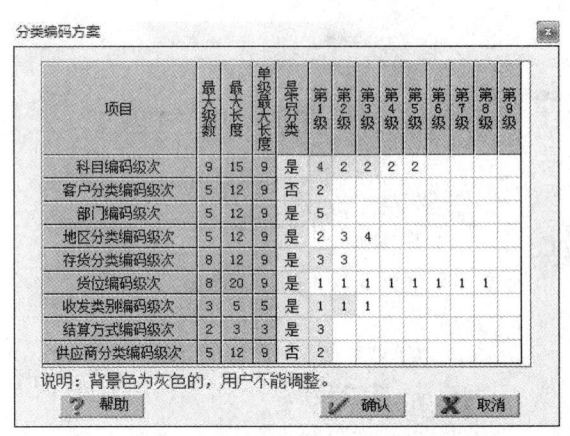

图 1.11　企业编码方案设置窗口

1.2.3　编码方案与数据精度

在建立账套过程中，当账套基本参数设置完成后，系统相继弹出编码方案和数据精度设置窗口，企业可以根据具体情况进行设置；日后发现这些内容有误时，在用友 T3 窗口依次单击菜单"基础设置"→"基本信息"，然后选择"编码方案"或"数据精度"，进行修正。

1. 编码方案设置

在信息化会计中，通常要对较为复杂（或关键）的数据处理对象制定严格的编码规则。这些规则要在最初的建账过程予以明确。编码方案设置即编码规则设置，准确地说，这里是对总账子系统中关键数据处理对象的编码规则所做的设置。

1）编码方案的含义

软件中一个特定数据处理对象的编码规则，是用一组数字来描述的，准确理解和把握这组数字的含义，是做好建账工作的基础。结合会计科目编码规则"42222"来说，需要弄清几点。

（1）"42222"共有 5 位数字，表示所建账套会计科目最多可以设置到 5 级。

（2）按照这一规则设定的编码可以反映会计科目上下级隶属关系，即从一个特定会计科目编码可以看出它是几级科目，以及它的上级科目是什么。

（3）这一编码规则包含着一个会计科目编码总位数的基本算法：

会计科目编码总位数＝上级科目编码总位数＋本级科目排序编码的位数

从这个意义理解，就是我们可以把一个特定会计科目的编码总位数分为两部分，一部分反映它的上级科目（是上级科目编码）总位数；另一部分是本级科目排序编码的位数。

（4）"42222"五位数字，从左到右看依次是一、二、三、四、五级科目排序编码位数。即，一级会计科目的排序编码位数为四位数，二、三、四、五级科目的排序编码位数均为两位数。

（5）综合来看，"42222"编码规则的含义是，一级科目编码是 4 位数。如，银行存款一级科目的编码为 1002；二级科目编码 6 位数，如银行存款－工行存款二级科目的编码为 100201，其中前 4 位是其上级科目的编码，后两位是这一科目排序编码；依次类推，三级科目编码为 8 位数，四级科目编码为 10 位数，五级科目编码为 12 位数。

2) 编码方案设置的操作要点

编码方案设置操作的基本原则是,延伸或增加级别时,应从上到下逐级添加,删除级别时,应从下到上逐级删除,增减、删除均不允许从中间跨级处理。

分类编码设置操作方法,当需要增加某一编码的级别时,将光标移至现有编码最低一级后(即下一级)空白处录入相应的编码位数字即可,如,"会计科目编码级次"现有编码为"42",希望设置三级编码位为"2"时,将光标移至这一行的第三级空白处,录入"2"即可;需要减少编码级次时,将光标移至现有编码的最末一级依次删除其中数字即可。

3) 软件对设置的限制

(1) 科目编码级次,系统限制为 9 级 15 位,一级会计科目编码为 4 位属制度规定不得修改,其他任一级的长度都不得超过 9 位。

(2) 客户权限组级次、供应商权限组级次、客户分类编码级次、供应商分类编码级次、部门编码级次、地区分类编码级次,系统最大限制为 5 级 12 位,且任何一级的最大长度都不得超过 9 位编码。

(3) 存货分类编码级次、货位编码级次,系统的限制为 8 级 12 位,且任何一级的编码长度都不得超过 9 位。

(4) 收发类别编码级次,系统将收发类别编码级次固定为 3 级 5 位,且任何一级的编码长度都不得超过 5 位。

(5) 结算方式编码级次,系统将结算方式编码级次固定为 2 级 3 位,且任何一级的编码长度都不得超过 3 位。

2. 数据精确度定义

由于各企业对数量、单价的核算精度要求不一致,为了适应各企业的不同需求,本系统提供了自定义数据精度的功能。编码方案确定后,系统弹出"数据精度定义"对话框(图 1.12)。

对话框项目说明:

(1) 存货数量小数位:根据企业实际情况,输入存货数量核算时所要求的小数位数。

(2) 存货单价小数位:根据企业的实际情况,输入存货单价核算时所要求的小数位数。

(3) 开票单价小数位:根据企业的实际情况,输入在开票时所要求的单价的小数位数。

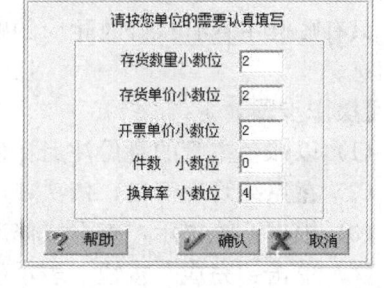

图 1.12 "数据精度定义"对话框

(4) 件数小数位:根据企业的实际情况,输入在进行开票时所要求的件数小数位数。

(5) 换算率小数位:根据企业的实际情况,输入在进行单位换算时所要求的换算率的小数位数。

数据精度定义完成后,系统弹出账套创建成功提示对话框,单击"确定"按钮系统会弹出对话框(图 1.13),询问"是否立即启用账套",单击"是"按钮则弹出"系统启

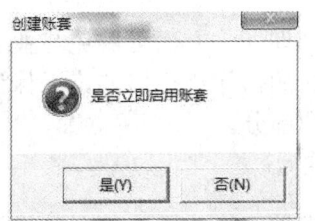

图 1.13 启动子系统提示对话框

用"的设置窗口(图1.14)。企业根据子系统的安装情况和实际需要选择应启用的子系统。启用子系统设置完毕,单击"退出"按钮,完成建账工作。

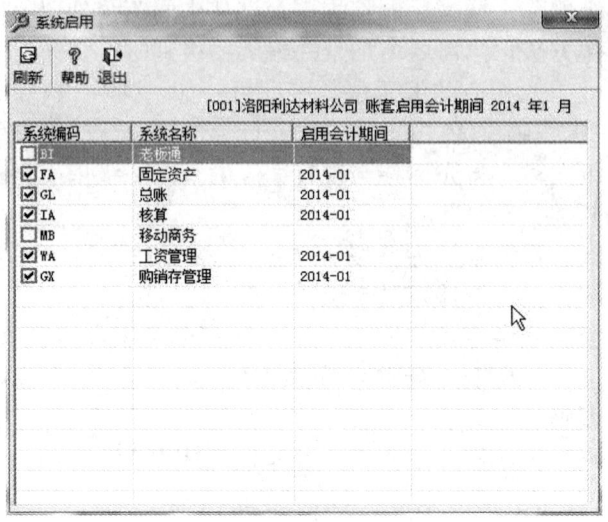

图1.14 "系统启用"设置窗口

1.2.4 账套修改

只有账套主管有权修改相应的账套。账套主管可以利用该功能,查看、修改账套的账套信息。

【操作步骤】

(1) 以账套主管的身份注册,选择相应的账套,进入系统管理窗口。
(2) 在系统管理窗口,依次单击菜单"账套"→"修改",进入修改账套的功能。
(3) 根据系统提示,查看或修改其中的信息。
(4) 单击"完成"按钮,表示确认修改内容;如放弃修改,则单击"放弃"按钮。

1.3 系统管理中的其他操作

除上述内容外,系统管理还包括操作员管理、账套数据备份与恢复、年度账管理和视图管理。

1.3.1 操作员管理

系统管理员和账套主管通过对系统操作的分工和权限的管理,一方面可避免与业务无关人员对系统的操作,另一方面可以对系统所含的各个子产品的操作进行协调,以保证系统的安全与保密。操作员管理包括人员管理和人员权限管理两部分。

1. 操作人员管理

操作人员管理完成特定账套用户的增加、删除、修改等维护工作。用户的个数均不受限制,用户设置不分先后顺序。

1)增加操作员

【操作步骤】

(1)以系统管理员的身份进入系统,依次单击功能菜单中的"权限"→"操作员",进入"操作员管理"窗口(图1.15)。

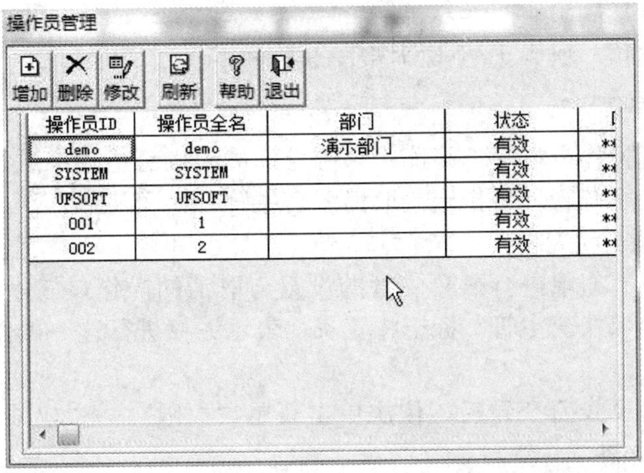

图1.15 "操作员管理"窗口

(2)单击"增加"按钮,弹出"增加操作员"窗口(图1.16)。

窗口项目说明:

① 编号:用来标识所设置的操作员的编号,必须输入且唯一。
② 姓名:输入增加操作员的姓名。
③ 口令:输入增加操作员进行系统登录时的使用口令。
④ 部门:输入操作员的所属部门。
⑤ UU通号:为操作员登录UU通时使用的编号。

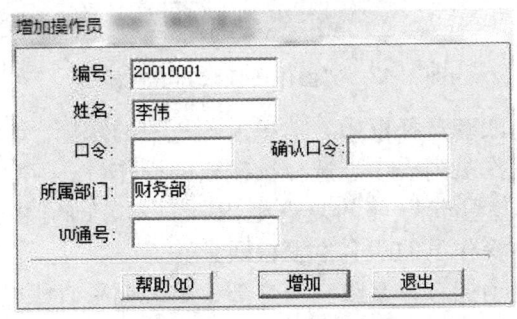

图1.16 "增加操作员"窗口

(3)可根据实际需要填写相关栏目的内容。各栏目填写完毕,单击"增加"按钮保存录入数据,单击"退出"按钮,表示放弃。

2)修改操作员

单击欲修改的操作员后,双击或单击功能菜单中的"修改"按钮,便可进入操作员信息修改对话框。

可根据实际需要修改相关栏目的内容。修改完毕,单击"修改"按钮保存。

3）删除操作员

单击欲删除的操作员行，然后单击"删除"按钮，便可对所选中的操作员用户进行删除。

4）刷新操作员信息

单击"刷新"按钮，系统将根据有关操作员的变化适时地刷新系统管理中有关操作员设置的内容，此功能在网络版时尤其重要。

单击"退出"按钮，退出本功能的操作。

2. 操作员权限管理

该功能用于设置操作员权限，只能由系统管理员或账套主管来进行操作，其中，以系统管理员的身份登录系统管理可指定或取消账套主管。

1）设定或取消账套主管

只有系统管理员有权限进行账套主管的设定与取消的操作，如以账套主管身份登录，则窗口中最上一行的"账套主管"标记将置灰，表示无权进行这一操作。

【操作步骤】

（1）以系统管理员身份登录后，依次单击菜单"权限"→"权限"，系统将弹出"操作员权限"设置窗口(图 1.17)。

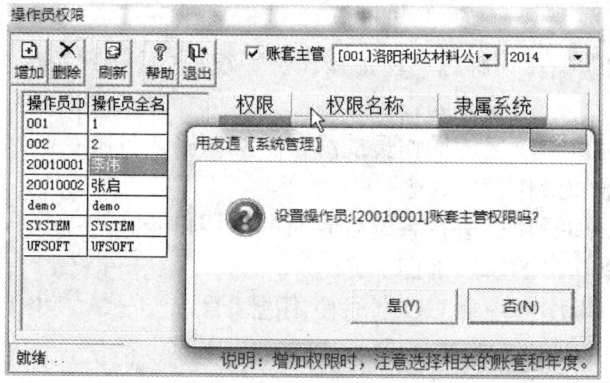

图 1.17 "操作员权限"设置窗口

（2）在窗口右上方的账套选择框中，选择设置权限的账套。

（3）在窗口左侧的操作员列表中，选择欲授权的操作员。

（4）在窗口上方"账套主管"前的复选框内打对勾，即可将该操作员设定为账套主管；去掉对勾，择取消该操作员的账套主管权限。

系统默认账套主管自动拥有特定账套的全部权限。如果以账套主管的身份注册登录系统管理，窗口中不显示账套主管，只显示其他普通操作员的信息。

2）增加(修改)操作权限

增加(修改)操作员的操作权限，主要用于设置非账套主管的权限。

在操作员权限设置窗口，选定授权账套和操作员后，单击"增加"按钮，系统弹出"增加权限"设置窗口(图 1.18)。窗口左侧列示的是账套权限大类，右侧是明细权限。单击窗口左侧的权限大类，右侧就可显示对应大类的明细权限。双击某一条权限，当该权限"授权"一栏为蓝色时，表明该操作员已拥有这一权限。当对一操作员授权完成后，单击

"确定"按钮保存授权记录。

如果想取消普通操作员的某一权限，可在操作员权限设置窗口直接删除。

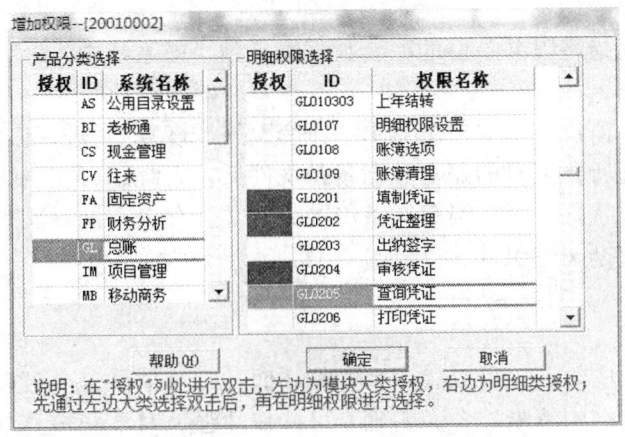

图 1.18 "增加权限"设置对话框

1.3.2 账套数据备份和恢复

只有系统管理员才有权实施账套的引入、输出。

1) 账套数据备份

账套备份，即将账套数据备份到指定的位置。

【操作步骤】

（1）在系统管理窗口，依次单击菜单"账套"→"备份"，系统弹出"账套输出"对话框（图 1.19）。

（2）在"账套号"后的下拉列表框内，选择要输出的账套。如欲删除该账套，可同时选中"删除当前输出账套"复选框。单击"确认"按钮执行操作；如放弃该次操作，则单击"放弃"按钮。

（3）选择账套备份存放路径。系统经过数据整理压缩后，弹出账套备份路径选择对话框（图 1.20）。在选择备份路径时，需要双击目标文件夹方可保证正确存储数据。

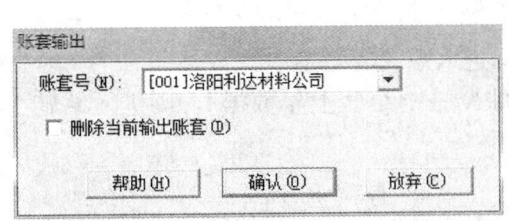

图 1.19 "账套输出"对话框

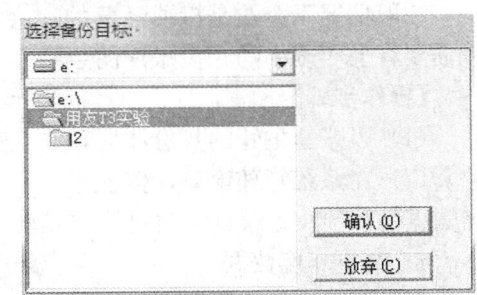

图 1.20 账套备份路径选择对话框

账套数据备份文件一组有两个文件，首次备份后的备份文件名分别是 UFDATA.BA_ 和 UfErpAct.Lst。若多次备份的文件存放在同一文件夹中，依次对应的备份文件可通过第二个文件的扩展名区分,第二次备份对应的文件名是 UfErpAct.001,第三次备份对应的文件名是 UfErpAct.002,依次类推。

2) 账套数据恢复

账套数据恢复是指将以前备份的账套数据恢复到当前系统中。

【操作步骤】

(1) 在系统管理窗口,依次单击菜单"账套"→"恢复",进入恢复账套功能。

(2) 选择并打开所要恢复的账套数据备份文件后,系统即可完成账套引入处理。

引入备份文件应特别注意:当多次备份的数据文件存放在同一文件夹内时,一般应选择最后一次备份的数据文件引入。

1.3.3 年度账管理

在用友财务软件中,不仅可以建多个账套,而且每一个账套中可以存放不同年度的会计数据。这样,系统结构清晰、含义明确、可操作性强,对不同核算单位、不同时期数据的操作只需通过设置相应的系统路径即可实现,而且由于系统自动保存了不同会计年度的历史数据,对利用历史数据的查询和比较分析也显得特别方便。只有账套主管有权进行有关年度账的操作。

1) 建立年度账套

【操作步骤】

(1) 以账套主管的身份注册,并选定账套,进入系统管理窗口。

(2) 在系统管理窗口,依次单击菜单"年度账"→"建立",则进入建立年度账的功能。

(3) 单击"确定"按钮即完成年度账建立;单击"放弃"按钮,表示放弃此次操作。

2) 恢复、备份年度账套

年度账操作中的恢复和备份与账套操作中含义基本一致,所不同的是年度账操作中的引入和输出不是针对整个账套,而是针对账套中的某一年度的数据进行操作。

具体操作步骤可参见账套备份和恢复。

3) 结转上年数据

一般情况下企业是持续经营的,会计工作具有连续性。每到年初,启用新年度账时,就需要将上年度中的相关账户的余额及其他信息结转到新年度账中。

【操作步骤】

(1) 以账套主管的身份注册,并且选定账套,进入系统管理窗口。

(2) 在系统管理窗口,依次单击菜单"年度账"→"结转上年数据",则进入结转上年数据的功能,系统即可自动完成结转工作。

4) 清空年度数据

有时会发现某年度账中错误太多,或不希望将上年度的余额或其他信息全部转到下一年度,这种情况下可以使用清空年度数据的功能。"清空"并非将年度账删除,而是要保留一些信息,如基础信息、系统预置的科目报表等。保留这些信息主要是为了方便企业使用清空后的年度账重新做账。

【操作步骤】

（1）以账套主管身份注册，并且选定账套，进入系统管理窗口。
（2）依次单击菜单"年度账"→"清空年度数据"，系统弹出"年度账选择"对话框。
（3）选择要清空的年度账的年度，单击"确定"按钮。
（4）依据系统的提示，决定是否确实清空年度账。

1.3.4 视图管理

视图管理包括清除单据锁定、清除异常任务、刷新、日志管理等项内容，其中，清除单据锁定是在学习的过程中经常用到的基本技术。

1）清除单据锁定

在业务处理过程中，当我们执行某项任务时，系统可能会提示，需要独占功能、发生冲突、需要先退出其他已运行的程序等，以至于无法继续进行操作。对这一问题有两种解决方法，其一，关闭用友 T3，重新登录即可解决问题；其二，通过清除单据锁定来解决问题。当第一种方法无效时，只能通过清除单据锁定的方法来解决问题。

【例 1-1】 如图 1.21 所示，在工资管理业务处理中，系统弹出无法继续操作的提示对话框，这一问题在尝试第一种解决方法后依旧存在，则需要通过清除单据锁定的方法来解决问题。

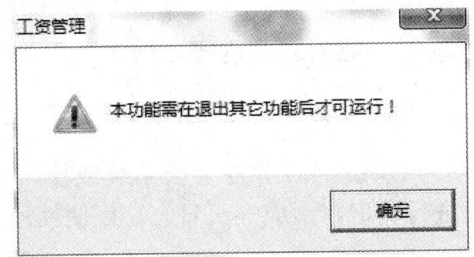

图 1.21　工资管理业务处理中的系统提示对话框

【操作步骤】

（1）保持用友 T3 继续运行（不能关闭退出），打开系统管理。
（2）以系统管理员（ADMIN）的身份注册登录系统管理。
（3）在系统管理窗口，依次单击菜单"视图"→"清除单据锁定"，系统弹出"删除工作站的所有锁定"对话框（图 1.22）。

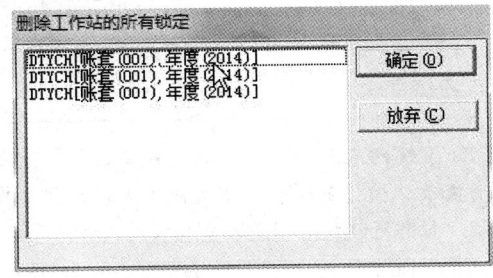

图 1.22　"删除工作站的所有锁定"对话框

(4) 先单击对话框左侧的第一行记录，再单击"确定"按钮。

(5) 重复(3)、(4)操作，直至上述窗口无记录，即表明问题已经解决。

特殊情况下重复多次，窗口左侧仍然有记录，这是服务器没有及时刷新所致。遇到这种情况，再用第一种方法，即关闭用友T3，重新登录即可。

2) 清除异常任务

系统管理对每一个登录系统的子系统定时轮询检查，如果发现有死机、网络阻断等异常情况，就在与子系统相对应的任务栏的"运行状态"栏内显示"运行不稳定"。这时，依次单击菜单"视图"→"清除异常任务"，可以把这些异常任务所申请的系统资源予以释放，并恢复可能被破坏的系统数据库和用户数据库，同时任务栏内也将清除这些异常任务。任务的运行情况都被记录在上机日志中。

3) 刷新

系统管理一个很重要的用途就是对各个子系统的运行实施实时监控，为此，系统将正在登录到系统管理的子系统及其正在执行的功能在窗口上列示出来，以便系统管理员或账套主管进行监控。

从窗口上可以看出，系统管理的功能列表分为上下两部分，上一部分列示的是正登录到系统管理的子系统，下一部分列示的是子系统中正在执行的功能。查看时，可在上一部分用鼠标选中一个子系统，下一部分将自动列示出该子系统中正在执行的功能。这两部分的内容都是动态的，它们都将根据系统的执行情况而自动变化，如果希望看到最新的情况，就启用刷新功能来适时刷新功能列表的内容，即进入系统管理窗口，依次单击菜单"视图"→"刷新"即可。

4) 上机日志管理

为了保证系统的安全运行，系统随时对各个子系统或模块的每个操作员的上下机时间、操作的具体功能等情况进行登记，形成上机日志，以便使所有的操作都有所记录、有迹可循。

【操作步骤】

(1) 以系统管理员身份进入系统管理。

(2) 依次单击菜单"视图"→"上机日志"即可。

(3) 过滤日志。为便于查看上机日志，系统提供了过滤上机日志内容的功能。在菜单栏中，单击"过滤"命令并输入过滤条件，系统就会将上机日志中符合条件的内容显示出来。

本 章 小 结

本章介绍了用友财务通T3系统的基本构成。系统管理登录、建立账套、编码方案与数据精度、账套的引入和输出、账套修改、操作员管理、年度账管理、视图管理等是会计软件系统管理的基本业务。其中，账套管理、操作员授权管理是本章的重要内容。

业务实训 1 系统管理

一、建立洛阳利达材料公司账套

注意事项：在启动财务软件前，应将计算机上的系统时间调整为 2014 年 1 月 1 日。

1. 基本信息输入

账套号：001（若该账套号已被现存账套使用，应选择其他账套号）；

账套名称：洛阳利达材料公司；

账套路径：C：\LYLGCL（或系统默认路径）；

启用会计期：2014 年 1 月 1 日；

每月结账时间：洛阳利达材料公司每月 25 日结账。

2. 洛阳利达材料公司单位信息输入

单位名称：洛阳利达材料公司；

单位简称：洛阳利达；

单位地址：洛阳市洛龙区工业园 60 号；

法人代表：李志国；

邮政编码：471003；

电话：64882802；

传真：64892368；

电子邮件：LYLGCL@CHINA.COM；

税号：TX400－5634－666。

3. 洛阳利达材料公司核算信息输入

本币代码：RMB；

本币名称：人民币；

企业类型：工业；

行业性质：2007 新会计准则；

账套主管：（暂选"DEMO"）；

是否按行业预置科目：是。

4. 洛阳利达材料公司基础信息设置

存货是否分类：进行分类；

客户是否分类：不分类；

供应商是否分类：不分类；

有无外币核算：有外币。

5. 业务流程设置

采购流程：标准流程；

销售流程：标准流程。

6. 洛阳利达材料公司编码方案设置

科目编码级次：42222；

部门编码级次：5；
存货分类编码级次：33；
结算方式编码级次：3。

7. 洛阳利达材料公司数据精确度设置

存货数量小数位：2；
存货单价小数位：2；
开票单价小数位：2；
件数小数位：0；
换算率小数位：4。

8. 启用后续业务处理使用的各子系统

后续业务处理使用的子系统有：固定资产、总账、核算、工资管理、购销管理；
各子系统的启用时间：2014年1月1日。

二、洛阳利达材料公司增加账务操作人员

（1）编号：20010001；姓名：李伟；所属部门：财务部；口令自定。

（2）编号：20010002；姓名：张启；所属部门：财务部；口令自定。

三、洛阳利达材料公司财务分工

（1）李伟拥有自建账套的权限（洛阳利达材料公司）：

账套主管。

（2）张启拥有自建账套的权限（洛阳利达材料公司）：

① 公用目录设置：编码方案；

② 总账：凭证整理、审核凭证、查询凭证、常用摘要录入、总账查询、明细账查询、对账。

（3）取消自建账套中操作员"DEMO"账套主管的权限。

常见问题

1. 登录系统管理窗口后，无法执行"引入"或"输出"操作

这种情况可能是以账套主管的身份登录造成的，检查登录窗口下方的操作员提示，若发现操作员不是"ADMIN"，则应退出系统，重新以"ADMIN"的身份登录。

2. 在编码方案设置窗口录入存货分类编码级次：33时，系统不能录入

存货编码级次显示33，说明存货是分两级进行核算的，即在基础信息设置窗口要在"存货是否分类"的设置后面选择"进行分类"，如果这里不选择"进行分类"，那么存货编码33就无法录入。此时，应该在系统管理窗口，以账套主管的身份登录，在"账套"→"修改"，选择存货进行分类，然后再重新录入存货编码33。

思考题

（1）在系统管理中，系统管理员和账套主管的操作权限有什么不同？

（2）在对会计人员授权操作中，主要有哪些操作步骤？

（3）如何修改会计人员的登录密码？

第 2 章 总账业务初始化

教学目标

通过本章的学习，了解用友 T3 总账子系统初始设置的基本程序，认识信息化会计中出现的辅助核算、会计科目设置等相关的新会计理论和概念，理清总账初始化与传统建账的区别和联系，熟悉总账子系统初始化的主要内容，掌握基础编码档案设置、会计科目设置、项目档案管理、期初余额试算平衡的业务处理步骤和方法。

总账子系统是用友 T3 中会计业务处理的主体部分。利用它可以完成填制记账凭证、审核所有记账凭证（包括手工凭证、机制凭证和派生凭证）、处理各种账簿，但在处理这些业务前，应先将本企业相应的会计制度在系统中进行设置。这部分最基础的设置工作，就是总账业务初始化。

为便于学习，减少实际操作中可能遇到的障碍，建议大家按下面的操作流程进行初始化业务处理"部门档案"→"职员档案"→"客户档案"→"供应商档案"→"外币汇率"→"会计科目"→"项目目录"→"期初余额录入"→其他设置。在建立账套过程中如果选择了"客户分类"、"供应商分类"，则应首先进行"地区分类"、"客户分类"和"供应商分类"设置。

2.1 基础档案设置

用友软件中的基础档案主要是指日常核算业务处理中常用的数据，如部门档案、职员档案、客户档案和供应商档案等。另外还有一类项目档案，它较为特殊，是个别会计科目明细核算的延伸或变形。

2.1.1 企业部门档案管理

部门档案管理用于设置企业内部各部门的基本信息，包括部门编码、名称、负责人和部门属性等信息。

【操作步骤】

（1）启动用友 T3 总账，依次单击菜单"开始"→"所有程序"→"用友 T3 系列管理软件"→"用友 T3"→"系统管理",系统弹出登录窗口(图 2.1)。

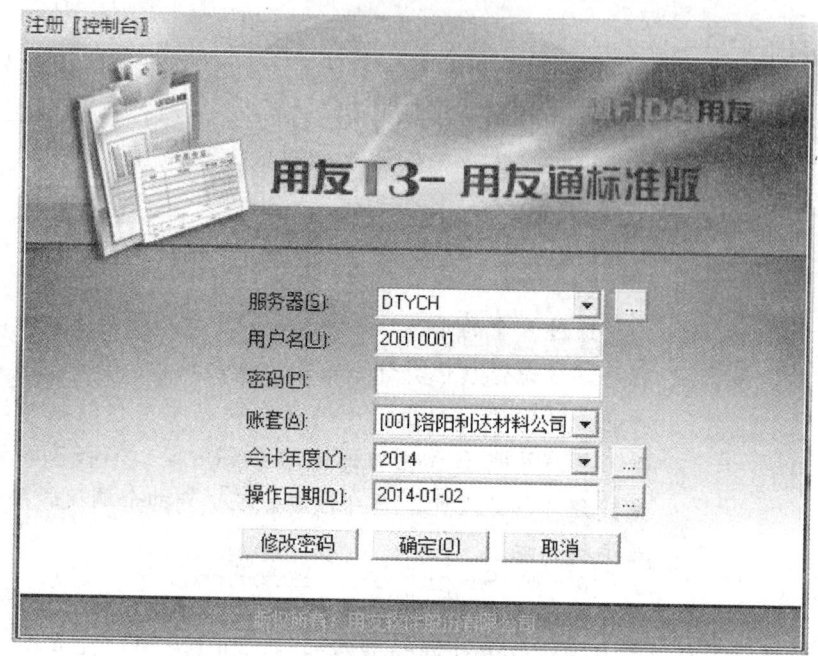

图 2.1　用友 T3 系统登录窗口

窗口项目说明：

① 服务器：系统通常能自动检测到，不需要更改；若出现异常，可根据具体情况选择服务器。

② 操作员：在进行初始化业务处理时通常输入自己设定的账套主管编码，如李伟 2001001(账套主管李伟的编码)。

③ 密码：输入自己在设定系统管理中设定的密码。

④ 账套：选择自己建立的账套。若无法找到自己建立的账套，则说明上一章操作员授权操作有误，应更正后再进行此项操作。

⑤ 会计年度：通常默认系统的选择。

⑥ 操作日期：初始化时通常选择自己启用账套的日期，如洛阳利达材料公司账套各系统的启用日期是 2014 年 1 月 1 日，在此就应选择这一日期登录。

对于登录时间的选择非常重要，首先应确保登录时间符合业务处理逻辑，若账套启用时间为 2014 年 1 月 1 日，那么选择 2014 年 1 月以外的其他时间登录则不合逻辑，加之我们学习过程中使用的多为演示版软件，登录时间选择错误，超过了许可的使用期，软件就会被禁止使用。其次，登录时通常应检查计算机任务栏显示的系统时间是否与我们将要登录的时间一致，若发现冲突则需要调整系统时间后再进行登录。

登录信息输入完成后，单击"确定"按钮，系统弹出用友 T3 软件注册选择窗口，学习中可以选择"以后注册"选项，即可进入用友 T3 窗口。首次登录直接进入"期初档案录入"窗口(图 2.2)；取消该窗口左下角的"下次登录时，显示本页面"前复选框内的对勾，关闭该窗口后进入用友 T3 业务处理窗口(图 2.3)。

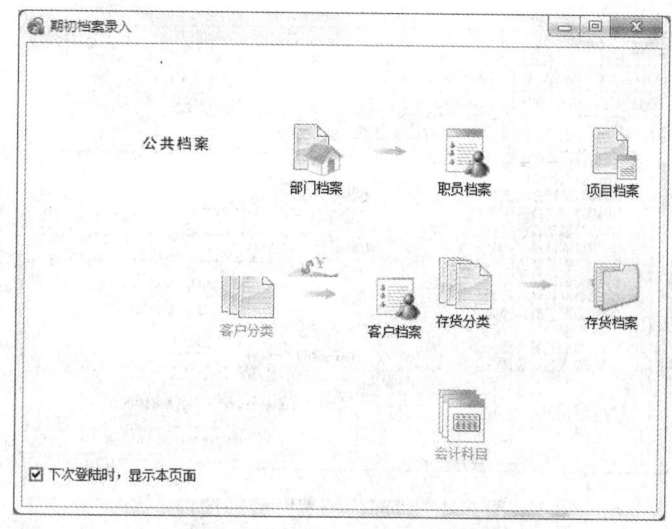

图 2.2 "期初档案录入"窗口

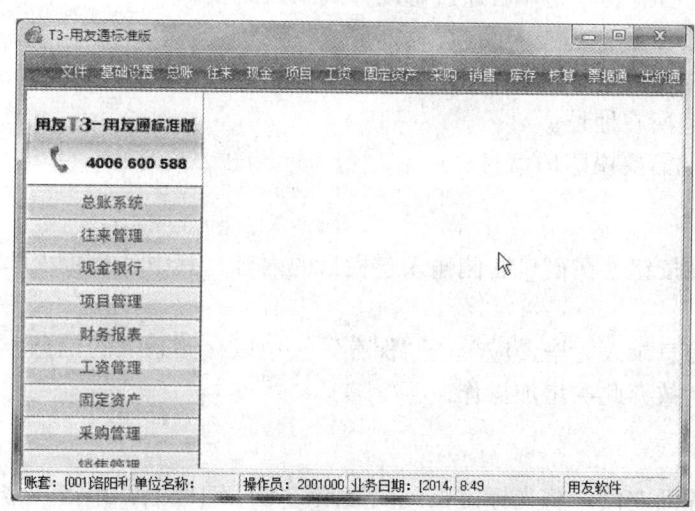

图 2.3 用友 T3 业务处理窗口

（2）在用友 T3 业务处理窗口，依次单击菜单"基础设置"→"机构设置"→"部门档案"，弹出部门档案管理窗口（图 2.4）。窗口左侧为录入后已保存数据，右侧为数据录入区。

窗口项目说明：

① 部门编号：按建账时定义的编码规则录入，图 2.4 中"编码原则：＊＊＊＊＊"，是建立账套时自己设定的编码规则提示，其中五个星号表示部门编码为 1 级 5 位。实训案例业务处理中，如果星号之间出现了空格或者不是五个星号，说明第 1 章编码方案设置错误，应修改后，再处理这一业务。

② 部门名称：录入部门的名称。

③ 助记码：部门名称的助记码，部门名称录入后系统自动生成。

④ 负责人：部门主管人姓名，在没有录入职员档案的情况下无法录入该项信息，可

信息化 会计实务

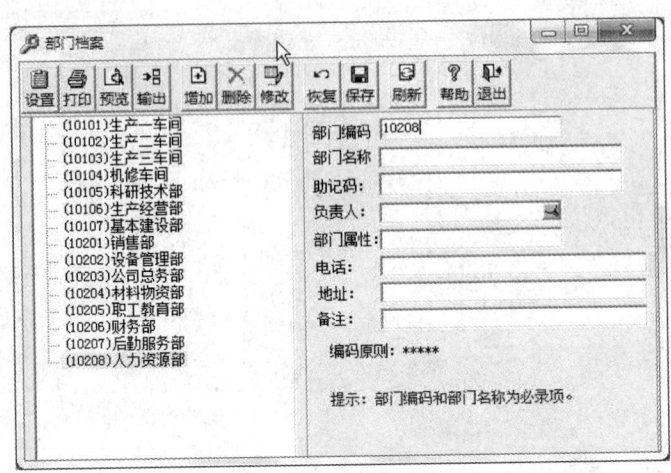

图2.4 "部门档案"管理窗口

暂时为空,等职员档案录入完毕后通过修改方式录入此项。

⑤ 部门属性:根据管理要求设置。

⑥ 电话:部门联系电话。

⑦ 地址:部门所在地址。

⑧ 备注:其他需要说明的信息。

1. 增加部门

单击"增加"按钮,在窗口右侧输入各栏目的内容,其中"负责人"只有在职员档案录入后才能加入。

一个部门的信息录入完毕,应单击"保存"按钮以存储录入的信息,若直接单击"增加"按钮,即表示放弃此次增加操作。

2. 修改部门档案

在部门档案界面左侧,将光标定位到要修改的部门编号上,单击"修改"按钮,即处于修改状态,可以对部门名称、负责人、部门属性、电话、地址、备注等信息进行修改,但部门编号不能修改。

3. 删除一个部门

把光标放在要删除的部门上,单击"删除"按钮,可依据系统提示决定是否删除该部门信息。若某一部门被其他对象引用,则不能被删除。

2.1.2 职员档案管理

职员信息管理用于记录企业职员信息,包括职员编号、名称、所属部门及职员属性等。

在用友 T3 业务处理窗口,依次单击菜单"基础设置"→"机构设置"→"职员档案",即可弹出"职员档案"管理窗口(图2.5)。

在该窗口可完成职员档案资料的录入、修改和删除操作。

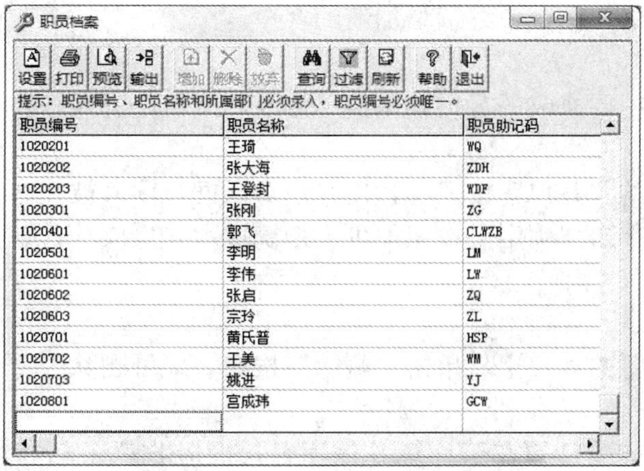

图 2.5 "职员档案"管理窗口

2.1.3 客户档案管理

客户、供应商信息录入的操作基本相同,在此仅以客户信息录入为例予以说明。客户信息包括客户分类和客户档案两部分。如需要客户分类,可调用相应模块对企业的客户按行业、地区等标准进行分类;如无需分类直接在"客户档案"窗口进行客户档案管理。

在用友 T3 业务处理窗口,依次单击菜单"基础设置"→"往来单位"→"客户档案",弹出"客户档案"管理窗口(图 2.6)。

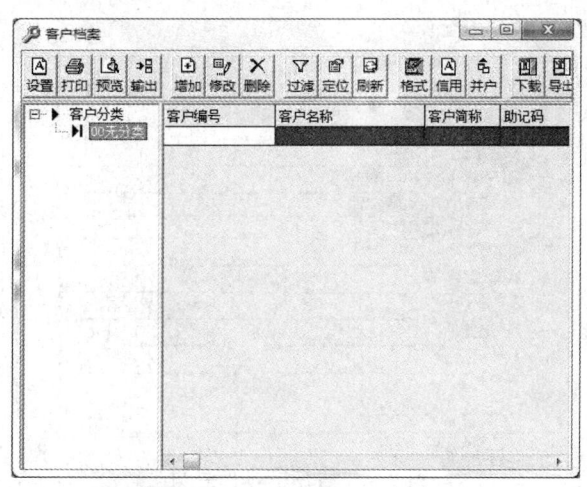

图 2.6 "客户档案"管理窗口

1. "客户档案"管理操作

客户档案管理操作主要包括增加、修改客户信息,客户合并及删除 4 项内容。

1) 增加客户

在左边的树型列表中选择一个末级的客户分类(如果在建立账套时设置客户不分类,则选择无分类),单击"增加"按钮,进入客户信息录入窗口。需要录入的信息可参见"客户信息组成"的说明部分。信息录入后,应单击"保存"按钮存储录入数据。在页编辑状态下，单击"增加"按钮，继续增加新的客户。

2）修改客户

在客户列表中选中要修改的客户，单击"修改"按钮，进入修改状态。

3）并户

单击客户档案中的"并户"按钮，弹出并户对话框，输入被并客户的编码以及期望并入的客户编码，然后单击"确定"按钮即可。系统提示并户成功，被并客户将从客户列表中消失。

4）删除客户

将光标移到要删除的客户上，单击"删除"按钮，即可删除。

5）客户信誉维护

进行客户信誉维护的目的在于计算并保存客户的应收款余额和最早未收款的发票日期，以便于销售信用额度控制和欠账期控制。

2. 客户信息组成

客户信息分为基本信息、与客户联系的信息、客户的信用信息及其他信息四个方面，依次在窗口中的"基本"、"联系"、"信用"和"其他"四个页面分别管理。

1）客户基本信息（图2.7）

窗口项目说明：

（1）客户编号：可以用数字或字符表示，必须唯一。

（2）客户名称：客户全称，最多可写30个汉字或60个字符。

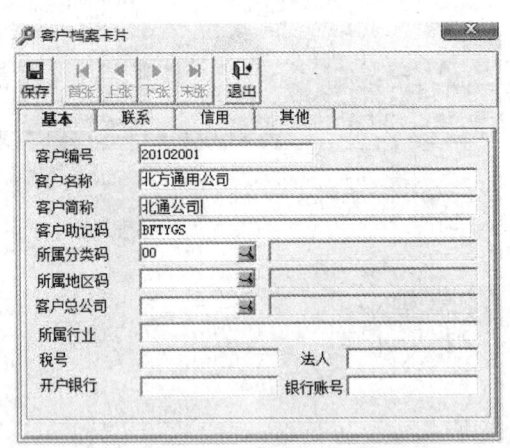

图2.7 客户基本信息页

（3）客户简称：最多可写15个汉字或30个字符。

（4）客户助记码：客户名称的助记码，由系统根据录入客户全称自动生成。

（5）所属分类码：若企业对客户进行分类管理，应输入当前客户所属类别；若没有分类由系统自动处理（不要修改系统中该项的默认信息"00"）。

（6）所属地区码：若设置地区分类信息，应录入当前客户所属的地区编码。

（7）客户总公司：指当前客户所隶属的最高一级的公司，且该公司已是"客户档案"中的一个客户。可输入总公司的编号，也可参照输入。

(8) 所属行业：客户所归属的行业，可输入汉字。
(9) 税号：客户的工商登记税号。
(10) 法人：客户企业法人代表的姓名。
(11) 开户银行：客户开户银行的名称，如果客户的开户银行有多个，在此处输入业务往来最常用的开户银行。
(12) 银行账号：客户开户银行中的账号。

2) 客户联系信息(图 2.8)

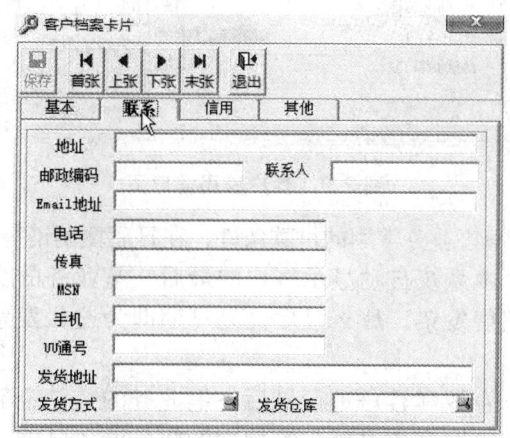

图 2.8 客户联系信息页

窗口项目说明：
(1) 地址：如果客户的地址有多个，输入同客户之间发生业务往来最常用的地址。
(2) 邮政编码：客户通讯地址所在邮政区域的邮政编码。
(3) 联系人：在业务联系中，客户一方的联系人姓名。
(4) E-mail 地址：客户的电子邮件地址。
(5) 电话、手机、MSN 和传真：客户的联系电话号码、传真号码及 MSN 号。
(6) UU 通号：客户的 UU 通编号。
(7) 发货地址：可用于销售发货单中发货地址栏的默认取值，它可以与客户地址相同，也可以不同。
(8) 发货方式：根据销售发货单中常用的发货方式栏填写发货方式。
(9) 发货仓库：可以据实际情况填写。

3) 客户信用信息(图 2.9)

窗口项目说明：
(1) 应收余额：反映当前应收账款中客户所欠货款的余额，通常系统从相关资料中自动填写。
(2) 扣率：客户一般情况下可以享受的购货折扣率，可用于销售单据中折扣的默认取值。
(3) 信用等级：按照自行设定的信用等级分级方法，依据客户在应收款项方面的表现，确定客户的信用等级。
(4) 信用额度：客户可以享受的最大信用限额。
(5) 信用期限：作为计算客户超期应收款项的计算依据，其计量单位为"天"。

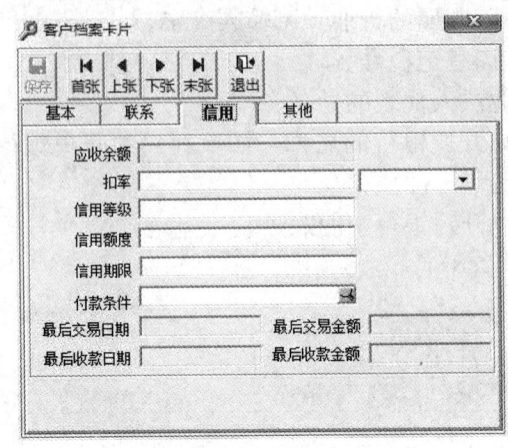

图 2.9 客户信用信息页

（6）付款条件：录入销售业务常用的付款条件，在日后填制销售单据时可据此快速录入。

（7）最后交易日期：由系统自动显示客户的最后一笔业务的交易日期，如该客户的最后一笔业务是开具一张销售发票，那么最后交易日期即为这张发票的日期。企业不能手工修改最后交易日期。

（8）最后交易金额：企业和客户进行最后一笔业务的交易金额，系统自动填写。

（9）最后收款日期：收取客户最后一笔款项的收款业务日期，系统自动填写。

（10）最后收款金额：收取客户最后一笔款项的金额，系统自动填写。

4) 客户其他信息（图 2.10）

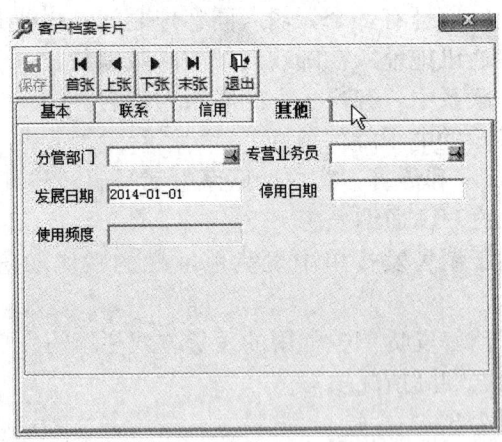

图 2.10 客户其他信息页

窗口项目说明：

（1）分管部门：本企业管理客户的部门。

（2）专营业务员：指定的负责联系客户人员。

（3）发展日期：企业和客户进行交易的最初日期，系统自动填写（但系统登录时间错误时可能造成相关业务无法处理）。

（4）停用日期：客户被停止使用的日期。

2.2 会计科目设置

在用友软件中,如果企业有外币业务,则设置会计科目前,应先进行外币核算设置。

2.2.1 外币核算设置

外币核算设置包括初始设置、每月的实际记账汇率设置。

1. 外币初始设置

外币初始设置的内容有外币名称、外币符号、记账使用的汇率选择(固定汇率和浮动汇率的选择)。

在用友 T3 业务处理窗口,依次单击菜单"基础设置"→"基础档案初始化"→"外币种类",进入"外币设置"窗口(图 2.11)。

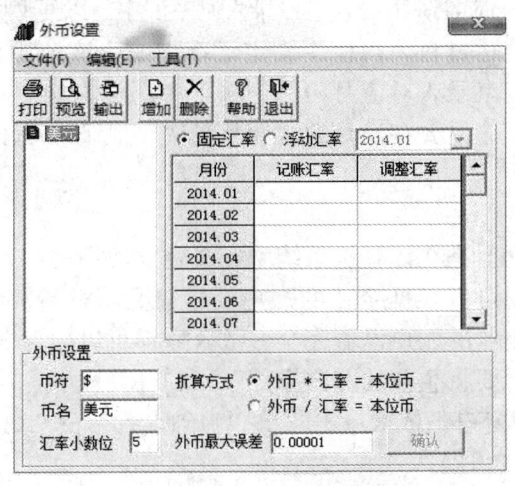

图 2.11 "外币设置"窗口

窗口项目说明:

(1) 固定汇率与浮动汇率:选中"固定汇率"单选按钮即可录入各月的月初汇率,选中"浮动汇率"单选按钮即可录入所选月份的每日汇率。

(2) 币符及币名:使用外币的符号及名称,如美元,币符为$,币名为美元。

(3) 汇率小数位:定义外币的汇率小数位数,系统默认为 5 位。

(4) 外币最大误差:在记账时,如果外币×(或/)汇率-本位币>外币最大误差,则系统给予提示,系统默认外币最大误差为 0.000 01,即不相等时就提示,如果企业希望在制单时不提供外币最大误差提示,可以将外币最大误差设为一个比较大的数值,如 1 000 000。

(5) 折算方式:分为直接汇率与间接汇率两种,企业可以根据外币的使用情况选定汇率的折算方式。

(6) 记账汇率:如果使用固定汇率,则记账汇率必须在月初输入相应汇率,否则制单时汇率为 0。

（7）调整汇率：即月末汇率，用于计算汇兑损益，应在月末计算汇兑损益前录入。

此处仅供录入固定汇率与浮动汇率，并不决定在制单时使用固定汇率还是浮动汇率，在"账簿选项"中的"汇率方式"的设置决定制单使用固定汇率还是浮动汇率。

（1）增加外币。单击"增加"按钮，输入新的外币及相关栏目，完成后，单击"确定"按钮保存信息。

（2）删除或修改外币。选中要删除的外币，单击"删除"按钮即可。如果要修改外币，可在外币设置各栏目中直接进行改动。外币被使用后，不能被删除。

2. 每月的实际记账汇率设置

每月的实际记账汇率，因记账汇率选择的不同而不同。对于使用固定汇率（即使用月初汇率）作为记账汇率的企业，每月在填制凭证前，应预先在外币设置窗口录入当月的记账汇率，否则在填制该月外币凭证时，会出现汇率为0的错误；对于使用变动汇率（即使用当日汇率）作为记账汇率的企业，在填制该日的凭证前，应预先录入当日的记账汇率。无论使用固定汇率还是浮动汇率，每月月末应在外币设置窗口录入调整汇率，以便调整当月汇兑损益。

本书案例中，洛阳利达材料公司使用固定汇率记账，该企业在每月填制记账凭证前，应首先将当月月初美元汇率录入对应月份"记账汇率"栏，如1月份的月初汇率6.9，而到月末结转汇兑损益时，还需要在当月的"调整汇率"栏录入月末汇率。

2.2.2 会计科目设置

设置会计科目，实际上是在计算机系统中定义企业使用的账户、账簿的核算要求。建账时若预装了会计科目，可以根据企业的账户设置情况，对预装的账户进行增加、插入、修改操作，使其最终和企业的账户设置完全一致，这样可以简化账户设置工作。若建账时没有预装会计科目，则需要将企业的账户全部录入到计算机中。

在用友T3业务处理窗口，依次单击菜单"基础设置"→"财务"→"会计科目"，弹出会计科目管理窗口（图2.12）。

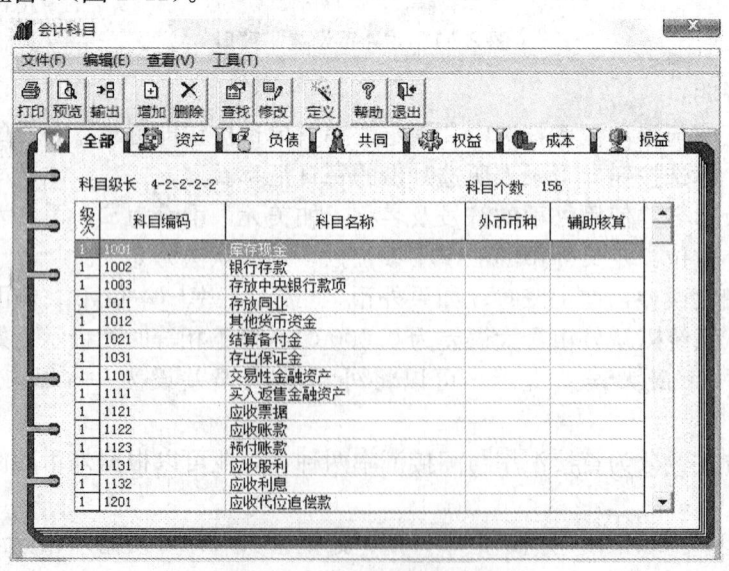

图2.12　会计科目管理窗口

1. 增加会计科目

在"会计科目"管理窗口，单击"增加"按钮，弹出"会计科目"设置对话框（图2.13）。

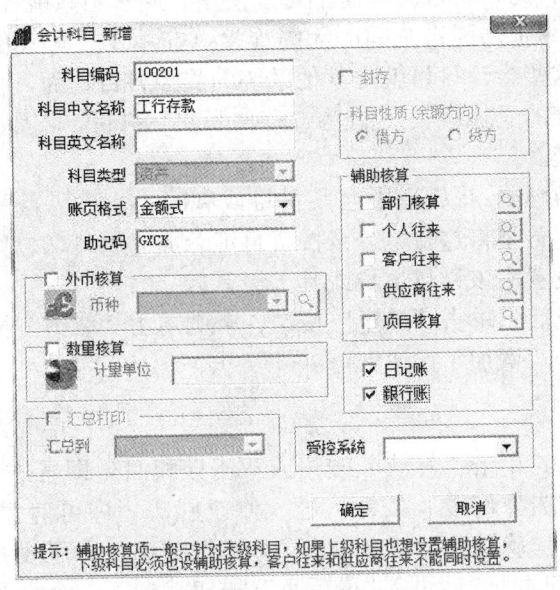

图2.13 "会计科目"设置对话框

对话框项目说明：

（1）科目编码：科目编码必须按其级次的上下次序建立，在没有录入上一级科目编码的情况下，在此无法直接录入二级科目编码。

（2）科目中文名称：会计科目名称。

（3）科目英文名称：外资企业可录入，多数国内企业不需录入。

（4）科目类型：即会计科目类别，资产、负债、共同、所有者权益、成本、损益，会计科目编码录入后，系统可以自动确认，无须手工输入。

（5）助记码：用于帮助记忆科目名称，由系统根据录入的科目名称自动生成。

（6）账页格式：该会计科目对应账簿的账页格式，可根据实际需要进行选择。

（7）辅助核算：实质上是企业特殊的明细核算。软件将这些特殊的明细核算分为部门核算、个人往来核算、客户往来核算、供应商往来核算、项目核算。

一个科目可同时设置两种辅助核算，如在建工程中的人工费用既要分部门核算，又要分工程项目核算，那么，可以同时设置部门核算和项目核算。

（8）其他辅助核算：用于说明本科目是否包含其他核算要求，如银行账、日记账等。一般情况下，"库存现金"科目要设为日记账，"银行存款"科目要设为银行账和日记账。

（9）科目性质（余额方向）：只能对一级科目设置科目性质，下级科目的科目性质与其一级科目的相同。已有余额数据的科目不能再修改。

（10）外币核算：用于设定该科目核算的是否有外币核算，以及核算的外币币名。一个科目只能核算一种外币，包含有外币核算要求的科目必须设定外币币名，如果此科目核算的外币币种没有定义，可以点取外币币种下拉列表框旁边的"参照"按钮，进入"汇率管理"中进行定义。

(11) 数量核算：用于设定该科目是否有数量核算，以及数量计量单位。计量单位可以是任何汉字或字符，如千克、件、吨等。

(12) 封存：被封存的科目在制单时不可以使用。此选项只能在科目修改时进行设置。

(13) 受控系统：为了加强系统间的无缝连接，在用友公司其他系统中也可以使用账务系统的会计科目。这些会计科目就是其他系统的受控科目，而其他系统为该科目的受控系统。例如，应收系统的受控科目可能是"应收账款"科目，"固定资产"科目的受控系统可能是固定资产系统。

(14) 汇总打印：在同一张凭证中当某科目或有同一上级科目的末级科目有多笔同方向的分录时，如果我们希望将这几笔分录按科目汇总成一笔打印，则需要将该科目设置汇总打印，汇总的科目设置成该科目本身或其上级科目。

上述项目输入完成后，单击"确定"按钮，否则单击"取消"按钮，放弃此次设置。如继续增加，单击"增加"按钮即可。

2. 修改会计科目

选择要修改的科目，单击"修改"按钮或双击该科目，即可进入会计科目修改界面。在修改界面中，再次单击"修改"按钮，进入修改状态，即可对需要修改的项目进行调整，修改完毕后，单击"确认"按钮；单击"取消"按钮，即可放弃修改。如果要继续修改，单击"第一页""前页""后页""最后页"按钮找到下一个需要修改的科目，重复上述步骤即可。

在一个会计科目已设置了下级科目的情况下，科目编码无法直接修改，如果必须修改其编码时，需先删除其所有的下级科目后方可修改。

如果已编制的记账凭证包含有某一科目或某科目已录入期初余额，则不能删除；如果这样的科目必须修改时，则应先删除含有该科目的凭证，并将该科目及其下级科目余额清零，再行修改。

3. 指定现金、银行科目

该功能是为了能够在"出纳"模块中查询相应的日记账，换而言之，若不进行这一指定业务设置，在总账的"出纳"模块中就无法正常查询现金、银行存款日记账。

【操作步骤】

(1) 在"会计科目"设置窗口，依次单击菜单"编辑"→"指定科目"，弹出"指定科目"对话框(图 2.14)。

(2) 在"指定科目"对话框，选中对话框左侧的"现金总账科目"单选按钮；从中间的"待选科目"列表框中选取"1001 库存现金"科目；再单击">"按钮，对话框右侧"已选科目"列表框中显示"1001 库存现金"科目。

(3) 在"指定科目"对话框，选中对话框左侧的"银行总账科目"单选按钮；从中间的"待选科目"列表框中选取"1002 银行存款"科目；再单击">"按钮，对话框右侧"已选科目"列表框中显示"1002 银行存款"科目。

(4) 现金、银行存款的总账科目，选择完毕后，单击"确认"按钮即可。

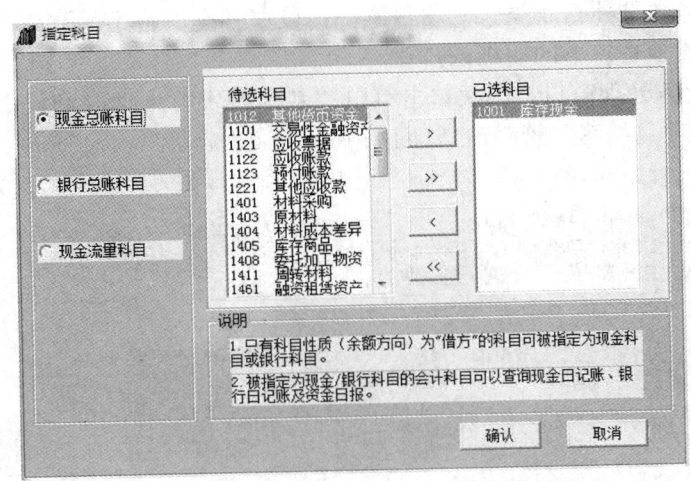

图 2.14 "指定科目"对话框

4. 定义科目自由项

科目自由项是由企业在会计科目处自由设置,并在填制凭证时自由录入的科目辅助信息项。在填制凭证时,除了摘要、科目、金额等主要信息外,还有许多辅助信息来说明此项业务的情况,如科目为部门核算科目,则可以录入此项业务发生的部门。辅助信息可以通过设置辅助账类实现,也可根据实际情况,录入其他信息,如"固定资产"科目增加时,希望录入其增加方式,录入库存商品时,希望录入其出入库方式等。这些信息不是凭证的主要信息,无法设定其辅助账类,但在制单时又希望录入这些信息,并在查询时可以统计,故可通过定义科目自由项实现。

2.3 项目档案管理、凭证类别和结算方式

2.3.1 项目档案管理

项目核算实质上是在设置一种特殊的明细核算。在科目设置中,如果有科目设置了项目辅助核算,在此就需要进一步做相应的延续设置。

项目具有专门的经营对象或核算对象,如企业的产品成本核算对象,即可认为是项目;施工企业的施工项目,也可被认为是一种项目。项目的特点是围绕一个专门的对象,将所有发生在该对象身上的各种收支以专项辅助账的形式进行归集核算。

在信息化会计中,项目核算是一种特殊的辅助核算。项目档案管理实际上是设置这些特殊明细核算的科目。当一个企业的项目核算种类较多时,可以将具有相同特性的一类项目定义成一个项目大类,对这些项目进行分类管理。

项目档案设置,可分为5个步骤:①定义项目类别,即告诉计算机企业的项目类别及名称是什么;②指定核算科目,即将设置有项目核算的会计科目分别归入相应的项目类别;③定义项目结构,指在项目核算基础上,系统中需要添加的项目管理信息(从数据库管理的角度来看,这是在修改存储项目信息的一个数据库结构);④定义项目分类,即设

置各项目大类所包含的项目小类；⑤项目维护，设置各类项目中的具体项目名称及相关信息，其实质是设置项目核算的明细账户。

在用友 T3 业务处理窗口，依次单击菜单"基础设置"→"基础档案初始化"→"项目档案"，弹出"项目档案"管理窗口（图 2.15）。

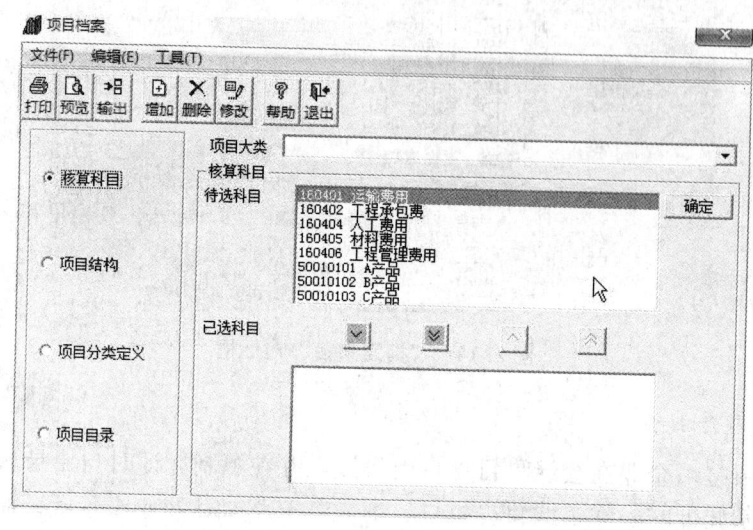

图 2.15 "项目档案"管理窗口

1. 项目大类管理

本功能可设定企业核算项目的一级类别，如将企业的第一大类项目设为产品成本核算，第二类项目设为在建工程成本核算等，并且每一种类项目核算的内容可不同。

【操作步骤】

（1）在项目档案窗口，单击"增加"按钮，显示项目大类向导一（图 2.16），即选择项目大类属性。

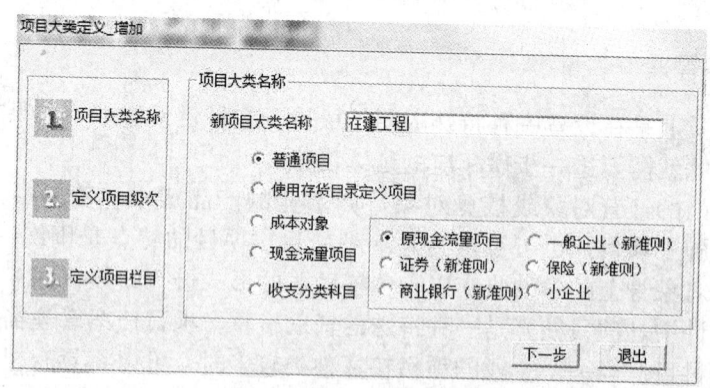

图 2.16 项目大类管理向导一

窗口项目说明：

① 普通项目：企业所需的一般项目核算。

② 使用存货目录定义项目：使用了用友软件的存货核算系统可选择。

③ 成本对象：结合用友软件的成本核算系统使用。
④ 现金流量项目：为编制现金流量表而建立的项目。
⑤ 收支分类科目：供特殊类的项目核算使用。
(2) 单击"下一步"按钮，显示增加项目大类向导二(图2.17)，即定义项目级次。

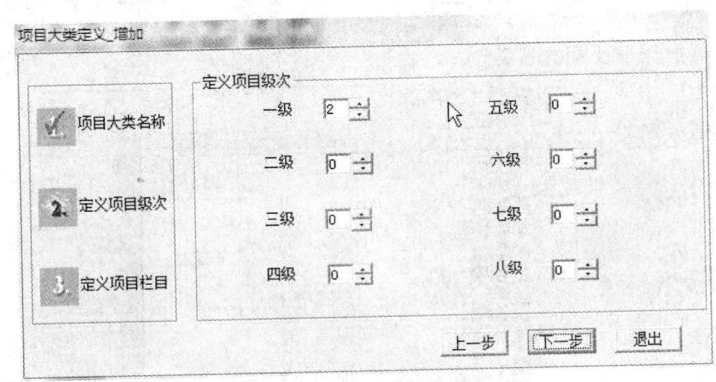

图2.17 项目大类管理向导二

项目大类级次最多可定义8级，代码总长不能超过22位，每一级代码最多可定义9位。本教材的试验定义为一级2位，二级以下均为0。

(3) 单击"下一步"按钮显示增加项目大类向导三(参考图2.18、图2.19)，即修改或重新定义项目信息管理的内容构成。操作方法参见下面所述的"项目栏目结构"。

(4) 单击"完成"按钮，完成项目大类定义。

如果需要修改项目大类名称、项目级次、项目栏目等项目大类的相关信息，可单击"修改"按钮，进入项目大类修改向导，即可进行修改。若某项目大类已定义项目目录，则不能删除。

2. 指定核算科目

指定核算科目是将企业含有项目核算的会计科目在此按要求进行分类。如将生产成本下"A产品"指定为生产成本项目大类的科目，将在建工程下的"管理费用"科目指定为在建工程项目大类的科目等。

【操作步骤】

(1) 在图2.15所示窗口，选定项目大类，如选择"在建工程"大类。

(2) 在右侧"待选科目"列表框中选择准备归类的会计科目，如"160401 运输费用"。

(3) 单击中间的"∨"按钮，将上述选项中的会计科目调整到"已选科目"列表框一方。

(4) 重复(2)、(3)步骤，将某一项目大类下的会计科目全部选定。

(5) 单击"确定"按钮，保存设置结果。

3. 项目栏目结构

项目栏目定义实质上是修改数据表中栏目(字段)定义。一个项目除会计核算需要的信息外，有时还应加管理上需要的数据，如在建工程，除核算上要求有项目编号、项目名称、是否结算、所属分类码这些分类信息外，还需要工程负责人、开工时间、总预算、施工单位、施工监理、竣工时间等管理方面的信息。当项目大类定义完成后，选中项目档案管理窗口上的"项目结构"单选按钮，则出现项目结构处理窗口(图2.18)。

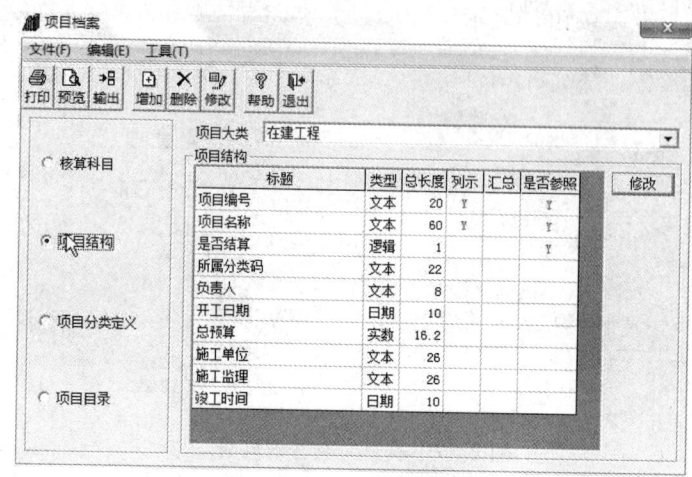

图2.18　项目结构处理窗口

窗口项目说明：

（1）标题：添加信息的字段名，一般可用汉字和字母。

（2）类型：添加字段的数据类型，包括符型、整数型、实数型、日期型。

（3）总长度：添加字段的长度。

单击"增加"按钮，可定义标题名称，数据类型等；单击"删除"按钮，则删除当前光标所在的记录行，已输入数据的栏目最好不要删除，否则这些栏目的数据将无法再查到。

系统默认四个栏目：项目编号、项目名称、是否结算、所属分类码，这些是项目核算所必需的栏目，不得删除，但可以修改"项目名称"，如改为产品名称、工程名称等。如项目管理需扩充其他信息，可重新定义项目栏目结构。

单击"修改"按钮或双击栏目结构一览表，即弹出项目结构修改对话框(图2.19)。在该窗口可以设定当前项目大类的栏目结构。图2.19中的"负责人"、"开工日期"等字段，都是本书依据后续实例的需要添加上去的。

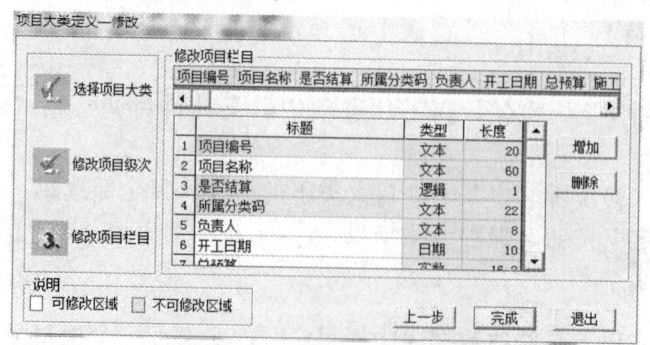

图2.19　项目结构修改对话框

4. 定义项目分类

该功能就是对特定项目大类下的项目进一步分类。选中"项目分类定义"单选按钮后,弹出项目分类窗口(图 2.20)。

单击其中"增加"按钮,可输入项目"分类编码"和"分类名称"。

单击"确定"按钮,保存当前增加或修改的项目分类定义。

要删除项目分类,可全选择项目分类,单击"删除"按钮,可删除该项目分类。

若要修改项目分类,单击该项目分类,在右边的文本框中直接修改后,单击"确定"按钮保存。

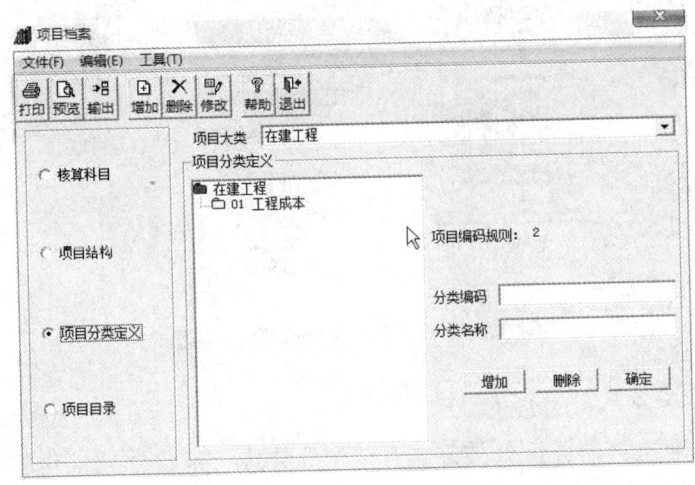

图 2.20　项目分类定义窗口

5. 项目目录

在项目档案管理窗口选中"项目目录"单选按钮,系统将列出所选项目大类下的所有项目。单击"维护"按钮,进入"项目目录维护"窗口(图 2.21),在此可增加、删除和修改项目目录。

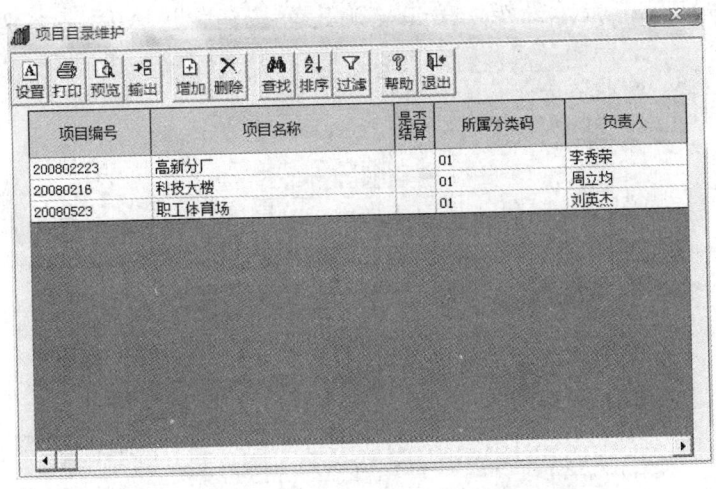

图 2.21　"项目目录维护"窗口

2.3.2 企业凭证分类

许多单位为了便于管理和记账方便，一般对记账凭证进行分类编制，但各单位的分类方法不尽相同，所以系统提供了"凭证分类"功能，企业完全可以按照企业的需要对凭证进行分类设置。

第一次操作时，在用友 T3 业务处理窗口，依次单击菜单"基础设置"→"财务"→"凭证类别"，即弹出"凭证类别预置"对话框（图 2.22），选择企业的凭证分类方式。

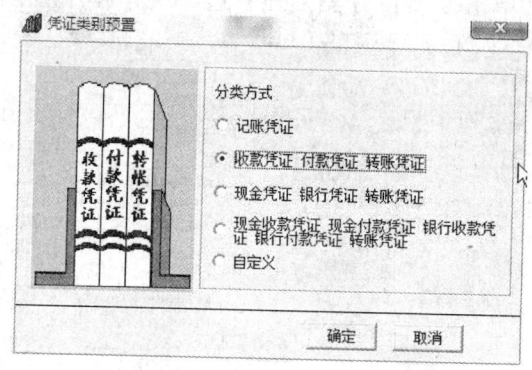

图 2.22 "凭证类别预置"对话框

1. 选择凭证分类方式

系统提供给企业选择的凭证分类方式有"记账凭证"、"收款凭证 付款凭证 转账凭证"、"现金凭证 银行凭证 转账凭证"、"现金收款凭证 现金付款凭证 银行收款凭证 银行付款凭证 转账凭证"、"自定义凭证"。

企业可按需要进行选择，选择后发现有误，可进行修改。若选中"自定义"单选按钮则完全由企业自行设置凭证分类。当选择了分类方式后，则进入凭证类别设置，系统将按照所选的分类方式对凭证类别进行预置。

本书案例中选择第二项，即企业记账凭证分为"收款凭证 付款凭证 转账凭证"。

记账凭证分类方式选择完毕，单击"确定"按钮，进入凭证类别限制设置窗口（图 2.23）。

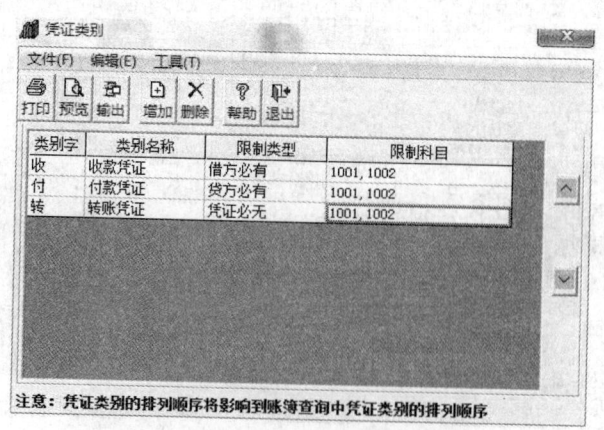

图 2.23 "凭证类别限制"设置窗口

2. 设置凭证类别限制

某些类别的凭证在制单时对科目有一定限制，通过设置凭证限制可以减少制单中的错误。系统有5种限制类型供选择。

（1）借方必有：制单时，此类凭证借方至少出现一个被限制科目。
（2）贷方必有：制单时，此类凭证贷方至少出现一个被限制科目。
（3）凭证必有：制单时，此类凭证借方或贷方至少出现一个被限制科目。
（4）凭证必无：制单时，此类凭证无论借方还是贷方不可出现一个被限制科目。
（5）无限制：制单时，此类凭证可使用所有合法的科目。

限制科目可以是任意级次的科目，输入多个限制科目时，科目之间用英文格式的逗号分隔。若有科目限制，则至少要输入一个限制科目。若限制类型选中"无限制"选项，则不能输入限制科目。

若限制科目为非末级科目，则在制单时，其所有下级科目都将受到同样的限制。如凭证分类选择"收款凭证"、"付款凭证"和"转账凭证"，"转账凭证"的限制为凭证必无"1002"科目，而"1002"科目下有"100201"、"100202"两个下级科目，那么，在填制转账凭证时，将不能使用"100201"、"100202"的所有科目。

以下结合本书案例说明操作方法。

【操作步骤】
（1）在凭证类别限制设置窗口，单击工具栏中的"修改"按钮。
（2）单击第一行(收款凭证)，第三栏(限制类型)，选择"借方必有"。
（3）在同一行的"限制科目"栏，输入"1001，1002"。
（4）重复(2)、(3)步骤，设置付款凭证、转账凭证相应的限制类型和限制科目。
（5）完成后退出本窗口。

2.3.3　银行结算方式设置

该功能用来建立和管理企业在经营活动中所涉及的结算方式，如现金结算、支票结算等。结算方式目录定义后，填制凭证时，就可以利用参照功能输入结算方式，不但速度快、准确，而且能保证结算方式登记的规范和统一。

在用友T3业务处理窗口，依次单击菜单"基础设置"→"基础档案初始化"→"结算方式"，即可进入"结算方式"管理窗口(图2.24)。

窗口项目说明：

（1）结算方式编码：应按照结算方式编码级次的先后顺序进行录入。结算方式编码可以用数字0～9或字符A～Z表示。
（2）结算方式名称：不可重复录入。结算方式名称最多可写6个汉字或12个字符。
（3）票据管理标志：某种结算方式如果在"票据管理标志"复选框中打上对号，则能够对该票据的借出与报销在计算机上实行关联的登记管理。

① 增加结算方式。单击"增加"按钮，界面的右边部分，也即结算方式所包括的各项内容便被激活，可根据自己企业的实际情况，在相应栏目中输入适当内容。

② 保存结果。一种结算方式输入完毕后，单击"保存"按钮，存储结果，并在左边部分的树形结构中添加和显示。

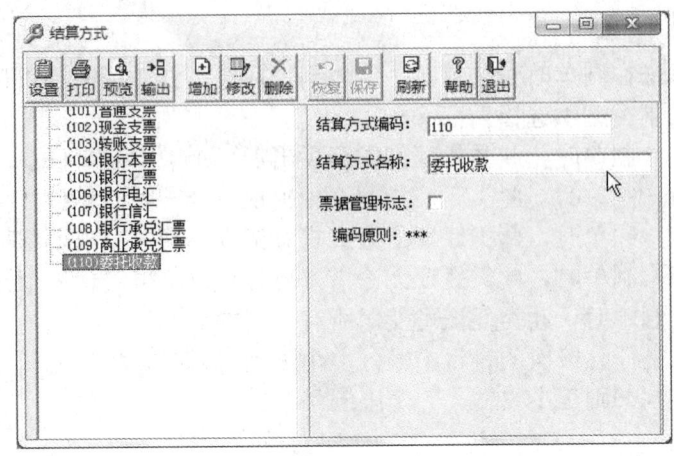

图 2.24 "结算方式"管理窗口

③ 修改结算方式。可先在窗口左侧选择要修改的结算方式,然后单击"修改"按钮,便可对窗口右侧显示的结算方式内容进行修改。

④ 删除结算方式。可先选择要删除的结算方式,然后单击"删除"按钮。结算方式一旦被引用,便不能进行修改和删除的操作。

2.3.4 常用摘要设置

对一个企业来说,可能每个月会发生数千笔业务,需要填制数千张记账凭证,如果从制单的角度出发进行分析,就会发现这些业务有许多雷同或相似,尤其是凭证的摘要内容。如果将这些经常出现的摘要事先存起来,在制单的时候能方便地调出来或稍加修改,可作为当前凭证的摘要,必将加快制单的速度,提高效率和规范性。

常用记账凭证摘要,可以依据本企业历史资料进行整理。录入系统后,制单时可快速引用已录入的摘要内容,以加快制单速度。

【操作步骤】

在用友 T3 业务处理窗口,依次单击菜单"总账"→"凭证"→"常用摘要",即弹出"常用摘要"定义窗口(图 2.25)。

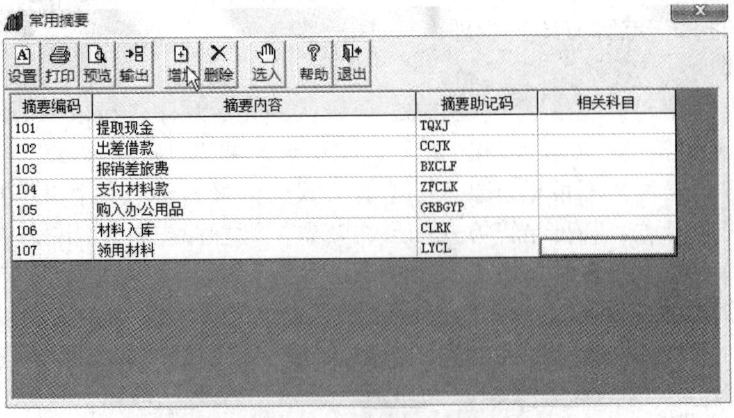

图 2.25 "常用摘要"定义窗口

该功能可以录入编号、摘要内容、相关科目等。常用摘要编码是调用常用摘要的依据，不能重复输入，也不能为空。如果某条常用摘要对应某科目，则可在“相关科目”处输入，那么，在填制凭证时，在调用常用摘要的同时，该科目也被调入，提高了凭证录入效率。

2.4 账务处理中的其他初始化

本节主要介绍用友软件中总账系统初始化的相关设置，主要包括期初余额录入、账套参数选择和常用凭证设置等内容。

2.4.1 期初余额录入

当会计科目和项目档案等设置完成后，即可录入账户余额。在用友T3业务处理窗口，依次单击菜单“总账”→“设置”→“期初余额”，即弹出“期初余额录入”窗口（图2.26）。

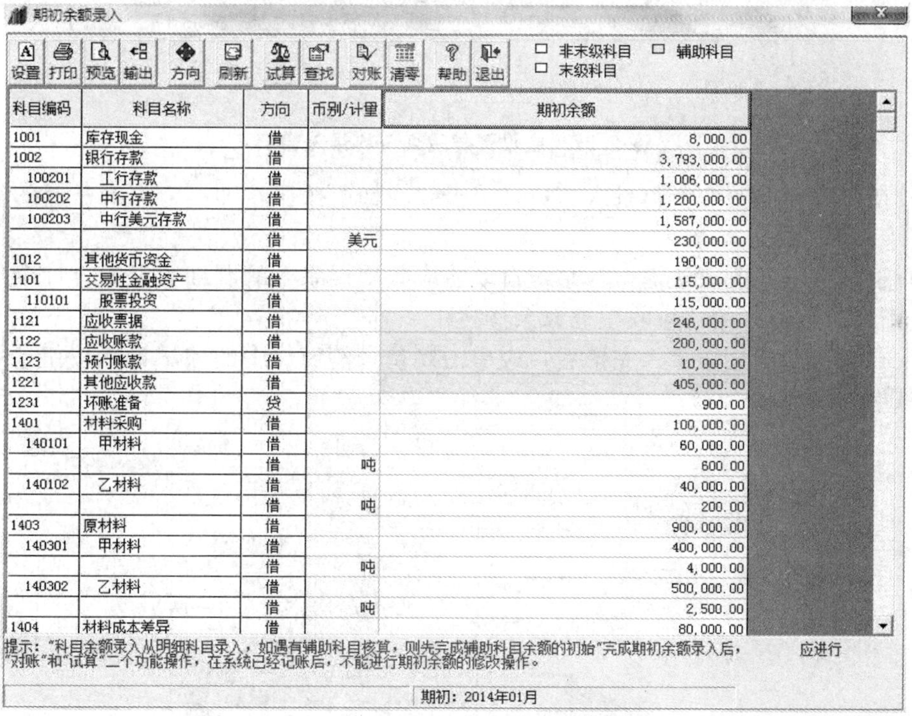

科目编码	科目名称	方向	币别/计量	期初余额
1001	库存现金	借		8,000.00
1002	银行存款	借		3,793,000.00
100201	工行存款	借		1,006,000.00
100202	中行存款	借		1,200,000.00
100203	中行美元存款	借		1,587,000.00
		借	美元	230,000.00
1012	其他货币资金	借		190,000.00
1101	交易性金融资产	借		115,000.00
110101	股票投资	借		115,000.00
1121	应收票据	借		246,000.00
1122	应收账款	借		200,000.00
1123	预付账款	借		10,000.00
1221	其他应收款	借		405,000.00
1231	坏账准备	贷		900.00
1401	材料采购	借		100,000.00
140101	甲材料	借		60,000.00
		借	吨	600.00
140102	乙材料	借		40,000.00
		借	吨	200.00
1403	原材料	借		900,000.00
140301	甲材料	借		400,000.00
		借	吨	4,000.00
140302	乙材料	借		500,000.00
		借	吨	2,500.00
1404	材料成本差异	借		80,000.00

图2.26 “期初余额录入”窗口

余额录入具体方法可分为以下几种情况：

（1）录入末级科目的余额，非末级会计科目余额不需直接录入，系统可自动计算得出。一般末级科目余额可在其对应栏目直接输入数据。

（2）数量、外币核算的科目，必须先录入本币余额，再录入数量余额及外币余额。

（3）对含有客户往来等辅助核算的会计科目，应双击其期初余额栏，进入明细数据处理窗口才能录入。在此仅以“应收票据”科目为例说明含有辅助核算的会计科目的余额录入方法。

【操作步骤】

（1）在期初余额录入窗口，双击"应收票据"栏的期初余额，弹出应收票据明细资料录入窗口（图 2.27）。

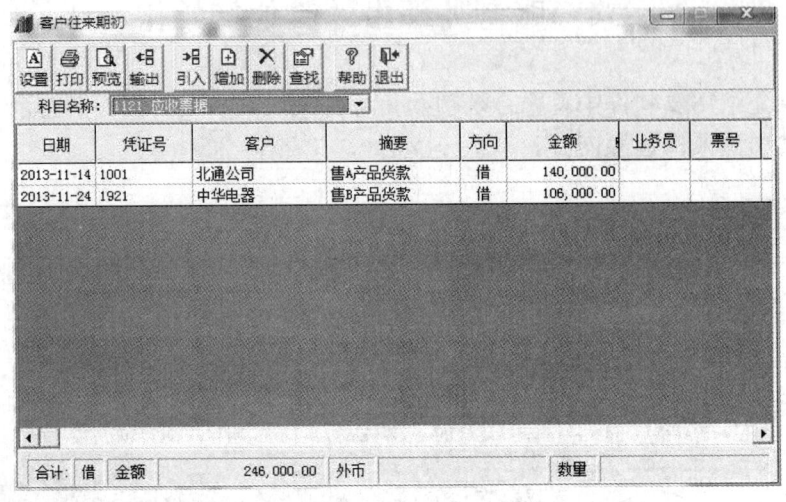

图 2.27　应收票据明细资料录入窗口

（2）在应收票据明细资料录入窗口，单击"增加"按钮，即可依据准备好的数据逐项录入。

（3）录入完毕，退出该窗口，系统自动将应收票据录入的明细数据的合计金额列示在"期初余额"录入窗口的"应收票据"余额栏中。

在所有科目期初余额录入完毕后，应单击期初余额窗口中的"试算"按钮，系统弹出期初试算平衡表（图 2.28）。

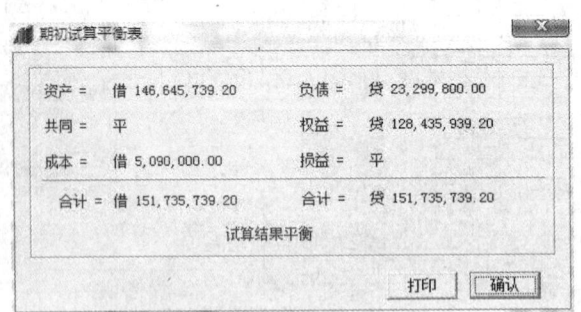

图 2.28　期初试算平衡表

如图 2.28 显示"试算结果平衡"表明录入数据无误；若显示"试算结果不平衡"表明录入数据有误，应当查出错误所在并予以更正。

2.4.2　账套参数设置

系统在建立新的账套后由于具体情况需要或业务变更，造成一些账套信息与核算内容不符，可以通过此功能进行账套参数调整和查看。它可以对"凭证"、"账簿"、"会计日历"、"其他"4 部分内容的操作控制选项进行修改。

在用友 T3 业务处理窗口，依次单击菜单"总账"→"设置"→"选项"，即弹出账套参数设置对话框(图 2.29)。

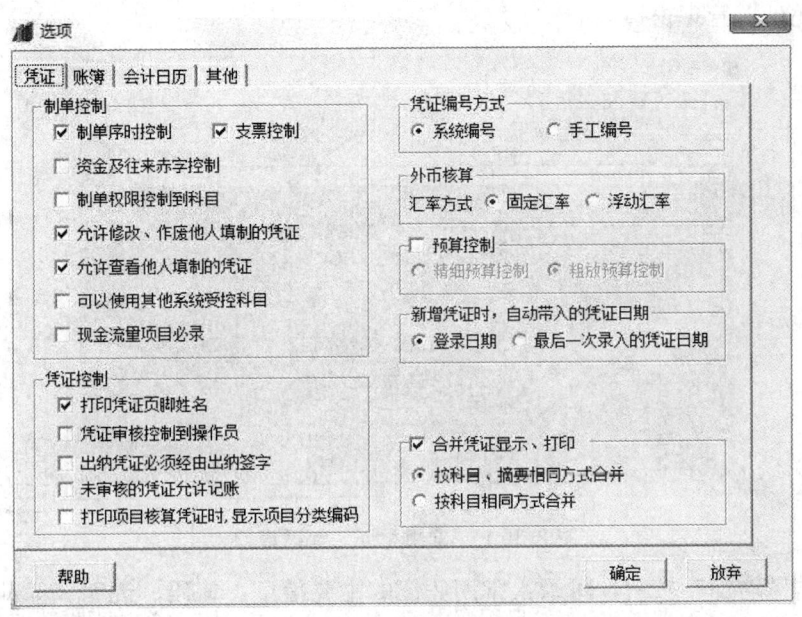

图 2.29　账套参数设置对话框

(1)"凭证"页主要包括制单控制、凭证控制、凭证编号方式、预算控制等方面的设置。

① 制单控制：主要设置在填制凭证时，系统应对哪些操作进行控制。

② 凭证控制：主要设置凭证的相关权限控制及打印设置的选择。

③ 凭证编号方式：系统在"填制凭证"功能中一般按照凭证类别按月自动编制凭证编号，即"系统编号"，但有的企业需要系统允许在制单时手工录入凭证编号，即"手工编号"。

④ 预算控制：该选项从财务分析系统取数，选中该项，则制单时，当某一科目下的实际发生数导致多个科目及辅助项的发生数及余额总数超过预算数与报警数的差额，则报警。注意报警只针对总账的凭证。

(2)"账簿"页主要包括打印位数宽度、明细账(日记账、多栏账)打印输出方式、凭证和账簿套打、凭证、正式账每页打印行数、明细账查询权限控制到科目、制单、辅助账查询控制到辅助核算等方面的设置。

(3)"会计日历"页，可查看各会计期间的起始日期与结束日期，以及启用会计年度和启用日期。此处仅能查看会计日历的信息，如需修改请到系统管理中进行。

(4)"其他"页，主要包括数量小数位、单价小数位、本位币精度、部门排序方式、个人排序方式、项目排序方式、打印设置按客户端保存等方面的设置。

2.4.3　常用会计凭证设置

在会计业务中，经常会有许多分录完全相同或部分相同。"常用凭证"提供的是常用会计凭证的模板，在调用常用凭证后，仍可做修改，使其符合当时会计业务需要。

【操作步骤】

(1) 在用友 T3 业务处理窗口，依次单击菜单"总账"→"凭证"→"常用凭证"，即弹出"常用凭证"管理窗口(图 2.30)。

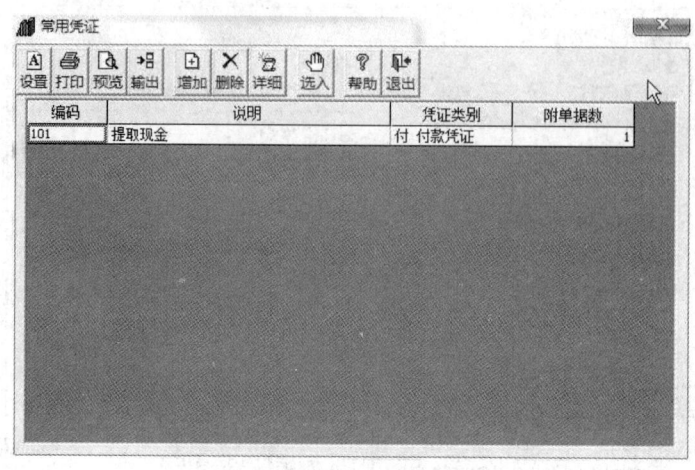

图 2.30 "常用凭证"管理窗口

(2) 单击"增加"按钮，可录入常用凭证的主要信息：编码、说明、凭证类别、附单据数。编码是常用凭证的序列号，并非正式凭证编号，说明可以与业务摘要相同。单击"删除"按钮即删除当前行的常用凭证。

(3) 单击"详细"按钮或按 F8 键可对常用凭证的凭证分录内容进行定义(图 2.31)。单击"编码"下拉列表框选择，可切换到其他常用凭证。

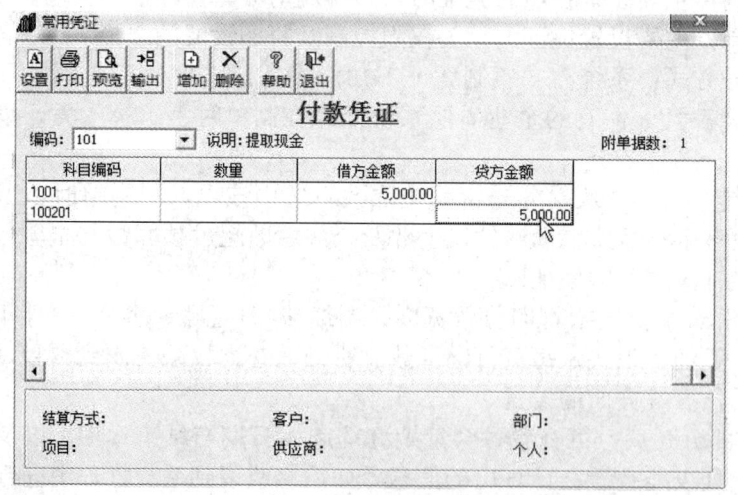

图 2.31 "凭证内容定义"窗口

录入分录时，必须输入摘要和会计科目，若有辅助核算，则另外弹出窗口供录入辅助核算信息。若要修改辅助信息，可双击凭证下方的辅助信息，在辅助信息录入窗口中修改。如果借、贷方金额或辅助信息在定义常用凭证时无法确定，则可不输入。

本章小结

信息化会计中，账套初始化的作用和手工会计的会计制度设计相同，但内容上稍有差别。总初始化是整个账套初始化的基础和核心，其中，部门信息管理、职员档案管理、客户及供应商档案管理、项目档案管理、银行存款的结算方式设置、常用摘要设置、常用会计凭证设置等为信息化会计的特有内容，是手工会计所没有的，而外币核算设置、会计科目设置、企业的凭证分类、期初余额录入等，是手工会计中也不可缺少的内容。

业务实训 2 账务处理初始化

一、洛阳利达材料公司部门信息录入

注意事项：部门负责人信息无法直接录入，应在职员档案录入后，通过修改部门档案的方式加入各部门负责人的数据。

本章业务处理日期，建议选用 2014 年 1 月 1 日

洛阳利达材料公司部门信息一览表见表 2-1。

表 2-1 洛阳利达材料公司部门信息一览表

部门编码	部门名称	负 责 人	部门属性
10101	生产一车间	赵颖	生产部门
10102	生产二车间	李红	生产部门
10103	生产三车间	赵则名	生产部门
10104	机修车间	杨阳	生产部门
10105	科研技术部	何涛	生产部门
10106	生产经营部	朱五强	生产部门
10107	基本建设部	李其后	生产部门
10201	销售部	彰化	管理部门
10202	设备管理部	王琦	管理部门
10203	公司总务部	张刚	管理部门
10204	材料物资部	郭飞	管理部门
10205	职工教育部	李明	管理部门
10206	财务部	李伟	管理部门
10207	后勤服务部	黄氏普	管理部门
10208	人力资源部	宫成玮	管理部门

二、洛阳利达材料公司职工档案

洛阳利达材料公司职工档案见表2-2。

表2-2 洛阳利达材料公司职工一览表

职员编号	姓 名	所属部门	职员属性
1010101	赵颖	生产一车间	管理人员
1010102	黄容	生产一车间	生产工人
1010103	李兵	生产一车间	生产工人
1010201	李红	生产二车间	管理人员
1010202	张卫国	生产二车间	生产工人
1010301	赵则名	生产三车间	管理人员
1010302	梁文书	生产三车间	生产工人
1010303	张丙杰	生产三车间	生产工人
1010304	王科	生产三车间	生产工人
1010401	杨阳	机修车间	管理人员
1010501	何涛	科研技术部	管理人员
1010601	朱五强	生产经营部	管理人员
1010701	李其后	基本建设部	管理人员
1010702	李秀荣	基本建设部	管理人员
1010703	刘英杰	基本建设部	管理人员
1010704	周立均	基本建设部	管理人员
1020101	彰化	销售部	管理人员
1020102	郭东风	销售部	管理人员
1020103	郭向阳	销售部	其他人员
1020201	王琦	设备管理部	管理人员
1020202	张大海	设备管理部	管理人员
1020203	王登封	设备管理部	其他人员
1020301	张刚	公司总务部	管理人员
1020401	郭飞	材料物资部	管理人员
1020501	李明	职工教育部	管理人员
1020601	李伟	财务部	管理人员
1020602	张启	财务部	管理人员
1020603	宗玲	财务部	管理人员
1020701	黄氏普	后勤服务部	管理人员

续表

职员编号	姓名	所属部门	职员属性
1020702	王美	后勤服务部	其他人员
1020703	姚进	后勤服务部	其他人员
1020801	宫成玮	人力资源部	管理人员

三、洛阳利达材料公司客户、供应商信息录入

洛阳利达材料公司客户信息见表2-3。

表2-3 洛阳利达材料公司客户信息一览表

客户编号	客户名称	客户简称	手机
20102001	北方通用公司	北通公司	
20102002	东方轴承公司	东方轴承	
20102003	中华电器公司	中华电器	
20102004	合肥白马电器公司	合肥电器	
20102005	洛阳红星集团	红星集团	

表2-4 洛阳利达材料公司供应商信息一览表

供应商编号	供应商名称	简称	到货地址
40101001	东方轴承公司	东方轴承	
40101002	中华电器公司	中华电器	
40101003	合肥白马电器公司	合肥电器	
40101004	洛阳红星集团	红星集团	

四、洛阳利达材料公司的外币、会计科目设置

1. 外币设置

外币符号：$；外币币名：美元；外币记账：固定汇率。

2. 按下表要求设置会计科目

洛阳利达材料公司会计科目见表2-5。

表2-5 洛阳利达材料公司会计科目一览表

类别	级次	科目编码	科目名称	计量单位	外币名称	账页格式	辅助账类
资产	1	1001	库存现金			金额式	日记账
资产	1	1002	银行存款			金额式	
资产	2	100201	工行存款			金额式	日记、银行
资产	2	100202	中行存款			金额式	日记、银行
资产	2	100203	中行美元存款		美元	外币金额式	日记、银行

续表

类别	级次	科目编码	科目名称	计量单位	外币名称	账页格式	辅助账类
资产	1	1012	其他货币资金			金额式	
资产	1	1101	交易性融资资产			金额式	
资产	2	110101	股票投资			金额式	
资产	1	1121	应收票据			金额式	客户往来
资产	1	1122	应收账款			金额式	客户、部门
资产	1	1123	预付账款			金额式	供应商往来
资产	1	1221	其他应收款			金额式	个人往来
资产	1	1231	坏账准备			金额式	
资产	1	1401	材料采购			金额式	
资产	2	140101	甲材料	吨		数量金额式	
资产	2	140102	乙材料	吨		数量金额式	
资产	1	1403	原材料			金额式	
资产	2	140301	甲材料	吨		数量金额式	
资产	2	140302	乙材料	吨		数量金额式	
资产	1	1404	材料成本差异			金额式	
资产	1	1405	库存商品			金额式	
资产	2	140501	A产品	吨		数量金额式	
资产	2	140502	B产品	吨		数量金额式	
资产	2	140503	C产品	吨		数量金额式	
资产	1	1408	委托加工物资			金额式	
资产	1	1411	周转材料			金额式	
资产	1	1461	融资租赁资产			金额式	
资产	1	1471	存货跌价准备			金额式	
资产	1	1511	长期股权投资			金额式	
资产	1	1512	长期股权投资减值准备			金额式	
资产	1	1601	固定资产			金额式	
资产	1	1602	累计折旧			金额式	
资产	1	1603	固定资产减值准备			金额式	
资产	1	1604	在建工程			金额式	
资产	2	160401	运输费用			金额式	部门、项目
资产	2	160402	工程承包费			金额式	部门、项目

续表

类别	级次	科目编码	科目名称	计量单位	外币名称	账页格式	辅助账类
资产	2	160404	人工费用			金额式	部门、项目
资产	2	160405	材料费用			金额式	部门、项目
资产	2	160406	工程管理费用			金额式	部门、项目
资产	1	1606	固定资产清理			金额式	
资产	1	1701	无形资产			金额式	
资产	1	1801	长期待摊费用			金额式	
资产	1	1901	待处理财产损溢			金额式	
资产	2	190101	待处理流动资产损溢			金额式	
资产	2	190102	待处理固定资产损益			金额式	
负债	1	2001	短期借款			金额式	
负债	2	200101	经营借款			金额式	
负债	2	200102	新产品开发借款			金额式	
负债	1	2201	应付票据			金额式	供应商往来
负债	1	2202	应付账款			金额式	部门、供应商
负债	1	2203	预收账款			金额式	客户往来
负债	1	2211	应付职工薪酬			金额式	
负债	2	221101	应付工资			金额式	
负债	2	221102	应付福利费			金额式	
负债	1	2221	应交税费			金额式	
负债	2	222101	应交增值税			金额式	
负债	3	22210101	进项税额			金额式	
负债	3	22210102	已交税金			金额式	
负债	3	22210105	销项税额			金额式	
负债	3	22210107	进项税额转出			金额式	
负债	2	222103	应交营业税			金额式	
负债	2	222106	应交所得税			金额式	
负债	2	222108	应交城市维护建设税			金额式	
负债	2	222113	应交个人所得税			金额式	
负债	1	2241	其他应付款			金额式	
负债	2	224101	应付保险金			金额式	
负债	2	224102	应付租赁费			金额式	

续表

类别	级次	科目编码	科目名称	计量单位	外币名称	账页格式	辅助账类
负债	1	2501	长期借款			金额式	
负债	2	250101	技术改造借款			金额式	
负债	1	2502	应付债券			金额式	
负债	2	250201	债券面值			金额式	
负债	2	250202	应计利息			金额式	
负债	1	2701	长期应付款			金额式	
权益	1	4001	实收资本			金额式	
权益	1	4002	资本公积			金额式	
权益	1	4101	盈余公积			金额式	
权益	2	410101	法定盈余公积			金额式	
权益	1	4103	本年利润			金额式	
权益	1	4104	利润分配			金额式	
权益	2	410402	提取法定盈余公积			金额式	
权益	2	410410	应付利润			金额式	
权益	2	410415	未分配利润			金额式	
成本	1	5001	生产成本			金额式	
成本	2	500101	基本生产成本			金额式	
成本	3	50010101	A产品	吨		数量金额式	项目
成本	3	50010102	B产品	吨		数量金额式	项目
成本	3	50010103	C产品	吨		数量金额式	项目
成本	2	500102	辅助生产成本			金额式	
成本	1	5101	制造费用			金额式	
成本	2	510101	车间管理工资			金额式	
成本	2	510102	车间折旧费用			金额式	
成本	2	510104	低值易耗品摊销			金额式	
成本	2	510105	物料消耗			金额式	
成本	2	510106	修理费			金额式	
损益	1	6001	主营业务收入			金额式	
损益	2	600101	A产品	吨		数量金额式	
损益	2	600102	B产品	吨		数量金额式	
损益	2	600103	C产品	吨		数量金额式	

续表

类别	级次	科目编码	科目名称	计量单位	外币名称	账页格式	辅助账类
损益	1	6051	其他业务收入			金额式	
损益	1	6111	投资收益			金额式	
损益	1	6301	营业外收入			金额式	
损益	1	6401	主营业务成本			金额式	
损益	2	640101	A产品	吨		数量金额式	
损益	2	640102	B产品	吨		数量金额式	
损益	2	640103	C产品	吨		数量金额式	
损益	1	6402	其他业务成本			金额式	
损益	1	6403	营业税金及附加			金额式	
损益	1	6601	销售费用			金额式	
损益	2	660101	广告费用			金额式	
损益	2	660103	运杂费用			金额式	
损益	2	660104	其他销售费用			金额式	
损益	1	6602	管理费用			金额式	
损益	2	660201	公司工资费用			金额式	
损益	2	660203	公司折旧费用			金额式	
损益	2	660204	办公费用			金额式	
损益	2	660205	招待费用			金额式	
损益	2	660206	劳动保护费			金额式	
损益	2	660208	其他管理费用			金额式	
损益	1	6603	财务费用			金额式	
损益	2	660301	汇兑损益			金额式	
损益	2	660302	利息支出			金额式	
损益	1	6701	资产减值损失			金额式	
损益	1	6711	营业外支出			金额式	
损益	1	6801	所得税费用			金额式	

3. 指定会计科目

库存现金指定为现金科目；银行存款指定为银行科目。

五、洛阳利达材料公司项目管理

1. 项目大类定义

洛阳利达材料公司所有项目分为两大类：在建工程和生产成本。

1) 新建在建工程项目大类

新项目大类名称：在建工程；

所属类别：普通项目；

编码级次：一级2位，二级以下为0。

按表2-6中的要求设置项目结构。

表2-6 在建工程项目结构增加信息

标题	负责人	开工时间	总预算	施工单位	施工监理	竣工时间
类型	文本	日期	实数	文本	文本	日期
长度	8	10	14	26	26	10

2) 生产成本大类设置

新项目大类名称：生产成本；

所属类别：普通项目；

编码级次：一级2位，二级以下为0；

置项目结构：采用系统默认项目结构。

2. 为洛阳利达材料公司项目大类指定核算科目

科目160401—160406为在建工程核算科目；

科目50010101—50010103为生产成本类核算科目。

3. 洛阳利达材料公司项目分类定义

在建工程下属类别：分类编码，01；分类名称，工程成本；

生产成本下属类别：分类编码，02；分类名称，产品成本。

4. 设置洛阳利达材料公司项目目录

洛阳利达材料公司项目目录及产品成本目录分别见表2-7、表2-8。

表2-7 洛阳利达材料公司项目目录（所属分类代码：01） 单位：元

项目编号	项目名称	负责人	开工时间	总预算	施工单位	施工监理
20080223	高新分厂	李秀荣	2010.02.23	50 000 000	河南三建公司	第四设计院
20080523	职工体育场	刘英杰	2010.05.23	60 000 000	洛阳三建公司	第四设计院
20080316	科技大楼	周立均	2010.03.16	1 000 000	洛阳二建公司	第四设计院

表2-8 洛阳利达材料公司产品成本目录

项目编号	项目名称	是否结算	所属分类码
5001010101	直接材料		02
5001010102	直接工资		02
5001010103	直接动力		02
5001010104	间接制造费用		02

六、录入洛阳利达材料公司账户余额

注意事项:

1. 下表内备注中的"非直接录入",指该科目金额可在其下级科目或项目录入后(先录入下级科目或项目),由系统自动汇总列示。

2. 下述列示的会计科目如含有辅助核算,则相应余额资料需依据表2-9及其附表中的数据分别录入。

3. 该单位其他科目期初余额为零。

表2-9 洛阳利达材料公司基本账户余额一览表　　　　　　　　单位:元

科目名称	方向	币别/计量	期初余额	数量(外币)	备注
库存现金	借		8 000		
银行存款	借		3 793 000		非直接录入
工行存款	借		1 006 000		
中行存款	借		1 200 000		
中行美元存款	借	美元	1 587 000	230 000	
其他货币资金	借		190 000		
交易性融资资产	借		115 000		非直接录入
股票投资	借		115 000		
应收票据	借		246 000		非直接录入
应收账款	借		200 000		非直接录入
预付账款	借		10 000		非直接录入
其他应收款	借		405 000		非直接录入
坏账准备	贷		900		
材料采购	借		100 000		非直接录入
甲材料	借	吨	60 000	600	
乙材料	借	吨	40 000	200	
原材料	借		900 000		非直接录入
甲材料	借	吨	400 000	4 000	
乙材料	借	吨	500 000	2 500	
材料成本差异	借		80 000		
库存商品	借		32 510 000		非直接录入
A产品	借	吨	30 210 000	201 400	
B产品	借	吨	300 000	1 500	
C产品	借	吨	2 000 000	20 000	
委托加工物资	借		50 000		

续表

科目名称	方向	币别/计量	期初余额	数量(外币)	备注
周转材料	借		200 000		
融资租赁资产	借		100 000		
长期股权投资	借		250 000		
固定资产	借		100 203 600		
累计折旧	贷		3 621 655.8		
在建工程	借		10 019 295		非直接录入
运输费用	借		447 314		非直接录入
工程承包费	借		8 130 000		非直接录入
人工费用	借		221 972		非直接录入
材料费用	借		1 220 009		非直接录入
无形资产	借		600 000		
长期待摊费用	借		200 000		
待处理财产损溢	借		88 400		非直接录入
待处理流动资产损溢	借		88 400		
短期借款	贷		5 300 000		非直接录入
经营借款	贷		3 200 000		
新产品开发借款	贷		2 100 000		
应付票据	贷		200 000		非直接录入
应付账款	贷		5 953 800		非直接录入
应付职工薪酬	贷		160 000		非直接录入
应付福利费	贷		160 000		
应交税费	贷		30 000		非直接录入
应交增值税	贷		30 000		非直接录入
进项税额	贷		30 000		
其他应付款	贷		56 000		非直接录入
应付保险费	贷		50 000		
应付租赁费	贷		6 000		
长期借款	贷		11 600 000		非直接录入
技术改造借款	贷		11 600 000		
实收资本	贷		127 557 239		
资本公积	贷		878 700.2		
生产成本	借		5 090 000		非直接录入

表2-10 附表1 单位往来科目期初余额一览表　　　　　　　　单位：元

科目	时间	凭证号	部门名称	单位名称	摘要	方向	金额
应收票据	2013.11.14	1001		北通公司	售A产品货款	借	140 000
	2013.11.24	1921		中华电器	售B产品货款	借	106 000
	合　计						246 000
应收账款	2013.05.12	1052	销售部	北通公司	应收A产品货款	借	10 000
	2013.06.16	1133	销售部	合肥电器	应收A产品货款	借	40 800
	2013.07.18	1453	销售部	红星集团	应收B产品货款	借	49 200
	2013.08.25	2041	销售部	北通公司	应收B产品货款	借	28 600
	2013.09.26	2042	销售部	东方轴承	应收C产品货款	借	71 400
	合　计					借	200 000
预付账款	2013.11.30	2831		合肥电器	预付工程材料款	借	10 000
	合　计					借	10 000
应付账款	2013.05.24	2020	材料物资部	红星集团	欠111批水泥款	贷	2 103 000
	2013.05.25	2122	材料物资部	红星集团	欠113批钢材款	贷	50 800
	2013.08.01	21	材料物资部	东方轴承	511批预制件款	贷	2 240 000
	2005.01.01	23	财务部	东方轴承	历史遗留	贷	1 560 000
	合　计					贷	5 953 800
应付票据	2013.12.23	3015		中华电器	欠材料款	贷	200 000
	合　计						200 000

表2-11 附表2 其他应收款人科目明细资料　　　　　　　　单位：元

时间	凭证号	部门名称	姓名	摘要	方向	余额
2013.08.05	463	材料物资部	郭飞	出差借款	借	61 000
2013.09.15	1029	销售部	彰化	展销会借款	借	70 000
2013.10.05	456	销售部	郭东风	购飞机票	借	10 000
2013.10.25	2141	销售部	郭东风	出差借款	借	50 000
2013.11.25	2055	生产一车间	李兵	出差借款	借	10 000
2013.12.03	403	销售部	郭东风	招待外宾	借	34 000
2013.12.05	621	销售部	郭向阳	出差借款	借	30 000
2013.12.18	2039	设备管理部	王登封	出差借款	借	70 000
2013.12.20	2145	职工教育部	李明	出差借款	借	20 000
2013.12.20	2161	设备管理部	张大海	出差借款	借	50 000
合　计					借	405 000

表2-12 附表3 在建工程科目明细资料一览表　　　　　　　　　单位：元

科目名称	部门名称	项目名称	方向	期初余额
运输费用	基本建设部	高新分厂	借	204 642
	基本建设部	职工体育场	借	57 000
	基本建设部	科技大楼	借	185 672
	合　　计		借	447 314
工程承包费	基本建设部	高新分厂	借	3 340 000
	基本建设部	职工体育场	借	3 560 000
	基本建设部	科技大楼	借	1 230 000
	合　　计		借	8 130 000
人工费用	基本建设部	高新分厂	借	73 133
	基本建设部	职工体育场	借	65 440
	基本建设部	科技大楼	借	83 399
	合　　计		借	221 972
材料费用	基本建设部	高新分厂	借	555 345
	基本建设部	职工体育场	借	343 434
	基本建设部	科技大楼	借	321 230
	合　　计		借	1 220 009

表2-13 附表4 生产成本——基本生产余额表　　　　　　　　　单位：元

科目	项目	方向	金额	数量
A产品	直接材料	借	2 500 000	13 400
	直接工资	借	600 000	
	直接动力	借	150 000	
	间接制造费用	借	100 000	
	合　　计		3 350 000	
C产品	直接材料	借	1 000 000	10 000
	直接工资	借	500 000	
	直接动力	借	150 000	
	间接制造费用	借	90 000	
	合　　计		1 740 000	

七、系统初始化中的其他设置

1. 凭证分类

洛阳利达材料公司的记账凭证分为3类,即收款凭证、付款凭证、转账凭证。

收款凭证限制:"借方必有科目:1001,1002";

付款凭证限制:"贷方必有科目:1001,1002";

转账凭证限制:"凭证必无科目:1001,1002"。

注:其中,1001为库存现金科目,1002为银行存款科目。

2. 结算方式设置

洛阳利达材料公司采用的银行存款结算方式主要有普通支票(101)、现金支票(102)、转账支票(103)、银行本票(104)、银行汇票(105)、银行电汇(106)、银行信汇(107)、银行承兑汇票(108)、商业承兑汇票(109)、委托收款(110)等。

其中括号中的数据为对应编码,普通支票、现金支票、转账支票的领用和报销需要"票据管理"。

3. 定义常用凭证

为洛阳利达材料公司定义一张提取现金的常用凭证。

编码:101;

凭证类型:付款凭证;

凭证摘要:提取现金;

附件:1;

分录如下:

借:库存现金　　　　　　　　　　　　　　　　　　　　　　　　　　　5 000

　　贷:银行存款——工行存款　　　　　　　　　　　　　　　　　　　5 000

4. 定义洛阳利达材料公司的常用凭证摘要

序号	编码	摘要内容
1	101	提取现金
2	102	出差借款
3	103	报销差旅费
4	104	支付材料款
5	105	购入办公用品
6	106	材料入库
7	107	领用材料

5. 账套参数设置

1)"凭证"页面设置

"制单控制"选项框中选中"制单序时控制"、"支票控制"、"允许修改、作废他人填制的凭证"、"允许查看他人填制的凭证",其他项目不选;

"凭证控制"选项框中所有项目均不选择;

"凭证编号方式"选项框默认系统设置;

"预算控制"选项框不选;

"合并凭证显示、打印"选项框默认系统设置。
2)"其他"页面设置
数量小数位2、单价小数位2、本位币精度2,其他项目默认系统设置。

常见问题

1. 登录总账时,输入账套主管姓名后,在登录窗口找不到自己所建账套

出现这一现象的原因,是第1章给账套主管授权时操作错误,复习账套主管授权第一步操作,重新给账套主管授权。

2. 录入部门档案时,部门编码只能输入3位数

这一情况,是第1章实训1中第5步(编码方案设置)错误,可以账套主管的身份登录系统管理,通过修改账套的方法,修改编码设置错误。

3. 科目代码无法修改

当一个一级会计科目包含有二级以下的科目时,系统禁止修改代码,若必须修改时,应先删去其下属的下级科目。

4. 增加会计科目时,提示科目代码或名称不唯一

"不唯一"的含义是,增加科目的代码或名称已经存在,应先找到已经存在的科目代码或名称修改之,然后再继续下一步处理。

5. 期初余额录入过程中,发现给出的明细数据没有相应的录入窗口

计算机下的明细核算,分为两种情况,即传统科目明细账核算和辅助核算。科目明细账的期初余额直接录入,辅助核算的明细数据在独立窗口录入。若发现给出的明细数据无法在独立窗口录入,可能是科目设置与要求不符,应回到科目设置窗口,检查对应科目的辅助核算设置是否正确。若发现错误,修改科目后再进行余额录入。

思考题

(1) 信息化环境下,为什么出现三级以下的会计科目?
(2) 信息化环境下,为什么出现辅助核算?辅助核算账与明细账有哪些异同?
(3) 编码档有哪些作用?
(4) 常用凭证有哪些作用?
(5) 凭证分类设置有哪些作用?这一设置对后续的哪些业务内容产生影响?
(6) 业务实训中的"在建工程"和"生产成本"的项目设置方法有什么不同?是否只能这样设置明细核算?

第3章 总账日常业务

教学目标

通过本章的学习,了解总账日常业务的主要内容涉及手工记账凭证处理和账簿业务处理两大部分;在明确辅助账簿含义和实质的基础上,熟悉信息化会计中各种账簿的查询和输出方法;重点掌握记账凭证处理的主要步骤和方法,具体包括记账凭证的填制、审核、修改的操作步骤和处理方法;与记账凭证中辅助信息相关的录入、修改和查询方法为信息化会计中特有的内容,应给予特别重视。

手工记账凭证与账簿业务处理是"总账"子系统中主要的日常业务。本章主要介绍记账凭证填制、记账凭证复核、记账凭证修改、账簿登记、记账凭证查询和账簿输出等。

3.1 记账凭证填制

信息化会计中,记账凭证可分为手工凭证、机制凭证和派生凭证。手工凭证是会计人员依据原始凭证通过手工录入方式产生的记账凭证;机制凭证是根据原始凭证由系统自动生成的记账凭证;派生凭证是通过预先定义凭证模板,在期末根据账簿资料生成的各种转账凭证。本章所说的记账凭证填制,即指手工凭证。

3.1.1 记账凭证填制的基本操作

在用友 T3 业务处理窗口,依次单击菜单"总账"→"凭证"→"填制凭证",弹出填制"凭证"窗口(图 3.1)。

填制凭证的基本操作步骤如下。

(1) 单击"增加"按钮或按 F5 键,增加一张新凭证。

(2) 当企业凭证分类时,应修改凭证"字"(收、付、转,分别代表收款凭证、付款凭证、转账凭证),保证凭证"字"与所填制凭证的内容类别相符。

(3) 凭证编号可由系统分类按月自动编制。网络用户在几个人同时制单时,系统会提示一个参考凭证号,真正的编号只有在凭证已填制并保存后方可确定。如果在启用账套时或在"账簿选项"中,设置凭证编号方式为"手工编号",则用户可在此处手工录入凭证编号。

(4) 制单日期,系统自动取当前登录日期为记账凭证填制的日期。

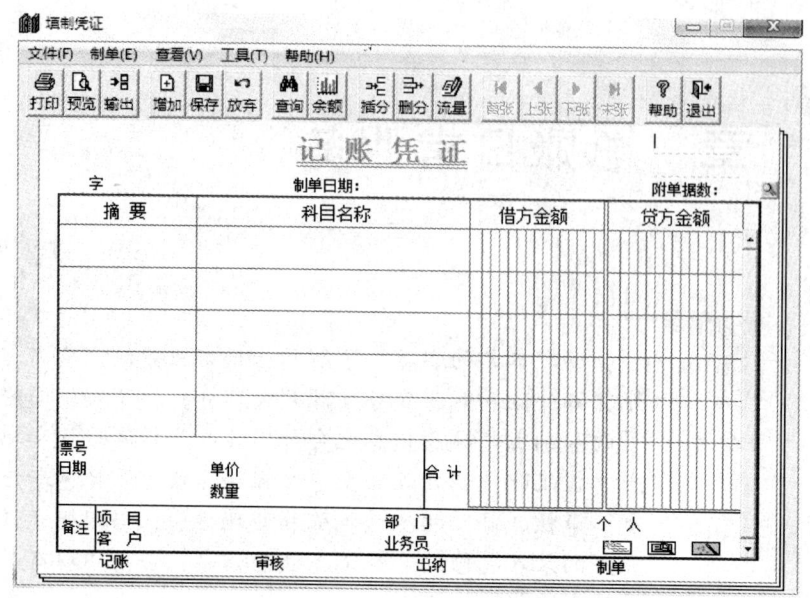

图 3.1 "填制凭证"窗口

（5）附单据数，输入该张凭证的原始单据张数。

（6）摘要，录入业务摘要，可按 F2 键参照输入常用摘要。

（7）会计科目，必须输入末级科目，或按 F2 键参照录入，如果该科目含有辅助核算设置，则必须录入相应的辅助信息。

（8）金额，一个科目的借方或贷方金额不能同时为零，但可以是红字；减号键可以切换金额的颜色。空格键可调整金额方向。

（9）一张凭证录入完毕，单击"保存"按钮或按 F6 键保存，单击"放弃"按钮，放弃当前增加的凭证。

【例 3-1】 15 日，职工教育部李明购置办公用品 4 000 元，以现金支付。

借：管理费用——办公费用   4 000
    贷：库存现金   4 000

【操作步骤】

（1）在记账凭证填制窗口，单击"增加"按钮或按 F5 键，增加一张新凭证。

（2）按 F2 键，参照选择一个凭证类别为"付"，按 Enter 键，默认系统给定的制单日期：2014 年 01 月 15 日，按 Enter 键。

（3）在"附单据数"处输入原始单据张数：1，按 Enter 键。

（4）摘要输入：购办公用品。

（5）科目输入：660204。

（6）借方金额输入：4 000。

（7）连续按 Enter 键，将光标移向下一行的摘要栏，系统自动给出摘要"购办公用品"，按 Enter 键。

（8）科目输入：1001。

(9) 贷方金额输入：4 000。
(10) 单击"保存"按钮或按 F6 键保存该张凭证(完成的凭证填制，如图 3.2 所示)。

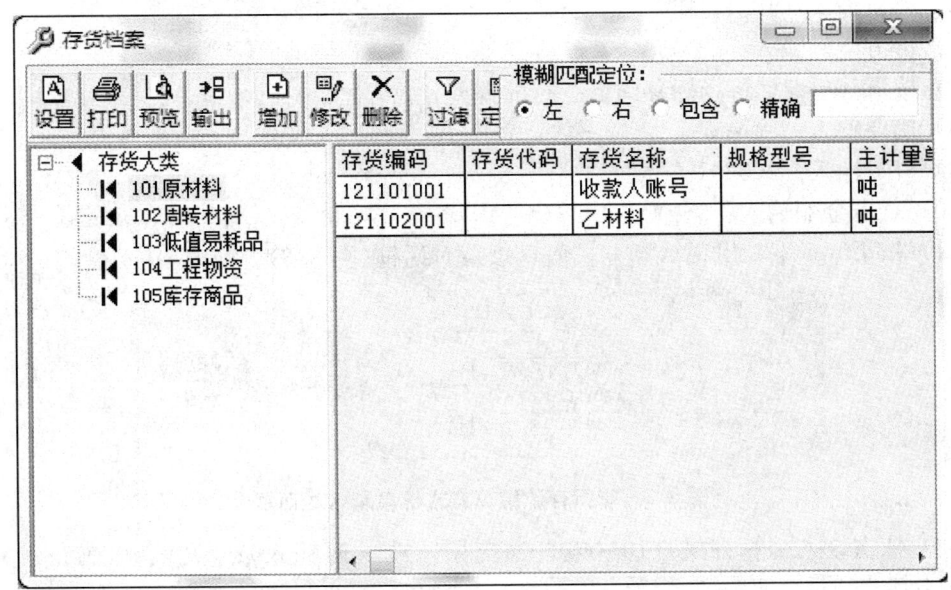

图 3.2　购买办公用品凭证

3.1.2　有辅助信息的记账凭证填制

在信息化会计中，不同类型业务的记账凭证需要扩充不同类型的辅助信息，这增加了信息化会计中填制凭证的复杂性。辅助信息是根据所处理凭证中科目辅助核算的属性要求输入的各种扩充信息，如部门、个人、项目、客户、供应商、数量、自定义项等。录入的辅助信息将在凭证下方的备注中显示。

记账凭证的辅助信息，依据辅助核算类型可分为客户信息、供应商信息、个人往来、部门、项目、银行结算、外币业务、数量核算等信息。

当输入的信息属于编码档案的内容时，可用多种形式录入。例如，其中的客户信息可输入客户代码或客户简称，也可参照输入，还可以输入几个字，按 F2 键可参照到以这几个字开头的客户简称，如输入"北"字，再单击"参照输入"按钮或按 F2 键，可参照输出第一个字为"北"的客户简称。

以下结合实例，分别说明银行结算、外币业务、数量核算辅助信息的录入。

【例 3-2】　1 月 15 日，财务部张启使用普通支票，从工行存款中提取现金 5 000 元，支票号为"000111"，会计分录如下：

借：库存现金　　　　　　　　　　　　　　　　　　　　　　　5 000
　　贷：银行存款——工行存款　　　　　　　　　　　　　　　　　5 000

【操作步骤】

(1) 在记账凭证填制窗口，单击"增加"按钮或按 F5 键，增加一张新凭证。
(2) 参照选择一个凭证类别为"付"的，按 Enter 键；默认系统给定的制单日期：2014 年 01 月 15 日。

(3) 在"附单据数"处输入原始单据张数：1，按 Enter 键确定。
(4) 摘要输入：提取现金。
(5) 科目输入：1001。
(6) 借方金额输入：5 000。
(7) 按 Enter 键，将光标移向下一行的摘要栏。
(8) 摘要输入：提取现金。
(9) 科目输入：100201。
(10) 贷方金额输入：5 000。
(11) 按 Enter 键，出现结算方式信息录入对话框(图3.3)。

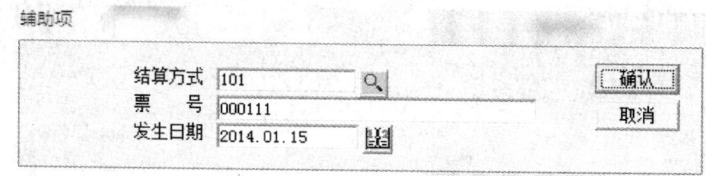

图 3.3　银行存款结算方式信息录入对话框

(12) 依次录入结算方式：101(或普通支票，或参照输入)；票号：000111；发生日期：2014年01月15日。
(13) 单击"确定"按钮，返回凭证录入窗口即完成该张凭证填制操作。

在实际工作中，为便于票据领用、报销管理工作，常需要将记账凭证填制和票据登记管理联系起来同时操作。这需要事先在账套"选项"参数设置中启用"支票登记簿"功能。操作方法是，依次单击菜单"设置"→"选项"→"凭证"，设置"支票控制"选项。制单时，如所输的结算方式涉及支票登记簿，输入票号后，系统就会自动勾销支票登记簿中未报销的支票，并将报销日期填在制单日期。所以，在支票领用时，最好在支票登记簿中予以登记，以便系统能自动勾销未报的支票。若支票登记簿中未登记该支票，系统将显示支票录入窗口以便将该支票登记到支票登记簿中，同时填上报销日期。

若启用了"支票控制"选项，上述示例第(13)步完成后系统弹出票据登记信息录入提示对话框(图3.4)，提示完成票据登记工作(以下续上例，说明票据领用、报销的登记处理操作)。

(14) 单击"是"按钮，弹出"票号登记"信息录入对话框(图3.5)。

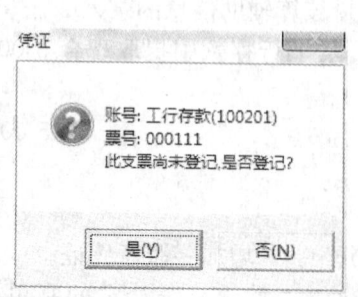

图 3.4　票据登记信息录入提示对话框

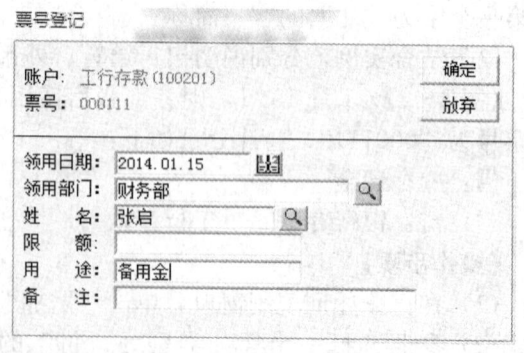

图 3.5　"票号登记"信息录入对话框

(15) 依次录入领用日期：2014 年 01 月 15 日；领用部门：财务部；姓名：张启；收款人：财务部；限额：5 000；用途：备用金。

(16) 单击"确定"按钮，返回凭证录入主窗口。

(17) 保存凭证。

【例 3-3】 1 月 15 日，在外汇调剂市场卖出外币 20 000 元，原入账汇率 6.9，当日汇率为 6.8，售价 136 000 元，转账支票已存中行存款户（票据号为：005331），美元以转账支票付出（票据号：064213）。

  借：银行存款——中行存款   136 000
    财务费用——汇兑损益   2 000
    贷：银行存款——中行美元存款   138 000

【操作步骤】

(1) 在记账凭证填制窗口，单击"增加"按钮或按 F5 键，增加一张新凭证。

(2) 参照选择一个凭证类别为"付"的，按 Enter 键，默认系统给定的制单日期：2014 年 01 月 15 日；按 Enter 键。

(3) 忽略附单据数，按 Enter 键。

(4) 摘要输入：售美元。

(5) 科目输入：100202。

(6) 结算方式输入：103。

(7) 票号输入：005331。

(8) 发生日期输入：2014 年 01 月 15 日。

(9) 单击"确认"按钮，返回凭证填制窗口。

(10) 借方金额栏输入：136 000。

(11) 连续按 Enter 键，将光标移向下一行的摘要、科目名称栏。

(12) 科目名称输入：660301。

(13) 借方金额输入：2 000。

(14) 连续按 Enter 键，将光标移向下一行的摘要、科目名称栏。

(15) 科目名称输入：100203。

(16) 在辅助信息窗口，结算方式输入：103；票号输入：064213；发生日期输入：2014 年 01 月 15 日。

(17) 外币金额输入：20 000。

(18) 汇率输入：6.9，系统将自动算出借方金额：138 000。

(19) 按空格键，将 138 000 调整为贷方金额。

(20) 保存凭证（图 3.6）。

3.1.3 凭证填制注意事项

1. 记账凭证的序时问题

系统默认按时间顺序填制凭证，即每月内的凭证日期不能倒流，如 1 月 20 日某类凭证已填到第 200 号凭证，则填制该类 201 号以后的凭证时，日期不能为 1 月 1 日至 1 月 19 日，而只能是 1 月 20 至月末的日期。

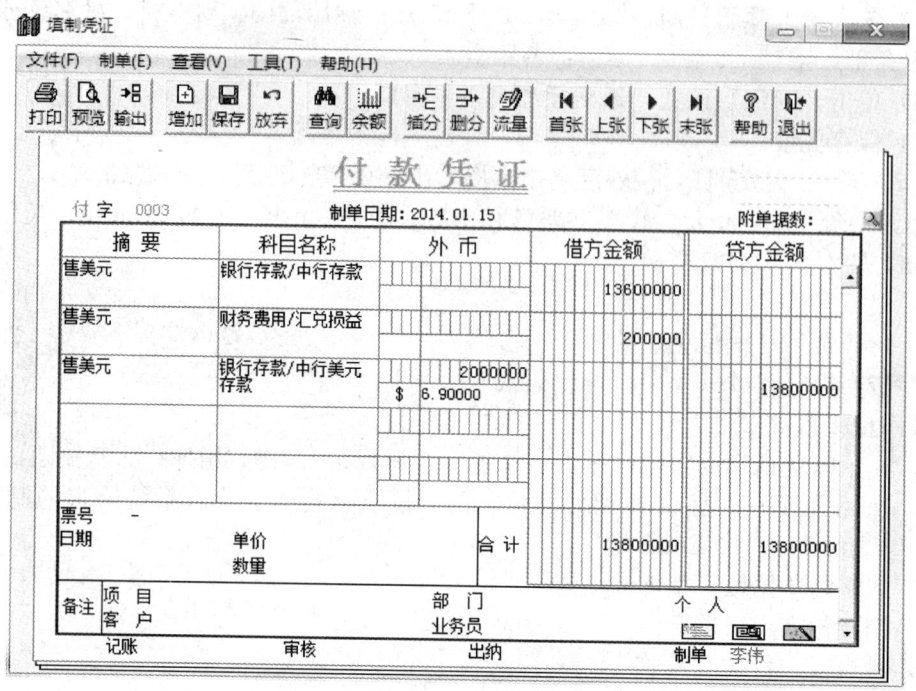

图 3.6 美元售出凭证

填制记账凭证日期、登录软件系统的日期(业务处理日期)和计算机系统日期三者应保持一致。初学容易出现的一种错误情况是登录时间为今天，而凭证填制日期则是明天，如，登录软件系统日期(业务处理日期)为 2014 年 1 月 15 日，而凭证填制日期却是 2014 年 1 月 16 日或者以后日期。这种情况不符合会计实际工作的逻辑，所以这样的记账凭证系统禁止保存。

关于凭证序时问题，初学者还有一种误解，就是记账凭证的填制日期就是经济业务的发生日期，如 15 日发生经济业务，记账凭证的填制日期也只能是 15 日。实际工作中凭证日期就是填制记账凭证的当天日期，而不是经济业务发生日期。另外还容易出现这样的误解，就是 16 日发现 15 日(或更早的时间)有一张记账凭证错误，将其删除后，重新填制这张凭证时，总要将凭证填制日期修改为原来错误凭证的那个日期，以为这样才"真实"，才"序时"。这些情况都是对序时的误解，正确的做法(会计实际工作中的做法)是，不论什么情况，填制凭证的日期，就是当时登录系统的日期。

2. 记账凭证填制过程中常用的功能键

(1) F5，增加一张新的记账凭证。

(2) F2，弹出参照信息录入对话框。

(3) F6，保存记账凭证。

(4) 空格(键)，调整会计分录中金额的方向，如将光标移动到当前科目的金额所在位置(如在借方)，按空格键，则填入的金额就会移动到相反方向(如贷方)。

(5) —(减号)，改变金额红字、黑字，如将光标移动到当前录入金额的位置，按—键，金额的颜色就会改变，原来为黑字的将会转变为红字。

(6) ＝，自动填写一张凭证中最后一项会计科目的金额，即在金额处按＝键，系统将根据借贷方差额自动计算此笔分录的金额。例如，填制某张凭证时，前两笔分别为借100和借200，在录入第三笔分录的金额时，将光标移到贷方，按＝键，系统自动填写300。

(7) Ctrl+D，删除凭证中的当前行。

(8) Ctrl+I，在凭证当前行上方插入一行。

3. 其他注意事项

凭证一旦保存，其凭证类别、凭证编号、凭证日期将不能修改。

如果在"账簿选项"中，设置了"制单权限控制到科目"选项，那么，在制单时，不能使用无权限处理的科目制单。制单科目权限可在"明细权限"中进行设置。

录入个人信息时，若不输"部门"只输"个人"，系统将根据职员信息自动加入其所属的部门。

若数量、单价有一方未录入，系统将根据金额或外币自动计算出数量、单价，可利用这些功能提高录入效率和准确度。

凭证输入中只录入汇率和本币金额，不录入外币，系统可反算出外币金额；或者不录入汇率，只录入外币和金额，系统可反算出汇率，利用这些功能可提高录入效率和准确度。

如果修改影响了原来外币、汇率、金额三方的平衡关系，即外币折算误差（即外币、汇率按折算公式计算出的本币金额与实际上输入的本币金额之间的误差）超过在"外币及汇率"中定义的折算误差，系统将会提示；如希望重新计算，那么在要重算的地方按F11键，系统将按折算公式重新计算。

例如，某单位采用固定汇率方式计算本币金额，折算公式为外币×汇率＝本币，折算误差为0.01。在填制凭证时，输入外币数100美元，再输入本月固定汇率6.3，按Enter键后，系统自动在金额处填上630(100×6.3)，若此时发现外币数输入有误，应为1 000美元，则将100美元改为1 000美元，然后将光标移到金额处，系统提示误差(1 000×6.3−630＞0.01)，按F11键，系统将金额重新填上6 300(1 000×6.3)。

3.2 记账凭证修改及审核

3.2.1 记账凭证修改

尽管系统提供了多种控制录入错误的机制，仍不能保证完全排除记账凭证录入中的错误。若发现凭证有误，就应该及时修改。

修改记账凭证的方法可分为直接修改凭证和红字冲销法。

信息化会计处理中，已经审核的记账凭证禁止直接修改，如果发现已审核或已记账的凭证有误需要修改时，应该先进行"反记账"、"弃审"等操作，将记账凭证还原到未审核状态，然后方可进行修改。

有关记账凭证"取消审核"的操作方法参见记账凭证审核中相关介绍；有关"反记账"的操作方法参见下面的相关介绍。

1. 直接修改记账凭证

直接修改记账凭证，是指在凭证填制窗口，找到错误凭证后直接修改错误的数据。记账凭证的修改可分为两种情况：一是记账凭证上还没有审核人的签字；二是记账凭证已有审核人签字或已经记账。

第一种情况，如果记账凭证填制后，在审核人签字前发现错误，可按以下步骤进行修改。

【操作步骤】

（1）在填制凭证中，通过单击工具栏中的"首张"、"上张"、"下张"、"末张"按钮，可以查找需要修改的凭证，也可以单击"查询"按钮输入查询条件，找到要修改的凭证。

（2）将光标移到制单日期处，可修改制单日期。

（3）若要修改附单据数、摘要、科目、外币、汇率、金额，直接将光标移到需要修改的地方进行修改即可。

（4）若要修改某一会计科目的辅助核算信息，则首先将光标定位于该科目，然后移动鼠标到凭证下方对应的辅助项处，双击鼠标，屏幕上即弹出辅助核算信息修改对话框，如修改本章[例3-3]材料入库凭证中"材料采购——甲材料"科目的材料转出单价，则先单击凭证中的这一科目，将光标定位于该科目，然后下移鼠标至凭证下部的"数量单价"后边，当鼠标指针变为"笔尖"形状时，双击鼠标，即可弹出辅助信息修改对话框。

（5）若要修改金额方向，可在当前金额的相反方向，按空格键；若希望当前分录的金额为其他所有分录的借贷方差额，则在金额处按＝键即可。

（6）单击"插分"按钮或按Ctrl＋I键可在当前分录前插入一条分录。单击"删分"按钮或按Ctrl＋D键可删除当前光标所在的分录。

（7）修改完毕后，单击"保存"按钮保存修改，单击"放弃"按钮放弃修改。

第二种情况，可参考以下方法进行修改。

对已审核的凭证应先进行"弃审"操作处理——取消凭证中审核人的签名，将凭证还原到未审核状态后，再进入"凭证填制"窗口进行修改。

"弃审"的具体操作步骤是：先进入记账凭证审核窗口，找到错误凭证后，单击"取消"按钮，此时凭证下方审核人员姓名消失，即"审核"两字后面呈现空白，则表明该张凭证回到了未审核状态，可进入凭证填制窗口直接修改。

对于已记账的凭证可用红字冲销法进行修改，或者利用软件提供的"反记账"功能，数据还原到记账前状态，并进行"取消审核"操作后直接修改。"反记账"的操作方法如下。

【操作步骤】

（1）依次单击菜单"总账"→"期末"→"对账"，系统弹出期末"对账"窗口（图3.7）。

（2）按Ctrl＋H组合键，系统弹出"恢复记账前功能"激活提示对话框（图3.8）。

（3）单击"确定"按钮，返回用友T3业务处理窗口。

（4）依次单击菜单"总账"→"凭证"→"恢复记账前功能"，系统弹出"恢复方式"选择对话框（图3.9）。

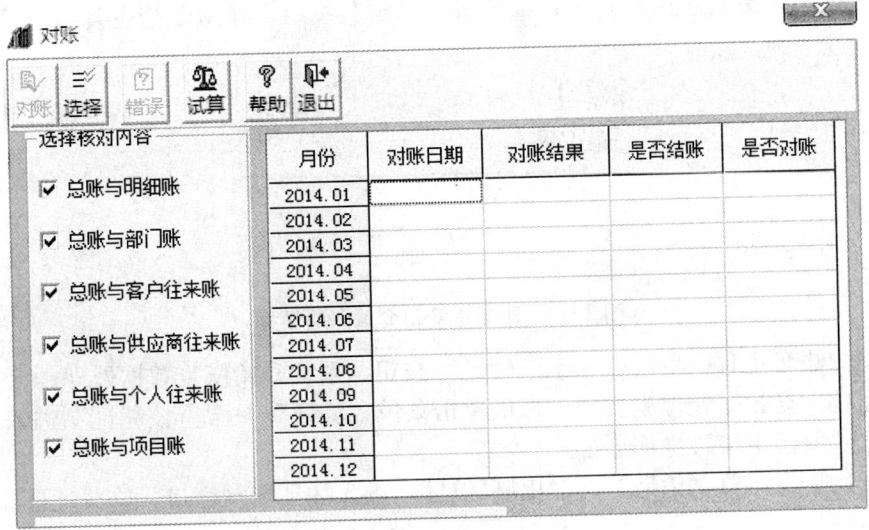

图 3.7 期末"对账"窗口

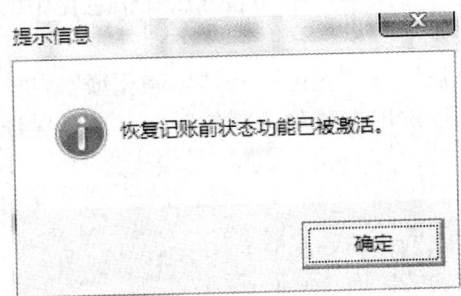

图 3.8 "恢复记账前功能"激活提示对话框

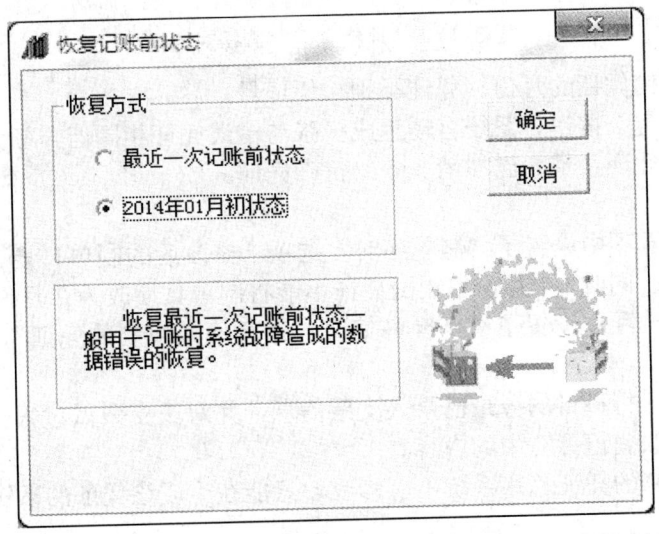

图 3.9 "恢复方式"选择对话框

（5）根据具体情况选择恢复方式，单击"确定"按钮，弹出账套主管口令输入对话框（图3.10）。

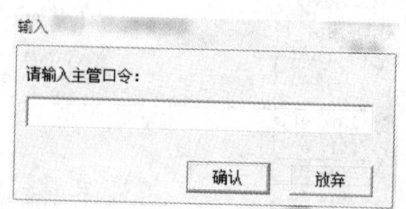

图 3.10 账套主管口令输入对话框

（6）输入账套主管口令后，单击"确定"按钮，系统开始恢复数据处理。

（7）系统恢复数据处理完成后，依次单击菜单"凭证"→"审核凭证"进入凭证审核窗口，进行"取消审核"操作。

（8）依次单击菜单"凭证"→"填制凭证"，进入凭证填制窗口，修改凭证。

2. 红字冲销法更正凭证

这里的红字冲销法，是指手工会计中同名方法在信息化中的应用。

【操作步骤】

（1）依次单击菜单"总账"→"凭证"→"填制凭证"，进入凭证填制窗口。

（2）在凭证填制窗口，依次单击菜单"制单"→"冲销凭证"，系统弹出"冲销凭证"选择对话框(图3.11)。

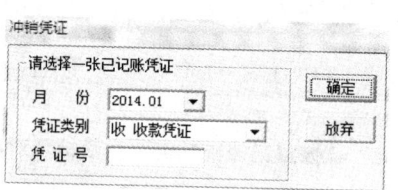

图 3.11 "冲销凭证"选择对话框

（3）输入欲冲销凭证的月份、凭证类别、凭证号。

（4）单击"确定"按钮，系统自动生成一张与错误凭证相同但金额为红字的凭证。

（5）新增一张凭证，录入已冲销业务的正确凭证。

注意事项：

若在"账簿"选项中设置了"制单序时"选项，修改后的制单日期不能在上一编号凭证的制单日期之前。同时，1月份编制的凭证不能将制单日期改为2月份。

若在"账簿"选项中设置了"不允许修改、作废他人填制的凭证"，则不能修改他人填制的凭证。

如果某笔涉及银行科目的分录已录入支票信息，并对该支票做过报销处理，修改该分录，将不影响"支票登记簿"中的内容。

其他子系统传来的凭证总账系统不能修改，只能在生成该凭证的系统中修改。

3.2.2 查看其他凭证信息

在凭证窗口中有些信息可直接查看，如科目、摘要、金额等；有些信息可通过某些操作间接查看，如各分录的辅助信息、当前分录行号、当前科目最新余额、外部系统制单信息等。下面介绍这些信息的查询方法。

(1) 辅助信息，光标在各会计分录间移动时，凭证的备注栏将动态显示出该分录的辅助信息。

(2) 当前分录号，单击凭证右下方的 ▦ 图标，屏幕显示当前分录是第几条分录。

(3) 科目自定义项内容，单击凭证右下方的 ▦ 图标，屏幕显示当前科目的自定义项内容。

(4) 其他系统制单信息，若当前凭证为其他系统生成的凭证，可将鼠标移到记账凭证的标题处，单击鼠标左键，系统显示当前凭证来自哪个子系统，凭证反映的业务类型与业务号。当光标在某一分录上时，单击凭证右下方的 ▦ 图标，则显示生成该分录的原始单据类型、单据日期及单据号。

(5) 联查明细账，当光标在凭证分录上时，依次单击菜单"查看"→"联查明细账"，系统将显示该笔业务发生科目的明细账。

(6) 联查原始单据，若当前凭证是由外币系统制单生成，那么，单击"查看"→"联查原始单据"命令，系统将显示生成这张凭证的原始单据。

(7) 分单，若当前凭证有多页组成，依次单击菜单"查看"→"查找分单"，输入分单页号，可查看对应的分页。

3.2.3 记账凭证删除

在记账凭证业务处理过程中，若发现凭证重复或含有不易修改的错误时，可将其删除。删除记账凭证的方法分为两大步骤：一是将准备删除的凭证先"作废"；二是在凭证作废后通过凭证"整理"处理，实现彻底删除。

【操作步骤】

(1) 进入填制凭证窗口后，通过单击"首张"、"上张"、"下张"、"末张"按钮，可以查找需要删除的凭证，也可以单击"查询"按钮输入查询条件，找出准备作废的凭证。

(2) 依次单击菜单"制单"→"作废/恢复"，凭证左上角显示"作废"字样

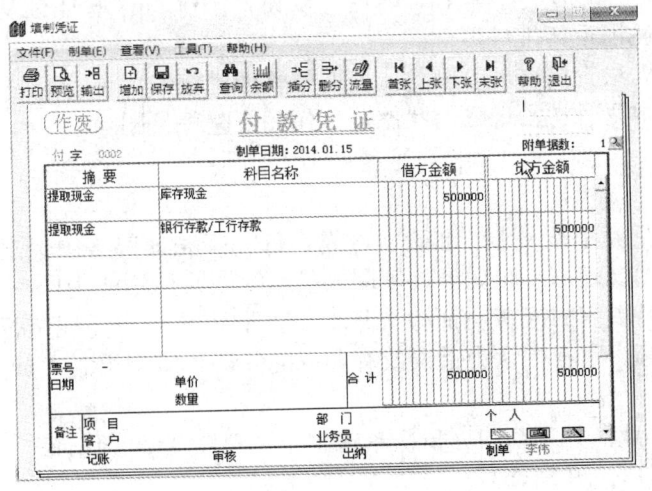

图 3.12　作废凭证

（图3.12），表示已将该凭证作废。作废凭证仍保留凭证内容及凭证编号，但不能修改、审核、记账。依次单击菜单"制单"→"作废/恢复"，可取消作废标志，将当前凭证恢复为有效凭证。

（3）依次单击菜单"制单"→"整理凭证"。

（4）选择要整理的月份（图3.13），单击"确定"按钮后，系统对作废凭证给予提示，询问是否整理凭证号，确认后，系统弹出"作废凭证表"对话框（图3.14）。

图3.13　选择删除作废时间对话框

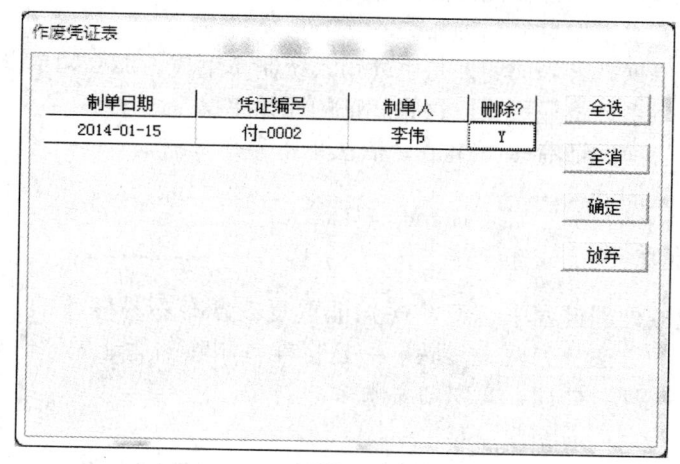

图3.14　"作废凭证表"对话框

（5）在"作废凭证表"对话框，对于准备删除的凭证，单击其"删除栏"，其中显示"Y"，表明该张凭证已经选定，单击"确定"按钮，系统将这些凭证从数据库中删除掉，并提示是否对剩下凭证重新排号。

已记账的凭证无法直接整理、删除。若期望整理已记账凭证，应先利用"恢复记账前状态"功能，恢复本月月初的记账前状态，再作凭证整理、删除。

3.2.4　记账凭证审核

为确保每一笔经济业务入账的准确、可靠，每一张凭证都必须经过复核人员审核后，方可记账。财务制度规定，一张凭证的填制人员与审核人员不能为同一人。审核人员按照财会制度，对制单员填制的记账凭证检查核对，主要审核记账凭证是否与原始凭证相符，会计分录是否正确等。审查中认为错误或有异议的凭证，应交填制人员修改。

【操作步骤】

（1）在用友T3业务处理窗口，依次单击菜单"总账"→"凭证"→"审核凭证"，弹出"凭证审核"对话框（图3.15）。

其中各项数据应依据实际需要填写，对话框中多数选项可以不填写，填写的选项越

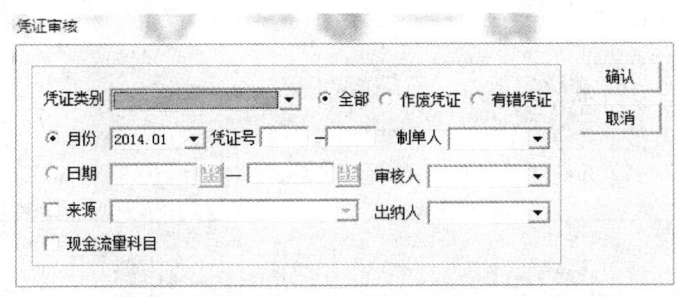

图 3.15 “凭证审核”对话框

多，显示的凭证张数越少。若准备审核记账凭证，“审核人”一项必须为空，否则，无法审核凭证。

(2) 输入审核凭证的条件后，窗口显示待审核凭证一览表(图 3.16)。

制单日期	凭证编号	摘要	借方金额合计	贷方金额合计	制单人	审核
2014.01.16	收 - 0001	彰化报销借款	70,000.00	70,000.00	李伟	
2014.01.16	收 - 0002	李明借款	2,000.00	2,000.00	李伟	
2014.01.16	收 - 0003	银行借款	400,000.00	400,000.00	李伟	
2014.01.16	收 - 0004	张大海设备维修	50,000.00	50,000.00	李伟	
2014.01.16	收 - 0005	郭东风还款	34,000.00	34,000.00	李伟	
2014.01.15	付 - 0001	购办公用品	4,000.00	4,000.00	李伟	张
2014.01.15	付 - 0002	提取现金	5,000.00	5,000.00	李伟	张
2014.01.15	付 - 0003	售美元	138,000.00	138,000.00	李伟	
2014.01.16	付 - 0004	彰化借销差旅费	1,000.00	1,000.00	李伟	
2014.01.16	付 - 0005	支付利息	5,000.00	5,000.00	李伟	
2014.01.16	付 - 0006	提取现金	5,000.00	5,000.00	李伟	
2014.01.16	付 - 0007	沟工程材料	21,000.00	21,000.00	李伟	

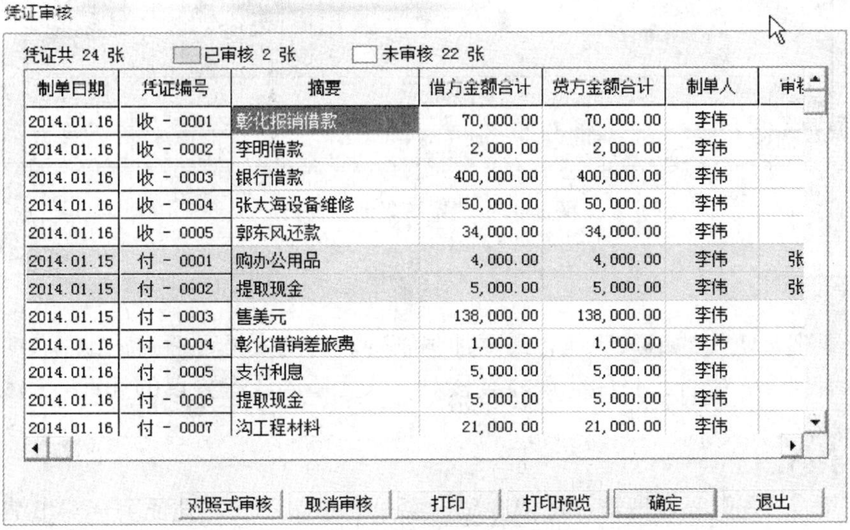

图 3.16 “审核凭证”窗口

(3) 单击“确定”按钮，则进入凭证审核窗口；若在凭证一览表中双击某张凭证，则显示相应凭证。

(4) 在凭证审核窗口，通过“查看”→“科目转换”命令可切换显示科目编码和科目名称，用↑或↓键在分录中移动时，凭证下方将显示当前分录的辅助信息。

(5) 审核无误后，应单击“审核”按钮，对凭证审核签名，表示该凭证审核通过(图 3.17)。

(6) 若审核人员发现错误，则不予签名。退出凭证审核功能，返回凭证填制窗口修改后再次审核。对于有错的凭证也可“标错”，以便制单人对其修改。

记账凭证“取消审核”的操作方法：进入记账凭证审核窗口，找到准备取消审核的记账凭证后，单击工具栏上“取消”按钮即可。

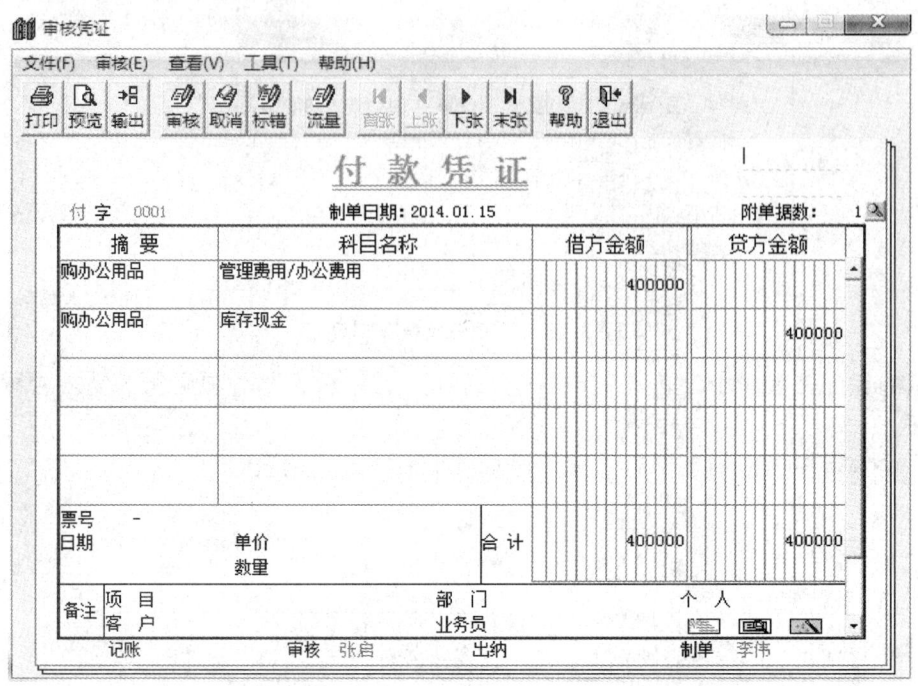

图 3.17 "审核凭证"窗口

3.2.5 出纳签字

涉及企业现金收支的记账凭证,需要加强管理。出纳人员可通过出纳签字功能对制单员填制的带有现金、银行科目的凭证检查核对,认为错误或有异议的凭证,应交与填制人员修改后再核对。

【操作步骤】

(1) 在用友 T3 业务处理窗口,依次单击菜单"总账"→"凭证"→"出纳签字",弹出凭证查询条件输入对话框(与图 3.15 相同)。

(2) 输入出纳凭证的条件后,窗口显示凭证一览表。

(3) 单击"确定"按钮进入出纳签字窗口,在凭证一览表中双击某张凭证,则窗口显示此张凭证。

(4) 当窗口显示待签字凭证时,可签字。通过"查看"→"科目转换"命令可切换显示科目编码和科目名称,用↑或↓键在分录中移动时,凭证下方将显示当前分录的辅助信息。

(5) 确认凭证正确,单击"签字"按钮以完成签名;若想取消签字,单击"取消"按钮即可。

企业可根据实际需要决定是否启用出纳签字管理功能,若不需要此功能,可在"选项"中取消"出纳凭证必须经由出纳签字"的设置。

3.3 记账凭证查询及记账

3.3.1 记账凭证查询

本功能用于查询已记账及未记账凭证。

【操作步骤】

(1) 在用友 T3 业务处理窗口，依次单击菜单"总账"→"凭证"→"查询凭证"，进入"查询凭证"功能，屏幕显示凭证查询条件输入对话框(与图 3.15 相同)。

(2) 设置凭证查询条件，如按科目、摘要、金额等条件查询等；若要按科目自定义项查询，可按"自定义项"输入。若选中"已记账凭证"单选按钮，则可在已记账凭证中查询；若选中"未记账凭证"单选按钮，可在未记账凭证中查询。

(3) 输入查询凭证的条件后，窗口显示凭证一览表(与图 3.17 基本相同)。

(4) 单击"确定"按钮，可查询列示的所有凭证，在凭证一览表中双击某张凭证，则窗口显示此张凭证。

(5) 在凭证查询窗口，通过"查看"→"科目转换"命令可切换显示科目编码和科目名称，用↑或↓键在分录中移动时，凭证下方将显示当前分录的辅助信息。查看其他凭证信息操作方法与填制凭证中使用的方法相同。

3.3.2 记账凭证打印

本功能用于打印已记账、未记账凭证。

在用友 T3 业务处理窗口，依次单击菜单"总账"→"凭证"→"打印凭证"，进入"打印凭证"功能。窗口中显示"凭证打印"条件输入对话框(图 3.18)。

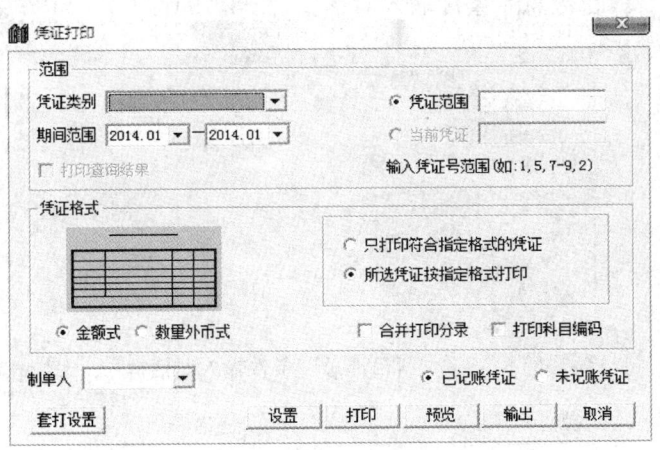

图 3.18 "凭证打印"条件输入对话框

窗口项目说明：

(1) 凭证类别：选择打印的凭证类别。

(2) 凭证范围：输入需要打印的凭证号范围，默认时打印所有凭证。凭证号范围可输入为1、3、5~9,其表示打印1号、3号、5至9号凭证。

(3) 期间范围:选择打印凭证的起止期间范围。

(4) 凭证格式:可选择金额式或数量外币式。

(5) 只打印符合指定格式的凭证:按格式选定打印凭证。例如,凭证格式选择了金额式,则只打印金额式的凭证,数量外币式的凭证不打印。

(6) 所选凭证按指定格式打印:所有凭证按指定格式打印。例如,所选凭证范围中有金额式凭证也有数量外币式凭证,打印时,选择了金额式的凭证格式,则那些数量外币式的凭证也按金额式打印。

(7) 打印科目编码:选择此项,则在凭证的科目名称后打印科目编码。

(8) 制单人:可打印某一操作员填制的凭证。

(9) 选中"已记账凭证"单选按钮仅打印已记账凭证;选中"未记账凭证"单选按钮打印未记账凭证。

输入打印条件,单击"确定"按钮后,开始进行打印。

注意事项:

按科目汇总打印凭证,在同一张凭证中当某科目或有同一上级科目的末级科目有多笔同方向的分录时,如果希望将这几笔分录按科目汇总成一笔打印,则需要在"会计科目"中对该科目设置汇总打印。

3.3.3 科目汇总

科目汇总是查询一定范围的记账凭证,对应会计科目的发生额的一种形式,可按条件对记账凭证进行汇总并生成一张科目汇总表。

【操作步骤】

(1) 在用友T3业务处理窗口,依次单击菜单"总账"→"凭证"→"科目汇总"。

(2) 屏幕显示"科目汇总"条件输入对话框(图3.19)。

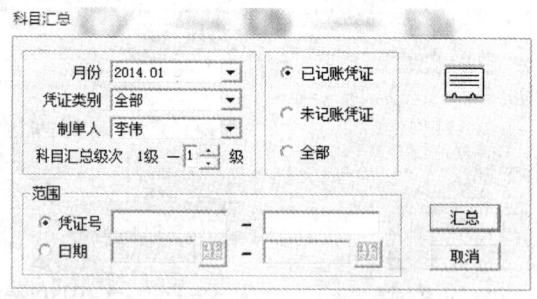

图3.19 "科目汇总"条件输入对话框

窗口项目说明:

① 月份:确定要汇总记账凭证月份。

② 凭证类别:按凭证类别查询时可选择需要汇总的凭证类别;默认时,则汇总所有的类别。

③ 制单人:若按制单人分类汇总时应输入制单人姓名,否则为空。

④ 科目级次:指科目汇总表的汇总级次。

⑤ 凭证号：输入需汇总的起止凭证号。
⑥ 日期：当不指定凭证号范围时，可输入汇总的起止日期。
⑦ 未记账凭证、已记账凭证和全部选项：在于明确凭证汇总范围，可选中某一单选按钮选择所需的汇总方式。

（3）输入汇总条件后，单击"汇总"按钮，屏幕显示科目汇总表（图 3.20）。

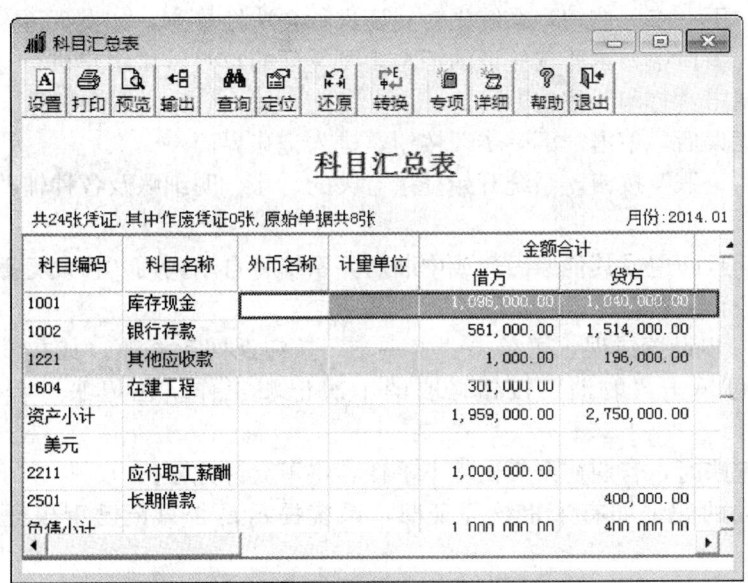

图 3.20 科目汇总表

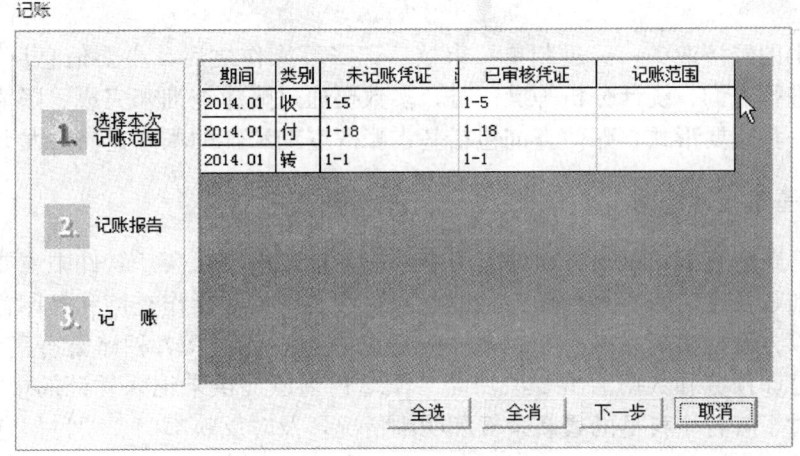

图 3.21 记账向导

3.3.4 记账

记账凭证经审核签字后，即可登记总账、明细账、日记账、部门账、往来账、项目账以及备查账等。本系统记账采用向导方式，使记账过程更加明确。

【操作步骤】

(1) 在用友 T3 业务处理窗口,依次单击菜单"总账"→"凭证"→"记账",进入记账向导(图 3.21)。

(2) 窗口内列出各期间的未记账凭证范围清单,并同时列出其中的空号与已审核凭证范围,若编号不连续,则用逗号分隔,若显示宽度不够,可拖动表头调整列宽查看。

(3) 单击"下一步"按钮,系统先对凭证进行合法性检查,如发现不合法凭证,将提示错误,否则,窗口中显示所选凭证的汇总表及凭证的总数,供用户进行核对。如果需要打印汇总表,单击"打印"按钮即可。

(4) 核对无误后,单击"下一步"按钮,进入记账界面。

(5) 单击"记账"按钮,系统开始登录有关的总账、明细账及各种辅助账。

注意事项:

记账过程一旦断电或其他原因造成中断后,系统将自动调用"恢复记账前状态"恢复数据,然后用户再重新记账。

如发现某一步设置错误,可单击"上一步"按钮返回后修改。如在设置过程中不想再继续记账,可单击"取消"按钮,取消本次记账工作。在记账过程中,不得中断退出。

在第一次记账时,若期初余额试算不平衡,将不允许记账。

所选范围内的凭证如有未审核凭证时,系统提示是否只记已审核凭证或重选记账范围。

3.4 会计账簿查询

企业发生的经济业务,经过制单、审核、记账等操作之后,主要信息反映在账簿中。对经济业务进行查询、统计分析等操作时,多数要通过账簿查询来完成。账簿查询是会计数据输出的一种重要形式,账簿查询包括基本账簿查询和辅助账簿查询两大类别。

3.4.1 会计基本账簿查询

基本核算账簿查询,是财务软件应用中的一项重要内容。会计软件中主要包括总账及余额表、明细账及序时账、多栏账、日记账和日报表等日常操作查询和打印输出。在"总账"中,可以方便地实现总账→明细账→凭证联查等功能。在各种账簿查询结果窗口内,均有打印、打印预览和数据输出 3 项功能。账簿查询还提供未记账凭证的模拟记账功能,使企业能随时了解各个科目的最新余额和明细情况,及时反映部门、项目信息。

1. 总账查询

总账查询不但可以查询各总账科目的年初余额、各月发生额合计和月末余额,而且还可查询所有二至六级明细科目的年初余额、各月发生额合计和月末余额。

【操作步骤】

(1) 在用友 T3 业务处理窗口,依次单击菜单"总账"→"账簿查询"→"总账",屏幕显示"总账查询条件"对话框(图 3.22)。

第 3 章 总账日常业务

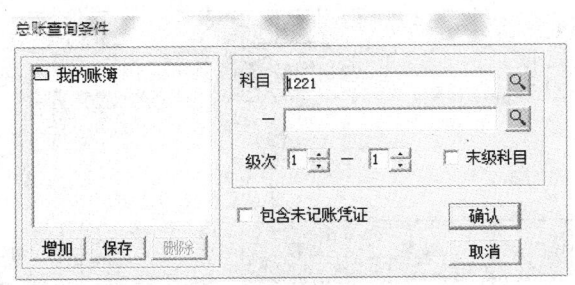

图 3.22 "总账查询条件"对话框

窗口项目说明：

科目，输入起止科目范围，默认时，系统认为是所有科目。

在确定科目范围后，可以按该范围内的某级科目，如将科目级次输入为 1—1，则只查一级科目，如将科目级次输入为 1—3，则只查一至三级科目。如果需查询所有末级科目，则选中"末级科目"复选框。

若希望查询内容包含未记账凭证的总账，应选中"包含未记账凭证"复选框。

例如，希望查询"其他应收款"一级科目的记录情况，在起始科目一行输入"1221"即可。

（2）输入查询条件后，单击"确认"按钮进入总账查询结果窗口（图 3.23）。

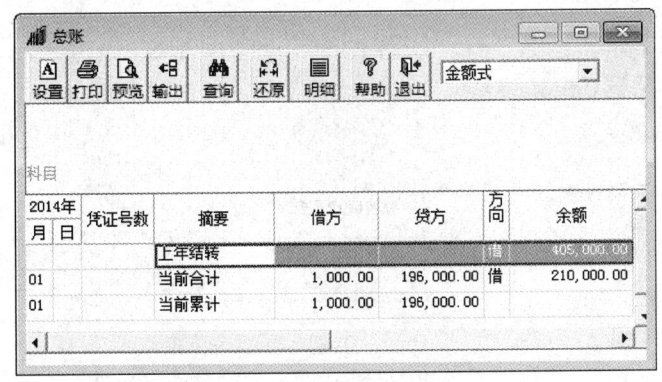

图 3.23 总账查询结果窗口

（3）在查询过程中，可以单击科目下拉列表框，选择需要查看的科目。

（4）可以单击窗口右上方账页格式下拉列表框，显示所选科目的数量、外币总账。

（5）联查明细账，单击"明细"按钮，即可联查到当前科目当前月份的明细账（图 3.24）。当期初余额或上年结转所在行为当前行时，不能联查明细账。

（6）查询完毕，单击"退出"按钮，返回用友 T3 业务处理窗口。

2．明细账查询

本功能用于查询各账户的明细发生情况，及按任意条件组合查询明细账。在查询过程中可以包含未记账凭证。系统提供了三种明细账的查询格式：普通明细账、按科目排序明细账和月份综合明细账。普通明细账是按科目查询，按发生日期排序的明细账；按科目排序明细账是按非末级科目查询，按其有发生额的末级科目排序的明细账；月份综合明细账

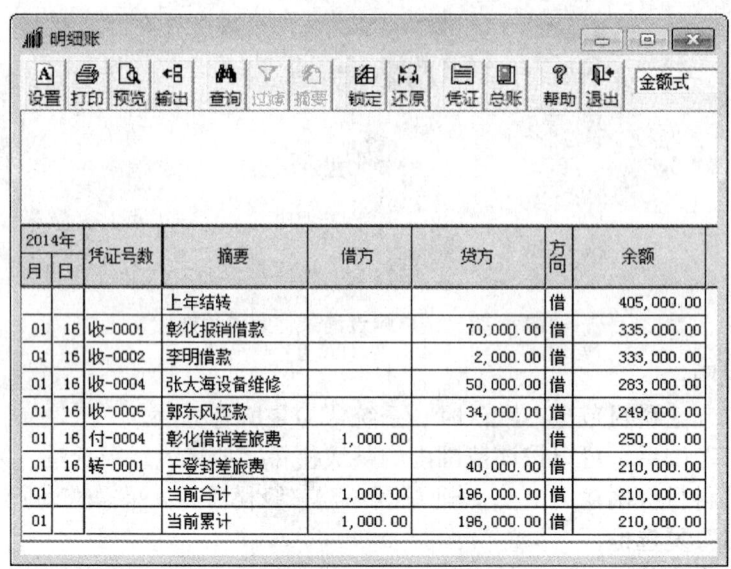

图 3.24　明细账联查结果

是按非末级科目查询，包含非末级科目总账数据及末级科目明细数据的综合明细账，使我们对各级科目的数据关系一目了然。

【操作步骤】

（1）依次单击菜单"总账"→"账簿查询"→"明细账"，进入后屏幕显示"明细账查询条件"输入对话框（图 3.25）。

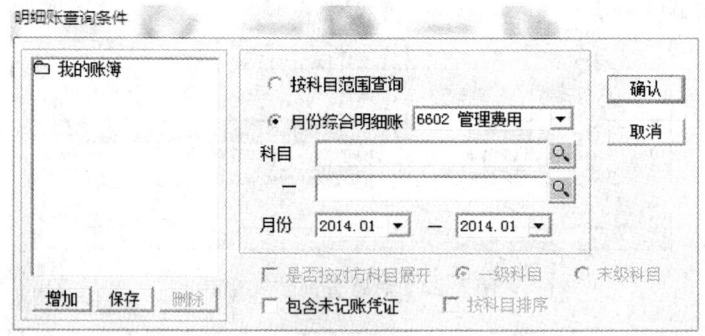

图 3.25　"明细账查询条件"输入对话框

窗口项目说明：

① 按科目范围查询：选择这一查询方式时，可按设定科目范围同时查询多个明细账户的资料（如果不选，表示按全部科目查询），并可同时选择查询月份、是否按对方科目展开、包含未记账凭证、按科目排序等选项。

② 月份综合明细账：选择这一方式查询时，科目范围仅局限于某一个一级科目下属的明细账，同时可选择查询月份范围、包含未记账等选项。

③ 科目：可输入起止科目范围。

④ 月份：选择起止月份，当只查某个月时，应将起止月都选择为同一月份，如查

2014 年 1 月，则月份范围应选择为 2014.01—2014.01。

⑤ 是否按对方科目展开：选择此复选框后明细账中各项数据可显示对方科目。

⑥ 包含未记账凭证：选择此复选框后输出的明细账包含未记账凭证，其中，未记账业务将用颜色加以区别。

⑦ 按科目排序：若希望在查询非末级科目明细账时能看到该科目下的明细账分别按其下末级科目分别列示，可选中该复选框。

若在“选项”中选择了“明细账查询权限控制到科目”，则须在“明细权限”中对此设置。若操作员不具备查询某科目明细账的权限，那么，在进入明细账查询功能后，将看不到此科目的明细账。

例如，选中“月份综合明细账”单选按钮，科目选择“6602 管理费用”，查询月份为 2014 年 1 月。

(2) 条件输入完毕，单击“确认”按钮，弹出“明细账查询结果”窗口(图 3.26)。

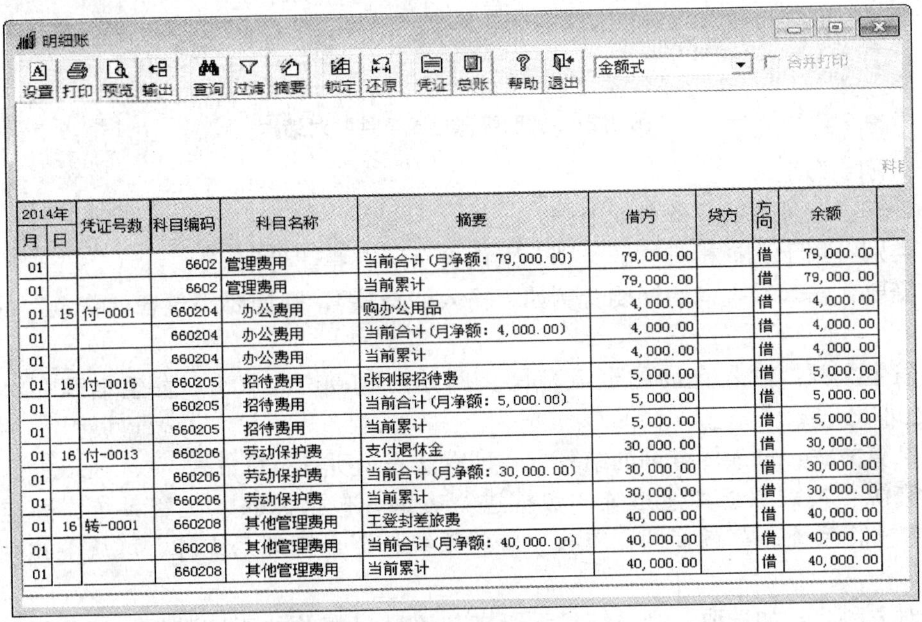

2014年 月	日	凭证号数	科目编码	科目名称	摘要	借方	贷方	方向	余额
01			6602	管理费用	当前合计(月净额：79,000.00)	79,000.00		借	79,000.00
01			6602	管理费用	当前累计	79,000.00		借	79,000.00
01	15	付-0001	660204	办公费用	购办公用品	4,000.00		借	4,000.00
01			660204	办公费用	当前合计(月净额：4,000.00)	4,000.00		借	4,000.00
01			660204	办公费用	当前累计	4,000.00		借	4,000.00
01	16	付-0016	660205	招待费用	张刚报招待费	5,000.00		借	5,000.00
01			660205	招待费用	当前合计(月净额：5,000.00)	5,000.00		借	5,000.00
01			660205	招待费用	当前累计	5,000.00		借	5,000.00
01	16	付-0013	660206	劳动保护费	支付退休金	30,000.00		借	30,000.00
01			660206	劳动保护费	当前合计(月净额：30,000.00)	30,000.00		借	30,000.00
01			660206	劳动保护费	当前累计	30,000.00		借	30,000.00
01	16	转-0001	660208	其他管理费用	王登封差旅费	40,000.00		借	40,000.00
01			660208	其他管理费用	当前合计(月净额：40,000.00)	40,000.00		借	40,000.00
01			660208	其他管理费用	当前累计	40,000.00		借	40,000.00

图 3.26 “明细账查询结果”窗口

(3) 若同时查询多个明细账账户，可以单击科目下拉列表框选择需要查看的其他明细账。

(4) 当窗口显示出明细账后，通过单击账页格式下拉列表框，选择需要查询的账页格式。

(5) 双击某行或单击“凭证”按钮，可查看相应的凭证。单击“总账”按钮可查看此科目的总账。

(6) 单击“锁定”按钮，可锁定(或取消锁定)摘要栏。

(7) 如果希望在明细账中进一步按相关条件查询，如按摘要、科目自定义项、发生额范围、日期范围、凭证范围等条件查询，单击“过滤”按钮，系统弹出“明细账过滤条件”对话框(图 3.27)。

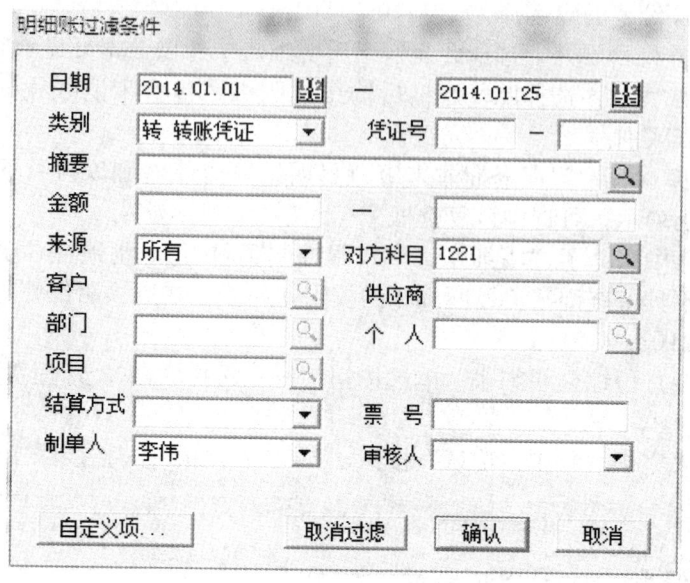

图 3.27 "明细账过滤条件"对话框

窗口项目说明：

① 日期：欲过滤的业务日期范围。

② 类别：用于选择相应凭证类别。默认表示所有凭证类别。

③ 摘要：输入需查询的摘要。例如，输入"贷款"，则摘要中包含"贷款"的业务即可显示。

④ 发生金额：输入查询的金额范围。例如，2 000—3 000（发生金额在 2 000 至 3 000 之间）。

⑤ 结算方式：输入要查询的结算方式。默认表示所有结算方式。

⑥ 来源：按来源于其他系统的数据进行查询，包括总账、工资系统、固定资产系统、成本核算系统、存货管理、应收、应付系统、资金管理系统等，可从下拉列表框中选取。

⑦ 对方科目：如选取，则系统显示所有与该科目相关的明细数据，不选择显示所有科目。

⑧ 自定义项：单击"自定义项"按钮，可录入自定义项查询条件。

⑨ 客户、供应商、部门、个人、项目、结算、票号等项输入，都会缩小业务的查询范围，可根据查询的具体需要输入。

（8）当输入组合条件后，单击"确认"按钮，系统会将当前科目明细账中符合条件的业务全部过滤出来，合计行中显示查询结果的借贷方发生额合计（图 3.28）。单击"取消过滤"按钮，则显示未按条件过滤的明细账。

（9）如需查看某一记录的记账凭证时，先选择该条记录，然后单击"凭证"按钮，即可弹出选择记录的记账凭证（图 3.29）。

（10）查询完毕，单击"退出"按钮，返回"总账"窗口。

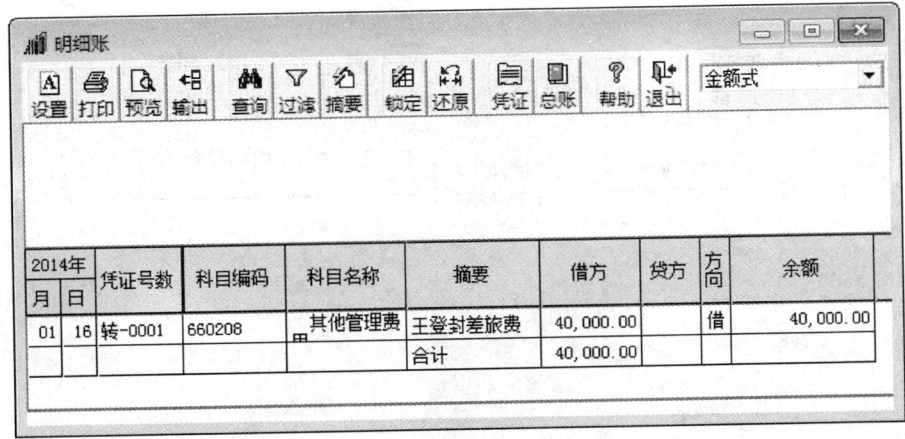

图 3.28 过滤后的明细账数据

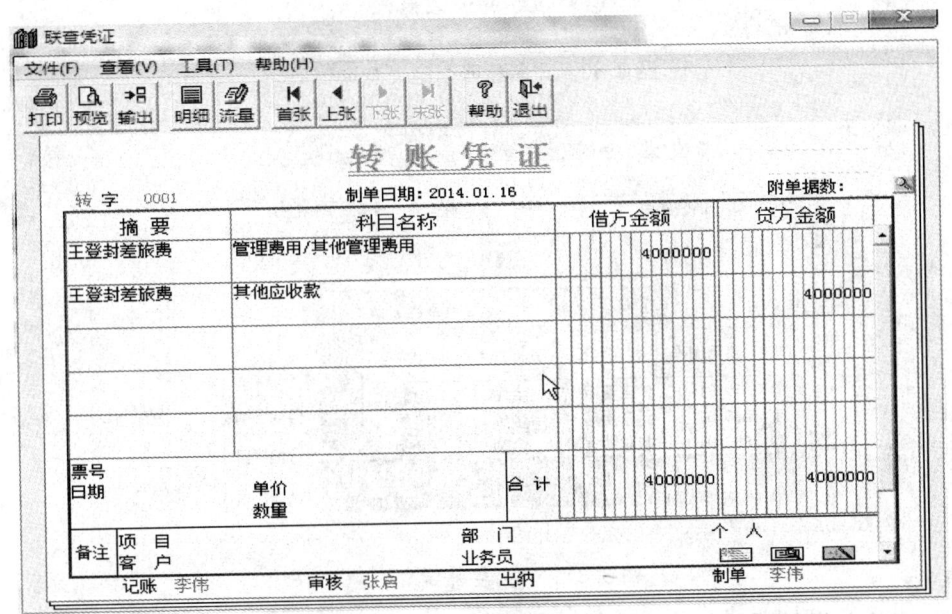

图 3.29 "联查凭证"窗口

3. 多栏式账账簿查询

初始化设置并未出现多栏明细账页格式。如希望查阅像手工会计中一样的多栏式明细账可自行定义,然后依据定义的格式查询相关数据。

【操作步骤】

(1) 依次单击菜单"总账"→"账簿查询"→"多栏账",系统进入"多栏账定义"查询窗口(图3.30)。

(2) 单击"增加"按钮,弹出"多栏账定义"窗口(图3.31)。

(3) 选中多栏账"核算科目"下拉列表框,系统自动显示多栏账名称,可以在"多栏账名称"处直接修改。例如,核算科目选择"6601 销售费用",系统自动给出"销售费用多栏账"。

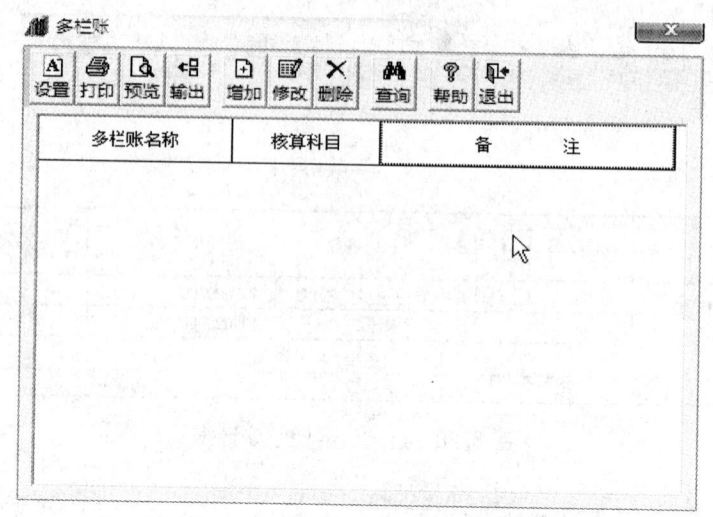

图 3.30 "多栏账"定义查询窗口

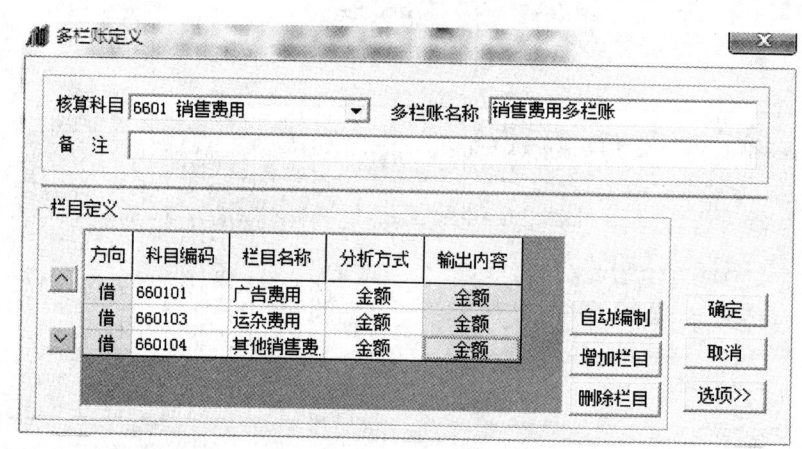

图 3.31 "多栏账定义"窗口

(4) 定义多栏账分析栏目,系统提供两种定义方式:自动编制栏目、手动编制栏目。

自动编制:单击窗口中的"自动编制"按钮,系统将根据所选核算科目的下级科目自动编制多栏账分析栏目。例如,核算科目为6601,则执行自动编制,系统将自动把该科目的下级科目设为多栏账分析栏目。

手动编制:单击"增加栏目"按钮,可自行增加栏目;单击"删除栏目"按钮,可删除该栏目;双击表中栏目,或按空格键可编辑修改栏目。

(5) 定义完毕,单击"确定"按钮,返回多栏账查询窗口。

(6) 在多栏账查询窗口,选择"销售费用"多栏账,单击"查询"按钮,系统弹出查询提示窗口。

(7) 单击"确定"按钮,进入"多栏账"查询结果窗口(图 3.32)。

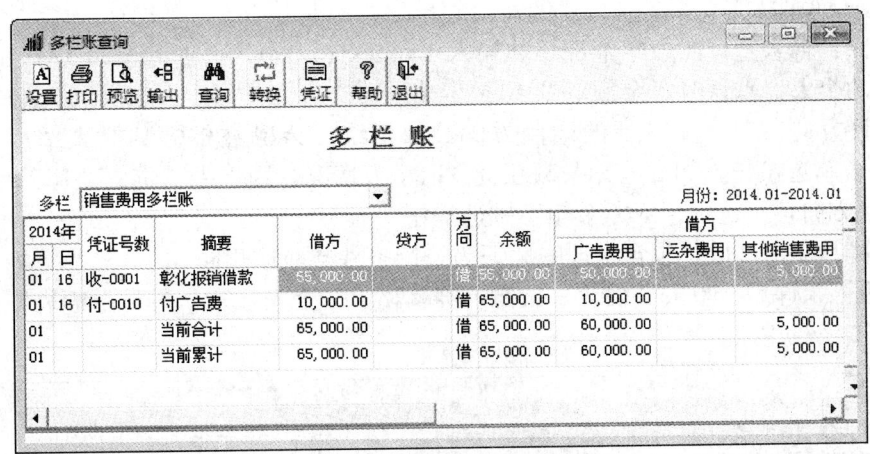

图 3.32 "多栏账查询"结果

3.4.2 辅助核算账簿查询

1. 个人往来辅助核算账簿的查询

个人往来辅助核算账簿的查询主要涉及个人往来辅助账余额表、明细账的查询及其正式账簿的打印以及个人往来账户的清理。

1) 个人往来余额表

个人往来余额表包括"个人科目余额表"、"个人部门余额表"、"个人余额表"、"个人往来三栏式余额表"四项内容,其操作步骤基本相同。以"个人科目余额表"为例予以说明。

个人科目余额表用于查询个人往来核算某一科目下所有人的发生额及余额情况。

【操作步骤】

(1) 依次单击菜单"总账"→"辅助查询"→"个人往来余额表"→"个人科目余额表",屏幕显示"个人往来_科目余额表"查询条件对话框(图 3.33),可将查询条件保存为"我的账簿",或直接调用"我的账簿"。

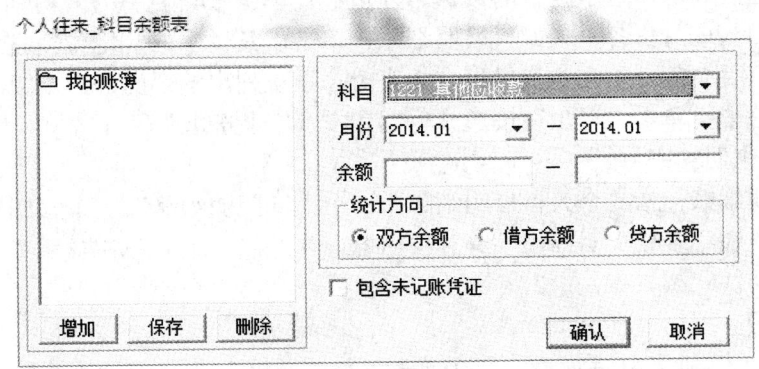

图 3.33 "个人往来_科目余额表"查询条件

窗口项目说明：

① 余额：输入查询的余额范围，如输入 1 000～10 000，则查询余额大于 1 000 且小于 10 000 的个人，默认时，余额范围不限。

② 统计方向：选择要统计的余额方向，如要统计余额在借方的个人情况，则选中"借方余额"单选按钮，如要统计余额在贷方的个人情况，则选中"贷方余额"单选按钮，如不分余额方向，则选中"双方余额"单选按钮。

③ 科目、起止月份、包含未记账凭证等查询条件与前述相同。

（2）输入条件后，单击"确认"按钮，屏幕显示"个人往来_科目余额表"查询结果（图 3.34）。

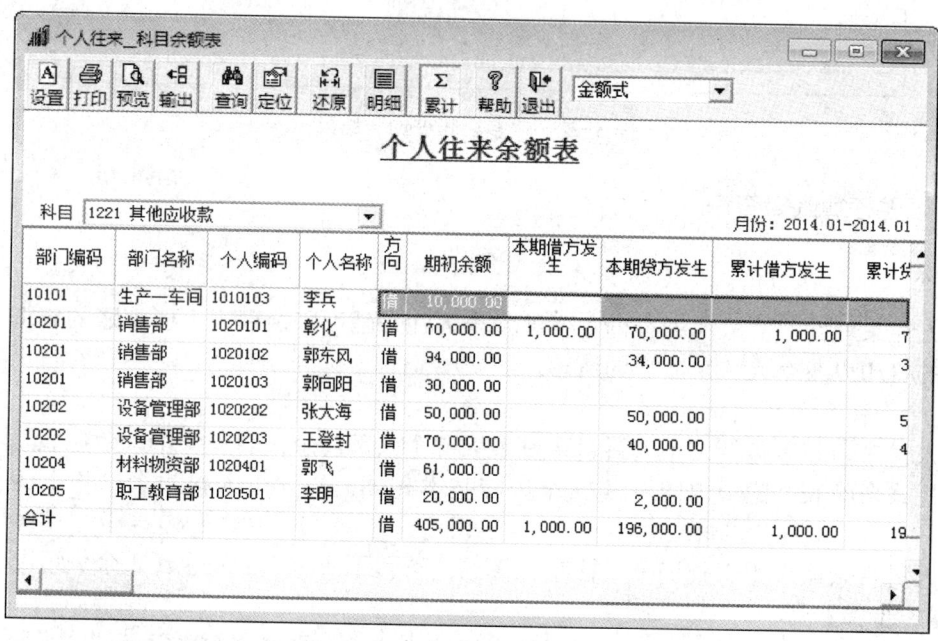

图 3.34 "个人往来_科目余额表"查询结果

（3）在查询过程中，可以单击科目下拉列表框选择需要查看的科目；选择屏幕右上方的账页格式下拉列表框，显示科目的数量、外币账；单击工具栏中的"明细"按钮，即可联查到当前科目当前月份各个人的科目明细账；单击工具栏中的"定位"按钮，可按所输条件定位查询科目余额表，在查询科目余额表时，系统列出的部门皆为末级部门。

（4）查询完毕，单击"退出"按钮，返回用友 T3 业务处理窗口。

2）个人往来明细账

个人往来明细账包括"个人科目明细账"、"个人部门明细账"、"个人明细账"、"个人三栏式明细账"和"多栏式明细账"等五项内容，在此以"个人三栏式明细账"的查询方法为例予以说明。

【操作步骤】

（1）在用友 T3 业务处理窗口，依次单击菜单"总账"→"辅助查询"→"个人往来明细账"→"个人三栏式明细账"，系统弹出个人往来三栏式明细账查询条件设置窗口（图 3.35）。

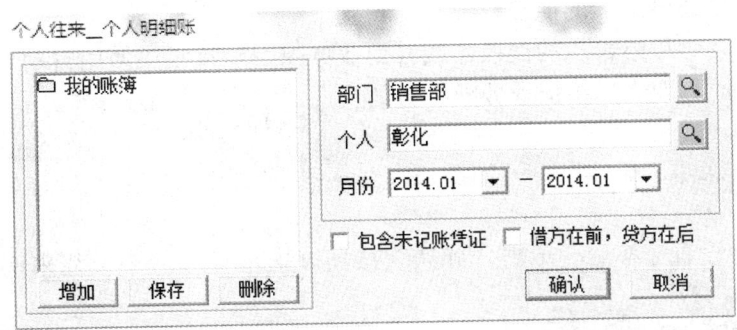

图 3.35　个人往来三栏式明细账查询条件设置窗口

(2) 在窗口中选择或输入要查询的部门、个人、起止月份等查询条件。如果需要查看包含未记账凭证的个人明细账，选中"包含未记账凭证"复选框。输入条件后，单击"确认"按钮，进入个人往来三栏式明细账查询结果窗口(图 3.36)。

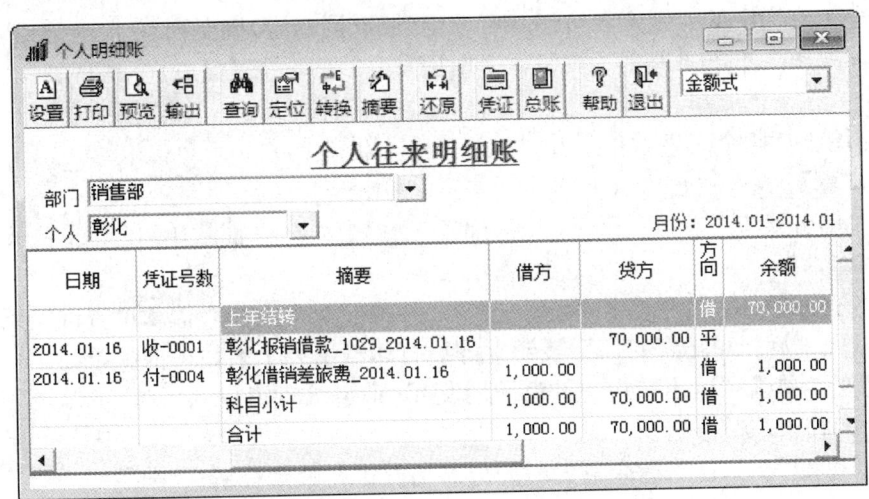

图 3.36　个人往来三栏式明细账

3) 个人往来清理

本功能用于对个人的借款、还款情况进行清理，能够及时了解个人借款、还款情况，清理个人借款。个人往来账户清理包括个人往来账户的勾对、催款单和账龄分析。

(1) 个人往来账户的勾对。

个人往来勾对，是将已达账项打上已结清的标记，如，某职工上月借款 1 000 元本月归还欠款 1 000 元，则两清就是在这两笔业务上同时打上标记，表示这笔往来业务已结清。系统提供自动与手工勾对两种方式。

往来自动勾对按专认+逐笔+总额 3 种方式进行。专认勾对就是对同一科目下业务号相同、借贷方向相反、金额一致的两笔分录自动勾对；逐笔勾对就是在用户未指定业务号的情况下，系统按照金额一致、方向相反的原则进行自动勾对；总额勾对是指当某个人的所有未勾对的借方发生额之和等于所有未勾对的贷方发生额之和时，系统则将这几笔业务进行自动勾对。本功能一般可在记完账后或在期末要查询或打印往来账前进行。自动勾对时，系统自动将所有已结清的往来业务打上"√"。

由于制单过程中可能出现的误操作或其他业务原因导致无法使用自动勾对时，可手工勾对。手工勾对时，双击已结清业务所在行的"两清"栏，打上"√"。

【操作步骤】

① 依次单击菜单"总账"→"辅助查询"→"个人往来清理"，屏幕显示个人往来两清查询对话框。

② 查询条件设置完毕后，单击"确认"按钮，屏幕显示"个人往来两清"查询结果窗口。

③ 选择需要两清勾对的个人。

④ 单击"勾对"按钮可自动勾对，单击"取消"按钮可取消自动勾对，单击"检查"按钮可对已勾对的账进行平衡检查。

⑤ 单击"总账"按钮，可联查到当前科目及个人的个人余额表。单击"凭证"按钮，可联查到相应的凭证。

⑥ 单击工具栏中的"锁定"按钮，可锁定（或取消锁定）摘要列。

⑦ 查询完毕，单击"退出"按钮，返回用友 T3 业务处理窗口。

（2）个人往来催款单。

此功能用于打印个人催款单，及时地清理个人借款。

【操作步骤】

① 依次单击菜单"总账"→"辅助查询"→"个人往来催款单"，系统显示个人往来催款单查询对话框。

② 输入查询条件后，单击"确定"按钮，屏幕显示个人往来催款单查询结果窗口。

③ 审查无误后，单击"打印"按钮，即可打印输出"个人往来催款单"。

查询完毕，单击"退出"按钮，返回用友 T3 业务处理窗口。

（3）个人往来账龄分析。

本功能用来对个人往来款余额的时间分布情况进行账龄分析。

【操作步骤】

① 单击"总账"→"辅助查询"→"个人往来账龄分析"，屏幕显示个人往来账龄分析条件查询对话框。

② 输入完条件后单击"确定"按钮，系统显示出个人往来账龄分析表查询结果窗口。

③ 审查无误后，单击"打印"按钮，即可打印输出"个人往来账龄分析表"。

④ 查询完毕，单击"退出"按钮，返回用友 T3 业务处理窗口。

2. 供应商往来和客户往来查询

供应商往来、客户往来辅助核算账簿的查询主要涉及往来辅助账余额表、明细账的查询及其正式账簿的打印以及往来账户的清理。其中往来账户清理的查询方式包括往来两清、对账单、往来账龄分析等。其查询方式基本与"个人往来辅助核算账簿"的查询方式相同，其操作方法不再重述。

3. 部门辅助账的查询

在总账业务处理中，如果某一会计科目定义有部门辅助核算，系统则除了对这一科目进行部门核算外,还提供了横向和纵向的查询统计功能,为企业管理者提供各种会计信息,真正体现了"管理"的功能。部门辅助账查询主要涉及部门辅助总账、明细账的查询,正式账簿的打印及如何得到部门的收支分析表。

1)部门辅助总账查询

部门辅助总账的查询功能能够查询部门业务发生的汇总情况。如果在设置"会计科目"时指定某科目为部门核算类科目且在录入凭证时填写了相应的辅助信息,通过部门总账的查询,可以从部门角度检查费用或收入的发生额及余额情况。

具体查询时,可按科目查询、部门查询和三栏账查询进行。科目查询,即查询某部门核算科目下各个部门的发生额、余额汇总和明细账情况。部门查询,即查询某部门的各费用、收入科目的发生额、余额汇总和明细账情况。三栏账查询,即查询某部门下某科目各个月的发生额、余额汇总和明细账情况。

2)部门收支分析

为了加强对各部门收支情况的管理,系统提供部门收支分析功能,可对所有部门核算科目的发生额及余额按部门进行分析。在对发生额及余额进行统计分析时,系统将科目、部门的期初、借方、贷方、余额一一列出,进行比较分析。

4. 项目辅助账的查询

项目辅助账的查询包括项目总账、明细账的查询及打印,以及项目统计表的查询,因为各项查询的操作方法基本相同,所以,只给出项目总账的查询操作及项目统计表的操作。

1)项目总账的查询

项目总账查询用于查询各项目发生业务的汇总情况,系统提供了以下五种总账查询方式:科目总账,即查询某科目下各明细项目的发生额及余额情况;项目总账,即查询某部门、项目下的各费用、收入科目的发生额及余额汇总情况;三栏总账,即查询某项目下某科目各月的发生额及余额汇总情况;部门项目总账,即查询某部门下各项目的发生额及余额汇总情况;分栏总账,即查询某科目下各项目的发生额及余额汇总情况。

2)项目统计表

项目统计表用来统计所有项目的发生额及余额汇总情况。在对发生额及余额进行统计分析时,系统将科目、项目的期初、借方、贷方、余额逐一列出,进行比较分析。

本 章 小 结

记账凭证处理,是会计业务的起点。信息化会计中的记账凭证可分为手工凭证、机制凭证和派生凭证3类。关于记账凭证处理,本章主要介绍了手工记账凭证处理的基本步骤和方法,内容包括记账凭证填制、凭证填制注意事项、记账凭证修改、查看其他凭证信息、记账凭证删除、记账凭证审核、出纳签字、记账凭证查询、记账凭证打印等,其中,已入账记账凭证的修改和记账凭证的删除方法是难点。会计账簿是会计信息输出的一种重要形式。信息会计的各种会计账簿都集中在总账子系统中。账簿处理包括记账和账簿输出两部分内容。

业务实训3　总账日常账务

一、根据洛阳利达材料公司的以下业务编制记账凭证

注意事项：
(1)凭证填制日期、总账登录日期、计算机系统日期必须一致，否则凭证无法保存。
(2)凭证的填制日期可以与下列业务的发生日期不同，即可以根据填制凭证的具体情况确定凭证填制日期，并且可以打乱以下业务顺序填制凭证。
(3)月初人民币与美元汇率为6.9，应在"外币及汇率"窗口的当月"记账汇率"栏录入。

① 15日，职工教育部李明购置办公用品4 000元，以现金支付。

借：管理费用——办公费用　　　　　　　　　　　　　　　　4 000
　　贷：库存现金　　　　　　　　　　　　　　　　　　　　　　4 000

② 15日，销售部彰化借差旅费1 000元，借据编号0001。

借：其他应收款(彰化)　　　　　　　　　　　　　　　　　　1 000
　　贷：库存现金　　　　　　　　　　　　　　　　　　　　　　1 000

③ 15日，财务部宗玲由工行存款户提取现金5 000元，现金支票号002342。

借：库存现金　　　　　　　　　　　　　　　　　　　　　　　5 000
　　贷：银行存款——工行存款　　　　　　　　　　　　　　　　5 000

④ 15日，财务部张启以转账支票从工行存款户支付银行借款利息5 000元，支票编号012543。

借：财务费用——利息支出　　　　　　　　　　　　　　　　5 000
　　贷：银行存款——工行存款　　　　　　　　　　　　　　　　5 000

⑤ 16日，财务部宗玲由工行存款户提取现金5 000元，现金支票号012342。

借：库存现金　　　　　　　　　　　　　　　　　　　　　　　5 000
　　贷：银行存款——工行存款　　　　　　　　　　　　　　　　5 000

⑥ 16日，购入工程物资一批用于高新分厂工程，材料由基本建设部验收并直接交工地使用；由郭飞向西方材料公司购买，其中运杂费1 000元、材料费20 000元，用工行转账支票支付，支票号为002443。

借：在建工程——运输费用　　　　　　　　　　　　　　　　1 000
　　在建工程——材料费用　　　　　　　　　　　　　　　　20 000
　　贷：银行存款——工行存款　　　　　　　　　　　　　　　21 000

⑦ 16日，销售部彰化报销前展销会借款，其中，广告费用50 000元，其他费用5 000元，以转账支票方式退回银行存款15 000元，支票号码002555，收据票号1029。

借：销售费用——广告费用　　　　　　　　　　　　　　　　50 000
　　销售费用——其他销售费用　　　　　　　　　　　　　　　5 000
　　银行存款——工行存款　　　　　　　　　　　　　　　　15 000
　　贷：其他应收款(彰化)　　　　　　　　　　　　　　　　　70 000

⑧ 16日，财务部宗玲从工行提现金1 000 000元，准备发放工资，现金支票号为002343。

  借：库存现金   1 000 000
    贷：银行存款——工行存款   1 000 000

⑨ 16日，发放当月工资1 000 000元。

  借：应付职工薪酬——应付工资   1 000 000
    贷：库存现金   1 000 000

⑩ 16日，销售部郭东风用转账支票从工行存款支付A产品广告费用10 000元、支票号为004343，已从工行转出。

  借：销售费用——广告费用   10 000
    贷：银行存款——工行存款   10 000

⑪ 17日，财务部宗玲由工行存款户提取现金5 000元，现金支票号013342。

  借：库存现金   5 000
    贷：银行存款——工行存款   5 000

⑫ 17日，职工教育部李明还款2 000元，收据票号2145。

  借：库存现金   2 000
    贷：其他应收款（李明）   2 000

⑬ 18日，财务部宗玲从工行提取现金30 000元准备支付退休金，现金支票号002344。

  借：库存现金   30 000
    贷：银行存款——工行存款   30 000

⑭ 18日，以现金支付职工退休金30 000元。

  借：管理费用——劳动保护费   30 000
    贷：库存现金   30 000

⑮ 18日，设备管理部王登封报销出国差旅费40 000元，旅费票号2039。

  借：管理费用——其他管理费用   40 000
    贷：其他应收款（王登封）   40 000

⑯ 18日，基本建设部以中行存款转账支票支付施工单位工程承包费，支票号106312；共计280 000元，具体数额高新分厂工程160 000元；职工体育场工程70 000元；科技大楼工程50 000元。

  借：在建工程——工程承包费（高新分厂）   160 000
     在建工程——工程承包费（职工体育场）   70 000
     在建工程——工程承包费（科技大楼）   50 000
    贷：银行存款——中行存款   280 000

⑰ 18日，从中国银行借入三年期借款用于新产品研制，款项已用转账支票存入中行账户，支票号为8623，借款额为400 000元。

  借：银行存款——中行存款   400 000
    贷：长期借款——技术改造借款   400 000

⑱ 18日，在外汇调剂市场卖出外币20 000元，原入账汇率6.9，当日汇率为6.8，售

价 136 000 元，用转账支票已存中行存款户（票据号为 005331）；美元以转账支票付出（票据号 064213）。

　　借：银行存款——中行存款　　　　　　　　　　　　　　136 000
　　　　财务费用——汇兑损益　　　　　　　　　　　　　　　2 000
　　　　贷：银行存款——中行美元存款　　　　　　　　　　　　　　138 000

⑲ 18 日，设备管理部张大海报销设备维修费用 40 000 元，以转账支票退款 10 000 元，支票编号 003241，费用票据编号 2161。

　　借：银行存款——工行存款　　　　　　　　　　　　　　 10 000
　　　　制造费用——修理费　　　　　　　　　　　　　　　　40 000
　　　　贷：其他应收款（张大海）　　　　　　　　　　　　　　　　50 000

⑳ 18 日，财务部宗玲由工行存款户提取现金 5 000 元，现金支票号 014342。

　　借：库存现金　　　　　　　　　　　　　　　　　　　　　5 000
　　　　贷：银行存款——工行存款　　　　　　　　　　　　　　　　5 000

㉑ 19 日，公司总务部张刚报销当日招待费 5 000 元。

　　借：管理费用——招待费用　　　　　　　　　　　　　　　5 000
　　　　贷：库存现金　　　　　　　　　　　　　　　　　　　　　　5 000

㉒ 19 日，销售部职工郭东风还借款 34 000 元，收据票号 403。

　　借：库存现金　　　　　　　　　　　　　　　　　　　　　34 000
　　　　贷：其他应收款（郭东风）　　　　　　　　　　　　　　　　34 000

㉓ 19 日，财务部宗玲由工行存款户提取现金 5 000 元，现金支票号 014442。

　　借：库存现金　　　　　　　　　　　　　　　　　　　　　5 000
　　　　贷：银行存款——工行存款　　　　　　　　　　　　　　　　5 000

㉔ 20 日，财务部宗玲由工行存款户提取现金 5 000 元，现金支票号 014443。

　　借：库存现金　　　　　　　　　　　　　　　　　　　　　5 000
　　　　贷：银行存款——工行存款　　　　　　　　　　　　　　　　5 000

二、完成以下业务处理

1. 审核凭证

注意事项：

（1）审核人和制单人不能是同一个人，是指若记账凭证由李伟填制，则登录总账业务处理的操作员仍是李伟的情况下就无法审核凭证，而应改由其他操作人员登录（如张启登录）后，方可审核凭证。

（2）凭证一经审核，则不能修改、删除，只有取消审核签字后才可以修改或删除。

只能由审核人取消审核签字。

（3）已标错的凭证不能审核，若想审核，需先按"取消"取消标错后才能审核。

2. 登记账簿

3. 账簿查询

（1）结合"生产成本"和"管理费用"核算科目练习基本账户、辅助账户查询。

（2）结合"其他应收款"核算科目练习基本账户、辅助账户查询。

常见问题

1. 保存凭证时，系统出现"时间超前"、"时间滞后"提示，无法保存凭证

这一问题在做实验的时候较为常见，是由于所填制凭证上的时间与业务处理时间（登录总账时选择的时间）及计算机上的系统时间不一致造成的（造成系统认为今天处理的是"明天"的业务，不符合会计惯例）。解决方法是退出总账，调整计算机的系统时间重新登录总账。

2. 保存凭证时，系统出现"不满足借方条件"或"不满足贷方条件"提示，无法保存

出现这一情况是填制记账凭证忽略了记账凭证的种类（即凭证上的"字"，在记账凭证分类的情况下，"收"字、"付"字、"转"字分别代表收款凭证、付款凭证和转账凭证）。这一问题的解决方法是依据记账凭证内容，选择相应的凭证类型，正确选择凭证"字"的类型。

3. 保存凭证时，系统出现记账凭证已填制到XX号，"凭证不序时"提示，无法保存凭证

会计上所说的"序时"，是指凭证编号的排列顺序与其填制凭证时间顺序一致；反之，即为"不序时"。举例来说，若已填制最后一张凭证编号"付110"，填制时间是1月20日，若在填制"付111"号凭证时，凭证时间选择19日或更早，就是凭证不序时。这一情况多产生于处理"漏记"业务或原记账凭证删除重新填制的情况，因对"序时"的误解，认为所填制原始凭证的发生时间早于最后一张记账凭证所附原始凭证，其凭证填制时间应按原始凭证排列。实际工作中对于这样的业务是可以不按原始凭证的发生时间确定其记账凭证填制时间的，而按记账凭证的排列顺序确定填制时间即可，即上例的"付111"号凭证可以为1月20日或以后的填制时间。

思考题

(1) 手工记账凭证错误的更正方法有哪些？
(2) 审核记账凭证有哪些作用？如何审核记账凭证？
(3) 查询记账凭证时，如何选择输入凭证查询条件？
(4) 记账凭证的修改有几种方式？分别适用于什么情况下的记账凭证修改？
(5) 如何查询账簿？如何进行总账、明细账及记账凭证联合查询？

第 4 章 购销存核算

教学目标

通过本章的学习,了解用友 T3 中采购、库存、销售和核算 4 个子系统的主要功能及其相互关系;熟悉采购、库存、销售和核算的业务处理流程,以及这四个子系统与总账的凭证传递、账簿互补关系;明确购销存经营业务和会计核算的分工与协作关系;掌握购销存业务管理的主要业务,从原始凭证到记账凭证生成的关键步骤和处理方法,以及各种原始单据、业务账簿查询与输出的基本方法。

购销存业务及其核算是企业经营管理的重要组成部分。实际工作中,采购、销售、仓储和会计核算业务,虽然隶属于不同的职能部门,但从企业整体业务流程来看,则密切相关。

在用友 T3 系统中,购销存核算业务由采购、销售、库存和核算四个子系统组成。

4.1 购销存核算初始化

实际工作中,任何企业都需要先制定业务处理范式及其管理规范,然后才能展开业务营运。这一模式体现在软件中就是先进行初始化设置,而后才能处理日常业务。就业务本身而言,在采购、销售业务过程中,一方面是现金的增减变化及客户、供应商往来的管理,另一方面是存货的流转和存储管理。所以购销存及其核算初始化的主要内容,即企业库存、客户与供应商往来、相关现金收支等方面的管理在 T3 软件系统中的设置。

4.1.1 购销存基础设置

在用友 T3 系统中有关购销存的基础设置由存货、购销存、单据设计和单据编号设置等模块组成,其中存货包含存货分类、存货档案两项;购销存包含仓库档案、收发类别、采购类型、产品结构、成套件、费用项目、发货方式、货位档案和非合理损耗等;单据设计主要是针对企业购销存业务中所使用的各种原始凭证进行格式设计;单据编号设置是对购销存业务相关原始凭证的编号方式进行设置。

1. 存货分类

以账套主管的身份登录用友 T3 业务处理窗口后,依次单击菜单"基础设置"→"存货"→"存货分类",进入"存货分类"设置窗口(图4.1)。

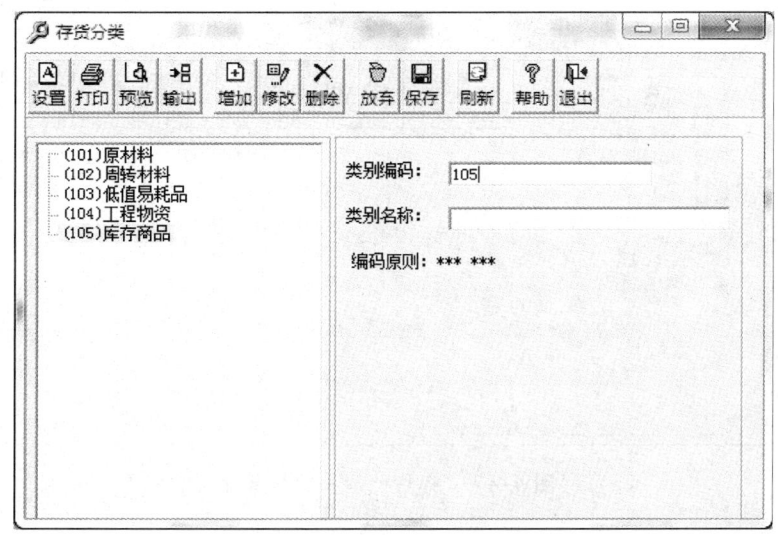

图 4.1　"存货分类"设置窗口

窗口项目说明：

（1）类别编码：按企业编码规则输入特定存货类别编码。

（2）类别名称：输入特定存货类别名称，类别名称最多10个汉字。

（3）编码原则：它是一种提示，说明第1章编码方案设置中关于存货编码方案的设置情况。如图4.1所示，编码原则是六个星号，且中间有一空格，这与第1章中"存货分类编码级次"设置的"33"是对应的，其含义为：已设定的存货分类编码规则中存货共两级，一级编码3位数，二级编码6(3+3)位数。

存货分类用于设置存货分类编码、名称。存货分类最多可分八级，类别编码总长不能超过30位，每级级长可自由定义。例如洛阳利达材料公司的存货编码规则已设置二级，每级3位，一级存货分为原材料、周转材料、低值易耗品、自制半成品和库存商品等。其中原材料下属的二级材料包含甲材料、乙材料。

窗口右侧为数据输入区，而左侧是输入后已保存的资料。

单击"增加"按钮，在窗口右侧输入类别信息，一个类别输入完毕后，单击"保存"按钮，存储输入的分类信息。

若发现录入信息有误，可在该窗口进行修改或删除操作。

2．存货档案

在用友T3业务处理窗口，依次单击菜单"基础设置"→"存货"→"存货档案"，进入"存货档案"设置窗口(图4.2)，此窗口完成对存货目录以及随同发货单或发票一起开具的应税劳务等项目的设立和管理。

单击"增加"按钮，弹出"存货档案卡片"录入窗口(图4.3)。

存货档案信息具体分为"基本"、"成本"、"控制"和"其他"四个页面。"基本"页录入存货档案的基本信息；"成本"页设置存货成本核算具体要求；"控制"页设置存货管理中的各项规则；"其他"页主要是存货的相关说明。

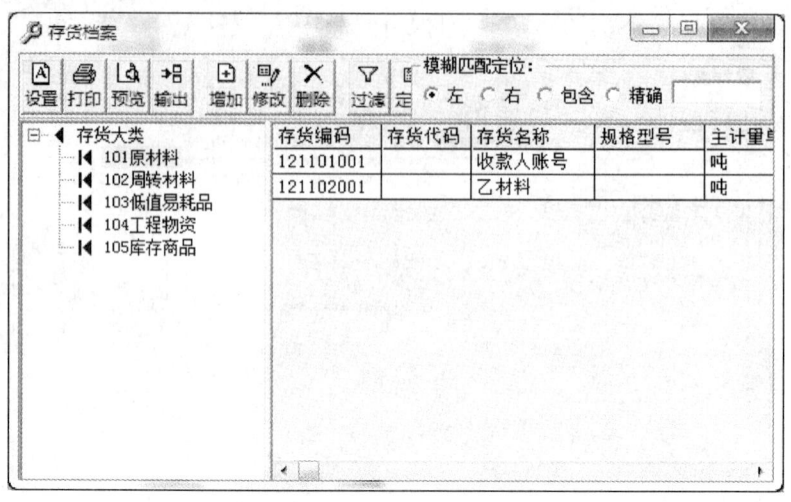

图 4.2 "存货档案"设置窗口

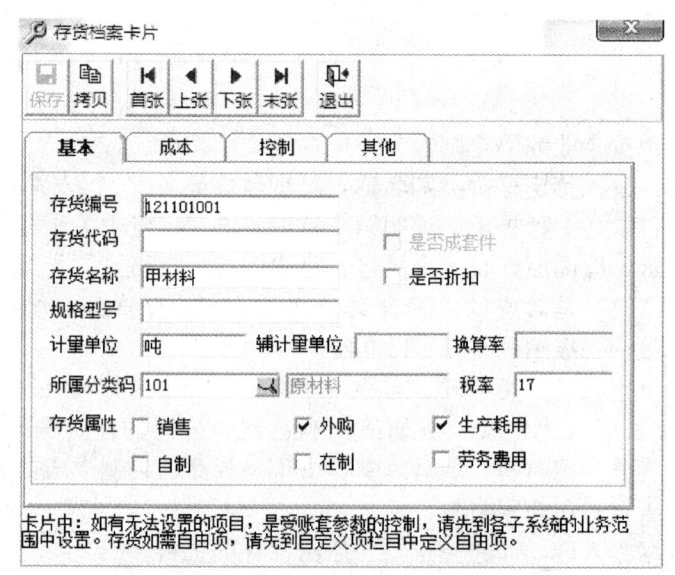

图 4.3 "存货档案卡片"录入窗口

对话框中后面带有"*"号项目是必须输入不能为空的项目,其他项目可根据实际需要选择录入。

【例 4-1】 洛阳利达材料公司的存货档案中,原材料下属的甲材料的存货编码为 121101001,重量单位为吨,存货属性为"外购、自制",计价单价为 100 元。

【操作步骤】

(1) 在"基本"页面,存货编码输入 121101001;材料名称输入甲材料;计量单位组输入重量单位;主计量单位输入吨;存货属性选择"外购"、"自制"。

(2) 单击"成本"标签,计划价/售价输入 100。

(3) 单击"保存"按钮,完成输入。

3. 仓库档案

在用友 T3 业务处理窗口,依次单击菜单"基础设置"→"购销存"→"仓库档案",进入"仓库档案"输入窗口。在此完成企业仓库档案设置。

在仓库档案设置窗口,单击"增加"按钮进入仓库档案卡片窗口(图 4.4)。每一条仓库档案数据录入后,应单击"保存"按钮,存储录入结果。

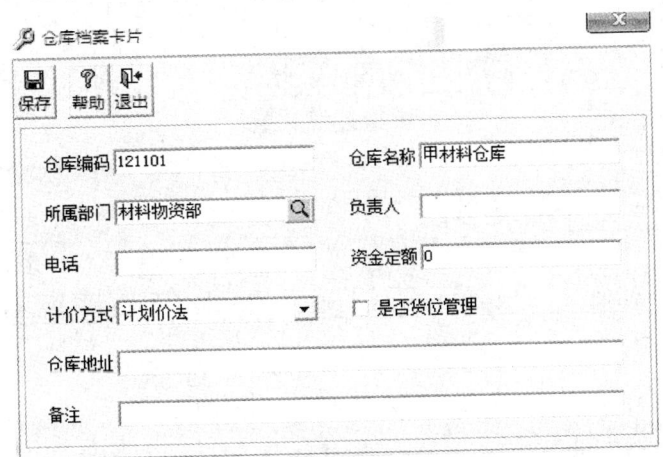

图 4.4 仓库档案卡片窗口

4. 开户银行

在用友 T3 业务处理窗口,依次单击菜单"基础设置"→"收付结算"→"开户银行",进入"开户银行"设置窗口(图 4.5)。

在该窗口中完成本单位开户银行的"增加"、"修改"或"删除"等数据处理。

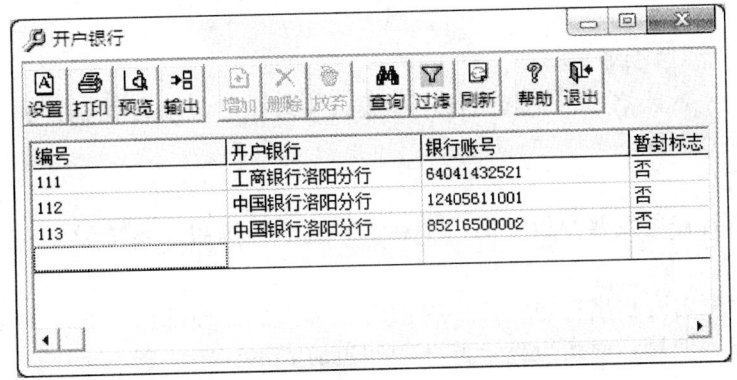

图 4.5 "开户银行"设置窗口

5. 单据设计

单据是指会计业务处理过程中相关的原始凭证,如销货发票、收款单等。

会计软件系统中提供有常用单据的基本模型,企业可以根据自身的管理需要在单据模型的基础上,调整其反映的内容项目,排列各个项目输入顺序及其相应的显示位置和风格等,这就是所谓的单据设计。

单据格式设计的操作方法基本相同,主要包括单据项目删除、增加和调整布局等。我们仅以销售普通发票为例给予说明。

在用友 T3 业务处理窗口,依次单击菜单"基础设置"→"单据设计"→"销售普通发票设计",即进入"销售普通发票设计"窗口(图 4.6)。

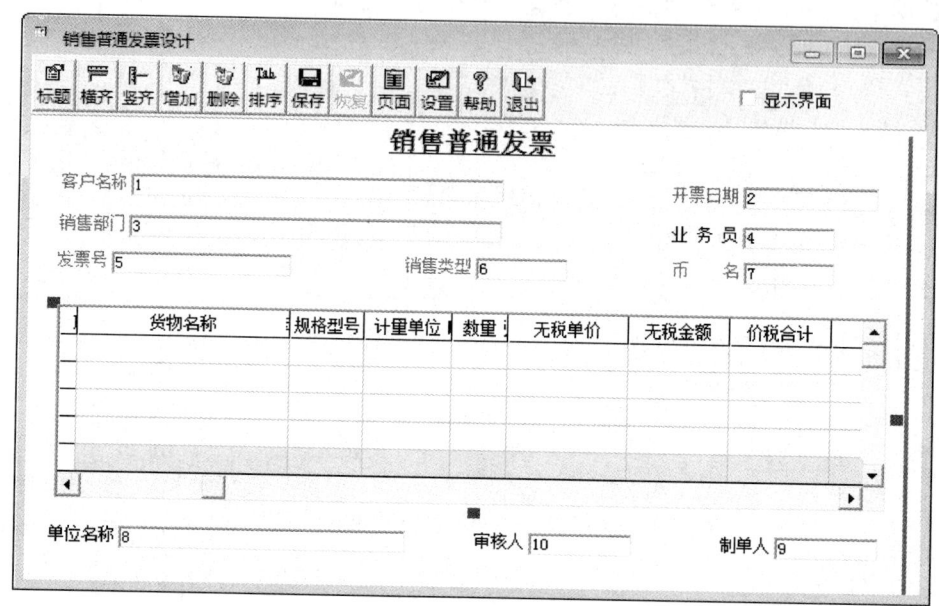

图 4.6 "销售普通发票设计"窗口

发票中的信息包括"表体项目"和"表头项目"两部分。"表体项目"是指发票中间表格内显示的"仓库名称"、"货物名称""数量"等信息;"表头项目"则是指发票上表格以外的其他信息。

1) 删除(增加)单据项目

系统给出发票默认格式,实际工作中如果认为其中某些项目多余,即可通过设计功能将多余不用的项目删除。

【操作步骤】

(1) 在"销售普通发票"设计窗口中单击"删除"按钮,系统弹出表头项目设置对话框(图 4.7)。

(2) 此对话框内列示出所设计单据目前的全部项目,移动窗口右侧的滚动条,找到欲删除的表头或标题项目,单击鼠标,其变为蓝色后表示选中,图 4.7 中的"表头项目:部门编号"等。

(3) 选择好准备删除的项目后,单击"确定"按钮,系统返回销售普通发票设计窗口即可。

增加项目多数是恢复误删了的项目,操作方法和"删除"类似。

2) 单据的布局

一旦进行了单据删除、增加操作,单据的外观就发生了变化。为了让调整后项目的发票外观显得更加协调美观,就需要重新调整发票中各项目的位置,这就是单据布局。

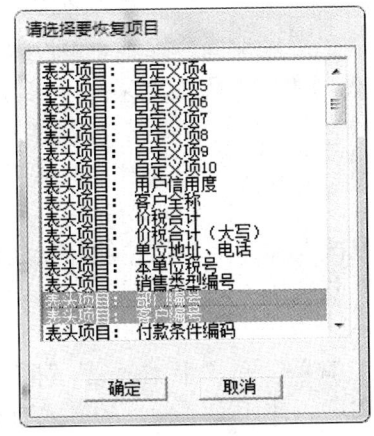

图 4.7 表头项目设置对话框

表头项目可以直接用鼠标将其拖到合适的位置。当多个项目需要对齐时，可双击选择多个项目，然后单击其中的"横齐"或"竖齐"按钮进行对齐操作。

当个别表头项目单据中无法直接看到时，可能是被其他项目或表体覆盖，只要用鼠标移开其他项目或表体，将新增项移至表头位置即可。

单据设计完毕，应单击"保存"按钮，以存储设计好的单据。

6. 单据编码设置

在用友 T3 业务处理窗口，依次单击菜单"基础设置"→"单据编码设置"，进入"单据编码设置"窗口（图 4.8），可对各种原始单据的编码进行设置。窗口分为编号设置、对照表、查看流水号三个标签。

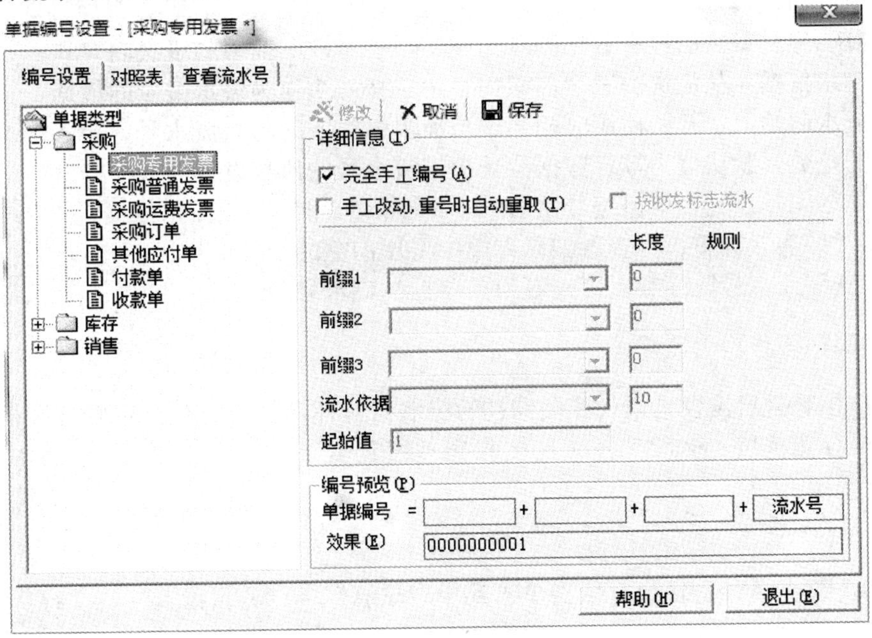

图 4.8 "单据编号设置"窗口

编号设置标签窗口左侧是单据选择区,右侧是修改区,在窗口左侧区域选中一张具体单据时,单击"修改"按钮,在"编号设置"标签中可设置单据编码方案。

【例 4-2】 洛阳利达材料公司销售普通发票采用手工方式编号(图 4.8)。
【操作步骤】

(1) 在"单据编号设置"窗口,依次单击菜单"单据类型"下的"销售"→"销售普通发票"。

(2) 单击窗口左上方的"修改"命令,激活左侧信息处理功能。

(3) 选中"完全手工编号"复选框。

(4) 单击"保存"命令。

编码方案可分为"完全手工编号"和"手工改动,重号时自动重取"。"完全手工编号"意味着在日常业务处理过程中,使用手工输入的方式对相应的单据进行编码,一般不需进行其他设置。"手工改动,重号时自动重取"意味着对应单据在日常业务处理过程中由系统自动编码。这样就要进一步设置具体编码生成规则。

一个单据编码的附加前缀最多有 3 项,即前缀 1、前缀 2 和前缀 3,每个前缀又有内容、长度和规则 3 个方面的设置。

(1) 前缀内容:可选择该单据类型的表头项目和各种分类项(客户分类、地区分类、供应商分类),三个前缀不能选择相同的项目。如果选择的前缀内容包含有级次,则要选择按不同级次设置编码方案。

(2) 前缀长度:若设置了前缀内容,则必须设置对应前缀的长度,默认为相应前缀内容的长度,可以修改,修改的原则是三个前缀位长加流水号位长不能大于 30 位。已经有数据的单据不能修改单据编码中的前缀位长。

当前前缀选择为分类项目或者有级次的档案(如部门),则需要选择设置具体前缀内容的级次,级次的选择范围为当前前缀内容的级次范围+末级;前缀类型为日期的选择内容为年、年月、年月日。已经有数据的单据类型不能修改其前缀的级次内容。

(3) 流水依据:从已选的三个前缀内容中选择一个作为流水编号的依据。

(4) 流水起始值:开始使用时相当于当前单据类型的起始流水号,录入时只能输入大于等于 0 的整数,默认值为零。数据位长根据流水号的位长设置进行检查。

(5) 单据编号预览:单据编号=前缀 1+前缀 2+前缀 3+流水依据。

(6) "对照表"标签:可查看编码方案中可用前缀的详细信息。

(7) "查看流水号"标签:可查看当前单据的流水号。

4.1.2 购销存核算科目设置

购销存核算科目设置是录入相关期初数据和日常业务处理中生成记账凭证的基础,主要内容包括存货科目、存货对方科目、非合理损耗科目、客户往来科目、供应商往来科目等。

1. 存货科目设置

在用友 T3 业务处理窗口,依次单击菜单"核算"→"科目设置"→"存货科目",进入"存货科目"设置窗口(图 4.9)。

单击"增加"按钮,即可根据准备的相应资料进行输入;录入完成后,单击"保存"

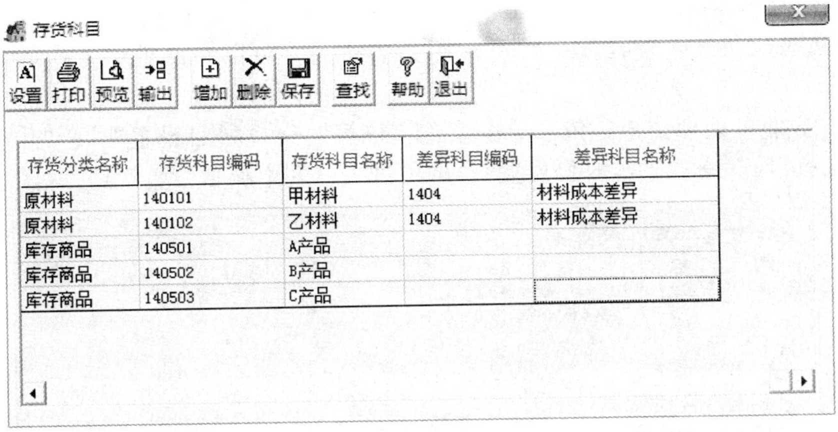

第4章 购销存核算

图 4.9 "存货科目"设置窗口

按钮。如果发现录入错误可直接进行修改,但应注意保存修改结果。

2. 存货对方科目设置

存货对方科目,即反映存货业务的会计分录中,和存货相对应的另一方的会计科目。当某一特定存货增加或减少业务的,在会计分录中对应科目只是一对一关系,例如反映材料采购入库的会计分录中,借方是"原材料—甲材料",贷方只能是"材料采购—甲材料"科目,这种情况下设置存货对方科目,日后在生成记账凭证时就不需修改;反之,对方科目有多种可能性,如仓库发出的甲材料可能用于产品生产,也可能辅助生产,对方会计科目就有多种可能,这一情况下存货对方科目就应选择经常使用的科目,日后生成记账凭证时还要检查其中的科目是否有误,如果有误就应进行修改。

在用友 T3 业务处理窗口,依次单击菜单"核算"→"科目设置"→"存货对方科目",进入"对方科目设置"窗口(图 4.10)。在此窗口可完成存货对方科目设置操作。

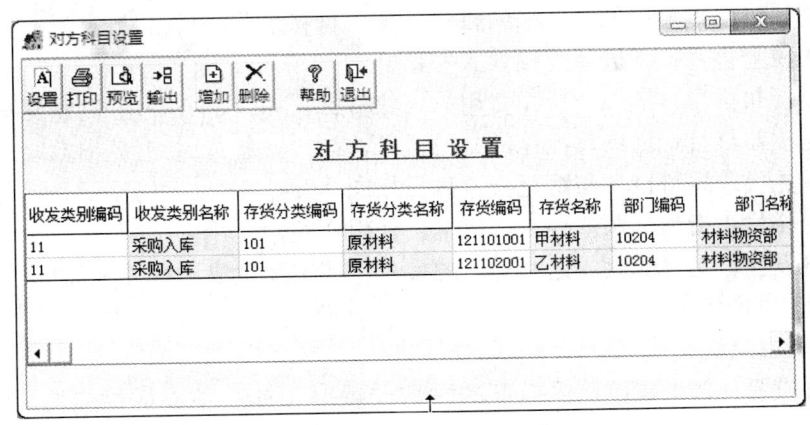

图 4.10 "对方科目设置"窗口

3. 供应商(客户)往来科目设置

供应商(客户)科目设置,主要包括基本科目设置、控制科目设置、产品科目设置和结算方式科目设置等。这些科目设置的操作方法相似,在此主要说明基本科目设置的操作方法。

1）基本科目设置

基本科目是指在核算应收款项时经常用到的科目，可以在此处设置应收业务的常用科目。

在用友T3业务处理窗口，依次单击菜单"核算"→"科目设置"→"供应商往来科目（客户往来科目）"→"基本科目设置"，即可进入"基本科目设置"窗口（图4.11）。

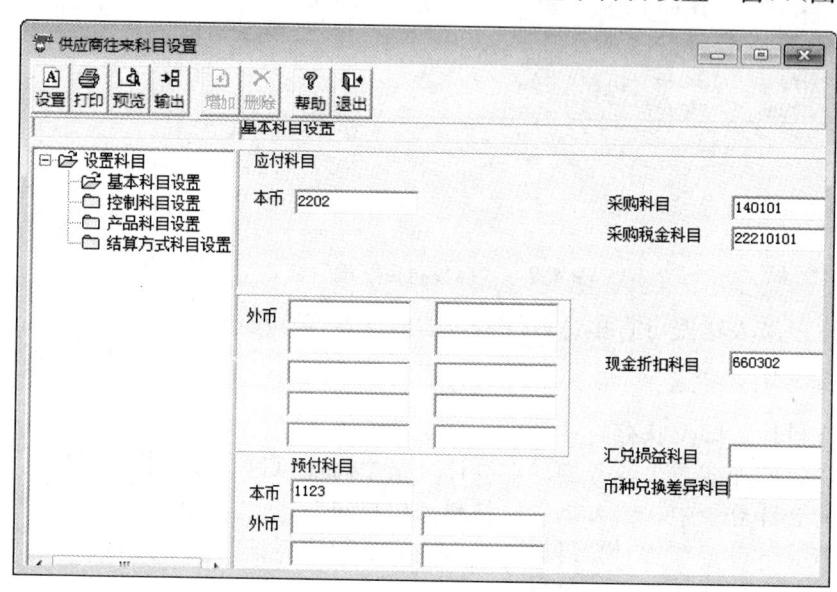

图4.11 "基本科目设置"窗口

窗口项目说明：

（1）应付科目：指核算应付款常用科目，分为本、外币两类，本币科目如"应付账款"科目。

（2）采购科目：指常用的材料采购科目，如"材料采购-甲材料"科目。

（3）采购税金科目：指进项税额计入的科目。

（4）现金折扣科目：指现金折扣费用的入账科目，如"财务费用-利息支出"。

（5）汇兑损益科目：指核算汇兑损益的科目，如"财务费用-汇兑损益"。

（6）币种兑换差异科目：与汇兑损益科目相同。

（7）预付科目：指预付账款科目，分本、外币两类。

此类科目设置，是自动生成记账凭证的参考，在实际生成记账凭证而尚未保存的状态可以修改凭证中的会计科目。

2）其他科目设置

控制科目设置：如果在核算供应商的赊购欠款时，针对不同的供应商（供应商分类、地区分类）分别设置不同的"应付账款"科目和"预付账款"科目，可以先在账套参数中选择设置的依据；当应付、预付科目与基本科目设置中的不同，则可在此处进行设置。

产品科目设置：如果针对不同的存货（存货分类）分别设置不同的材料采购科目、进项税科目等，先在账套参数中选择设置的依据；当与基本科目设置中使用的科目不一致，则在此处设置。

结算方式科目设置：它不仅可以设置常用科目，还可以为每种结算方式设置一个默认的科目。系统将依据制单规则在生成凭证时自动带入。设置方法同上述科目设置。

4.1.3 期初余额处理

购销存的期初数据分为存货期初数据、供应商往来期初数据、客户往来期初数据三个部分，可分别在用友T3业务处理窗口的"核算"、"采购"、"销售"等子系统下进行处理。初次使用本系统时须将相应的期初数据录入，如果系统中已有上年数据，通过相应的功能进行结转。

1. 期初数据录入

各种期初余额录入的操作方法类似，在此仅以其他应付单的录入为例进行说明。

【例4-3】 洛阳利达材料公司2013年12月23日，从中华电器公司购入的电梯款200 000元(单据编号00251124)，期初开出一张银行承兑汇票尚未到支付期(为上年年末应付票据余额)，该项业务由材料物资部经办，本年建账作为期初余额录入。

【操作步骤】

(1) 在用友T3业务处理窗口，依次单击菜单"采购"→"供应商往来"→"供应商往来期初"，系统弹出"期初余额——查询"对话框(图4.12)。

(2) 这一对话框仅对以后查询期初余额存在实际意义，对余额录入操作作用不大；单击"确定"按钮，即可进入"期初余额"录入对话框。

(3) 在"期初余额"录入对话框，单击"增加"按钮，系统弹出"单据类别"选择对话框(图4.13)。

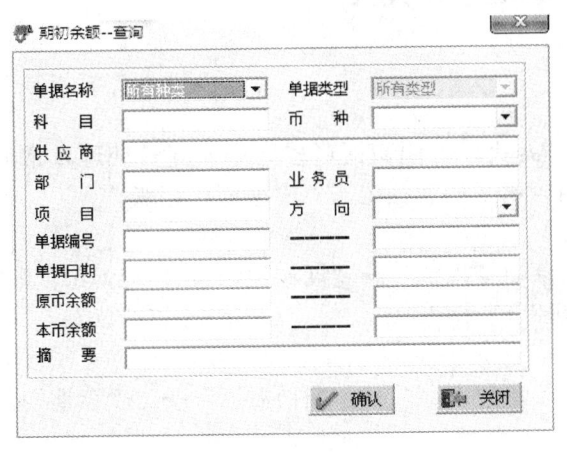

图4.12 "期初余额--查询"对话框

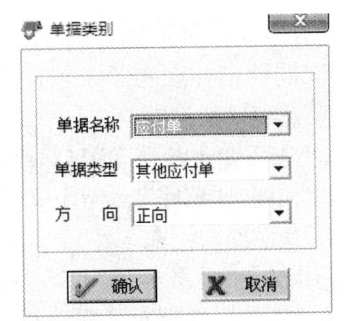

图4.13 "单据类别"选择对话框

对话框项目说明：

① 单据名称：它实际上是指录入单据的类别，系统分为采购发票、应付单、预付款三类，可依据实际情况选择。

② 单据类型：指录入什么样的单据。单据名称选择采购发票时，单据类型可选择专用发票(采购专用发票)或普通发票(采购普通发票)；单据名称选择应付单时，在此仅有一个其他应付单选项；单据名称选择预付款时，仅有付款单一个选项。

③方向：指正常录入或者红字冲销，在余额录入时只有"正向"，即不允许红字冲销。

（4）如图4.13所示，选择单据名称"应付单"，单据类型"其他应付单"，方向"正向"，单击"确认"按钮后，进入录入窗口。

（5）依据例中资料录入各项数据（图4.14）。

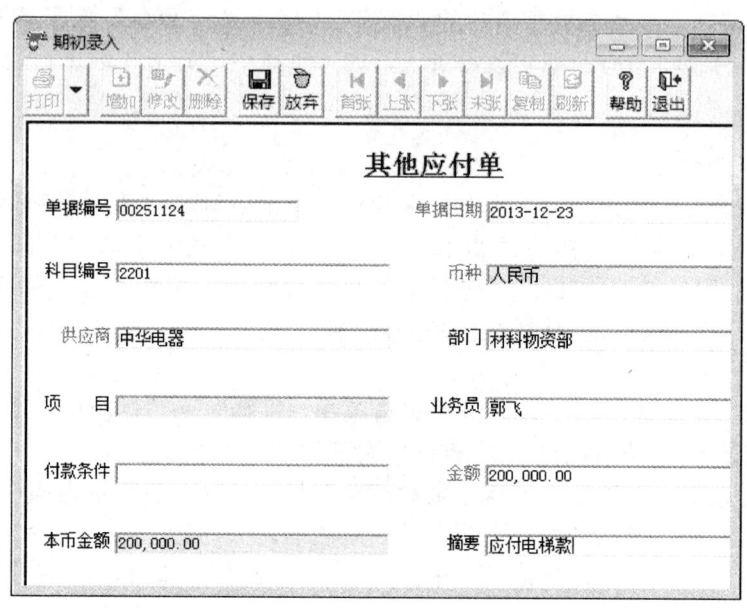

图4.14　其他应付单录入窗口

（6）录入完毕，单击"保存"按钮。

2．期初记账

购销存所有期初余额全部录入完毕，需要进行期初记账程序后，方可处理日常业务。用友T3的购销存期初记账包含两部分内容：采购期初记账、库存期初记账。

1）采购期初记账

在用友T3业务处理窗口，依次单击菜单"采购"→"期初记账"，系统弹出记账处理对话框；单击"记账"按钮进行记账处理。

2）库存期初记账

在用友T3业务处理窗口，依次单击菜单"库存"→"期初数据"→"库存期初"，进入库存期初数据处理对话框，进行记账。

4.2　采购核算日常业务

采购业务管理是用友T3系统的重要组成部分，企业可根据实际情况对采购流程进行定制。

4.2.1 采购管理系统功能概述

在实际工作中，采购业务通常是由物资供应部门进行管理，而相应的会计核算工作归属于会计部门。在此我们将这两个职能部门的业务统一介绍。

1. 采购核算系统的主要功能

采购子系统的主要功能包括处理采购订单业务、处理采购入库、退货业务、处理采购发票业务、处理采购付款、核销业务、进行采购报表查询、采购分析等。

与采购业务相关的核算系统功能，主要是处理采购业务进程中的各种原始单据，处理采购物资的状况、采购成本费用，以及相关的应付款项发生、核销、转账等方面的业务明细资料，并将这些记账凭证传递到总账子系统中。

2. 采购核算的操作流程

若第一次使用采购系统，需进行基础数据设置、期初入库单和选项设置等工作。

日常业务流程(图 4.15)，先填制采购订单，审核之后传给供应商；从物流看，到货之后，可根据采购订单填制采购入库单，生成记账凭证；从资金流看，根据供应商提供的采购发票录入采购信息，如果货款已付，则通过付现处理生成记账凭证；如果货款未付，经复核后可生成采购应付款凭证；日后付款时，填制付款单，生成记账凭证。采购业务中的各种记账凭证，都是由核算子系统生成，并自动传入总账子系统。

然后进行采购结算，以确认采购入库存货的入库成本。

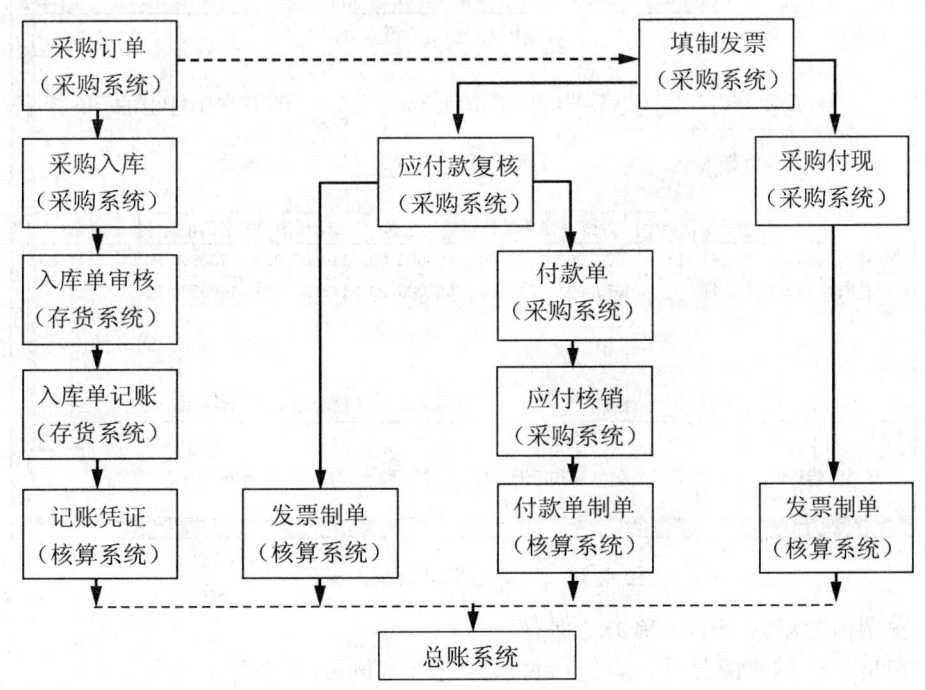

图 4.15 采购业务流程图

4.2.2 采购发票处理

用友 T3 系统，材料物资采购业务管理及会计核算，是发票处理主要内容之一，其业务处理核心步骤为填制采购发票→结现(货款未付时跳过此步骤)→复核→生成记账凭证。

【例 4-4】 20 日，材料物资部郭飞经办，向西方材料公司购入甲材料 5 000 吨，本币单价 130 元，乙材料 4 000 吨，本币单价 215 元，货款尚未支付。填制采购专用发票(发票编号 00140120)，并生成如下凭证：

借：材料采购——甲材料　　　　　　　　　　　　　　　　　650 000
　　材料采购——乙材料　　　　　　　　　　　　　　　　　860 000
　　应交税金——应交增值税——进项税额　　　　　　　　256 700
　　贷：应付账款(西方材料)　　　　　　　　　　　　　　　 1 766 700

【操作步骤】

(1) 在用友 T3 业务处理窗口，依次单击菜单"采购"→"采购发票"，进入采购发票处理窗口。

(2) 在采购发票处理窗口，单击"增加"按钮右边的下三角按钮后，选择"专用发票"命令，即进入采购专用发票录入窗口(图 4.16)。

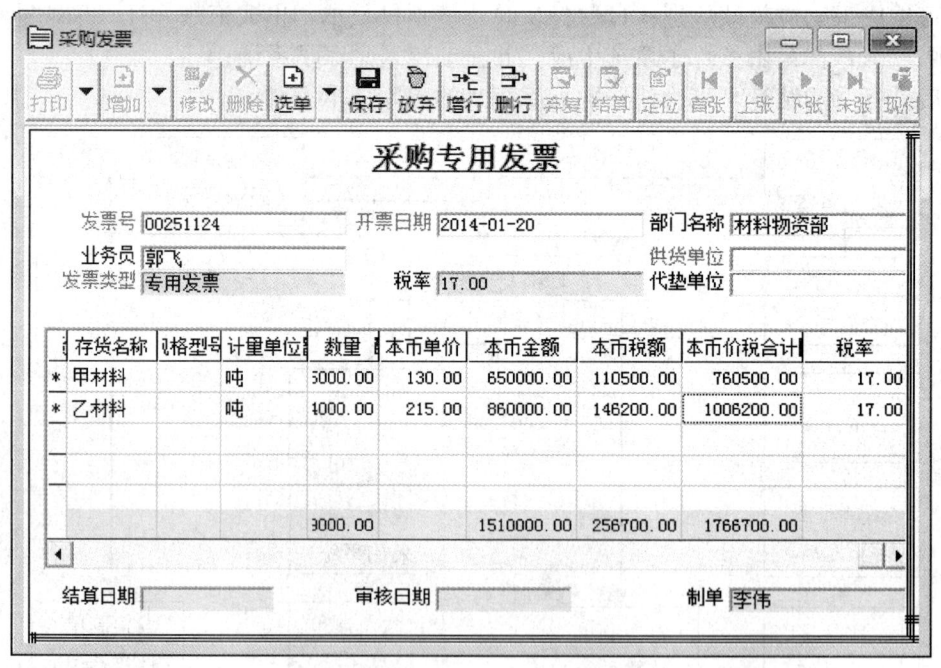

图 4.16　采购专用发票录入窗口

(3) 发票内容录入完毕，单击"保存"按钮。

(4) 在货款已付的情况下，应进行付现处理，本例可跳过此步。

(5) 单击"复核"按钮，完成发票审核后，关闭发票处理窗口。

(6) 在用友 T3 业务处理窗口，依次单击菜单"核算"→"凭证"→"供应单位往来制单"，系统弹出"供应商制单查询"对话框(图 4.17)。

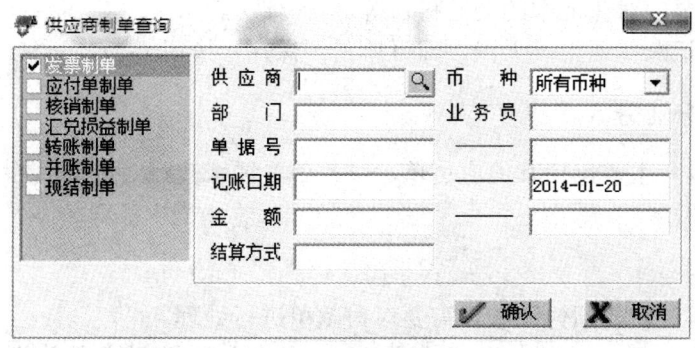

图 4.17 "供应商制单查询"对话框

对话框项目说明:
① 发票制单:对应于采购(销售)发票生成记账凭证。
② 应付单制单:对应于其他应付单生成记账凭证。
③ 核销制单:对应付款单(包括预付、核销)等生成记账凭证。
④ 汇兑损益制单:对应于汇兑损益业务生成记账凭证。
⑤ 转账制单:对应付冲应收等往来款项冲销业务生成记账凭证。
⑥ 并账制单:对应于并账业务生成记账凭证。
⑦ 现结制单:对应于采购、销售等业务生成记账凭证。

本例选择发票制单。如果采购货款已付讫,则选择现结制单。

(7) 制单类型选择后,单击"确定"按钮,系统显示待制单采购发票一览表。
(8) 选择生成记账凭证的采购发票和记账凭证类别。
(9) 单击"制单"按钮,自动生成记账凭证(图 4.18)。

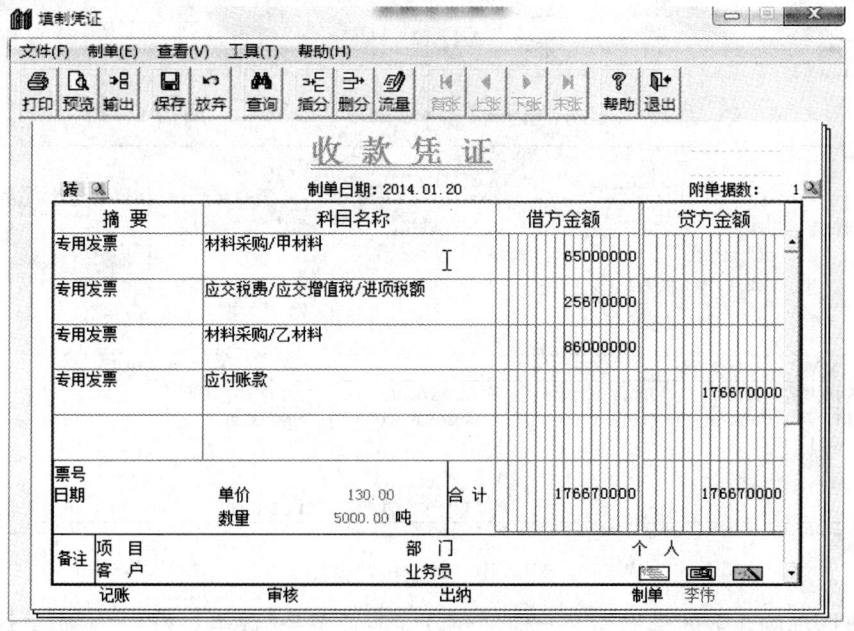

图 4.18 发票制单未保存的记账凭证

（10）如有必要，对凭证中的会计科目等进行修改。

（11）生成的记账凭证正确无误，即可单击"保存"按钮。

4.2.3 供应商往来业务

供应商往来业务主要包括其他应付单、付款单、往来转账对冲等，在此仅就付款单和往来转账进行介绍。

1. 付款单处理

向供应商支付欠款或预付账款，需要对付款单进行处理。

【例4-5】 20日，原来向中华电器公司开出的无息银行承兑汇票（票据编号为00251124），面额200 000元。票据到期，已由材料物资部郭飞经手办理了向对方付款的业务，填制付款单（付款单编号00130121）并核销，生成如下凭证：

借：应付票据（中华电器）　　　　　　　　　　　　　　　200 000
　　贷：银行存款——工行存款　　　　　　　　　　　　　200 000

【操作步骤】

（1）在用友T3业务处理窗口，依次单击菜单"采购"→"供应商往来"→"付款结算"，进入付款单处理窗口。

（2）输入供应商名称，如中华电器公司。

（3）单击"增加"按钮，录入付款单数据。

（4）单击"保存"按钮。

（5）如果是预付款性质的付款单，单击"预付"按钮；本例中属于归还欠款的付款单，所以单击"核销"按钮，系统显示中华电器的各笔应付款记录（图4.19）。

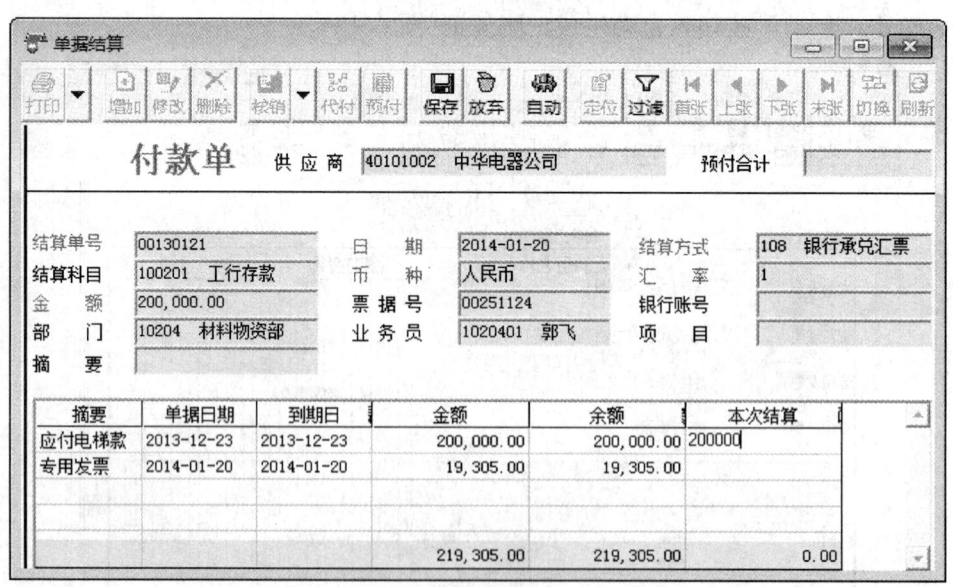

图4.19　付款核销窗口

（6）依据本例业务的具体情况，应在付款对应业务一行（第一行）"本次结算"栏内输入结算金额，本例为 200 000 元。

(7) 单击"保存"按钮，返回用友 T3 业务处理窗口。

(8) 依次单击菜单"核算"→"凭证"→"供应单位往来制单"，系统弹出制单类型窗口。

(9) 选择核销制单。

(10) 生成并保存记账凭证。

2. 转账业务处理

转账业务是各种往来账中供应商(客户)应付款、预付款、应收款账簿记录的冲销。用友软件将其归为应付款冲应付款、预付款冲应付款、应付款冲应收款和发票对冲等转账处理。

(1) 应付款冲应付款：是指当一个供应商为另一个供应商代付款时，发生应付款冲应付款的业务处理。

(2) 预付款冲应付款：是指当企业对某个供应商进行付款处理时，该项采购业务曾有预付款发生，则可用预付款冲应付款。

(3) 应付款冲应收款：若某单位既是客户又是供应商，则可能需要进行应付款冲应收款的业务处理。

(4) 发票对冲：当发生采购退货时，可用红字单据冲蓝字单据。

【例 4-6】 20 日，材料物资部郭飞经办，与东方轴承公司达成协议，将应收该公司的货款 71 400 元与其应付账款对冲核销，并生成如下凭证：

借：应付账款(东方轴承)   71 400

    贷：应收账款(东方轴承)   71 400

【操作步骤】

(1) 在用友 T3 业务处理窗口，依次单击菜单"采购"→"供应商往来"→"应付冲应收"，进入转账业务处理窗口。

(2) 如图 4.20 所示，在应付页面输入供应商、部门、业务员，本例输入东方轴承等信息。

(3) 单击"过滤"按钮，系统在窗口下半部分显示录入供应商应付账款资料。

(4) 查找欲冲转业务数据行，在其"转账金额"一栏中输入转账金额，如在图中所示的第一行"转账金额"一栏中输入 71400。

(5) 单击"应收"标签，激活对应的应收款处理页面(图 4.21)。

(6) 输入客户、部门，本例客户输入"东方轴承"。因与这一客户业务往来相对较少，所以省略了部门等信息的录入。如果需要录入部门，则应注意与应收款业务对应的是产品销售部门，这一点和应付款页面的填写不同。

(7) 单击"过滤"按钮，若各项数据输入无误，系统自动显示对应客户的应收款和转账金额等信息。

(8) 单击"确认"按钮，返回用友 T3 业务处理窗口。

(9) 依次单击菜单"核算"→"凭证"→"往来单位制单"，选择"核销制单，生成记账凭证"。

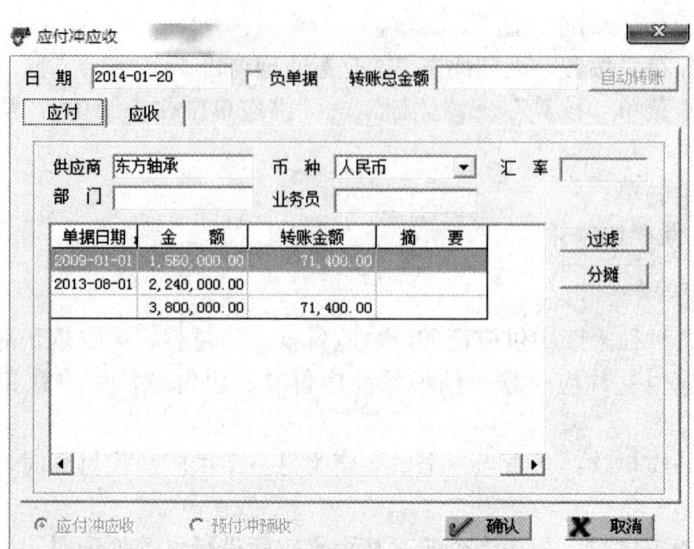

图 4.20　"应付冲应收应付"页面

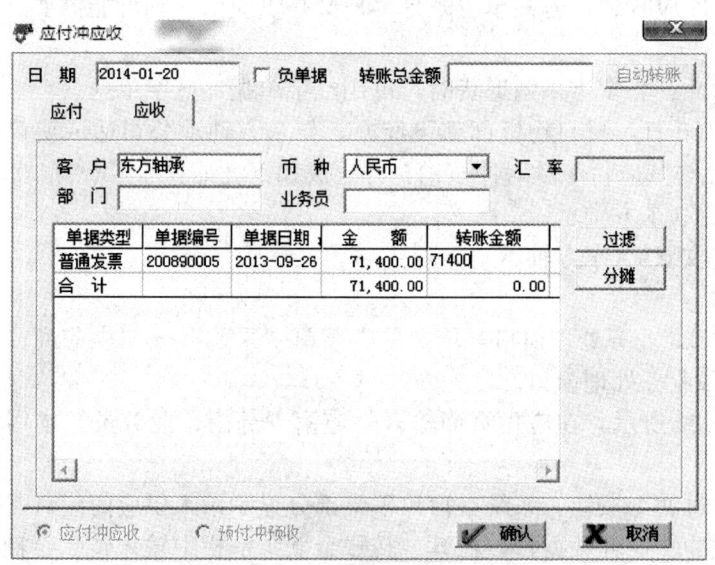

图 4.21　应付冲应收"应收"页面

4.2.4　材料库存管理

在此仅就材料入库和出库业务进行介绍。

1. 采购入库

采购材料入库须经采购入库单填制、审核、记账(登记库存业务账)、记账凭证生成 4 大步骤。

【例 4-7】　20 日，材料物资部郭飞向中华电器公司购入甲材料 150 吨(采购发票编号 00270121)，材料存入甲材料仓库。填写采购入库单，并生成记账凭证。

借：原材料——甲材料   15 000
　　材料成本差异   1 500
　　贷：材料采购——甲材料   16 500

【操作步骤】

1）填制采购入库单

（1）在用友 T3 业务处理窗口，依次单击菜单"采购"→"采购入库单"，进入采购入库单处理窗口。

（2）在采购入库单处理窗口，单击"增加"按钮后，输入入库单数据，并保存入库单。

（3）退出采购入库单处理窗口。

2）审核采购入库单

（4）在用友 T3 业务处理窗口，依次单击菜单"库存"→"采购入库单审核"，进入采购入库单审核窗口，确认采购入库无误，单击"审核"按钮签字，关闭采购入库单审核窗口。

3）采购入库单记账

（5）在用友 T3 业务处理窗口，依次单击菜单"核算"→"核算"→"正常单据记账"，系统弹出记账单据查询条件窗口。

（6）记账单据查询条件选择完毕，单击"确定"按钮，进入记账窗口。

（7）先选择准备记账的单据，再单击"记账"按钮进行记账处理，然后关闭记账窗口。

4）记账凭证生成

（8）在用友 T3 业务处理窗口，依次单击菜单"核算"→"凭证"→"购销单据制单"，进入记账凭证生成窗口。

（9）在记账凭证生成窗口，单击"选择"按钮，弹出记账凭证生成单据选择窗口（图 4.22）。

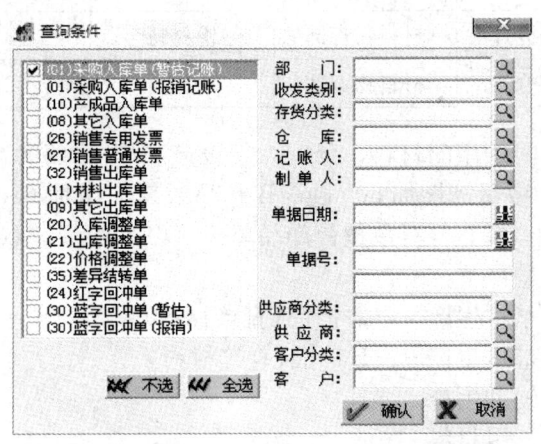

图 4.22　记账凭证生成单据选择窗口

（10）选择采购入库单（暂估记账）后，单击"确认"按钮进入记账凭证生成窗口。

（11）选择原始单据，单击"确定"按钮，系统显示本例业务及会计分录等数据

(图 4.23)。

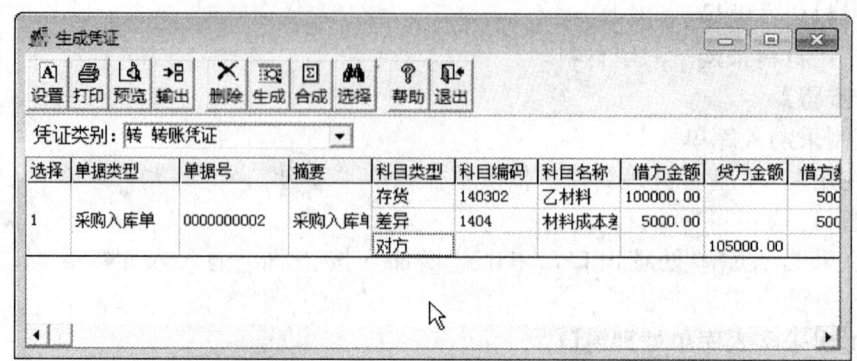

图 4.23 入库单对应会计分录窗口

(12) 图 4.23 中，修改凭证类别为"转 转账凭证"，当"对方"一行"科目编码"为空时，应输入 1401(例中单据为甲材料入库)。

(13) 单击"生成"按钮，弹出系统生成的记账凭证。

(14) 单击"保存"按钮后，关闭凭证生成窗口。

2. 材料出库

用友 T3 系统的材料出库管理功能较为丰富，可以实现一般材料领用管理、限额领用材料管理、配比材料领用管理，可以单一材料制单，亦可以多种领用材料汇总制单。限于篇幅，在此仅以多种领用材料汇总制单为例进行介绍。

【例 4-8】 20 日，依据下表资料，分别填制材料出库单，并合并生成记账凭证。

领用日期	仓库	领用部门	材料名称	数量(吨)	备注
2014-01-20	甲材料仓库	材料物资部	甲材料	700	A 产品用
2014-01-20	甲材料仓库	材料物资部	甲材料	300	B 产品用
2014-01-20	甲材料仓库	材料物资部	甲材料	300	生产用
2014-01-20	乙材料仓库	材料物资部	乙材料	245	B 产品用

本次第一、第二车间领用的材料，分别为新投产 A 产品(500 吨)、B 产品(600 吨)所用，记账凭证中 A 产品数量需增加 500 吨、B 产品数量需增加 600 吨(记账凭证中两种产品对应数量是产品数量，而非材料数量；产品单价可以采用系统默认方式计算处理，而不需录入)。

借：生产成本——基本生产——A 产品(直接材料)　　　　　　　　70 000
　　生产成本——基本生产——B 产品(直接材料)　　　　　　　　79 000
　　生产成本——辅助生产　　　　　　　　　　　　　　　　　　30 000
　　贷：原材料——甲材料　　　　　　　　　　　　　　　　　　130 000
　　　　原材料——乙材料　　　　　　　　　　　　　　　　　　49 000

【操作步骤】

1) 填制材料出库单

(1) 在用友 T3 业务处理窗口，依次单击菜单“库存”→“材料出库单”，进入材料出库单处理窗口。

(2) 按例中资料分别填制四张材料出库单。

2) 审核材料出库单

(3) 在材料出库单处理窗口，逐一审核填制的每张材料出库单的正确性，确认准确无误后，单击“审核”按钮签字。

(4) 关闭材料出库单处理窗口。

3) 出库单记账

(5) 在用友 T3 业务处理窗口，依次单击菜单“核算”→“核算”→“正常单据记账”，系统弹出记账单据查询条件窗口。

(6) 记账单据查询条件选择完毕，单击“确定”按钮，进入记账窗口。

(7) 选择填制的四张材料出库单，单击“记账”按钮，进行记账处理。

(8) 关闭记账处理窗口。

4) 材料出库单凭证生成

(9) 在用友 T3 业务处理窗口，依次单击菜单“核算”→“凭证”→“购销单据制单”，进入记账凭证生成窗口。

(10) 在记账凭证生成窗口，单击“选择”按钮，弹出单据选择窗口(图 4.22)，选中“材料出库单”复选框，单击“确定”按钮，弹出未生成凭证单据一览表(图 4.24)。

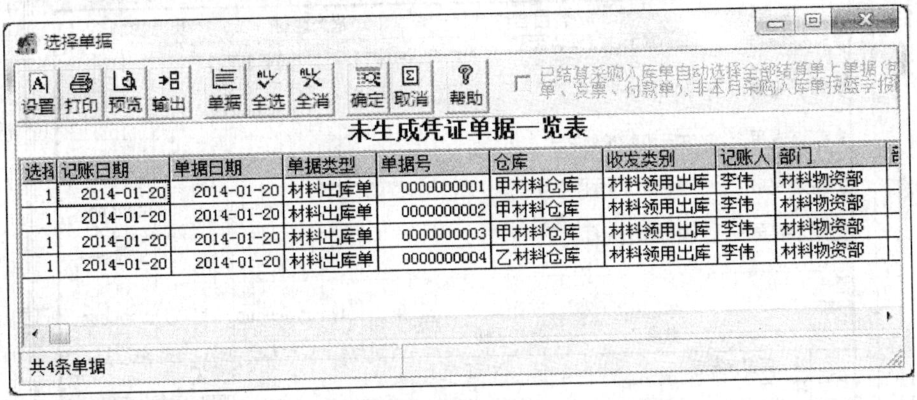

选择	记账日期	单据日期	单据类型	单据号	仓库	收发类别	记账人	部门
1	2014-01-20	2014-01-20	材料出库单	0000000001	甲材料仓库	材料领用出库	李伟	材料物资部
1	2014-01-20	2014-01-20	材料出库单	0000000002	甲材料仓库	材料领用出库	李伟	材料物资部
1	2014-01-20	2014-01-20	材料出库单	0000000003	甲材料仓库	材料领用出库	李伟	材料物资部
1	2014-01-20	2014-01-20	材料出库单	0000000004	乙材料仓库	材料领用出库	李伟	材料物资部

图 4.24 未生成凭证单据一览表

(11) 单击“全选”按钮后，再单击“确定”按钮，弹出出库单分录窗口(图 4.25)。

(12) 选择凭证类别为“收—收账凭证”，依次将科目编码一栏中“对方”填入 50010101、50010102、500102、50010102，单击“合成”按钮，弹出材料出库单合成凭证(图 4.26)。

(13) 修改凭证辅助信息项，生产成本-基本生产-A 产品科目，辅助信息：数量 500、单价为空、项目为直接材料；生产成本-基本生产-B 产品科目，辅助信息：数量 600、单价为空、项目为直接材料。

(14) 单击“保存”按钮，返回用友 T3 业务处理窗口。

采购业务处理过程中发生差错在所难免，关于差错的更正方法可比照下一节销售日常业务逆向处理来进行修改。

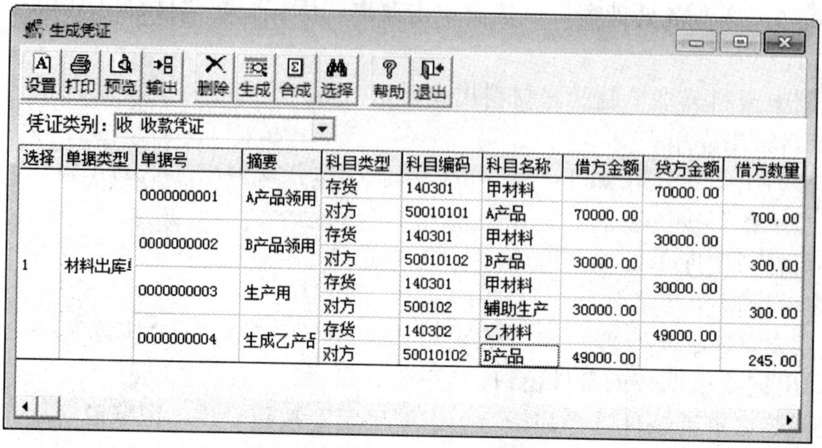

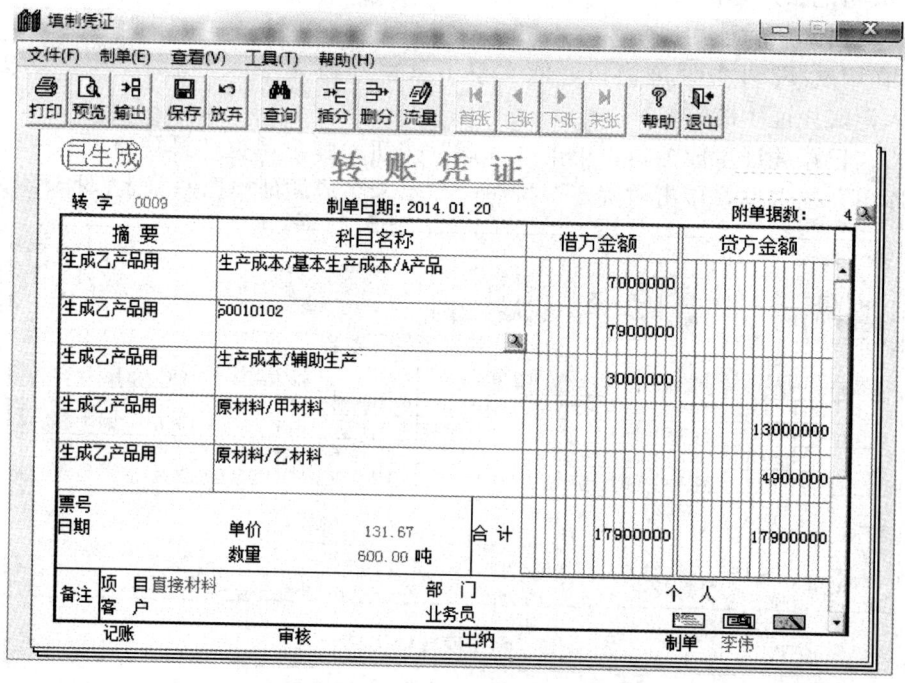

图 4.25　出库单分录窗口

图 4.26　材料出库单合成凭证

4.3　销售核算日常业务

销售业务一般和存货中的产成品核算密切相关，内容主要包括销售收入、销售成本、销售费用、销售税金、销售利润的核算；填制库存商品收发结存单据、汇总表；登记产品销售业务明细账等账簿；自动编制机制凭证供总账子系统使用。

销售业务的处理在用友 T3 软件中，涉及销售、库存和核算三个子系统，其流程和采购业务类似，这里不再介绍。

4.3.1 销售发票处理

在用友 T3 系统中，销售发票处理和采购发票处理有许多相似之处，基本程序为填制发票→结现（货款尚未收到的情况下跳过此步骤）→复核→记账凭证生成。

【例4-9】 20日，销售部郭向阳经办，售给洛阳红星集团B产品1 000吨，无税单价每吨400元，应交税金68 000元，货款已入工行存款账户，转账支票号为005621。填制普通销售发票（编号00140117），并生成记账凭证。

借：银行存款——工行存款　　　　　　　　　　　　　　　　468 000
　　贷：主营业务收入——B产品　　　　　　　　　　　　　　400 000
　　　　应交税费——应交增值税——销项税额　　　　　　　　68 000

【操作步骤】

（1）在用友 T3 业务处理窗口，依次单击菜单"销售"→"销售发票"，进入发票处理窗口。

（2）在发票处理窗口，单击"增加"按钮右边的下三角按钮后，选择"普通发票"命令，即可录入普通发票信息。

（3）发票内容录入完毕，单击"保存"按钮。

（4）单击"结现"按钮，弹出"销售现结"对话框（图4.27）。

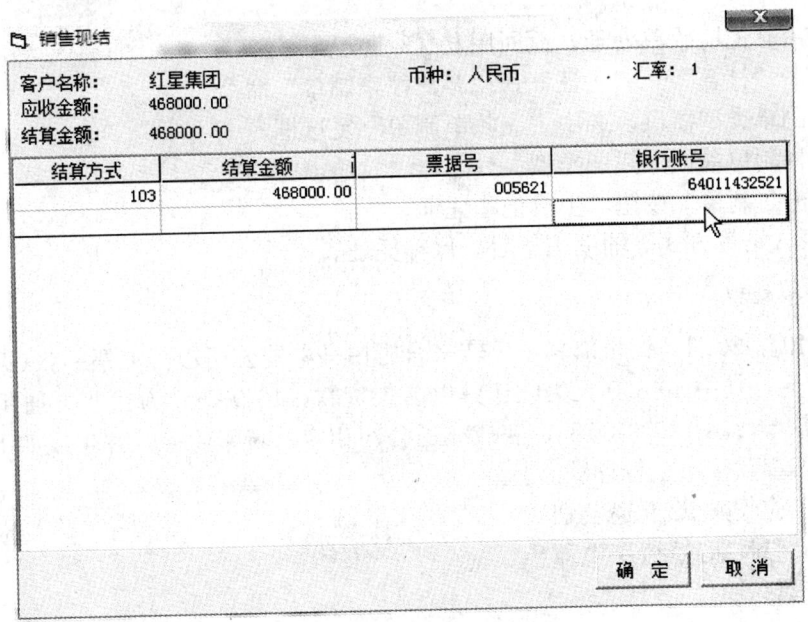

图4.27 "销售现结"对话框

（5）录入结算方式、结算金额、票据号、银行账号等信息。单击"确定"按钮返回发票处理窗口。

（6）单击"复核"按钮，完成发票审核后，关闭发票处理窗口。

（7）在用友 T3 业务处理窗口，依次单击菜单"核算"→"凭证"→"供应单位往来制单"，系统弹出制单业务类型选择窗口（参见图4.17）。

(8) 本例选择现结制单。
(9) 单击"确定"按钮，系统弹出待制单销售发票一览表。
(10) 选择生成记账凭证的销售发票、记账凭证类别，选择收款凭证。
(11) 单击"制单"按钮，自动生成记账凭证。
(12) 生成的记账凭证正确无误后，单击"保存"按钮。

4.3.2 其他应收单、收款单单据处理

其他应收单、收款单的处理步骤和其他应付单、付款单操作基本相同，可比照前述方法处理业务，在此仅就其主要差异进行程序性地说明。

1. 其他应收单处理

其他应收单的处理主要有单据填制和记账凭证生成两大步骤。

(1) 在用友 T3 系统，依次单击菜单"销售"→"客户往来"→"应收单"，系统弹出单据过滤条件设置窗口，单击"确定"按钮进入其他应收单处理窗口。
(2) 单击"增加"按钮，弹出单据类型选择窗口（参见图 4.13），确认无误后，单击"确定"按钮。
(3) 录入其他应收单，完成后单击"保存"按钮。
(4) 审核单据，并签字。
(5) 退出其他应收单处理，返回用友 T3 业务处理窗口。
(6) 单击"核算"→"凭证"→"客户往来制单"命令。
(7) 在制单类型窗口，选中"应收单制单"复选框。
(8) 选择制单单据、凭证类型。
(9) 单击"制单"按钮，生成记账凭证。
(10) 录入结算方式等辅助信息后，保存凭证。

2. 收款单处理

【例 4-10】 20 日，销售部郭东风转来合肥白马电器公司银行汇票一张（编号 051031），金额 50 800 元，其中 40 800 元为归还其以前欠货款，10 000 元为代北方通用公司归还货款。填制收款单（编号 20090118），完成北通公司相应的转账业务，并生成如下凭证：

借：银行存款——工行存款　　　　　　　　　　　　　　50 800
　　贷：应收账款（北通公司）　　　　　　　　　　　　　　10 000
　　　　应收账款（合肥电器）　　　　　　　　　　　　　　40 800

【操作步骤】

(1) 在用友 T3 业务处理窗口，依次单击菜单"销售"→"客户往来"→"收款结算"，进入收款单处理窗口。
(2) 输入客户信息。
(3) 单击"增加"按钮，录入收款单，完成后单击"保存"按钮（图 4.28）。
(4) 单击"代付"按钮，弹出"付款分摊"对话框（图 4.29）。
(5) 在"付款分摊"对话框，单击"新增"按钮后，录入数据，客户"北通公司"，金额为 10 000。录入完毕后单击"确定"按钮返回收款单单据处理窗口。

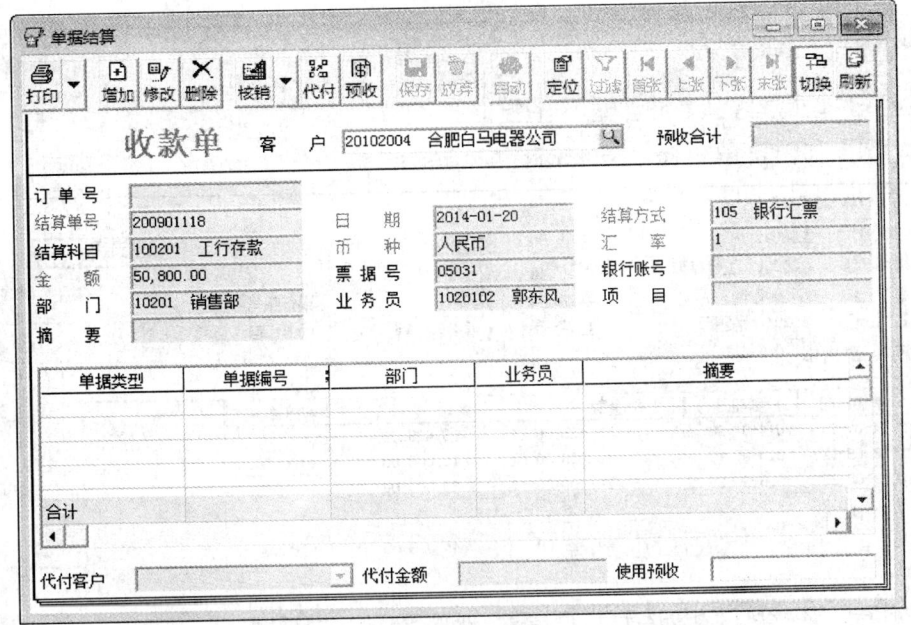

图4.28 收款单

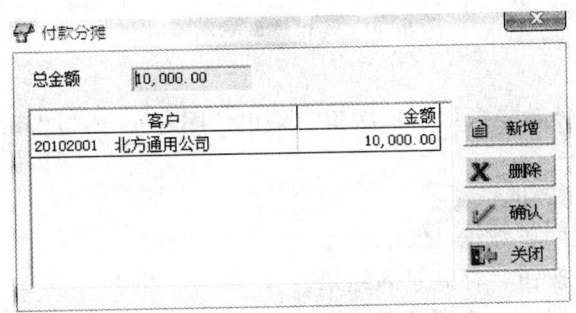

图4.29 "付款分摊"对话框

(6) 单击"核销"按钮,在"代付客户"选择"北方通用公司"(图4.30),在其中余额为10 000一行的本次结算栏内,输入金额10 000,然后在"代付客户"中选择"合肥白马电器公司"后,在本次结算栏中输入金额40 800元,单击"保存"按钮完成核销操作。

(7) 关闭收款单单据处理窗口。

(8) 完成记账凭证生成。

4.3.3 产成品库存业务核算

产成品库存业务核算的基本内容是入库单、出库单的处理。在实际工作中,这部分业务核算通常由仓储管理部门完成,而相应的会计核算多数集中在月末处理。

1. 入库单填制

【例4-11】 20日,生产一车间将本月完工的A产品13 900吨,移交A产品仓库,经验无误入库,填制入库单(A产品按实际成本核算,但本批产品实际成本月末才能计算,所以单价为空)。

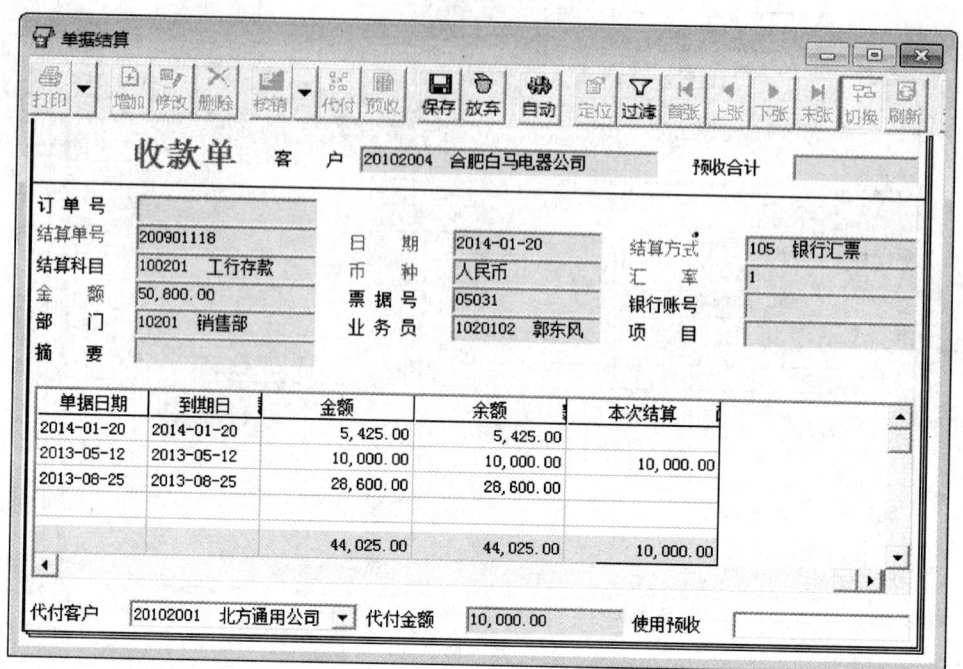

图 4.30 核销数据录入窗口

【操作步骤】

（1）在用友 T3 业务处理窗口，依次单击菜单"库存"→"产成品入库单"，进入入库单处理窗口。

（2）单击"增加"按钮。

（3）录入半成品入库单数据（图 4.31）。

（4）单击"保存"按钮，存储录入结果。

（5）审核入库单无误后，单击"审核"按钮签字。

2．产成品出库单生成

【例 4-12】 20 日，由销售部彰化售给西方材料公司 C 产品 10 000 吨，无税单价 330 元，依据发票生成销售出库单（销售发票编号 00250116）。

【操作步骤】

（1）在用友 T3 业务处理窗口，依次单击菜单"库存"→"销售出库单生成/审核"，进入出库单生成窗口。

（2）单击"生成"按钮，弹出发货单或发票参照窗口（图 4.32）。

（3）在"请选择"下拉列表框中，选择"发票"，系统将显示本期尚未生成出库单的全部发票。

（4）选择发票号为 00250116 的一条记录。

（5）单击"确认"按钮，返回出库单生成窗口，系统自动生成出库单。

（6）确认无误，单击"审核"按钮签字。

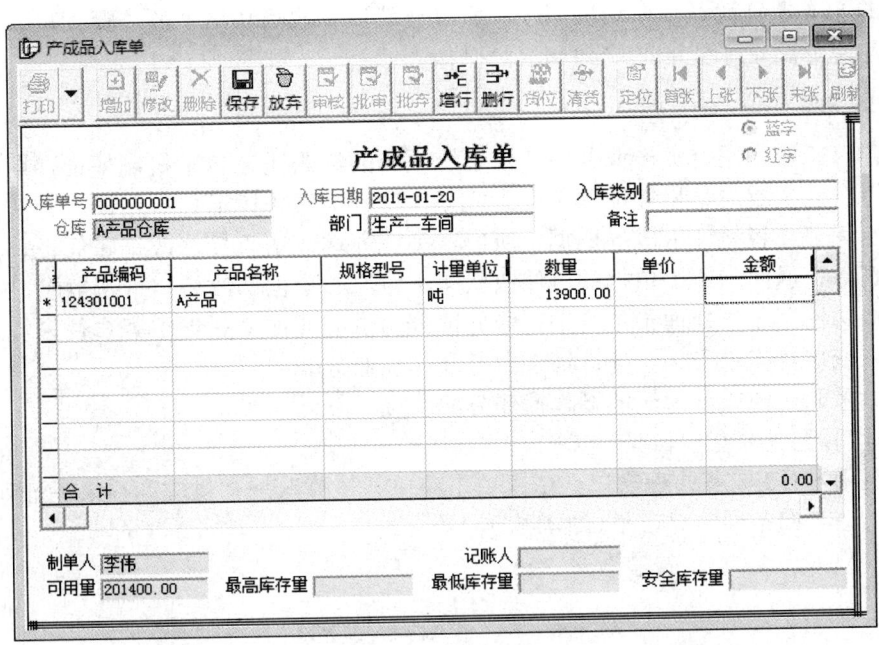

图 4.31 产成品入库单

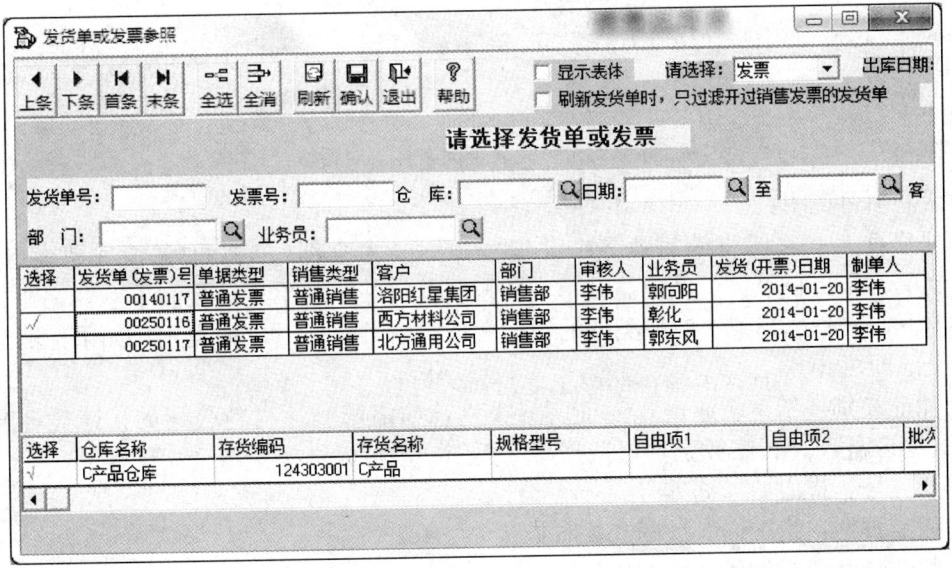

图 4.32 发货单或发票参照窗口

4.3.4 购销存业务的逆向处理

逆向处理主要用于修改日常业务处理中的错误,其业务流程和步骤与正常业务相反。需要注意的是逆向处理只能修改当月未结账的业务。

逆向业务处理的基本流程为删除记账凭证→执行取消操作→取消结现处理→取消原始单据复核(审核)→修改原始单据。不同业务处理的具体步骤不同,有的业务可能没有取消操作，有的业务本身就不存在结现问题，所以也就没有取消和结现的步骤。

在此重点介绍记账凭证的删除和取消操作。

1. 记账凭证删除

进销存、工资、固定资产业务中，由系统生成的记账凭证属于机制凭证，期末转账业务中由系统自动生成的记账凭证属于派生凭证。这两类记账凭证如有错误，则错误产生的根源是原始凭证或者凭证生成的依据，所以这类凭证均无法直接修改记账凭证，而需要将记账凭证删除，退回到原始单据的可修改状态，对原始单据修改后，重新生成记账凭证。

系统将购销存业务处理子系统中记账凭证分为供应商往来凭证、客户往来凭证、购销单据凭证，依次对应于采购业务、销售业务和库存业务。

以删除采购业务凭证为例的删除操作方法。

【操作步骤】

(1) 在用友 T3 业务处理窗口，依次单击菜单"核算"→"供应商往来凭证列表"，系统弹出"凭证查询条件"对话框（图 4.33）。

图 4.33 "凭证查询条件"对话框

对话框项目说明：

① 业务类型：系统将销售业务在此进一步细分为全部（全部业务）、发票业务制单、应付单制单、核销制单、汇兑损益制单、转账制单、并账制单、结现制单。在记账凭证较多的情况下，准备选择某一业务类型的记账凭证时，可选择对象的类别。如果记账凭证较少选择全部即可。

② 凭证类别：指本企业记账凭证所分类别，如洛阳利达材料公司的记账凭证分为收款凭证、付款凭证、转账凭证，可选择某一类别，也可以选择全部。

③ 业务号：指原始单据编号。

④ 凭证日期：指查询凭证的起讫日期。

⑤ 凭证号：指查询凭证的起讫编号。

⑥ 客户：如果选择对应于某一客户的记账凭证，可选择客户名称。

⑦ 制单人：指记账凭证生成时操作人。

窗口的各项信息，可以输入，也可以不输；输入的项目越多，查询到的记账凭证越少，反之则越多。

(2) 凭证查询条件设置完成后，单击"确认"按钮，进入凭证列表窗口。

(3) 在凭证列表窗口，可选择查看记账凭证，也可选择删除记账凭证。删除记账凭证的方法是先单击选中凭证，然后单击"删除"按钮。

2. 取消操作

用友 T3 系统中，购销业务中的应付单记账、应收单记账、核销、转账、汇兑损益、并账等可以通过取消操作进行还原。使用采购业务中的取消操作功能，依次单击菜单"采购"→"供应商往来"→"取消操作"；销售业务中取消操作功能，依次单击菜单"销售"→"客户往来"→"取消操作"。

以采购业务为例的取消操作方法。

【操作步骤】

（1）在用友 T3 业务处理窗口，依次单击菜单"采购"→"供应商往来"→"取消操作"，系统弹出"取消操作条件"设置对话框(图 4.34)。

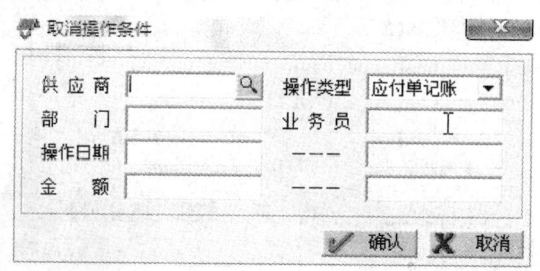

图 4.34 "取消操作条件设置"对话框

对话框项目说明：

① 供应商：是指取消业务对应的供应商名称。

② 操作类型：系统将可取消的业务分为应付单记账、核销、转账、汇兑损益、并账等，可根据具体情况进行选择。

③ 部门：是指采购业务的主管部门。

④ 业务员：是指采购业务的经办人员。

⑤ 操作日期：指原来业务的处理日期。

⑥ 金额：可通过设置业务金额的最小值、最大值查询缩小查询范围。

查询窗口的各个项目，可以输入，也可以不输；输入的项目越多，查询到的业务越少，反之则越多。

（2）查询条件设置完成后，单击"确认"按钮，进入业务记录列表窗口。

（3）在业务记录列表窗口，选定相关的业务记录后，单击"确定"按钮，即可完成取消操作。

4.3.5 购销存核算月末处理

采购、销售、库存和核算，在用友 T3 系统中为四个各自相对独立的子系统。每月终了应分别进行必要的月末处理程序(月末结账)，为下个月份的业务处理奠定基础。在这四个子系统中，核算子系统的月末业务分为月末处理和月末结账两个步骤，而其他子系统主要是月末结账。

1. 核算子系统的月末处理

核算月末处理的主要内容包括计算存货全月平均单价及其本月存货的出库成本；计算

存货的存货差异率(差价率)及其本月出库存货分摊的差异(差价);对仓库、部门或存货已完成日常业务进行处理。

【操作步骤】

(1) 在用友 T3 业务处理窗口,依次单击菜单"核算"→"月末处理",系统弹出期末处理仓库选择对话框(图 4.35)。

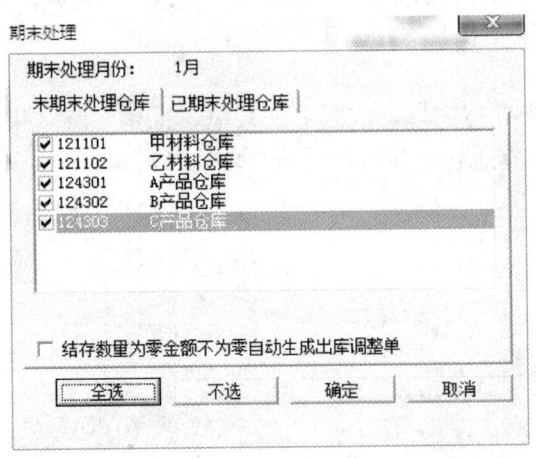

图 4.35 期末处理仓库选择窗口

(2) 选定处理的仓库后,单击"确定"按钮,系统弹出进行处理提示窗口。

(3) 单击"确定"按钮,进入存货月末处理窗口(图 4.36)。

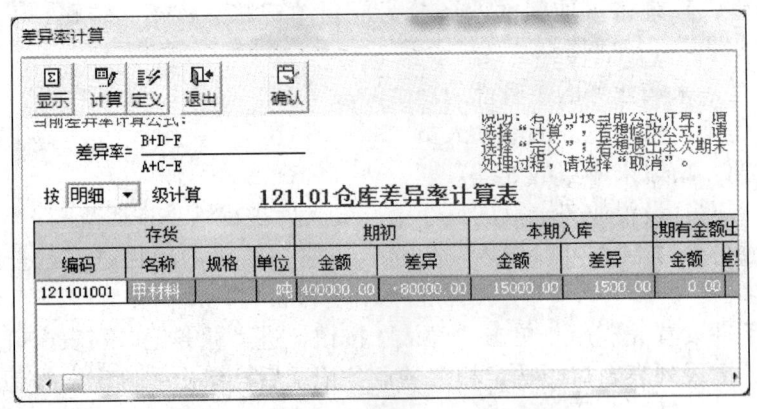

图 4.36 存货月末处理窗口

(4) 单击"确认"按钮后,系统显示处理单据(图 4.37)。

(5) 再次单击"确认"按钮,一种存货即处理完成。

(6) 重复(4)、(5)步骤(如果所有存货尚未处理完成,却没有存货列出时,单击"显示"按钮,即可列出尚未处理的存货),将所有存货处理完毕。

2. 购销存核算月末结账

采购子系统,依次单击菜单"采购"→"月末结账",根据弹出的提示窗口完成月末结账处理。

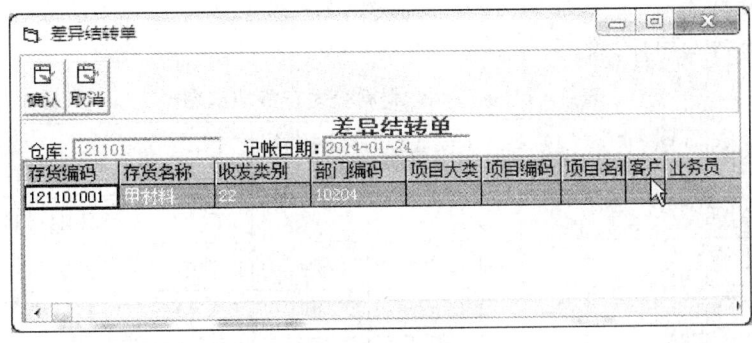

图 4.37 处理单据确认

销售子系统，依次单击菜单"销售"→"月末结账"，根据弹出的提示窗口完成月末结账处理。

库存子系统，依次单击菜单"库存"→"月末结账"，根据弹出的提示窗口完成月末结账处理。

核算子系统，在完成月末处理的条件下，依次单击菜单"核算"→"月末结账"，根据弹出的提示窗口完成月末结账处理。

本 章 小 结

本章业务涉及用友T3的采购、库存、销售和核算4个子系统，业务内容共3部分组成。第一部分为子系统的初始设置，包括存货分类、存货档案、仓库档案、开户银行、单据设计、单据编码设置、存货科目设置、存货对方科目设置、供应商（客户）往来科目设置、期初数据录入、期初记账；第二部分围绕采购业务介绍，内容包括采购核算系统的主要功能、采购核算的操作流程、采购发票处理、供应商往来业务、材料库存管理；第三部分围绕销售业务介绍，内容包括销售发票处理、其他应收单、收款单单据处理、产成品库存业务核算、购销存业务的逆向处理。

业务实训 4 购销存核算

一、存货管理基础设置

1. 存货分类设置

洛阳利达材料公司存货分类见表 4-1。

表 4-1 洛阳利达材料公司存货分类资料

分类编码	101	102	103	104	105
分类名称	原材料	周转材料	低值易耗品	自制半成品	库存商品

2. 存货档案设置

洛阳利达材料公司存货档案见表4-2。

表4-2 洛阳利达材料公司存货档案资料

	存货编码	存货名称	计量单位组	主计量单位	存货属性	计划价或售价
原材料	121101001	甲材料	重量单位	吨	外购、生产耗用	100
	121102001	乙材料	重量单位	吨	外购、生产耗用	200
库存商品	124301001	A产品	重量单位	吨	销售、自制	
	124302001	B产品	重量单位	吨	销售、自制	
	124303001	C产品	重量单位	吨	销售、自制	

3. 仓库档案设置

洛阳利达材料公司仓库档案见表4-3。

表4-3 洛阳利达材料公司仓库档案资料

仓库编码	仓库名称	所属部门	计价方式
121101	甲材料仓库	材料物资部	计划价法
121102	乙材料仓库	材料物资部	计划价法
124301	A产品仓库	销售部	全月平均法
124302	B产品仓库	销售部	全月平均法
124303	C产品仓库	销售部	全月平均法

4. 洛阳利达材料公司开户银行设置

洛阳利达材料公司开户银行资料见表4-4。

表4-4 开户银行资料

银行编码	开户银行	银行账号
111	工商银行洛阳分行	6401 1432 521
112	中国银行洛阳分行	1241 5611 001
113	中国银行洛阳分行	8521 5611 002

5. 单据设计

分别设计采购专用发票、销售普通发票。

采购专用发票如下图所示，销售普通发票参照本章图4.6。

附注：

采购专用发票表体项目包括存货编码、存货名称、规格型号、计量单位、数量、本币单价、本币金额、本币税额、本币价税合计、税率。

销售普通发票表体项目包括仓库、货物名称、计量单位、数量、含税单价、无税金额、价税合计、税额、本币金额、税率。

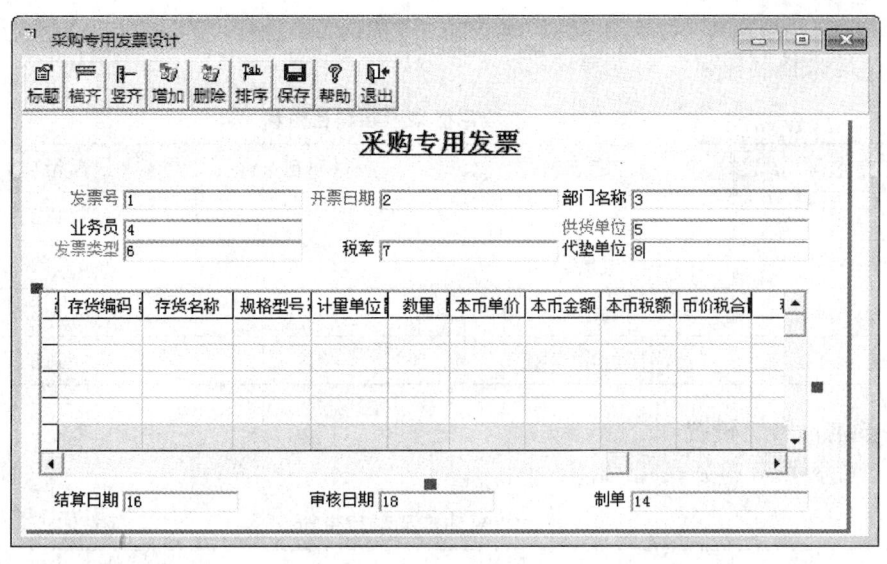

6. 单据编码设置

将以下单据设置为"完全手工编号"。

采购专用发票、采购普通发票、销售专用发票、销售普通发票、其他应收单、收款单、其他应付单、付款单。

二、购销存核算科目设置

（一）存货科目设置

洛阳利达材料公司存货科目资料见表4-5。

表4-5　洛阳利达材料公司存货科目资料

仓库编码	存货分类编码	存货编码	存货科目编码	差异科目编码
121101	101	121101001	140301	1404
121102	101	121102001	140302	1404
124301	105	124301001	140501	
124302	105	124302001	140502	
124303	105	124303001	140503	

（二）采购相关科目设置

1. 采购基本科目设置

洛阳利达材料公司采购基本科目设置资料见表4-6。

表4-6　洛阳利达材料公司采购基本科目设置资料

设置项目	科目代码	设置项目	科目代码	设置项目	科目代码
应付科目(本币)	2202	采购科目	140101	采购税金科目	22210101
预付科目(本币)	1123			现金折扣科目	660302

2. 供应商往来控制科目设置

供应商往来控制科目资料见表4-7。

表4-7 供应商往来控制科目资料

供应商编号	供应商名称	应付科目	预付科目
40101001	东方轴承公司	2201	1123
40101002	中华电器公司	2201	1123
40101003	合肥白马电器公司	2201	1123
40101004	洛阳红星集团	2201	1123

3. 采购产品科目设置

采购产品科目资料见表4-8。

表4-8 采购产品科目资料

存货编码	存货名称	采购科目	产品采购税金科目
121101001	甲材料	140101	22210101
121102001	乙材料	140102	22210101

4. 采购结算方式科目设置

采购结算方式科目设置资料见表4-9。

表4-9 采购结算方式科目设置资料

结算方式	币种	科目	结算方式	币种	科目
普通支票	人民币	100201	现金支票	人民币	100201
转账支票	人民币	100201	银行汇票	人民币	100201
银行本票	人民币	100201	商业承兑汇票	人民币	100201
银行承兑汇票	人民币	100201	银行电汇	人民币	100201
银行信汇	人民币	100201	委托收款	人民币	100201

（三）销售相关科目设置

1. 销售基本科目设置

洛阳利达材料公司销售基本科目设置资料见表4-10。

表4-10 洛阳利达材料公司销售基本科目设置资料

设置项目	科目代码	设置项目	科目代码	设置项目	科目代码
应收科目（本币）	1122	销售收入款目	600101	应交增值税科目	22210105
现金折扣科目	660302	销货退回科目	600101	预收科目（本币）	2203

2. 客户往来控制科目设置

洛阳利达材料公司客户往来控制科目设置见表4-11。

表 4-11 洛阳利达材料公司客户往来控制科目设置资料

客户编号	客户名称	应收科目	预收科目
20102001	北方通用公司	1122	2203
20102002	东方轴承公司	1122	2203
20102003	中华电器公司	1122	2203
20102004	合肥白马电器公司	1122	2203
20102005	洛阳红星集团	1122	2203

3. 销售产品科目设置

洛阳利达材料公司销售产品科目设置资料见表 4-12。

表 4-12 洛阳利达材料公司销售产品科目设置资料

存货编码	存货名称	销售收入科目	应交增值税科目	销售退回科目
124301001	A产品	600101	22210105	600101
124302001	B产品	600102	22210105	600102
124303001	C产品	600103	22210105	600103

4. 销售结算方式科目设置

与供应商中的结算方式设置相同，资料参见采购结算科目设置(表 4-9)

三、进销存期初余额录入

(一) 存货期初

1. 存货期初

洛阳利达材料公司存货期初资料见表 4-13。

表 4-13 洛阳利达材料公司存货期初资料

仓库编码	仓库名称	存货编码	存货名称	存货数量	存货单价
121101	甲材料仓库	121101001	甲材料	4 000	
121102	乙材料仓库	121102001	乙材料	2 500	
124301	A产品仓库	124301001	A产品	201 400	150
124302	B产品仓库	124302001	B产品	1 500	200
124303	C产品仓库	124303001	C产品	20 000	100

2. 存货期初差异

洛阳利达材料公司存货差异期初资料见表 4-14。

表 4-14 洛阳利达材料公司存货差异期初资料

仓库编码	仓库名称	存货编码	存货名称	原材料	差异科目
121101	甲材料仓库	121101001	甲材料	80 000	材料成本差异
121102	乙材料仓库	121102001	乙材料	80 000	材料成本差异

(二)供应商往来期初

洛阳利达材料公司应付票据及预付单期初资料及采购发票期初资料分别见表4-15、表4-16。

表4-15 洛阳利达材料公司应付票据及预付单期初资料

其他应付单		预付款(付款单)	
结算日期	2013-12-23	结算日期	2013-11-30
单据编号	00251124	单据编号	00261130
科目编号	2201	供应商	合肥电器
供应商	中华电器	部门	材料物资部
部门	材料物资部	业务员	郭飞
业务员	郭飞	结算方式	银行信汇
		科目	1123
金额	200 000	金额	10 000
摘要	应付电梯款	摘要	预付工程材料款

表4-16 洛阳利达材料公司采购发票期初资料

	普通发票1	普通发票2	普通发票3	普通发票4
发票号	00260203	00260524	00260801	00230101
单据日期	2013-02-03	2013-05-24	2013-08-01	2009-01-01
供应商	红星集团	红星集团	东方轴承	东方轴承
部门	材料物资部	材料物资部	材料物资部	材料物资部
业务员	郭飞	郭飞	郭飞	郭飞
科目编号	2202	2202	2202	2202
存货名称	甲材料	甲材料	乙材料	乙材料
数量	500	21 030	11 200	7 800
单价	101.6	100	200	200
金额	50 800	2 103 000	2 240 000	1 560 000

(三)客户往来期初

洛阳利达材料公司应收票据及发票期初资料见表4-17、表4-18。

表4-17　洛阳利达材料公司应收票据及发票期初资料(1)

	其他应收单1	其他应收单2	普通发票1	
单据日期	2013-11-14	2013-11-15	开票日期	2013-5-12
票据编号	20081114	20081115	发票号	20085001
			客户名称	北通公司
科目编号	1121	1121	销售部门	销售部
客　户	北通公司	中华电器	业务员	郭向阳
部　门	销售部	销售部	科　目	1122
业务员	彰化	彰化	货物名称	A产品
金　额	140 000	106 000	数　量	50
摘　要	售A产品货款	售B产品货款	单　价	200

表4-18　洛阳利达材料公司应收票据及发票期初资料(2)

	普通发票2	普通发票3	普通发票4	普通发票5
开票日期	2013-8-25	2013-6-16	2013-7-18	2013-9-26
发票号	20088002	20086003	20087004	20089005
客户名称	北通公司	合肥电器	红星集团	东方轴承
销售部门	销售部	销售部	销售部	销售部
业务员	郭向阳	郭向阳	郭向阳	郭向阳
科目编号	1122	1122	1122	1122
货物名称	A产品	B产品	C产品	B产品
数量	143	163.2	164	285.6
含税单价	200	250	300	250

四、材料采购日常业务处理

注意事项：

1. 在日常业务过程中，如发现初始设置的档案内缺少客户或供应商数据时，应在相应的档案内新增填制凭证所需的客户或供应商。

2. 开户银行账号，请参阅期初设置资料。

(1) 20日，材料物资部郭飞经办，向中华电器公司购入甲材料150吨，本币单价110元，增值税2 805元，货款用当月15日签发的无息商业汇票结算。填制采购专用发票(发票编号00270121)，并分别生成如下凭证：

借：材料采购——甲材料　　　　　　　　　　　　　　　　　　16 500
　　应交税金——应交增值税——进项税额　　　　　　　　　　2 805
　　　贷：应付票据(中华电器)　　　　　　　　　　　　　　　19 305

(2) 20日，原来向中华电器公司开出的无息银行承兑汇票(票据编号为00251124)，面额 200 000 元。票据到期，已由材料物资部郭飞经手办理了向对方付款的业务。填制付款单(付款单编号 00130121)并核销，生成如下凭证：

  借：应付票据(中华电器)   200 000
    贷：银行存款——工行存款   200 000

（3）20 日，材料物资部郭飞经办，向西方材料公司购入甲材料 5 000 吨，本币单价 130 元，乙材料 4 000 吨，本币单价 215 元，货款尚未支付。填制采购专用发票(发票编号 00140120)，并生成如下凭证：

  借：材料采购——甲材料   650 000
    材料采购——乙材料   860 000
    应交税金——应交增值税——进项税额   256 700
    贷：应付账款(西方材料)   1 766 700

（4）20 日，材料物资部郭飞经办，以转账支票(编号 205116)归还所欠红星集团货款 2 153 800 元。填制付款单(付款单编号 00270121)，并生成如下凭证：

  借：应付账款(红星集团)   2 153 800
    贷：银行存款——工行存款   2 153 800

（5）20 日，材料物资部郭飞经办，与东方轴承公司达成协议：将应收该公司的货款 71 400 元与其应付账款冲销，所剩全部应付账款 3 728 600 元以银行汇票(编号 200516)付讫。分别进行填制付款单(付款单编号 00270122)和作应付冲应收转账处理处理，并生成如下凭证：

  ①借：应付账款(东方轴承)   3 728 600
     贷：银行存款——工行存款   3 728 600
  ②借：应付账款(东方轴承)   71 400
     贷：应收账款(东方轴承)   71 400

（6）20 日，材料物资部郭飞经办，以银行电汇(编号 051114)方式预付中华电器公司工程物资款 500 000 元。填制付款单(付款单编号 00270123)，并生成如下凭证：

  借：预付账款(中华电器)   500 000
    贷：银行存款——工行存款   500 000

（7）20 日材料物资部郭飞向中华电器司购入甲材料 150 吨(采购发票编号 00270121)，单价 110 元，计划单价 100 元，材料存入甲材料仓库。填写采购入库单，并生成记账凭证。

  借：原材料——甲材料   15 000
    材料成本差异   1 500
    贷：材料采购——甲材料   16 500

（8）20 日，材料物资部郭飞经办，向洛阳红星集团购入的乙材料，数量 500 吨，单价 210 元/吨，计划单价 200 元，材料验收存以材料仓库。填写采购入库单，并生成记账凭证（该笔业务系期初业务，填制入库单时发票号为空）。

  借：原材料——乙材料   100 000
    材料成本差异   5 000
    贷：材料采购——乙材料   105 000

(9) 20日，材料物资部郭飞经办，向西方材料公司购买甲材料500吨，单价120元，税款10 200元，货款60 000元，用工行存款转账支票支付，支票号为004342，材料末到。填制采购专用发票，并生成记账凭证。

借：材料采购——甲材料　　　　　　　　　　　　　　　　60 000
　　应交税费——应交增值税——进项税额　　　　　　　　10 200
　　贷：银行存款——工行存款　　　　　　　　　　　　　70 200

(10) 20日，依据表4-19中资料，分别填制材料出库单，并合并生成记账凭证。

表4-19 材料出单一览表

领用日期	仓库	领用部门	材料名称	数量(吨)	备注
2014-01-20	甲材料仓库	材料物资部	甲材料	700	A产品用
2014-01-20	甲材料仓库	材料物资部	甲材料	300	B产品用
2014-01-20	甲材料仓库	材料物资部	甲材料	300	生产用
2014-01-20	乙材料仓库	材料物资部	乙材料	245	B产品用

本次第一、第二车间领用的材料，分别为新投产A产品(500吨)、B产品(600吨)所用，记账凭证中A产品数量需增加500吨、B产品数量需增加600吨(记账凭证两种产品对应数量是产品数量，而非材料数量，所以可以默认系统计算的单价)。

借：生产成本——基本生产——A产品(直接材料)　　　　70 000
　　生产成本——基本生产——B产品(直接材料)　　　　79 000
　　生产成本——辅助生产　　　　　　　　　　　　　　30 000
　　贷：原材料——甲材料　　　　　　　　　　　　　　130 000
　　　　原材料——乙材料　　　　　　　　　　　　　　49 000

五、洛阳利达材料公司销售日常业务处理

(1) 20日，财务部琮玲将一张到期的、由北方通用公司开出的、面值为140 000元的无息银行承兑汇票(票据号为20081114)，委托银行将款项收讫。填制收款单(收款单编号20140105)，并生成如下凭证：

借：银行存款——工行存款　　　　　　　　　　　　　　140 000
　　贷：应收票据(北通公司)　　　　　　　　　　　　　140 000

(2) 20日，由销售部彰化售给西方材料公司C产品10 000吨，无税单价330元。填制普通销售发票(编号00250116)，并生成如下凭证：

借：应收账款(西方材料公司)　　　　　　　　　　　　3 861 000
　　贷：主营业务收入——C产品　　　　　　　　　　　3 300 000
　　　　应交税金——应交增值税——销项税额　　　　　　561 000

(3) 20日，由销售部郭东风经手售给北方通用公司A产品8 000吨，无税单价310元，B产品800吨，无税单价395元；两种产品计货款3 271 320元，增值税475 320元；同时以转账支票(支票编号051123)支付代垫运杂费5 425元。分别填制普通发票(编号00250117)和其他应收单(编号0020140117)，并生成如下相应凭证：

① 借：应收账款（北通公司） 3 271 320
　　贷：主营业务收入——A产品 2 480 000
　　　　主营业务收入——B产品 316 000
　　　　应交税金——应交增值税——销项税额 475 320
② 借：应收账款（北通公司） 5 425
　　贷：银行存款——100201 5 425

（4）20日，销售部郭东风转来合肥白马电器公司银行汇票一张（编号051031），金额50 800元，其中，40 800元为归还其前欠货款，10 000元原为代北方通用公司归还货款。填制收款单（编号20090118），完成北通公司相应的转账业务，并生成如下凭证：

借：银行存款——工行存款 50 800
　贷：应收账款（北通公司） 10 000
　　　应收账款（合肥电器） 40 800

（5）20日，依据表4-20中的资料，分别填制、审核产成品入库单（无须生产记账凭证）。

表4-20　产成品入库单一览表

入库日期	仓库	部门	材料名称	数量(吨)	备注
2014-01-20	A产品仓库	生产一车间	A产品	13900	完工入库
2014-01-20	B产品仓库	生产二车间	B产品	600	完工入库

（6）20日，销售部郭向阳经办，售给合肥洛阳红星集团B产品1 000吨，无税单价400元，应交税金68 000元，货款已入工行存款账户，转账支票号为005621。填制普通销售发票（编号00140117），并生成记账凭证。

借：银行存款——工行存款 468 000
　贷：主营业务收入——B产品 400 000
　　　应交税费——应交增值税——销项税额 68 000

（7）20日，销售部彰化，售给西安宏达化工公司A产品7 000吨，无税单价350元，货款2 450 000元及增值税416 500元合计2 866 500元，以银行汇票（票号100621）存入工商银行。填制普通销售发票（编号00140118）。

借：银行存款——工行存款 2 866 500
　贷：主营业务收入——A产品 2 450 000
　　　应交税费——应交增值税——销项税额 416 500

（8）20日，销售部郭东风，向洛阳新材料公司售出A产品50 000吨，无税单价300元。价税总计17 550 000元，以转账支票结算，支票号为001581，存入工行账户。填制普通销售发票（编号00140119），并生成记账凭证。

借：银行存款——工行存款 17 550 000
　贷：主营业务收入——A产品 15 000 000
　　　应交税费——应交增值税——销项税额 2 550 000

常见问题

1. 录入销售发票等原始单据时，单据编号为系统自动生成，无法手工修改

本章实训二中单据编号设置错误，检查修改即可。

2. 在本期销售业务中找不到客户：西方材料公司

西方材料公司是本期新增加的客户，需要在客户档案添加这一客户信息；方法是，在用友T3业务处理窗口，依次单击菜单"基础设置"→"往来单位"→"客户档案"，进入客户档案管理窗口，增加这个新客户记录，然后在单据录入过程中才能从客户列表中选择此客户。

3. 生成的记账凭证有错误，如何修改

参阅本章第三节中购销存业务的逆向处理。

4. 做"应付冲应收"转账业务时，录入"应收"的相关信息后，单击"过滤"不显示任何数据

出现这一现象原因有两种可能：其一，是由于"应收"页面中部门信息输入错误。正确的部门信息是"销售部"，而不是"材料物资部"；其二，可能是在应收账款业务处理时，期初余额录入错误。

思考题

(1) 销售业务的记账凭证已经入账，现在检查出错误，如何更改？
(2) 应收单已经入记账，如今发现有错，如何更正？
(3) 购销存业务产生的记账凭证如何记账？

第 5 章 工资管理

教学目标

通过本章的学习，了解工资管理子系统的主要功能、工资管理和其他子系统的关系；熟悉工资管理子系统的操作流程、工资业务处理的"环境"设置；建立工资类别、账套参数设置、人员档案处理及工资项目设置；掌握工资费用分摊设置、工资数据处理、工资表输出、工资费用分摊、委托银行代发工资的相关业务。

工资管理子系统适用于各类企业、行政事业单位进行工资核算，主要功能包括工资发放、工资费用分摊、工资统计分析和个人所得税代交业务处理等。作为用友软件中的一个子系统，它可以与总账系统集成使用，将工资核算相关的记账凭证传递到总账中。

5.1 工资管理基础

5.1.1 工资管理子系统的主要功能

1. 建账

企业根据自己的需要建立工资应用环境，将系统设置为适合本单位需要的专用系统。建账过程中的设置包括处理工资类别个数和币种、是否处理个人所得税、是否进行扣零处理、人员编码长度。

2. 初始设置

工资管理子系统的初始设置包括工资类别管理和工资管理基础信息设置两部分。

（1）工资类别管理。这里的工资类别是按职工工资项目构成的差别来区分的，它将工资项目不同的职工分开处理，可以提高工资数据的处理效率。

（2）工资管理基础信息设置，即对工资管理子系统运行所需要的一些基础信息进行设置，包括部门、人员类别、人员附加信息、工资项目、银行名称等内容设置。

3. 日常业务

（1）工资数据处理：其核心内容是职工每月工资数据的录入和更正。

（2）工资汇总：其狭义的工资汇总是指工资数据录入或修改后重新计算汇总工资表中

的各项数据，而广义的工资汇总涉及工资统计及其相关的内容。

（3）工资表输出：其输出的内容包括工资发放签名表、工资发放条、工资卡、部门工资汇总表、人员类别工资汇总表、条件汇总表、条件明细表、条件统计表。

（4）个人所得税扣缴申报表：适用于从工资中扣缴个人所得税的企业。

（5）银行代发：适用于由银行代为发放工资的企业，可实现同一工资账中的人员由不同的银行代发工资，以及多种文件格式的数据输出。

（6）工资分钱清单：它包括部门分钱清单、人员分钱清单、工资发放取款单。

（7）工资分摊：完成工资核算、计提、转账业务，具体包括工资分摊、应付福利费计提、工会经费计提、职工教育经费计提、自定义分摊和计提、凭证查询。

（8）工资分析表：它包括按部门工资项目分析表、按月员工工资汇总表、分部门各月工资构成分析表、工资增长情况、部门工资项目构成分析表、员工工资项目统计表、按项目分类统计表、按部门分类统计表、按月分类统计表。

4. 期末处理

（1）月末处理：将当月已完成处理的工资数据做出控制标志，以禁止修改，并将各种职工基础工资数据结转到下月。

（2）年末处理：建立下年度的工资数据账套，并将年末各种职工的基础工资数据结转到下年度。

5.1.2 工资管理和其他子系统的关系

1. 工资管理与系统管理

系统管理主要是为工资管理子系统建立账套、设置相应的业务操作员。工资管理子系统依据系统管理中建立的账套、设置的操作员及其权限，处理具体的工资管理业务。

工资管理子系统还可以通过系统管理共享其他子系统设置的一些基础信息。

2. 工资管理与总账

工资是会计核算中的一部分，工资管理子系统和总账子系统主要是凭证传递的关系。工资计提分摊的费用等数据通过记账凭证传递给总账子系统进行处理，即工资管理子系统需要将自动生成的记账凭证传递给总账子系统。

5.1.3 工资管理子系统的操作流程

工资管理子系统功能丰富，数据处理控制严密，使用中只有按正确的顺序调用系统的各项功能，才能保证少走弯路、正确地进行数据处理。在使用系统前首先应熟悉工资管理子系统的业务操作流程。由于各企业工资处理的具体要求不同，在实际使用中，工资管理子系统的操作流程也不一样，企业应选择适合自己的操作流程。

1. 单个工资类别管理的操作流程

这里所说的工资类别是指职工工资项目组成的类别或种类。单个工资管理类别是指利用工资子系统处理的所有职工的工资项目构成是完全相同、单一的。企业统一管理所有人员的工资，而人员的工资项目、工资计算公式全部相同，则可按下列方法建立工资管理系统。

(1) 启用工资管理子系统。

(2) 设置工资账的参数(选择单个工资类别)。

(3) 设置部门。

(4) 设置银行名称、账号长度、人员类别。

(5) 录入人员档案。

(6) 设置工资项目、工资计算公式。

(7) 录入工资数据。

(8) 日常业务处理。

(9) 期末业务处理。

2. 多个工资类别管理的操作流程

企业有多种不同类别的人员,其工资项目构成不相同,计算公式也不一样,当需要进行统一工资核算管理时,可按下列方法建立工资管理系统的应用环境。

(1) 启用工资管理子系统。

(2) 设置工资账的参数(选择多个工资类别)。

(3) 设置所涉及的部门、人员类别、银行名称和账号长度。

(4) 建立第一个工资类别,选择所管理的部门。

(5) 录入人员档案。

(6) 先设置全部工资项目,而后选择第一个工资类别设置相应的工资项目和工资计算公式。

(7) 录入工资数据。

(8) 建立第二个工资类别并选择所管理的部门。

(9) 录入人员档案。

(10) 选择第二个工资类别设置工资项目和工资计算公式。

(11) 录入工资数据。

(12) 日常业务处理。

(13) 期末处理。

5.1.4 新建工资环境

建立工资管理环境就是通过一系列的工资账套参数设置,将通用化的商品软件变为适合处理本单位工资业务的专用软件。工资管理子系统提供建账向导,利用建账向导可逐步完成工资管理系统的基本参数设置。

【操作步骤】

(1) 在用友 T3 业务处理窗口,单击菜单"工资"。当启动工资管理系统首次登录账套时,系统将自动启动"建立工资套"向导,引导我们完成工资账套参数设置。系统提供的向导共分为 4 步。

① 建账向导一,"参数设置"(图 5.1)。

窗口项目说明:

a. 请选择本账套所需处理的工资类别个数:其中的"工资类别"是指职工工资是否按其项目构成划分类别。如果企业所有员工工资项目构成完全相同,计算方法一样,且是

第5章 工资管理

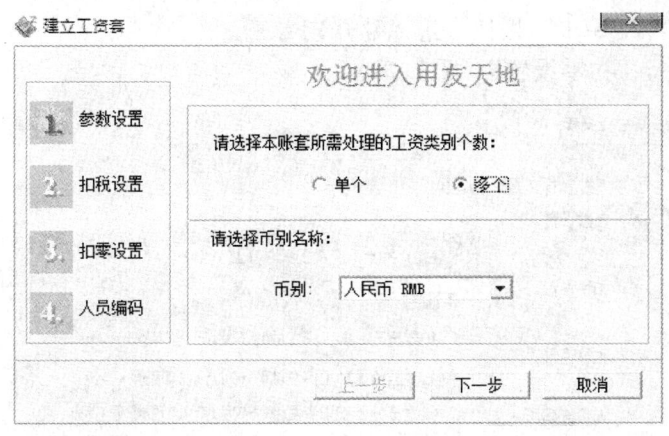

图 5.1 建账向导一

每月一次发放,参数设置应选择"单个";若企业每月分次发放工资,且各次发放的工资项目构成和计算方法又不尽相同,或者每月虽然一次发放工资,但不同类别人员的工资项目构成和计算方法不尽相同,如在职职工与退休职工的工资项目构成及计算方法不同,则选择"多个"工资类别。

b. 请选择币种名称:若选择人民币以外的其他币种,进入系统后还需在"选项"设置汇率。

例如洛阳利达材料公司的工资类别分为正式职工和临时合同工两类,分别由不同工资项目构成。该企业工资核算中没有外币业务,也没有计件工资的情况,所以工资类别个数选择"多个",币别选择"人民币 RMB"。

根据企业具体情况选择后,单击"下一步"按钮进入建账向导二。

② 建账向导二,"扣税设置"(图 5.2)。

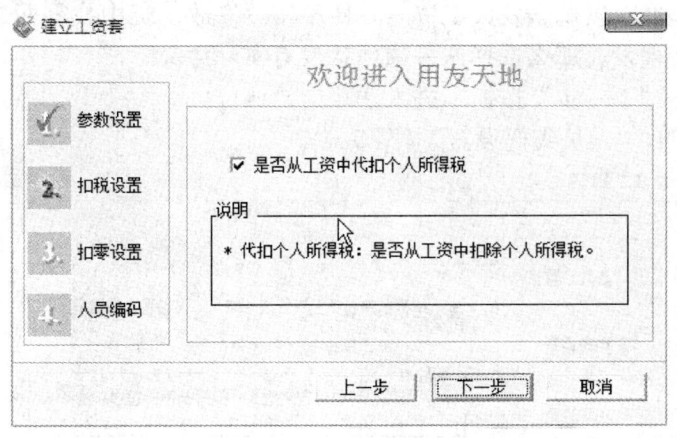

图 5.2 建账向导二

选中"是否从工资中代扣个人所得税"复选框,工资核算时系统会根据输入的税率自动计算个人所得税额。

例如洛阳利达材料公司从职工工资中代扣个人所得税,所以在此选项前的复选框中打对勾。

选择后，单击"下一步"按钮，进入建账向导三。
③ 建账向导三，"扣零设置"（图 5.3）。

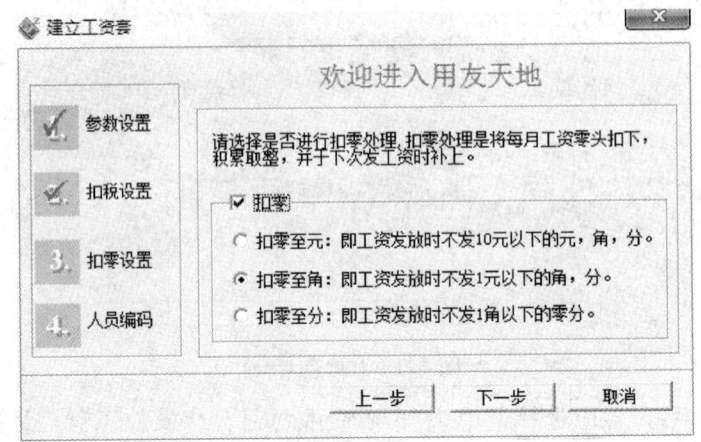

图 5.3　建账向导三

扣零，又称扣零处理，即将职工实发工资的尾数，从当月工资中扣除，计入下月工资中发放，以简化工资发放的手续。若选此项，系统在计算工资时将依据扣零类型进行扣零计算。

  a. 扣零至元，即工资发放时不发 10 元以下的元、角、分，包括 5 元、2 元、1 元。
  b. 扣零至角，即工资发放时不发 1 元以下的角、分，包括 5 角、2 角、1 角。
  c. 扣零至分，即工资发放时不发 1 角以下的分币。

例如洛阳利达材料公司工资核算采用扣零处理，职工每月实发工资中 1 元以下的部分从当月扣除，计入下月应发工资，所以选中"扣零"复选框和"扣零至角"单选按钮。

这一选项，是针对以现金发放工资时，便于实际发放工资中找零而进行的设置，如果企业工资委托银行代发，那么选择这一选项就没有实际意义。

选择后，单击"下一步"按钮，进入建账向导四。
④ 建账向导四，"人员编码设置"（图 5.4）。

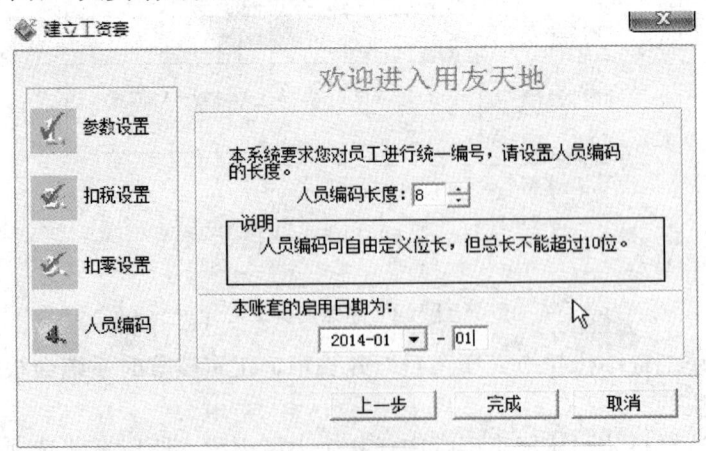

图 5.4　建账向导四

企业可根据实际情况定义人员的编码长度，但其总长不得超过 10 位。

例如洛阳利达材料公司职工编码长度为 7，在此将人员编码长度调整为 7。

（2）单击"完成"按钮，结束工资管理基本参数设置。

（3）如在建账向导一中选择了"多个"工资类别，系统将提示"未建立工资类别"。单击"确定"按钮，弹出新建工资类别向导提示（图 5.5），可根据实际情况决定是否即时建立工资类别。

图 5.5　新建工资类别向导提示

5.1.5　建立工资类别

工资类别是指一套工资账中，根据不同情况而设置多种工资项目结构数据的管理类别。如某企业中将正式职工和临时职工分设为两个工资类别，两个类别的工资项目构成不同。对此，工资子系统提供处理多个工资类别管理，新建账套或在系统选项中选择多个工资类别时，可使用此功能。

【操作方法】

（1）当完成工资环境设置首次进入工资管理子系统主窗口时，系统会弹出窗口（图 5.5）提示新建工资类别。单击"确定"按钮启动新建工资类别向导（图 5.6）；单击"取消"按钮，也可进入工资管理子系统主窗口，但仍需新建工资类别后方可处理其他业务。

在没有自动启动向导，而需要新建工资类别时，在用友 T3 业务处理窗口，依次单击菜单"工资"→"工资类别"→"新建工资类别"，即可启动新建工资类别向导。但需要注意，若在"工资类别"菜单下找不到"新建工资类别"菜单项，则说明此时处于某个工资类别的数据处理状态不能直接建立新的工资类别。若确实需要建立新的工资类别，应首先关闭已打开的工资类别，即依次单击菜单"工资类别"→"关闭工资类别"，以激活"新建工资类别"菜单项。

（2）单击"确定"按钮，系统弹出工资类别输入对话框（图 5.6）。

（3）在工资类别输入窗口输入新建工资类别名称。工资类别名称最长不得超过 15 个汉字或 30 个字符。例如洛阳利达材料公司工资类别分为正式职工、临时合同工，首先输入"正式职工"。

图 5.6　工资类别名称输入窗口

(4) 单击"下一步"按钮，系统弹出对应新建工资类别的企业部门选择对话框 (图 5.7)。

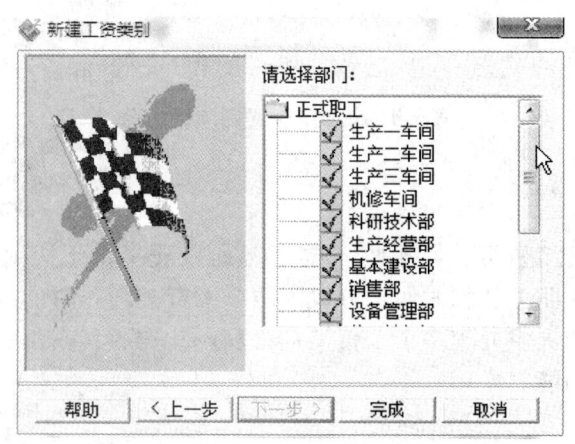

图 5.7　对应新建工资类别的企业部门选择对话框

(5) 选择新建工资类别所适用的部门(图 5.7)，这一步骤的实际意义在于设置企业内部各单位所属员工工资项目构成与新建工资的对应关系。例如洛阳利达材料公司所有部门都有正式职工，则应选择全部部门。

在实际工作中，企业内部部门可能进一步设置下级机构，如财务部可能下设资金科、成本科等。选中"下级部门"，表示若选中上级部门，则其所属的下级部门也被全部选中；也可单击"+"号将"部门树形结构"打开，逐个选择工资类别包含的部门。若企业在内部部门不含下级机构，则该选项就变得毫无意义。

(6) 单击"完成"按钮，系统弹出工资类别启用提示信息(图 5.8)。

(7) 单击"是"按钮，保存新建工资类别数据。

然后重复上述步骤建立其他工资类别。

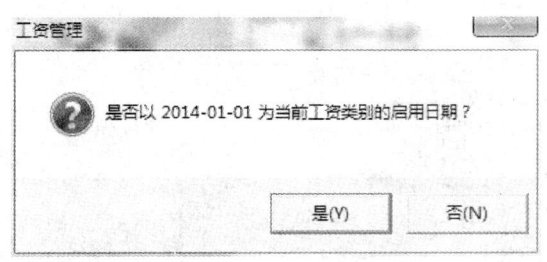

图 5.8　工资类别启用提示信息

5.2　工资管理初始化

初始化是通过对工资管理子系统工作环境的进一步设置，确保日常工资数据处理满足本企业的管理需要，其主要内容包括基础设置、人员档案设置、工资项目设置和工资费用分摊类型设置等。

5.2.1　基础设置

在用友 T3 系统中，通常将企业部门、人员附加信息、人员类别、工资代发银行名称等内容归入基础设置。工资管理子系统的初始设置，应从企业部门设置开始。只有设置好企业的部门数据，才能进行其他方面的数据处理。

企业部门在整个用友软件系统中是共享数据的，只要有一个子系统进行了部门设置，其他子系统就可直接使用，不需重复设置。换而言之，如果我们已在总账子系统完成了部门设置，工资子系统就可以直接使用相应的数据，在初始设置中可以跳过这一步骤，而直接进行其他初始设置工作。

1. 人员附加信息设置

在用友工资管理子系统中，人员档案的内容包括人员编码和姓名、所在部门、人员属性、代发银行、人员类别、工资数据和附加信息等。简而言之，人员附加信息是人员档案中的一个重要组成部分，企业可依据管理的实际需要设置具体的内容。需要注意的是，这里的人员附加信息设置，是设置人员附加信息的项目名称，而并非设置某一职工具体的附加信息。

【操作步骤】

（1）在用友 T3 业务处理窗口，依次单击菜单"工资"→"设置"→"人员附加信息设置"，系统弹出"人员附加信息设置"窗口（图 5.9）。

（2）单击"增加"按钮，可输入人员附加信息名称或从参照栏中选择系统提供的信息名称。

（3）一个项目输入完成，单击"增加"按钮保存信息，并可继续增加。人员附加信息最多允许增加到 100 项。

需要修改某项信息时，选中该信息即可直接修改；需要删除一条附加信息时，首先选中欲删除的信息，然后单击"删除"按钮即可。

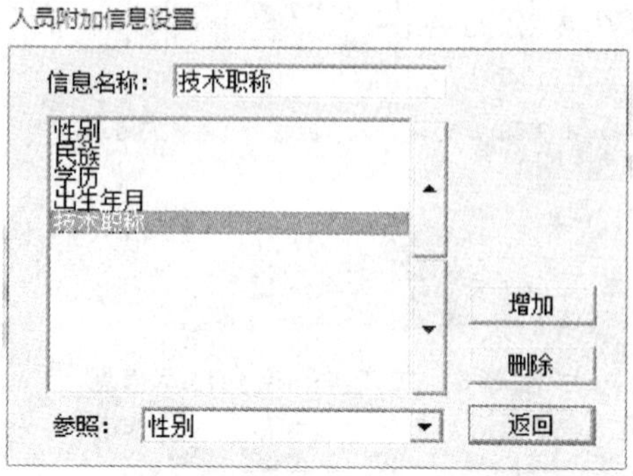

图 5.9 人员附加信息设置

(4) 设置完成后，单击"返回"按钮退出。

2. 人员类别设置

人员类别是人员档案中又一项重要内容，合理的设置人员类别有利于工资数据的汇总、工资费用的分配以及其他工资数据处理。

【操作方法】

(1) 在用友 T3 业务处理窗口，依次单击菜单"工资"→"设置"→"人员类别设置"，进入人员类别设置窗口(图 5.10)。

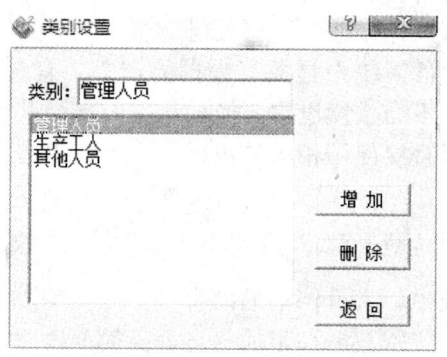

图 5.10 人员类别设置

(2) 单击"增加"按钮，可输入本账套管理的人员类别。人员类别名称长度不得超过 10 个汉字。

(3) 一个项目输入完成，单击"增加"按钮保存信息，并可继续增加。

修改某项信息时，选中该项信息后即可直接修改；需要删除一条附加信息时，首先选中欲删除的信息，然后单击"删除"按钮即可，已经使用的人员类别不允许删除。

(4) 设置完成后，单击"返回"按钮退出。

3. 工资代发银行设置

在实际工作中，许多企业是自己先计算出各个职工的实发工资，然后按照银行的要求提供相应的文件，由银行将工资直接存入每个职工的账户。为满足这一需要，应在工资系统中设置代发银行的名称、银行代发文件格式。

1) 银行名称设置

这里的银行名称是委托代发的银行名称。企业可设置多个发放工资的银行，以适应不同的需要，例如同一工资类别中的人员由于在不同的工作地点，故需不同的银行代发工资，或者不同工资类别、人员的工资由不同的银行代发，则应将各个经办银行逐一设置。

【操作步骤】

（1）在用友 T3 业务处理窗口，依次单击菜单"工资"→"设置"→"银行名称设置"，进入"银行名称设置"窗口（图 5.11）。

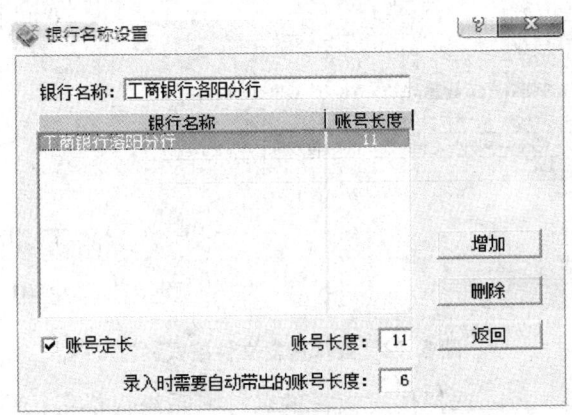

图 5.11 银行名称设置

窗口项目说明：

① 银行名称：委托代发的银行名称，不允许为空，长度不得超过 10 个汉字或 20 个字符。

② 账号定长：是指此银行要求所有人员的账号长度必须相同，银行账号不定长时，需指定最长账号的长度，否则系统默认为 30 位。

③ 账号长度：指开户银行账号的编码位数。

④ 录入时自动带出的账号长度：即在录入"人员档案"的银行账号时，从第二个人开始，系统根据在此定义的长度自动带出银行账号的前 N 位，以提高数据录入速度。

（2）单击"增加"按钮，输入银行名称，可选择银行账号长度及是否为定长，定义录入时需自动带出的账号长度。

（3）一个项目输入完成，单击"增加"按钮保存信息，并可继续增加新的内容。

必要时选择银行名称，即可修改银行名称、银行账号、是否账号定长及账号长度设置。删除银行名称时，则与此银行有关的所有设置将一同删除，包括银行的代发文件格式的设置、磁盘输出格式的设置、与此银行有关人员的银行名称和账号等。

（4）设置完成后，单击"返回"按钮退出。

2) 银行代发格式设置

企业委托银行代发工资时，首先应根据银行的要求设置提供工资数据文件格式，其中包含文件中的项目，以及项目的数据类型、长度和取值范围等。

【操作步骤】

（1）在用友 T3 业务处理窗口，依次单击菜单"工资"→"业务处理"→"银行代发"

（或者在银行代发业务处理窗口，单击"格式"图标），进入"银行代发文件格式设置"对话框（图5.12）。

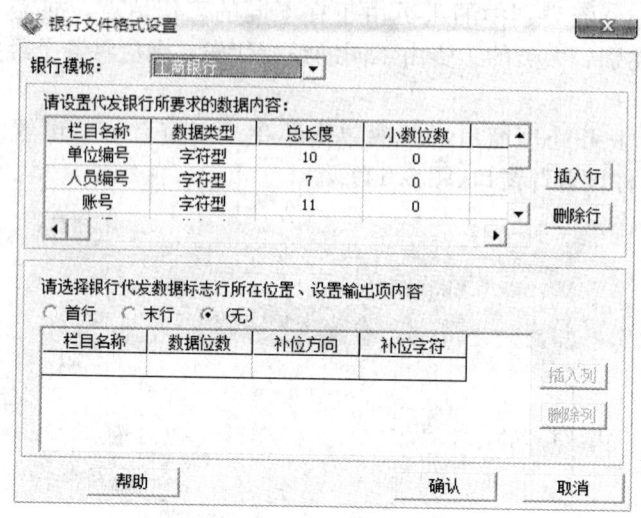

图5.12 银行代发文件格式设置

（2）在"银行模板"行，选择代发银行的名称，系统提供银行模板文件格式。

（3）若模板不能满足要求，可通过插入或删除行进行修改。插入行时，每次修改都必须对栏目名称、数据类型、总长度、小数位数及数据来源进行设置。

（4）单击"确认"按钮，保存设置，系统自动关闭银行代发文件格式设置对话框，并生成银行代发数据一览表。

5.2.2 人员档案处理

在用友T3系统中，如果已经选择了"多个"工资类别，则应清楚工资子系统初始设置有两种状态：一是工资类别处于关闭状态；二是工资类别处于打开状态。这两种不同状态对应于不同的初始设置。

打开（关闭）工资类别处理状态的方法，在用友T3业务处理窗口，依次单击菜单"工资"→"打开工资类别"（或"关闭工资类别"）即可完成。

人员档案设置必须在工资类别打开状态下进行操作。

人员档案处理在单个工资类别的情况下相对简单，但在有多个工资类别的情况下，应该首先明确人员档案与工资类别的对应关系，避免录入的人员档案和工资类别不匹配的错误。如洛阳利达材料公司设有正式职工、临时合同工两个工资类别，在这种情况下，录入正式职工档案时，就应该确保当前打开的工资类别是正式职工。初学者应该注意的是，刚建完临时职工类别后，临时职工类别处于打开状态，此时，如果要录入正式职工档案，应先打开正式职工类别，然后才可录入正式职工的档案，否则就会造成不匹配的错误。

工资类别打开后，依次单击菜单"工资"→"设置"→"人员档案"，进入"人员档案"管理窗口（图5.13）。在此窗口可以进行职工档案处理，处理的内容包括职工基本信息、附加信息和工资数据；处理的方法包括增加职工数据、修改职工数据以及删除职工数据。

第5章 工资管理

图 5.13 "人员档案"管理窗口

1．增加人员

人员档案数据的增加方法有单个增加和批量增加两种。在此仅就批量增加方法进行介绍。

【操作步骤】

（1）单击"批量从职工档案中引入人员"图标，弹出"人员批量增加"对话框（图 5.14）。

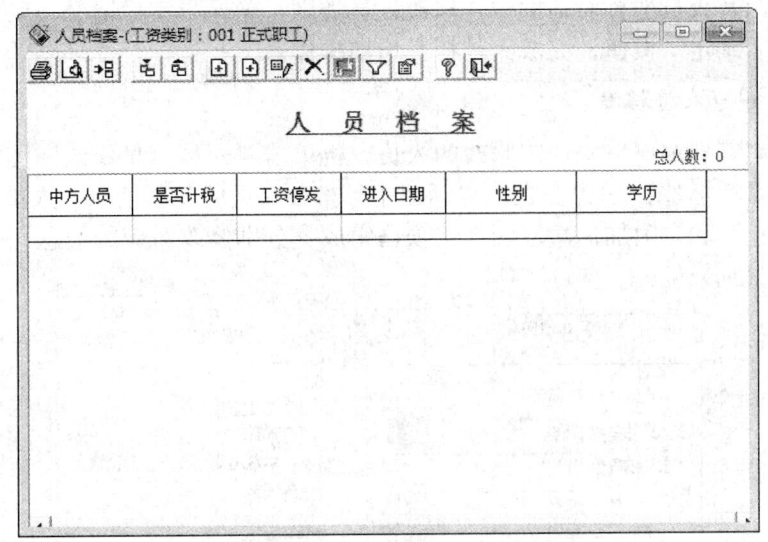

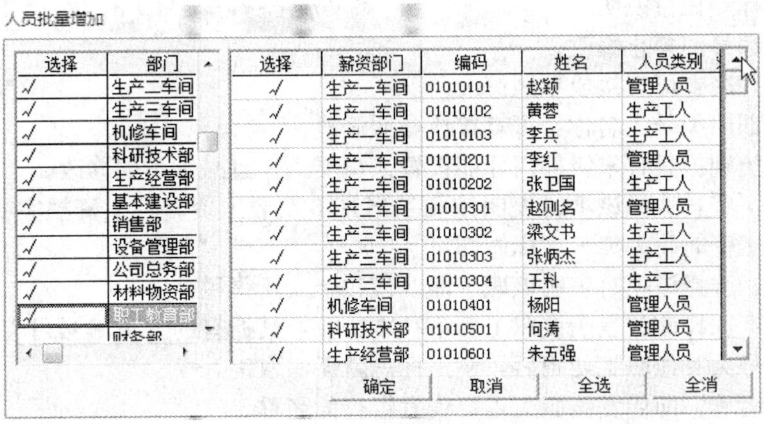

图 5.14 "人员批量增加"对话框

（2）部门及人员选择对话框，其左侧部分为部门选择列表框，右侧部分为人员选择列表框。先在对话框左侧部分的"选择"一栏打对勾选择部门，对话框右侧部门就会显示已选择部门的职工，这时可在对话框右侧部分的"选择"一栏打对勾，选择增加的人员。

如本书实训案例中，洛阳利达材料公司正式职工档案处理时，可先选择所有部门，再选择除临时合同工郭向阳、王登封、王美、姚进以外的所有人员。

（3）在部门及人员选择对话框中，修改人员类别，确保与实际情况一致。
（4）单击"确定"按钮，完成人员档案增加操作。

2. 修改、删除人员档案

在人员档案管理窗口，先选定修改的人员，再单击"人员信息修改"图标，弹出"人员档案"修改对话框（图5.15）。在该对话框中可修改人员的各项信息。人员档案修改对话框由"基本信息"和"附加信息"两个选项框组成，分别修改对应的信息。

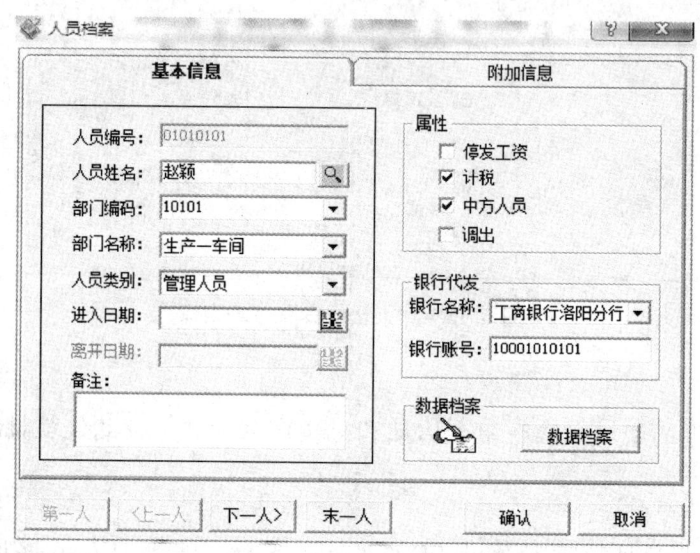

图5.15 "人员档案"修改对话框

基本信息标签栏目说明：

（1）人员编号：禁止修改。
（2）人员姓名：可直接或参照修改。
（3）所属部门编号、名称：可直接或参照修改。
（4）人员类别：只有末级部门才能设置人员类别，且必须参照修改。
（5）停发工资：选择该项时表明该职工当月不发放工资，其工资档案仍然给予保留，以后需要发放工资时，去掉该项标志即可。
（6）计税：选择该项时表明该职工需要代扣个人所得税。
（7）调出：选择该项表明该职工已不在本企业，其拥有的人员编号可以为其他职工使用。一旦其编号为其他职工使用后，调出标志就无法取消。
（8）银行名称：即代发该职工工资代发银行的名称。
（9）银行账号：即该职工工资代发银行的个人账号。
（10）数据档案：是一个操作按钮，单击可打开一个新的窗口，录入或修改某一职工的每月工资数据。

辅助信息页内的各项内容为企业自己定义的各项附加信息。

修改人员档案有两方面的意义：其一是修改职工的基本信息和附加信息；其二是工资项目设置完成后，利用这里的修改功能录入职工的工资数据。

修改职工数据的方法是在人员档案管理窗口，先选中某一职工，然后单击"修改"按钮，即可弹出类似图5.15所示的对话框，即可进行修改处理。职工档案增加对话框和修改对话框明显的差别在于可否处理工资数据（即其中的"数据档案"是否处于激活状态，在增加窗口不可激活，在修改窗口处于激活状态）。在修改窗口可以单击"数据档案"按钮，进入工资数据处理窗口录入或修改工资数据。

当需要删除某一职工时，选中该职工后单击"删除"图标即可。

5.2.3 工资项目设置

在多工资类别管理的企业应用工资系统时，工资项目定义分为两个步骤：第一步，系统工资项目设置，即定义出所有工资类别使用的全部工资项目，如企业的工资类别有正式职工、临时合同工两类，就要在这里定义出这两种工资类别所使用的全部工资项目。若企业采用"单个"工资类别，就无须这一步操作，而直接进行第二步处理；第二步，个别工资项目设置，即选择特定工资类别，定义其工资项目及其计算公式。

1. 系统工资项目设置

定义系统所有工资类别的工资项目，即定义系统使用的全部工资项目，这一步的工资项目设置是为后续的具体工资类别"工资项目"设置做准备。换而言之，只有先设置工资管理系统使用的所有工资项目后，方可以此为基础通过参照输入的方式录入具体工资类别的工资项目组成。

例如洛阳利达材料公司正式职工和临时合同工。

正式职工的工资项目有基本工资、奖金、岗位工资、业务津贴、交通补贴、加班工资、加班天数、上月扣零、应发合计、事假扣款、事假天数、住房公积、代扣税、本月扣零、扣款合计、实发合计。

临时合同工的工资项目有基本工资、奖金、特殊补助、上月扣零、应发合计、代扣税、其他扣款、本月扣零、扣款合计、实发合计。

在此需要定义正式职工和临时职工的所用到的全部项目，即工资项目，包括基本工资、奖金、岗位工资、业务津贴、交通补贴、加班工资、加班天数、上月扣零、应发工资、事假扣款、事假天数、住房公积、代扣税、本月扣零、扣款合计、实发工资、特殊补助、其他扣款。

【操作步骤】

（1）在用友T3业务处理窗口，依次单击菜单"工资"→"工资类别"→"关闭工资类别"，将系统已打开的工资类别关闭。

（2）在用友T3业务处理窗口，依次单击菜单"工资"→"设置"→"工资项目设置"，进入"工资项目设置"对话框（图5.16）。

对话框项目说明：

① 工资项目名称：是定义工资项目数据表中字段名。

② 类型、长度、小数位：其与数据库结构含义一致，表明某一工资项目（字段名）的具体属性。

增项、减项、其他表示特定工资项目和职工工资金额的计算关系。其中增项表示该项目数据应加入应发工资金额；减项表示该项目数据应从应发工资金额中扣减；其他表示该项目不直接参加职工工资金额的直接计算。

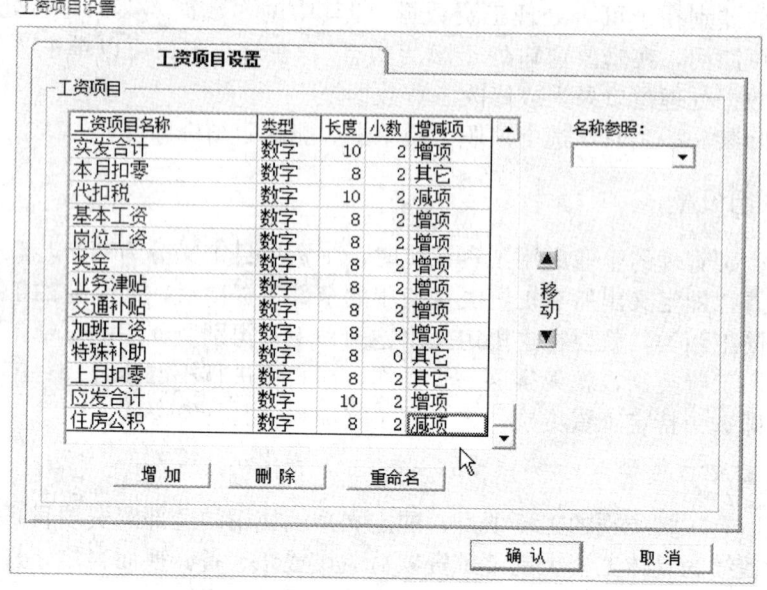

图 5.16　"工资项目设置"对话框

企业可根据需要设置工资项目，如基本工资、岗位工资、副食补贴、扣款合计等。

(3) 单击"增加"按钮，可设置工资项目。系统提供若干常用工资项目可供选择输入，如需要设置的工资项目系统中没有预设，则直接输入，然后设置类型、长度、小数位。

(4) 工资项目全部设置完毕，依照工资表结构排列各工资项目的顺序，即单击对话框上的上三角按钮、下三角按钮调整工资项目的排列顺序。

(5) 单击"确认"按钮，系统弹出提示对话框(图 5.17)。

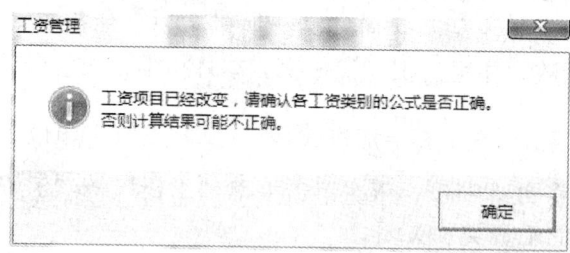

图 5.17　系统工资项目设置确认提示

(6) 单击"确定"按钮，返回主窗口。

修改系统所有工资项目的步骤和方法与增加处理基本相同，这里不再赘述。对于系统不再使用的工资项目，在工资项目设置窗口单击"删除"按钮，确认后即可删除。

2. 个别工资类别的工资项目设置

设置个别工资类别的工资项目是指针对某一工资类别，如正式职工，设置其具体的工资项目结构。单就工资项目设置而言，其操作步骤和上述的工资项目设置基本相同，不同的是在这一环节除了设置工资项目外，还需要定义工资项目的计算公式。

【操作步骤】

(1) 在用友 T3 业务处理窗口，依次单击菜单"工资"→"工资类别"→"打开工资类别"，系统弹出工资类别选择窗口，选择要打开的工资类别，如正式职工，单击"确认"按钮即可打开正式职工的工资类别。

(2) 在用友 T3 业务处理窗口，依次单击菜单"工资"→"设置"→"工资项目设置"，进入工资项目设置对话框（图 5.18）。特定工资类别的工资项目设置对话框由"工资项目设置"和"公式设置"两个页面组成。

(3) 在工资项目设置页设置工资项目，其方法与系统工资项目设置页基本相同。

(4) 工资项目全部设置完毕后，依照工资表结构，排列各工资项目的顺序。

(5) 切换至"公式设置"页面（图 5.18），定义工资项目的计算公式。

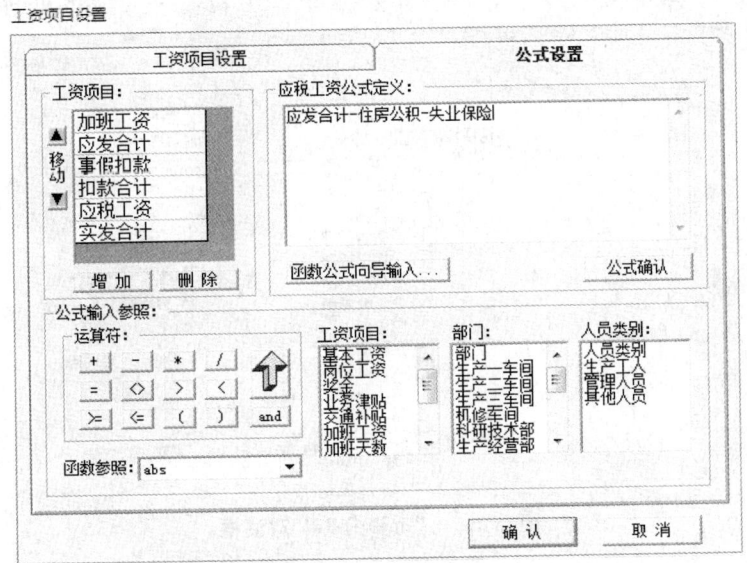

图 5.18　个别工资类别的工资项目设置

设置工资项目的计算公式是为了让系统自动按此公式计算相应项目的工资额。例如加班工资项目的计算公式是加班工资＝加班天数×（基本工资＋岗位工资）/30。完成这一公式设置后，日常业务只需录入加班天数等数据，系统即可自动计算出加班工资额。公式设置步骤如下。

① 单击对话框左上方的"增加"按钮，系统在左上角"工资项目"窗口中弹出工资项目列表框，选中"加班工资"。

② 将光标移入对话框右上角的"应税工资公式定义"编辑框内，直接或利用对话框下方的"公式输入参照"输入计算公式（单击运算符组合框中的"↑"，可将其中的运算符切换为数字）。

③ 公式输入完毕后，单击"公式确认"按钮，保存结果。

定义公式时要注意各个公式的排列顺序，在工资表中逻辑上先计算工资项目数据，其计算公式应排列在前，如图 5.18 所示，先计算的工资项目在上，后计算的在下，其先后顺序为加班工资、应发合计、事假工资、扣款合计、应税工资、实发合计。如发现工资项目的计算公式排列顺序不合逻辑,可通过公式框左侧的上下三角按钮调整各项公式的排列顺序。

④ 公式全部定义完毕,应按计算关系排列顺序,否则,影响计算结果的正确性。

5.2.4 工资费用分摊设置

企业每月需要依据发放的工资分配工资费用,并同时计提职工福利费、工会经费、职工教育经费等附加费用。在计算机工资业务处理中,通过工资分摊类型设置,定义工资及附加费的种类及其各种费用归集、记入相应会计科目的方法(即定义工资分摊业务的记账凭证),在日常业务处理中就可以依据这些定义,自动生成相应的记账凭证。

【操作步骤】

(1) 在用友 T3 业务处理窗口,依次单击菜单"工资"→"业务处理"→"工资分摊",系统弹出"工资分摊"对话框(图 5.19)。

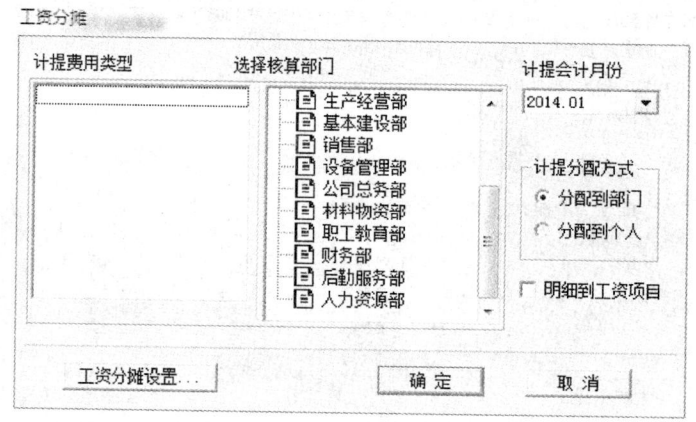

图 5.19 "工资分摊"对话框

该对话框既可对工资相关费用的分摊类别进行定义,也可以进行工资费用处理生成记账凭证操作。在此主要介绍分摊记账凭证的定义操作,有关工资分摊记账凭证生成的操作参见下一节日常工资业务处理中的相关介绍。

(2) 在工资分摊对话框,单击"工资分摊设置"按钮,进入"分摊类型设置"对话框(图 5.20),在该对话框可增加、修改、删除工资及附加费的种类。

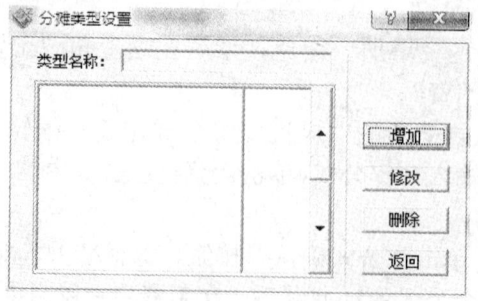

图 5.20 "分摊类型设置"对话框

(3) 在分摊类型设置对话框，单击“增加”按钮，系统弹出分摊计提比例设置对话框(图5.21)。其中计提类型名称是工资及附加费的名称，如工资费用、计提福利费、计提工会经费等；分摊计提比例是对应于输入的工资费用种类的分摊计提比例，如工资费用应按发放工资的100%分摊，计提福利费是按发放工资的14%计提。

分摊计提比例设置
计提类型名称：
工资费用
分摊计提比例：
100%
下一步 >
取消

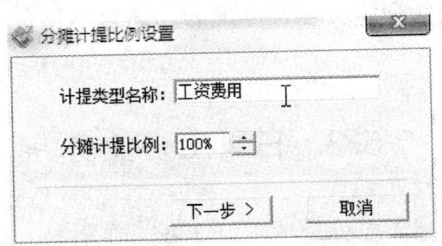

图5.21 “分摊计提比例设置”对话框

案例中首先增加的集体类别名称是工资费用，分摊比例是100%。

(4) 计提类型名称、分摊比例设置完成后，单击“下一步”按钮，进入分摊构成设置对话框(图5.22)。在这一对话框完成特定工资费用分摊计提记账凭证的基本定义。

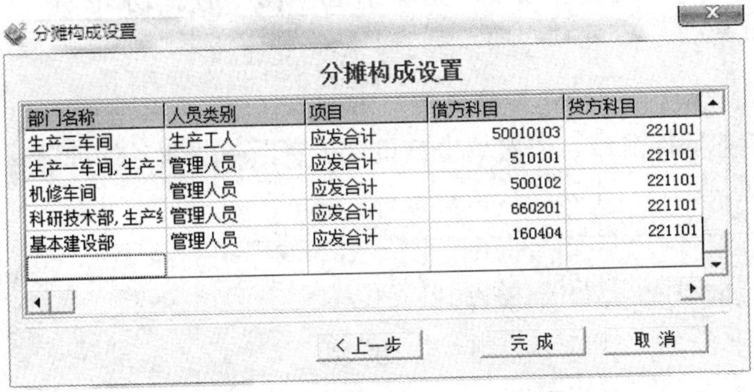

分摊构成设置
分摊构成设置
部门名称
人员类别
项目
借方科目
贷方科目
生产三车间
生产工人
应发合计
50010103
221101
生产一车间,生产二
管理人员
应发合计
510101
221101
机修车间
管理人员
应发合计
500102
221101
科研技术部,生产纟
管理人员
应发合计
660201
221101
基本建设部
管理人员
应发合计
160404
221101
< 上一步
完 成
取 消

图5.22 “分摊构成设置”对话框

窗口项目说明：

① 部门名称：选择工资费用发生的部门。部门不同的工资费用，即使人员类别相同也可能需要记入不同的费用科目。

② 人员类别：选择费用分配人员类别。不同类别人员的工资及附加费记入的费用科目可能不同。

③ 项目：工资费用分摊依据的工资项目。工资费用可以按工资总额处理，也可以按其中的特定项目处理。如果工资总额和其中的“应发合计”相等，则选择这一项目将会极大地简化工资费用分摊设置工作。

④ 借方科目：工资及附加费应记入的借方科目。案例中，“借方科目”依据部门性质和职工类别确定，如生产车间生产工人工资计入产品成本，管理人员工资计入制造费用。

⑤ 贷方科目：工资及附加费应记入的贷方科目。案例中，“贷方科目”为应付职工薪酬——应付工资。

(5) 设置完成后，单击“完成”按钮保存设置，返回分摊类型设置对话框，如图5.20所示。

(6) 分摊类型设置完成后，单击"返回"按钮，返回工资分摊对话框，如图 5.19 所示。

值得注意的是在工资分摊对话框(5.19)中，单击"确定"按钮是记账凭证生成，单击"取消"按钮是关闭窗口退出。

(7) 工资费用分摊记账凭证定义设置完成后，通常不具备记账凭证的生成条件，所以应单击"取消"按钮返回。

5.3 日常工资业务

日常工资业务是指每月都需要处理的工资业务。在用友工资系统中它主要包括工资数据变动、扣缴所得税、银行代发业务、工资分钱清单、工资表输出、工资费用分摊和月末处理等。

5.3.1 工资数据处理

工资数据变动是每月工资发放及相关业务处理等，如代扣水电费、扣发事病假、录入奖金和加班工资等都属工资变动；而人员的增减、部门变更则必须在人员档案中处理。

1. 工资数据录入

在用友 T3 业务处理窗口，依次单击菜单"工资"→"业务处理"→"工资变动"，进入"工资变动"处理窗口(图 5.23)。

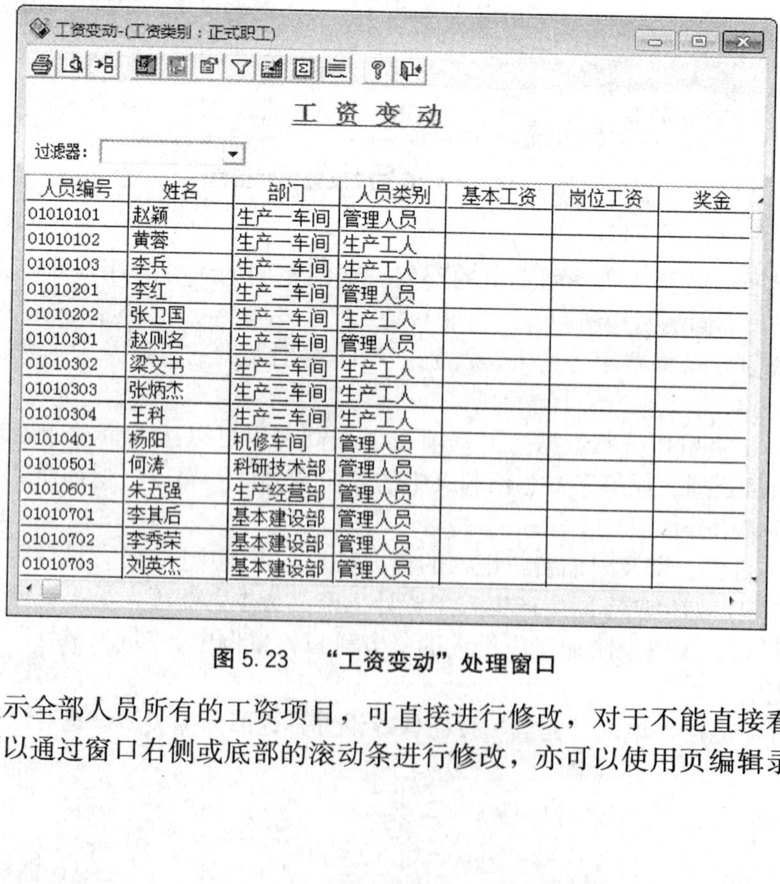

图 5.23 "工资变动"处理窗口

该窗口显示全部人员所有的工资项目，可直接进行修改，对于不能直接看到的职工或工资项目，可以通过窗口右侧或底部的滚动条进行修改，亦可以使用页编辑录入、项目过滤器及工资数据替换等方法处理工资数据。

1）页编辑录入

如果直接在工资数据窗口录入或修改工资数据，可能需要反复使用鼠标移动、调整屏幕位置，而使用页编辑录入即可解决屏幕反复定位的问题。

选择要修改的人员，单击菜单中的"页编辑"命令，进入"工资数据录入—页编辑"窗口（图5.24）。

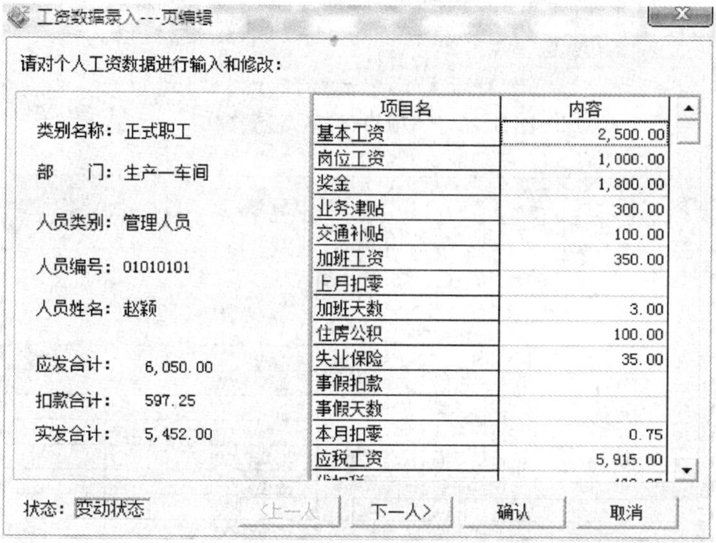

图5.24 "工资数据录入——页编辑"窗口

在该窗口可方便地录入、修改某一职工的工资数据；单击"上一人"、"下一人"按钮可选择人员处理其他人员的工资数据；单击"确认"按钮，保存当前人员工资数据的录入、修改结果；单击"取消"按钮，放弃对最后一人录入或修改工资数据的结果，返回工资变动主界面。

2）工资项目过滤器

在工资数据项目构成中，有些项目中的数据是相对稳定各月不变的，如基本工资等；而有些项目则是每月都会发生变化的，如加班工资等。根据这一特性，只需在开始使用工资系统的第一个月份录入全部工资项目数据，而以后的其他月份仅对发生变动工资项目数据做修改即可。在修改变动工资项目数据时，利用过滤器隐藏固定工资项目，仅显示变动工资项目进行处理较为方便。

【操作步骤】

（1）在工资变动窗口，单击窗口左上方的"过滤器"下拉列表框，选择"过滤设置"选项，进入"项目过滤"设置对话框（图5.25）。

（2）在项目过滤设置对话框，单击"保存"按钮，可以将设置好的过滤项目命名保存，以便简化日后的操作；单击"删除"按钮，可以删除过去保存的过滤设置；单击"确定"按钮，工资变动窗口按已选工资项目显示（图5.26）。

例如在洛阳利达材料公司工资项目中，选出奖金、加班天数、事假天数为每月都发生变化的项目，将其保存为"工资变动项目"，以后每月在过滤器中选择"工资变动项目"

即可对这些项目直接显示处理。

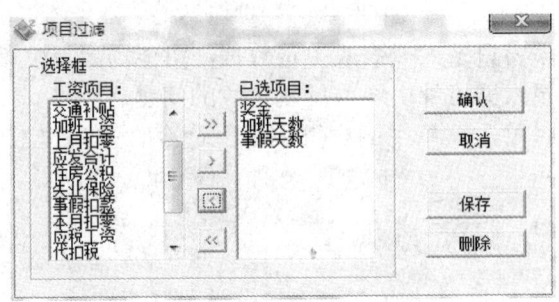

图 5.25 “项目过滤”设置窗口

人员编号	姓名	部门	人员类别	奖金	加班天数	事假天数
01010101	赵颖	生产一车间	管理人员	1,800.00	3.00	
01010102	黄蓉	生产一车间	生产工人	2,300.00		
01010103	李兵	生产一车间	生产工人	200.00	5.00	
01010201	李红	生产二车间	管理人员	1,500.00		
01010202	张卫国	生产二车间	生产工人	2,800.00	3.00	
01010301	赵则名	生产三车间	管理人员	1,700.00		
01010302	梁文书	生产三车间	生产工人	2,800.00		
01010303	张炳杰	生产三车间	生产工人	2,000.00		
01010304	王科	生产三车间	生产工人	1,000.00		
01010401	杨阳	机修车间	管理人员	200.00		
01010501	何涛	科研技术部	管理人员	1,600.00		
01010601	朱五强	生产经营部	管理人员	2,100.00		

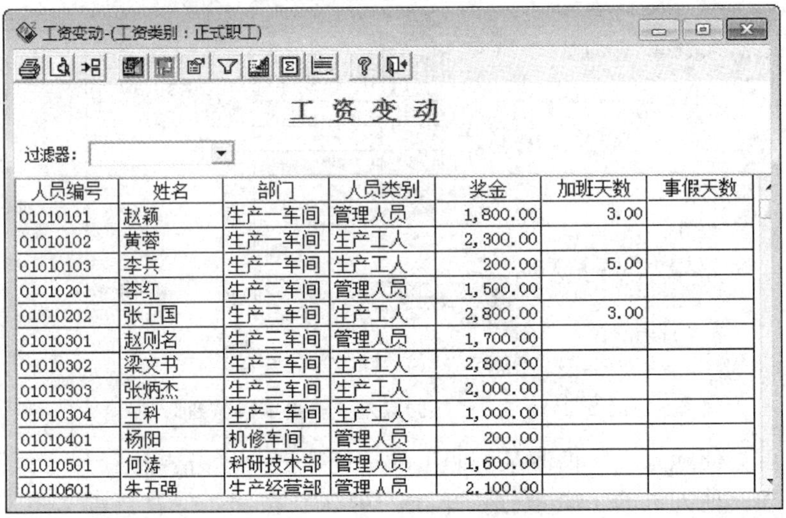

图 5.26 设置过滤后工资数据显示

3）工资数据替换

工资数据替换是工资数据快速处理的另一种功能，它可以将符合特定条件人员的某个工资项目数据统一替换成某个数据。例如将人员类别等于干部的人员的交通补贴统一调为20元，这时可使用数据替换功能。

【操作步骤】

(1) 在工资变动窗口，单击“替换”按钮，进入“工资项数据替换”设置对话框(图 5.27)。

(2) 设置工资数据替换：第一步，在“将工资项目”栏内选择被替换项目名称，如住房公积；第二步，在“替换成”栏内输入替换结果，其中替换结果可以是表达式或常数，如 100(将“住房公积”项目改写为 100 元)；第三步，设置替换条件(若不设置替换条件，表示所有人员全部替换)。

(3) 替换设置完成后，单击“确认”按钮，系统将符合条件人员的相应工资项目内容替换。

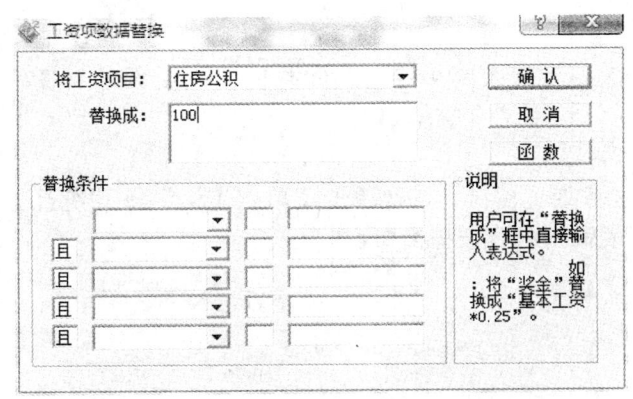

图 5.27 "工资项数据替换"设置对话框

2. 人员工资计算汇总

通常在修改完数据后系统并不自动计算实发合计、应发合计、扣款合计等工资合计项目，如要检查合计项是否正确，应先执行重算工资；否则，在退出工资数据变动窗口时，系统会提示重新计算。

若对工资数据的内容进行了变更，在执行了重算工资后，为保证数据的准确性，可调用本功能对工资数据进行重新汇总。在退出工资变动数据窗口时，如未执行"工资汇总"，系统会提示进行汇总操作。

5.3.2 工资表输出

1. 工资表概述

在信息化会计业务处理中，工资表的格式多样，内容丰富。用友工资管理系统的工资表包括工资发放签名表、工资发放条、工资卡、部门工资汇总表、人员类别工资汇总表、部门条件汇总表、条件明细表、工资变动明细表和工资变动汇总表等。

(1) 工资发放签名表，又称工资发放签单，一个职工一行，按工资项目详细列示各个职工的应发合计、实发合计的项目组成。该表打印输出，发放工资时让职工在该表上签名，作为工资核算和管理的重要档案保存。

(2) 工资发放条，其内容、格式列示与工资发放签名表相同，但用途不一样。该表打印输出后，按职工姓名分别剪开，每一行的内容剪成一条，在工资发放时交给职工。

(3) 工资卡，又称工资台账，每个职工一张，其内容反映各职工每月的工资组成情况、月平均工资及全年的工资合计。

(4) 部门工资汇总表，输出当月按企业内部各单位进行汇总的工资合计一览表。

(5) 人员类别工资汇总表，输出当月按职工类别进行汇总的工资合计一览表。

(6) 部门条件汇总表，输出以部门为单位、按特定条件进行汇总的工资合计一览表。

(7) 条件明细表，按企业指定条件输出的工资发放表。

(8) 条件统计表，输出按企业管理需要设置条件的工资情况统计表。

(9) 工资变动明细表，用于按选定工资项目的工资数据与上月数据进行比较分析。

(10) 工资变动汇总表，用于本月与上月工资汇总数据的比较分析。

2. 工资发放签名表输出

工资表的输出方法和步骤大同小异，在此我们仅以工资发放签名表为例说明其操作过程。

【操作步骤】

（1）在用友 T3 业务处理窗口，依次单击菜单"工资"→"统计分析"→"账表"→"工资表"，进入工资表输出内容选择窗口（图 5.28）。

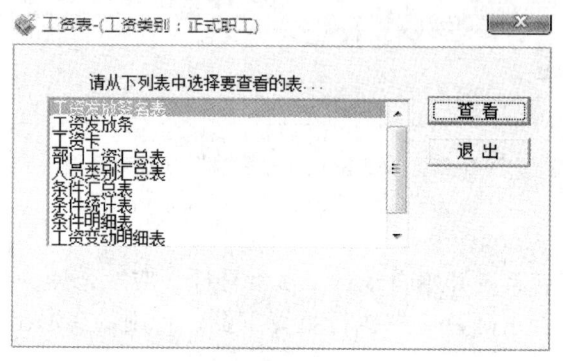

图 5.28 "工资表输出内容选择"窗口

（2）在工资表输出内容选择窗口，选择工资发放签名表，单击"查看"按钮，进入"工资发放签名表"输出部门选择对话框（图 5.29）。

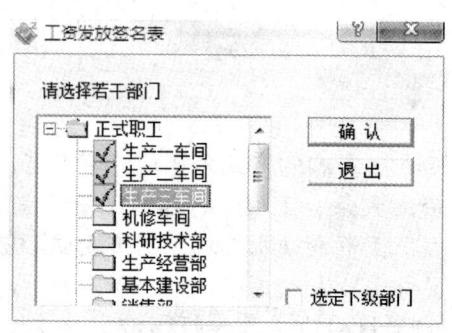

图 29 "工资发放签名表"输出部门选择对话框

工资发放签名表是按部门进行输出的，可选择一个部门输出，也可以选择所有的部门输出。如果内部单位设置有下级部门，在输出工资签名发放表时应确定是否选定下级部门。

（3）部门选定后，单击"确认"按钮，进入工资发放签名表输出窗口。
（4）在工资发放签名表输出窗口，可以完成打印、文件输出等。
（5）输出完毕，单击"退出"按钮返回系统窗口。

5.3.3 工资费用分摊

企业每月都要将当月发放的工资分配记入相关的费用科目，同时还要计提职工福利费、工会经费和职工教育经费等工资附加费用。工资及附加费分摊的种类和方法在初始设置时定义完成,每月需要依据设定工资费用模版生成相应的记账凭证。

【操作步骤】

(1) 在用友 T3 业务处理窗口,依次单击菜单"工资"→"业务处理"→"工资分摊",进入工资分摊选择对话框(如图 5.30)。

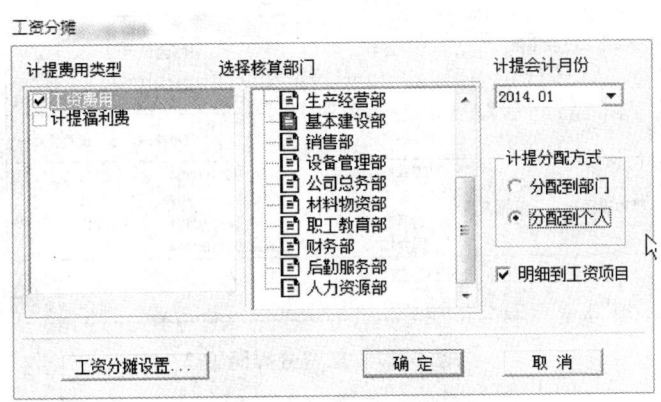

图 5.30 "工资分摊"选择对话框

① 在对话框左边选择计提费用的类型,如洛阳利达材料公司在初始设置中将工资费用分配的名称定义为"工资费用",选择该项,即处理工资费用的分摊。

② 在窗口中间选择核算部门,即选择分摊哪些部门工资费用。核算部门的选择方法与企业会计科目体系的设置情况以及工资费用记账凭证的要求有关,企业应结合自己的具体情况进行选择,如洛阳利达材料公司,在工资费用分摊设置时,基本建设部管理人员的工资记入"在建工程-人工费用"科目,而这一会计科目下的辅助核算项目"高新分厂""职工体育场""科技大楼"同属基本建设部。这样的科目设置及费用分配方法,使得基本建设部的工资费用分摊不宜与其他部门同时进行。所以先选择除基本建设部外其他所有的部门,对基本建设部工资费用分摊另作一次处理。

③ 其他选择,会计月份为当月,计提分配方式应结合部门选择情况进行选择,如洛阳利达材料公司在选择不含基本建设部的其他部门时,应选择"分配到部门";在选择基本建设部时,应选择"分配到个人"。"明细到工资项目"一般为必选项。

显然,就洛阳利达材料公司例子来看,其工资费用分配需分两次进行。一次分摊不含基本建设部工资费用,一次单独分摊基本建设部的工资费用。

(2) 工资分摊类型选择完成后,单击"确定"按钮,进入"工资分摊明细"窗口(图 5.31)。

该窗口主要设置记账凭证中工资费用的列示方式,即确定是否选择"合并科目相同、辅助相同的分录",选择此项有利于简化凭证列示内容。

(3) 选择后,单击"制单"按钮,即可生成相应的记账凭证(图 5.32)。

(4) 修改记账凭证。例如依据上述洛阳利达材料公司例子生成的记账凭证,还需要做出必要修改后,才能保存为正式的记账凭证。

首先将凭证字设置为"转",然后将李其后、李秀英、刘英杰、周立均每人工资对应"在建工程-人工费用"科目的核算项目分别设置为高新分厂、高新分厂、职工体育场、科技大楼。

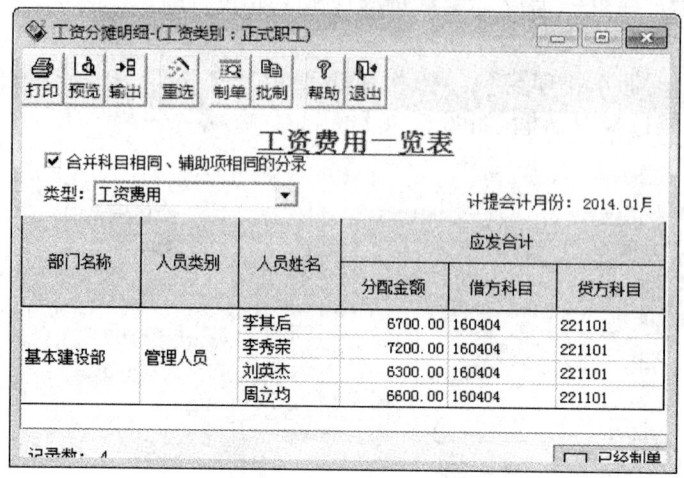

图 5.31 工资分摊明细

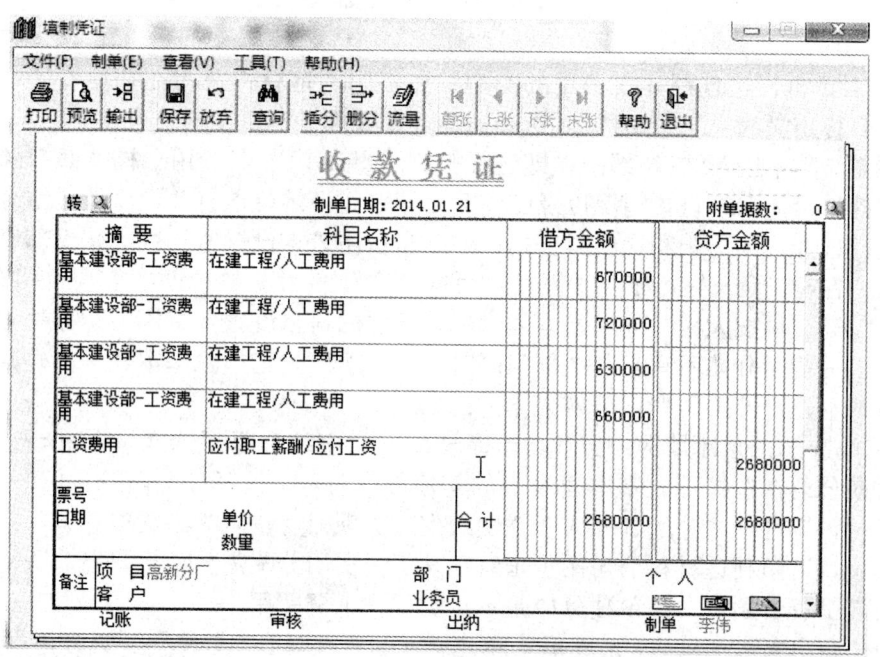

图 5.32 记账凭证处理窗口

(5) 修改完成后，单击"保存"按钮，系统提示"已生成"，表明记账凭证已保存。
(6) 单击"退出"按钮，返回系统窗口。

工资管理子系统的记账凭证一旦生成，就存入总账子系统的凭证库中；同其他凭证一样，经审核后即可登记账簿。但这些凭证的修改、删除和冲销等，仍需在工资系统中完成。在用友 T3 业务处理窗口，依次单击菜单"工资"→"统计分析"→"凭证查询"，可进入凭证查询窗口，对工资核算记账凭证进行查询、删除和冲销等业务处理。

5.3.4 其他业务

1. 扣缴个人所得税

在手工工资业务处理中,财务部门每个月要依据国家个人所得税法,计算并代为申报、缴纳企业职工的个人所得税。工资子系统提供个人所得税自动计算功能,只需定义个人所得税率及扣除项目,系统可自动计算,然后输出个人所得税申报表。

【操作步骤】

(1) 在用友 T3 业务处理窗口,依次单击菜单"工资"→"业务处理"→"扣缴所得税",进入个人所得税申报表栏目选择对话框(图 5.33)。

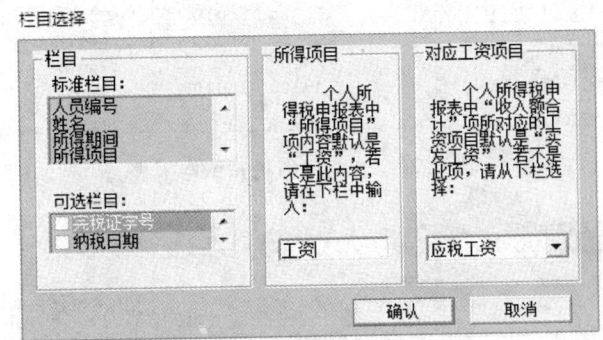

图 5.33 "个人所得税申报表栏目选择"对话框

在申报栏目选择对话框可进行标准栏目的查看,若标准栏目不能满足要求,可从系统提供的可选栏目中增加新的栏目,系统提供税字号、纳税日期、备注三个可选栏目。个人所得税申报表中新增栏目将排在标准格式项目后面,可通过拖曳改变次序。

企业若设置有多项个人所得税应税项目,可修改"所得项目",系统默认的"所得项目"初始为"工资";"对应工资项目"即指应税所得,是计算个人所得税依据项目,可依据工资项目的实际含义选择修改,如洛阳利达材料公司选择"应税工资"。

(2) 单击"确认"按钮,系统提示是否重算,单击"是"后,系统弹出"个人所得税申报表"输出窗口(图 5.34)。

在首次使用该子系统时,应调整个人所得税计算方案,方法是在个人所得税扣缴申报表窗口,单击窗口上方"税率表"按钮,可进入个人所得税计算设置对话框(图 5.35)。

基数,即个人所得扣减基数,现行规定为 3 500 元;附加费用应为税法规定的可以从个人所得中扣减的住房公积、失业保险等项目,但由于这些项目每人的金额各不相同,因而不可直接使用软件中的附加费用扣减功能,而应通过其他方式处理,如实例中洛阳利达材料公司通过设置"应税工资"来扣减免税费用,故而将"附加费用"设置为 0 元。

税率表定义界面初始为国家颁布的工资、薪金所得所适用的九级超额累进税率,税率为 3%~45%,共分为九级。

企业可根据《中华人民共和国个人所得税法》规定的费用扣除项目及税率,增加或删

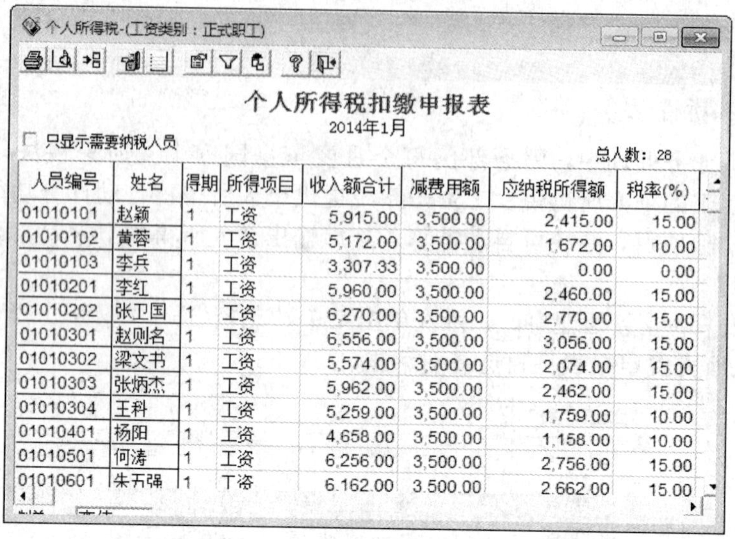

个人所得税-(工资类别：正式职工)

个人所得税扣缴申报表

2014年1月

只显示需要纳税人员　　总人数：28

人员编号	姓名	得期	所得项目	收入额合计	减费用额	应纳税所得额	税率(%)
01010101	赵颖	1	工资	5,915.00	3,500.00	2,415.00	15.00
01010102	黄蓉	1	工资	5,172.00	3,500.00	1,672.00	10.00
01010103	李兵	1	工资	3,307.33	3,500.00	0.00	0.00
01010201	李红	1	工资	5,960.00	3,500.00	2,460.00	15.00
01010202	张卫国	1	工资	6,270.00	3,500.00	2,770.00	15.00
01010301	赵则名	1	工资	6,556.00	3,500.00	3,056.00	15.00
01010302	梁文书	1	工资	5,574.00	3,500.00	2,074.00	15.00
01010303	张炳杰	1	工资	5,962.00	3,500.00	2,462.00	15.00
01010304	王科	1	工资	5,259.00	3,500.00	1,759.00	10.00
01010401	杨阳	1	工资	4,658.00	3,500.00	1,158.00	10.00
01010501	何涛	1	工资	6,256.00	3,500.00	2,756.00	15.00
01010601	朱五强	1	工资	6,162.00	3,500.00	2,662.00	15.00

图 5.34　个人所得税扣缴申报表

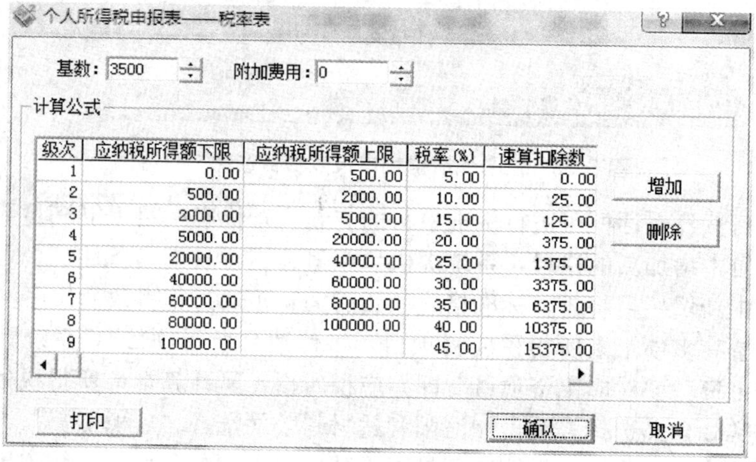

个人所得税申报表——税率表

基数：3500　　附加费用：0

计算公式

级次	应纳税所得额下限	应纳税所得额上限	税率(%)	速算扣除数
1	0.00	500.00	5.00	0.00
2	500.00	2000.00	10.00	25.00
3	2000.00	5000.00	15.00	125.00
4	5000.00	20000.00	20.00	375.00
5	20000.00	40000.00	25.00	1375.00
6	40000.00	60000.00	30.00	3375.00
7	60000.00	80000.00	35.00	6375.00
8	80000.00	100000.00	40.00	10375.00
9	100000.00		45.00	15375.00

增加　删除　打印　确认　取消

图 5.35　个人所得税计算设置对话框

除级数。增加新的一级时，其上一级的上限等于其上一级的下限加 1，由系统自动累加；而其新增级数的下限即等于上一级的上限，可根据需要调整上一级的上限，则新的级数的下限将随之改变。

单击“确认”按钮，系统将根据设置自动计算并生成新的个人所得税申报表。否则，可单击“取消”按钮返回个人所得税主界面。

(3) 单击“打印”按钮，可打印个人所得税申报表。

2. 银行代发业务

银行代发即由银行代理发放企业职工个人工资。这一子系统的功能是输出银行代发业务中银行需要的职工实发工资数据文件。

用友软件中工资管理系统提供了工资系统与网上银行系统的接口，整理工资系统的银行代发输出格式，满足工商银行网上银行系统的数据读取要求，同时还提供银行代发输出文件的加密功能。

在用友 T3 业务处理窗口，依次单击菜单“工资”→“业务处理”→“银行代发”，进入银行代发一览表窗口(图 5.36)。

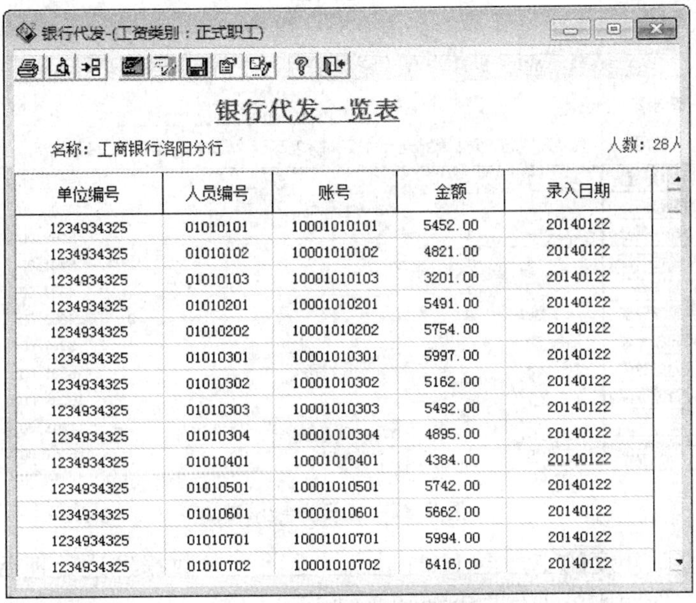
银行代发-(工资类别：正式职工)

银行代发一览表

名称：工商银行洛阳分行　　人数：28人

单位编号	人员编号	账号	金额	录入日期
1234934325	01010101	10001010101	5452.00	20140122
1234934325	01010102	10001010102	4821.00	20140122
1234934325	01010103	10001010103	3201.00	20140122
1234934325	01010201	10001010201	5491.00	20140122
1234934325	01010202	10001010202	5754.00	20140122
1234934325	01010301	10001010301	5997.00	20140122
1234934325	01010302	10001010302	5162.00	20140122
1234934325	01010303	10001010303	5492.00	20140122
1234934325	01010304	10001010304	4895.00	20140122
1234934325	01010401	10001010401	4384.00	20140122
1234934325	01010501	10001010501	5742.00	20140122
1234934325	01010601	10001010601	5662.00	20140122
1234934325	01010701	10001010701	5994.00	20140122
1234934325	01010702	10001010702	6416.00	20140122

图 5.36　银行代发业务输出

单击“文件传输方式”按钮，可以根据银行的要求设置向银行提供的数据是以何种文件形式存放在磁盘中，且在文件中各数据项目是如何存放和区分的。

单击“传输”按钮，按设定的格式和文件名将数据输出到指定的磁盘。

3. 工资分钱清单

这一功能在以现金形式发放工资的企业是极其方便的，而对以银行代发或其他非现金工资发放的企业没有意义。

工资分钱清单是提供按部门计算的工资发放中所需票面额数量的清单。会计人员根据此表从银行取款并发给各部门。执行此功能必须在个人数据输入调整完之后，如果个人数据在计算后又做了修改，须重新执行本功能以保证数据正确。

在用友 T3 业务处理窗口，依次单击菜单“工资”→“业务处理”→“工资分钱清单”，进入工资分钱清单输出窗口(图 5.37)。

该窗口包含 3 个标签：部门分钱清单、人员分钱清单和工资发放取款单。其中部门分钱清单提供各个部门发放当月工资所需各种现金票面的数量；人员分钱清单提供每个职工当月各种现金票面的数量；工资发放取款单提供企业发放当月工资需要的各种现金票面的数量，一般从银行提取现金时使用。

单击“设置”按钮，可设置工资分钱清单的票面组合。

4. 期末处理

期末处理具体又分为月末结转和年末结转。

图 5.37 工资分钱清单

月末结转在会计年度的 1 月至 11 月进行，是将当月数据经过处理后结转至下月。每月工资数据处理完毕后均可进行月末结转。由于在工资项目中，有的项目是变动的，即每月的数据均不相同，在每月工资处理时，均需将其数据清为 0，而后输入当月的数据，此类项目即为清零项目。

在用友 T3 业务处理窗口，依次单击菜单"工资"→"业务处理"→"月末处理"，进入月末处理向导，依据系统提示，即可顺利完成月末处理工作。

应注意的是，若处理多个工资类别，则应打开不同的工资类别，分别进行月末结算；若本月工资数据未汇总，系统将不允许进行月末结转；进行期末处理后，当月数据将不再允许变动。月末处理功能只有主管人员有权操作。

本 章 小 结

工资管理和总账等子系统共享部门设置、人员档案的信息，而本系统有关工资费用相关的记账凭证则要传递到总账子系统中。企业在正式使用本系统处理日常业务前，需要建立工资业务处理"环境"，内容包括建立工资类别、基础设置、人员档案处理、工资项目设置、工资费用分摊设置等。工资日常业务包括工资数据处理、工资表输出、工资费用分摊、委托银行代发工资的相关业务，以及个人所得税代扣代缴业务等。本章难点集中在系统工资项目与具体工资类别"工资项目"的区别和联系、工资费用分摊设置、工资费用凭证的生成等环节。

业务实训 5　工资管理

一、建立工资账套参数与基础设置

1. 账套参数设置

洛阳利达材料公司账套所需处理的工资类别个数：多个；币别名称：人民币。

是否从工资代扣个人所得税：是。

扣零：是；扣零至角：是。

人员编码长度：7。

2. 建立工资类别

类别1：正式职工；部门选择，所有部门；选定下级部门，否。

类别2：临时合同工；部门选择，所有部门；选定下级部门，否。

3. 人员附加信息设置

增加人员附加信息：性别、民族、学历、出生年月、技术职称。

4. 人员类别设置

增加人员类别：管理人员、生产工人、其他人员。

5. 代发银行设置

银行名称：工商银行洛阳分行；账号定长：是；账号长度：11。

二、人员档案设置

1. 正式职工档案

洛阳利达材料公司正式职工档案见表5-1。

表5-1　洛阳利达材料公司正式职工一览表

职工编号	姓名	部门编码	部门名称	人员类别	计税	银行名称	银行账号
1010101	赵颖	10101	生产一车间	管理人员	是	工商银行洛阳分行	10001010101
1010102	黄容	10101	生产一车间	生产工人	是	工商银行洛阳分行	10001010102
1010103	李兵	10101	生产一车间	生产工人	是	工商银行洛阳分行	10001010103
1010201	李红	10102	生产二车间	管理人员	是	工商银行洛阳分行	10001010201
1010202	张卫国	10102	生产二车间	生产工人	是	工商银行洛阳分行	10001010202
1010301	赵则名	10103	生产三车间	管理人员	是	工商银行洛阳分行	10001010301
1010302	梁文书	10103	生产三车间	生产工人	是	工商银行洛阳分行	10001010302
1010303	张丙杰	10103	生产三车间	生产工人	是	工商银行洛阳分行	10001010303
1010304	王科	10103	生产三车间	生产工人	是	工商银行洛阳分行	10001010304
1010401	杨阳	10104	机修车间	管理人员	是	工商银行洛阳分行	10001010401
1010501	何涛	10105	科研技术部	管理人员	是	工商银行洛阳分行	10001010501

续表

职工编号	姓名	部门编码	部门名称	人员类别	计税	银行名称	银行账号
1010601	朱五强	10106	生产经营部	管理人员	是	工商银行洛阳分行	10001010601
1010701	李其后	10107	基本建设部	管理人员	是	工商银行洛阳分行	10001010701
1010702	李秀荣	10107	基本建设部	管理人员	是	工商银行洛阳分行	10001010702
1010703	刘英杰	10107	基本建设部	管理人员	是	工商银行洛阳分行	10001010703
1010704	周立均	10107	基本建设部	管理人员	是	工商银行洛阳分行	10001010704
1020101	彰化	10201	销售部	管理人员	是	工商银行洛阳分行	10001020101
1020102	郭东风	10201	销售部	管理人员	是	工商银行洛阳分行	10001020102
1020201	王琦	10202	设备管理部	管理人员	是	工商银行洛阳分行	10001020201
1020202	张大海	10202	设备管理部	管理人员	是	工商银行洛阳分行	10001020202
1020301	张刚	10203	公司总务部	管理人员	是	工商银行洛阳分行	10001020301
1020401	郭飞	10204	材料物资部	管理人员	是	工商银行洛阳分行	10001020401
1020502	李明	10205	职工教育部	管理人员	是	工商银行洛阳分行	10001020502
1020601	李伟	10206	财务部	管理人员	是	工商银行洛阳分行	10001020601
1020602	张启	10206	财务部	管理人员	是	工商银行洛阳分行	10001020602
1020603	宗玲	10206	财务部	管理人员	是	工商银行洛阳分行	10001020603
1020701	黄氏普	10207	后勤服务部	管理人员	是	工商银行洛阳分行	10001020701
1020801	宫成玮	10208	人力资源部	管理人员	是	工商银行洛阳分行	10001020801

2. 临时合同工档案

洛阳利达材料公司临时合同工档案见表5-2。

表5-2 洛阳利达材料公司临时合同工一览表

职工编号	姓名	部门编码	部门名称	人员类别	计税	银行名称	银行账号
1020103	郭向阳	10201	销售部	其他人员	是	工商银行洛阳分行	20001020103
1020203	王登封	10202	设备管理部	其他人员	是	工商银行洛阳分行	20001020203
1020702	王美	10207	后勤服务部	其他人员	是	工商银行洛阳分行	20001020702
1020703	姚进	10207	后勤服务部	其他人员	是	工商银行洛阳分行	20001020703

三、工资项目设置

1. 系统工资项目

洛阳利达材料公司系统工资项目见表5-3。

表 5-3 洛阳利达材料公司系统工资项目设置一览表

序号	工资项目	类型	长度	小数	增减项	序号	工资项目	类型	长度	小数	增减项
1	基本工资	数字	8	2	增项	11	住房公积	数字	8	2	减项
2	岗位工资	数字	8	2	增项	12	失业保险	数字	8	2	减项
3	奖金	数字	8	2	增项	13	事假扣款	数字	8	2	减项
4	业务津贴	数字	8	2	增项	14	事假天数	数字	8	2	其他
5	交通补贴	数字	8	2	增项	15	本月扣零	数字	8	2	其他
6	加班工资	数字	8	2	增项	16	其他扣款	数字	8	2	减项
7	加班天数	数字	8	2	其他	17	应税工资	数字	8	2	其他
8	特殊补助	数字	8	2	增项	18	代扣税	数字	8	2	减项
9	上月扣零	数字	8	2	其他	19	扣款合计	数字	10	2	减项
10	应发合计	数字	10	2	增项	20	实发合计	数字	10	2	增项

2. 正式职工工资项目与计算公式

工资项目:

基本工资、岗位工资、奖金、业务津贴、交通补贴、加班工资、加班天数、上月扣零、应发合计、住房公积、失业保险、事假扣款、事假天数、本月扣零、应税工资、代扣税、扣款合计、实发合计。

计算公式:

$$加班工资＝加班天数×(基本工资＋岗位工资)/30$$
$$事假扣款＝事假天数×(基本工资＋岗位工资)/30$$
$$应税工资＝应发合计－住房公积－失业保险$$

注意事项:在公式设置窗口,公式的排列有顺序要求,需要先计算的项目在上,后计算的在下。本实例先后顺序依次为加班工资、应发合计、应税工资、事假扣款、扣款合计、实发合计。

3. 临时合同工工资项目

工资项目:

基本工资、奖金、特殊补助、上月扣零、应发合计、代扣税、其他扣款、本月扣零、扣款合计、实发合计。

四、工资数据录入

1. 正式职工

洛阳利达材料公司正式职工当月工资数据见表 5-4。

表 5-4 洛阳利达材料公司正式职工当月工资数据一览表

姓名	基本工资	岗位津贴	奖金	业务津贴	交通补贴	加班天数	住房公积	失业保险	事假天数
赵颖	2 500	1 000	1 800	300	100	3	100	35	0
黄容	2 000	800	2 300	200	0	0	100	28	0

续表

姓名	基本工资	岗位津贴	奖金	业务津贴	交通补贴	加班天数	住房公积	失业保险	事假天数
李兵	1 800	800	200	200	0	5	100	26	0
李红	2 500	1 500	1 500	500	100	0	100	40	0
张卫国	2 000	1 000	2 800	300	0	3	100	30	0
赵则名	2 600	1 800	1 700	500	100	0	100	44	0
梁文书	1 600	1 000	2 800	300	0	0	100	26	0
张丙杰	2 000	1 800	2 000	300	0	0	100	38	0
王科	2 200	1 900	1 000	300	0	0	100	41	0
扬阳	2 600	1 600	200	300	100	0	100	42	0
何涛	2 600	1 800	1 600	300	100	0	100	44	0
朱五强	2 000	1 800	2 100	300	100	0	100	38	0
李其后	2 600	2 200	1 500	300	100	0	100	48	0
李秀荣	2 800	2 000	2 000	300	100	0	100	48	0
刘英杰	1 500	1 500	2 900	300	0	0	100	30	0
周立均	1 800	1 600	2 800	300	100	0	100	34	0
彰化	2 300	1 800	2 000	300	100	0	100	41	0
郭东风	2 000	1 600	2 000	300	0	0	100	36	0
王琦	2 600	2 000	1 600	300	100	0	100	46	0
张大海	1 600	1 600	2 000	300	100	0	100	32	0
张刚	1 300	1 600	2 500	300	0	0	100	29	0
郭飞	2 400	2 000	1 600	300	100	0	100	44	0
李明	2 800	2 000	1 600	300	0	0	100	48	0
李伟	2 600	2 000	1 000	300	0	0	100	46	0
张启	1 500	1 600	2 000	0	0	0	100	31	3
宗玲	1 600	1 600	2 000	0	0	0	100	32	0
黄氏普	2 300	1 600	1 800	300	100	0	100	39	0
宫成玮	2 700	2 000	2 000	300	100	0	100	47	0

2. 临时合同工

洛阳利达材料公司临时合同工当月工资数据见表5-5。

表 5-5　洛阳利达材料公司临时合同工当月工资数据一览表

姓名	基本工资	奖金	特殊补贴	其他扣款
郭向阳	2 300	1 500	500	0
王登封	2 500	1 300	500	0
王美	2 000	800	500	0
姚进	1 500	1 000	500	0

五、工资分摊设置（定义工资分摊转账凭证）

1. 正式职工

(1) 工资费用。计提类型名称：工资费用；计提比例：100%。

(2) 计提福利费。计提类型名称：计提福利费；计提比例：14%。

工资费用、计提福利费的分摊构成相同；工资费用分摊对应记账凭证的借、贷方科目（表 5-6）；计提福利费对应记账凭证借方科目和工资费用相同，而贷方科目应为"221102（应付职工薪酬—应付福利费）"。

表 5-6　洛阳利达材料公司工资费用、计提福利费分摊构成设置

部门	人员类别	项目	借方科目	贷方科目
生产一车间	生产工人	应发合计	50010101	221101
生产二车间	生产工人	应发合计	50010102	221101
生产三车间	生产工人	应发合计	50010103	221101
生产一车间、二车间、三车间	管理人员	应发合计	510101	221101
机修车间	管理人员	应发合计	500102	221101
科研技术部、生产经营部、销售部、设备管理部、公司总部、材料物资部、职工教育部、财务部、后勤服务部、人力资源部	管理人员	应发合计	660201	221101
基本建设部	管理人员	应发合计	160404	221101

2. 临时合同工

计提类型名称：工资费用；计提比例：100%。

临时合同工的工资费用全部记入"管理费用"科目，贷方科目为应付职工薪酬—应付工资（5-7）。

表 5-7　临时合同工的工资费用记入一览表

部门	人员类别	项目	借方科目	贷方科目
销售部、设备管理部、后勤服务部	其他人员	应发合计	660201	221101

六、扣缴所得税设置

1. 正式职工所得项目：工资；对应工资项目：应税工资。扣除基数：3 500 元；附加费用：0。

2. 临时合同工所得项目：工资；对应工资项目：应发合计。扣除基数：3 500元；附加费用：0。

七、当月工资分摊（生成记账凭证）

1. 正式职工中，选择基本建设部记账凭证

（1）生成基本建设部正式职工工资费用分摊凭证。

计提分摊方式：分配到个人；明细到工资项目：是。合并科目相同，辅助项相同分录：是。

生成凭证后，保存凭证以前，在凭证中的"在建工程"科目，分别添加"新分厂"项目（李其后和李秀荣的工资费用）、"职工体育场"项目（周立均的工资费用）、"科技大楼"项目（刘英杰的工资费用）。

（2）生成基本建设部正式职工计提福利费费用分摊凭证。

计提分摊方式：分配到个人；明细到工资项目：是。合并科目相同，辅助项相同分录：是。

生成凭证后，保存凭证以前，在凭证中的"在建工程——人工费用"科目，分别添加"新分厂"项目（李其后和李秀荣的福利费费用）、"职工体育场"项目（周立均的福利费费用）、"科技大楼"项目（刘英杰的福利费费用）。

2. 正式职工中，基本建设部以外的其他部门记账凭证

（1）生成基本建设部以外的其他部门工资费用分摊凭证。

计提分摊方式：分配到个人；明细到工资项目：是。合并科目相同，辅助项相同分录：是。

生成凭证后，保存凭证以前，分别在凭证中的"生产成本——基本生产"下A、B、C产品科目，添加"直接工资"项目。

（2）生成基本建设部以外的其他部门福利费费用分摊凭证。

计提分摊方式：分配到个人；明细到工资项目：是。合并科目相同，辅助项相同分录：是。

生成凭证后，保存凭证以前，分别在凭证中的"生产成本——基本生产"下A、B、C产品科目，添加"直接工资"项目。

3. 临时合同工。选择所有部门分摊工资费用，保存记账凭证。

八、其他业务

1. 查询个人所得税扣缴申报表
2. 查询银行代发文件
3. 查询工资分钱清单
4. 查询工资发放签名表
5. 查询记账凭证

常见问题

1. 完成工资项目设置，单击"确定"退出时，系统提示"非法的工资项目"

原因是退出窗口前，设置工资项目的最后一行为空，将该空行删除后即可正常退出。

2. 生成工资费用分摊凭证时，选择完核算部门进入"工资费用一览表"窗口后，借方科目、贷方科目为空，无法生成记账凭证

原因是在"选择核算部门"窗口，仅对核算部门、分配到部门或分配到个人进行了选择，而没有选择"明细到工资项目"选项，加上这一选项即可。

3. 查询个人所得税扣缴申报表时，窗口无任何记录

若前面业务数据处理无异常，仅这一窗口无记录，则是工资项目计算公式排列顺序错误，造成应税工资为负值。按实训中工资项目设置的注意事项提示，重新排列项目计算公式的顺序，然后进入"工资变动"窗口，重新"计算"工资即可。

思考题

（1）生成记账凭证的合计金额错误时，可能由哪些错误操作造成？
（2）"工资分钱清单"有什么作用？
（3）业务实训中，工资记入各个费用会计科目依据的标准是什么？

第 6 章 固定资产管理

教学目标

通过本章的学习，了解固定资产子系统启用前需要的准备工作、本系统和用友 T3 中其他子系统之间的关系、固定资产子系统的主要功能，以及本系统关于固定资产折旧的处理原则；熟悉固定资产子系统初始设置的基本程序、内容和方法；掌握固定资产卡片管理、固定资产增加、减少和价值变更业务处理、固定资产折旧处理，以及相关记账凭证处理的操作方法。

固定资产子系统用于企事业单位进行固定资产核算和管理，企业财务部门利用这一子系统可进行固定资产原值、累计折旧数据的动态管理，进行部分成本核算，并为设备管理部门提供固定资产的各项指标管理工作。

6.1 固定资产应用基础

固定资产子系统日常业务核算和管理，包括处理固定资产卡片，按月反映固定资产的增加、减少、原值变化及其他变动情况，以及按月自动计提折旧，生成折旧费用分配凭证，完成相关的固定资产管理报表和账簿输出。

6.1.1 固定资产子系统概述

固定资产子系统操作的主要内容包括系统初始设置、固定资产卡片管理、计提折旧业务处理、账表查询及月末处理等。它与系统管理、总账等系统具有较强的相关性。固定资产子系统与系统管理共享基础数据。固定资产子系统中固定资产的增加、减少以及原值和累计折旧的调整、折旧计提等业务的有关数据，以记账凭证的形式传输到总账系统，可通过对账确保固定资产与总账的相关数据保持平衡。固定资产子系统为成本核算系统提供有关计提折旧费用的数据，为决策支持系统、账表查询系统提供相应数据支持。

1. 固定资产折旧处理原则

固定资产子系统采用严格的序时管理，如果以前使用某一具体日期登录系统对其进行编辑操作，那么只能以该日期或以后的日期登录才能再次进行业务处理。对资产的任何操作都是序时的，如欲无痕迹删除一张卡片，必须按与制作时相反的顺序，即应先删除与该卡片相关的所有变动单和评估单。

各种业务变动后折旧计算和分配汇总原则如下。

（1）与折旧计算有关的变动业务与会计制度的规定一致。

（2）本系统处理与折旧计算有关的变动业务后，加速折旧法在业务变动生效的当期以净值作为计提原值，以剩余使用年限为计提年限计算折旧；直线法以原公式计算（公式中已考虑了价值变动和年限调整）。

（3）固定资产原值调整、累计折旧调整、净残值（率）调整下月有效。

（4）折旧方法调整、使用年限调整、工作总量调整时，当月按调整后的值计算折旧。使用状况调整时，当月按调整前的数据判断是否计提折旧，即使用状况调整下月有效。

（5）固定资产在企业内部部门间转移和类别调整，当月计提的折旧分配到变动后新增加的部门和类别。

（6）本系统对各种变动业务的折旧计算仅适用于当期及以后各期的业务，不调整以前的累计折旧，采用追溯适用法的企业只能手工调整累计折旧。

（7）当在账套"选项"中，选择"当月初使用月份＝使用年限＊12－1时是否将折旧提足"时，除工作量法外，本月月折旧额＝净值－净残值，计算结果禁止手工修改；如果不选此项，该月尚未提足，可手工修改折旧额，但如以后各月按照公式计算的月折旧率或月折旧额是负数时，认为公式无效，令月折旧率＝0，月折旧额＝净值－净残值。

2. 固定资产子系统启用前的准备工作

企业在使用本系统前需要整理固定资产管理和核算的手工资料，以便使用系统时将这些资料输入系统，保持管理和核算的连续性。应用准备主要包括以下内容。

（1）固定资产卡片项目整理。系统提供有多数企业通用的卡片格式，其中，卡片上有的为必选项目，有的属可选项目。当卡片中的默认项目不能满足管理需要时，企业可自行定义固定资产卡片。所以，企业应事先整理出适合本单位需求的卡片项目，以便定义卡片样式时使用。

（2）固定资产卡片样式整理。系统提供的固定资产卡片样式有行政事业类、土地房屋类、通信设备类、运输设备类和机械设备类样式。企业可整理出需要的其他样式，以便在卡片样式定义时使用。

（3）折旧方法整理。系统给出了最常用的折旧方法，包括不提折旧、平均年限法（两种计算公式）、工作量法、双倍余额递减法和年数总和法。企业可整理出折旧方法的名称和计算公式，以便在折旧方法定义时使用。

（4）固定资产类别整理。固定资产一般要按类别管理，整理出本单位固定资产的分类数据，包括编码、名称、净残值率、使用年限、计量单位、折旧方法等属性，以便在使用本系统时进行资产类别设置。

（5）建账期初数据整理。整理企业所有固定资产截至系统建账月份，以及月初的固定资产数据，以便将这些资料（主要是卡片及附属资料）录入系统，保持管理和核算的连续性、一致性。

（6）报表整理。整理常用的固定资产账簿和报表，以及系统默认的报表种类及格式对照分析，当系统提供的报表不能满足企业的需要时，可通过报表自定义等方式进行处理。

（7）其他信息整理。系统中涉及的其他设置包括固定资产使用状况、增减方式、部门对应折旧科目等。当系统默认设置的内容不能满足需要时，就应依据整理出的内容，在系统初始化中进行相应的设置。

这些准备工作是使用固定资产子系统进行资产管理和核算的基础，资料准备的好坏将直接影响到本系统的合理使用。

固定资产子系统的操作流程为账套参数设置→系统初始设置→录入固定资产期初卡片→固定资产卡片增加、变动业务、账表查询→折旧业务→固定资产减少业务→期末业务。

6.1.2 固定资产子系统账套参数设置

固定资产子系统账套参数设置是根据企业具体情况，建立一个适合本单位需要的固定资产管理的过程。内容主要包括开始使用期间设置、折旧设置、类别和固定资产编码方式设置、对账设置、不可修改的选项、可修改选项。账套参数设置可以在第一次启动系统时通过向导完成，也可在系统启动后通过系统菜单中"选项"功能实现。

第一次使用固定资产子系统打开账套时（指在系统管理中已建立的账套），系统自动提示进行账套参数设置。

【操作步骤】

（1）在用友 T3 业务处理窗口，单击菜单"固定资产"，登录固定资产子系统，弹出系统提示对话框（图 6.1）。

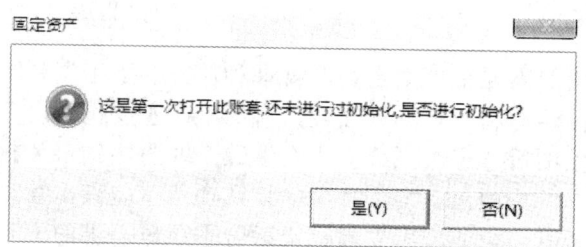

图 6.1 固定资产子系统账套参数设置提示

（2）单击"是"按钮，系统启用约定及说明（图 6.2）。

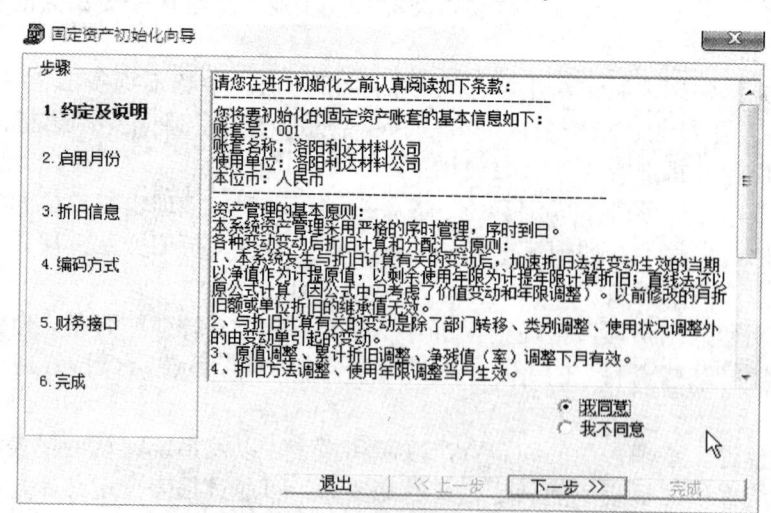

图 6.2 固定资产系统启用约定及说明

账套参数设置向导——"约定及说明",介绍固定资产管理原则;选中"我同意"单选按钮,单击"下一步"按钮,进入向导二——"启用月份"设置(图 6.3)。

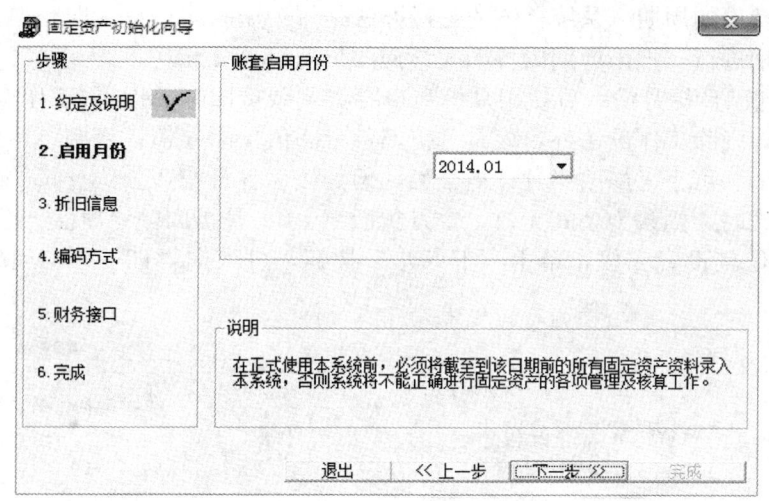

图 6.3 "启用月份"设置对话框

(3) 在已启动"固定资产"情况下,无须进行启用月份设置,直接单击"下一步"按钮,进入向导三——"折旧信息"设置(图 6.4)。

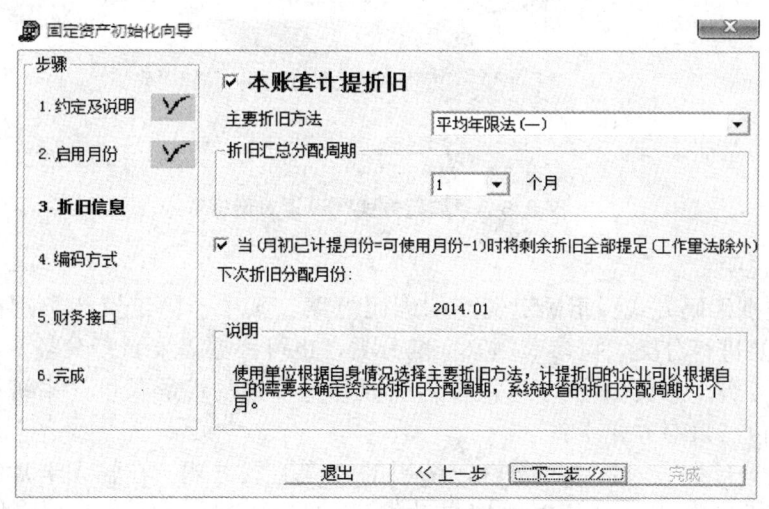

图 6.4 "折旧信息"设置对话框

(4) 在"折旧信息"设置对话框,根据企业的具体情况进行相关内容设置。
窗口项目说明:
① 本账套计提折旧:如果选用企业单位应用方案,则根据制度规定固定资产需要计提折旧,请在该复选框内打钩。反之,对于按照制度规定所有固定资产不计提折旧的单位,则该复选框内不打钩,表示本账套不提折旧。
② 主要折旧方法:应选择本账套常用的折旧方法,以便简化资产类别中的相关设置。
③ 折旧汇总分配周期:实际计提折旧时,不一定所有的企业都是每个月计提一次,

有的企业可能因行业和自身情况的不同，每季度计提一次、半年或一年计提一次，同时折旧费用的归集也按照这样的周期进行。所以，企业可根据具体情况确定计提折旧和将折旧归集入成本和费用的周期。系统具体的处理办法是每个期间均计提折旧，但折旧的汇总分配按设定的周期进行，把该周期内各期间计提的折旧汇总分配。

④ 当(月初已计提月份＝可使用月份－1)时将剩余折旧全部提足(工作量法除外)：选中此复选框时，则除工作量法外，该月折旧额＝净值－净残值；否则，遇到这种情况时该月不提足折旧。可手工修改当月计提金额，但如以后各月按照公式计算的月折旧率或月折旧额出现负数时，则认为公式无效，令月折旧率＝0，月折旧额＝净值－净残值。

(5) 折旧信息设置完成，单击"下一步"按钮，进入向导四——"编码方式"设置(图6.5)。

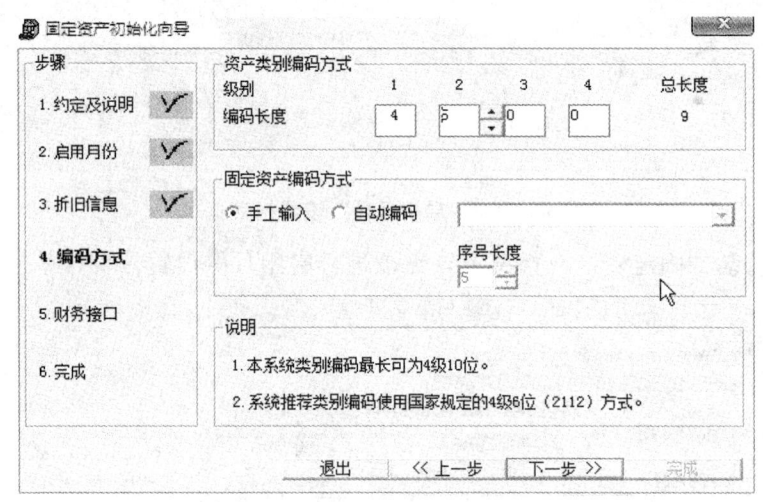

图6.5 "编码方式"设置对话框

窗口项目说明：

① 资产类别编码方式：指固定资产的编码方案，其中，固定资产类别由单位根据管理和核算的需要进行分类，可参照国家标准分类，也可根据需要自行分类。本系统类别编码最多可设置4级、总长10位，可以设定级数和每一级的编码长度。系统推荐采用国家规定的4级6位(2112)方式。

② 固定资产编码方式：指固定资产编码的具体生成方式。在输入卡片时固定资产的具体编码可以手工输入，也可以选用自动编码的形式自动生成，企业应根据管理需要选择。

如果选中"自动编码"单选按钮，可单击下拉列表框，从中选择编号生成依据。自动编码中序号的长度可自由设定为1～5位。自动编码的优点在于简化卡片输入，便于资产管理。

(6) 编码方式设置完成后，单击"下一步"按钮，进入向导五——"账务接口"设置(图6.6)。

窗口项目说明：

① 与账务系统进行对账：选中此复选框，表示要求本系统与总账系统对账，对账的

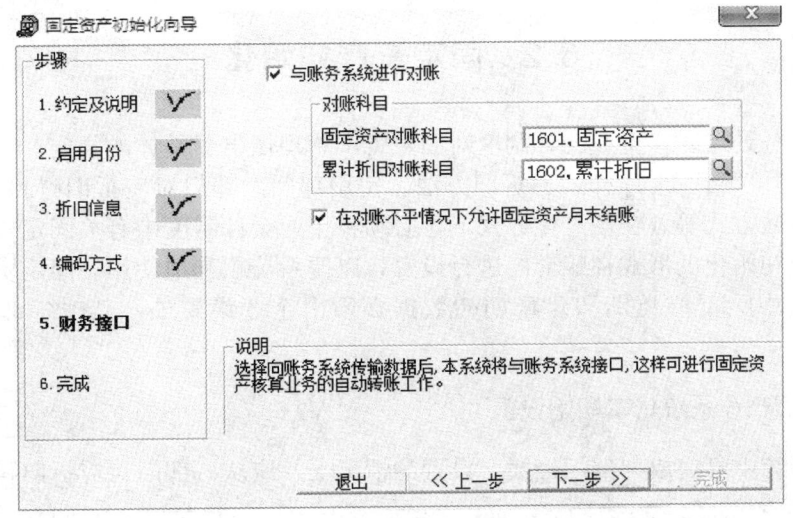

图 6.6 "账务接口"设置对话框

含义是将固定资产系统内所有资产的原值、累计折旧和账务系统中的"固定资产"科目和"累计折旧"科目的余额核对,以验证是否达到账账相符。

② 固定资产对账科目:因固定资产系统提供对账的数据是系统内全部资产的原值,所以选择的对账科目应是账务系统内固定资产的一级科目。同理,因固定资产系统提供要对账的数据是系统内全部资产的累计折旧,所以,选择的对账科目应是账务系统内累计折旧的一级科目。

③ 在对账不平情况下允许固定资产月末结账:本系统在月末结账前自动执行"对账"功能一次(存在相对应的账务账套的情况下),给出对账结果,如发现不平,说明两系统出现偏差,应予以调整。但是,偏差并不一定是由错误引起的,有可能是操作的时间差异(在账套刚开始使用时比较普遍,如第一个月原始卡片没有录入完毕等)造成的,因此,给出判断是否"对账不平允许月末结账",如果希望严格控制系统间的平衡,并且能做到两个系统录入的数据没有时间差异,则可在该判断的复选框内打钩。

(7) 设置完成,单击"下一步"按钮,进入设置完成提示对话框。在该对话框给出账套参数设置情况提示,如果正确无误,单击"完成"按钮,系统弹出提示对话框(图 6.7)。

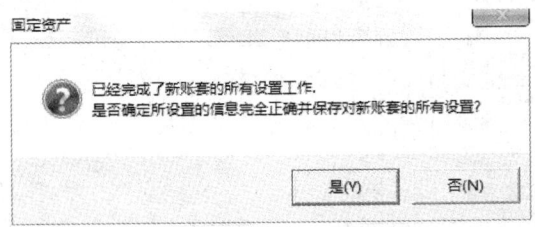

图 6.7 固定资产系统参数设置完成提示对话框

6.2 固定资产初始化

在手工业务处理时，企业会计制度对固定资产管理做出了具体的规定，其具体内容涉及固定资产卡片项目、卡片样式、折旧方法、使用部门、部门对应折旧科目、资产类别、使用状况和增减方式等。在信息化方式下，必须将企业会计制度中有关固定资产管理的要求，通过系统初始化的形式在账套内进行设置，以便系统顺利地使用。固定资产子系统的各项基础设置中除资产类别和建账期初数据必须由企业设置外，其他各部分都有默认设置。

6.2.1 固定资产子系统基本初始设置

在总账系统中已完成"部门档案"设置的情况下，应从"部门对应折旧科目"开始初始设置。

1. 部门对应折旧科目设置

计提固定资产折旧，作为费用必须把折旧费用归入相应的成本或费用，不同企业具体的处理方式不同，有的按部门归集，有的按类别归集。当按部门归集折旧费用时，一般情况下，某一部门内的固定资产折旧费用将归集到一个比较固定的科目，所以，部门折旧科目的设置就是给特定部门选择一个折旧费用入账科目，录入卡片时，该科目自动默认，在卡片中不必逐一输入，然后在生成部门折旧分配表时每一部门内按折旧科目汇总，生成记账凭证。

【操作步骤】

（1）在用友 T3 业务处理窗口，依次单击菜单"固定资产"→"设置"→"部门对应折旧科目"，系统弹出部门对应折旧科目设置窗口（图 6.8）。在该窗口进行具体设置操作。

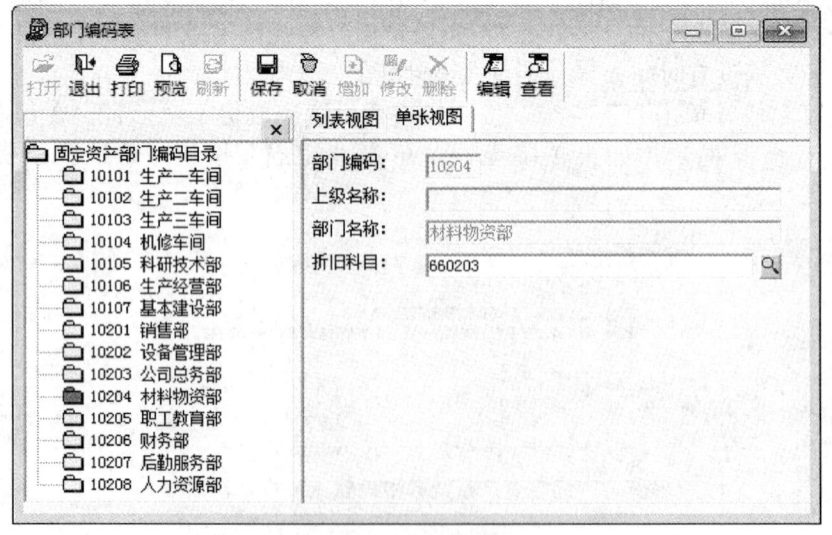

图 6.8　部门对应折旧科目设置窗口

(2) 在窗口左侧部门列表或部门目录中选择要设置或修改科目的部门,如生产一车间。

(3) 单击工具栏"修改"按钮,窗口右侧视图将由"列表视图"切换到"单张视图"。

(4) 在"单张视图"的"折旧科目"文本框内,输入该部门折旧费用记入的科目编码或名称,如本书案例中应输入"制造费用——折旧费用"或"510102"。

(5) 单击"保存"按钮,存储处理结果。

2. 固定资产类别设置

固定资产的种类繁多,规格不一,为了强化固定资产管理,及时准确地进行固定资产核算,必须对固定资产科学分类。企业可根据自身的特点和管理要求确定合理的分类方法。如原来对资产没有明确分类,可参考国家颁布的《固定资产分类与代码》设置本企业固定资产的类别。

【操作步骤】

(1) 在用友 T3 业务处理窗口,依次单击菜单"固定资产"→"设置"→"资产类别",系统弹出固定资产类别设置窗口。首次进入时,窗口左侧"资产分类编码表"中无其他信息,窗口右侧有"列表视图"、"单张视图"两个页面视图。

(2) 在此单击"增加"按钮,切换到"单张视图"页面(图 6.9)。

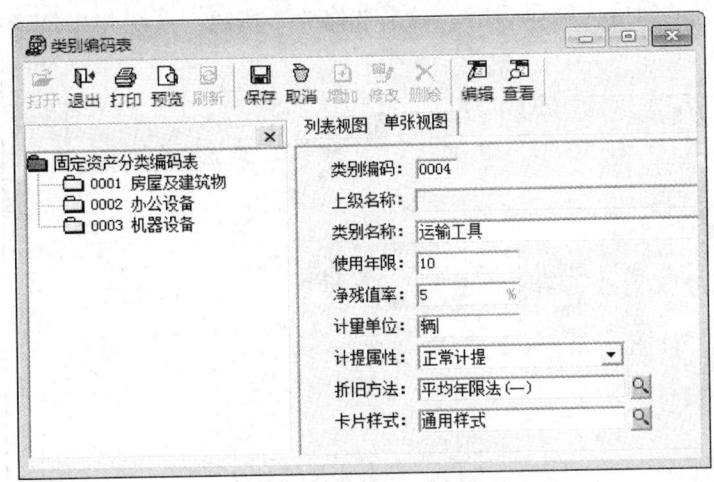

图 6.9 固定资产类别信息输入窗口

窗口栏目说明:

① 类别编码:由上级类别的编码和输入的本级编码共同组成。

② 上级名称:当新增类别为非一级类别时,应输入上级类别名称。

③ 类别名称:该固定资产类别的名称,同级资产类别不可同名。

④ 使用年限:该固定资产类别的使用年限。

⑤ 净残值率:该固定资产类别的净残值率。

⑥ 计量单位:该固定资产类别的计量单位。

⑦ 计提属性:是系统自动计提折旧时计提的基本原则,可以参照输入。

⑧ 折旧方法:该类别常用的折旧方法。

⑨ 卡片样式：从卡片样式目录中选择该固定资产类别对应的卡片样式，默认为"通用样式"，可修改。

(3) 在"单张视图"页面，依次输入固定资产类别数据。

(4) 一个类别数据输入完毕，单击"保存"按钮。

3. 固定资产增减方式设置

资产增加或减少方式设置，用以确定固定资产计价和处理的原则，对固定资产实施更为有效的管理。固定资产增加的方式主要有直接购买、投资者投入、捐赠、盘盈、在建工程转入、融资租入。固定资产减少的方式主要有出售、盘亏、投资转出、捐赠转出、报废、毁损、融资租出等。

系统默认的固定资产增减方式，可满足多数企业的需要。当系统默认的增减方式不需要修改时，则增加方式设置，主要是定义各种增加方式对应的入账会计科目。设置对应入账科目是为了便于生成记账凭证，例如，以购入方式增加资产时该科目可设置为"银行存款——中行存款"，投资者投入时入账科目可设置为"实收资本"，该科目金额默认在贷方；固定资产减少时，入账科目可设置为"固定资产清理"，该科目金额默认在借方。

在用友 T3 业务处理窗口，依次单击菜单"固定资产"→"设置"→"增减方式"，系统弹出"增减方式"设置窗口。在此窗口，即可完成增减方式及对应入账科目设置。如，设置特定资产类别的对应入账科目时，单击"修改"按钮，系统弹出资产类别对应入账科目设置窗口(图 6.10)。

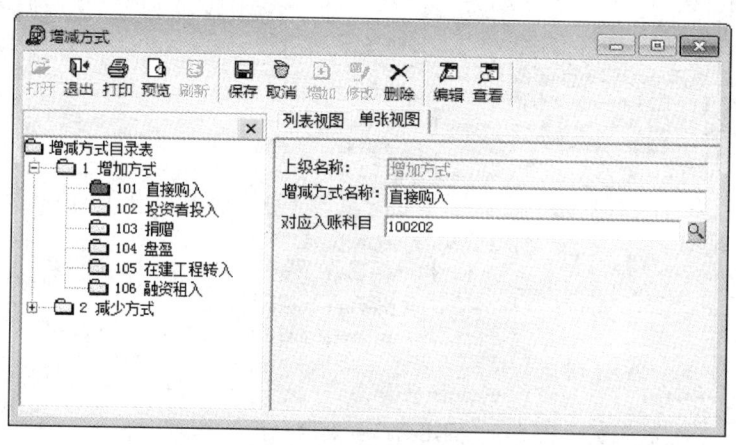

图 6.10 资产类别对应入账科目设置窗口

对应信息录入后，单击"保存"按钮，保存设置结果。

4. 使用状况设置

设置固定资产的使用状况，一方面，可以正确地计算和计提折旧；另一方面，便于统计固定资产的使用情况，提高利用效率。系统默认的使用状况分为两级，第一级类别包含使用中、不需用和未使用3项。其中，"使用中"项目又包括在用、季节性停用、经营性出租、大修理停用四个二级项目。单击视图中左侧窗口中各一级项目前的"+"号，即可看到其下属的二级项目。系统默认的使用状况不可修改或删除，企业可以在此基础上定义新的使用状况。

在用友 T3 业务处理窗口，依次单击菜单"固定资产"→"设置"→"使用状况"，系统弹出固定资产使用状况设置窗口(图 6.11)。在此窗口可完成必要的使用状况设置操作。

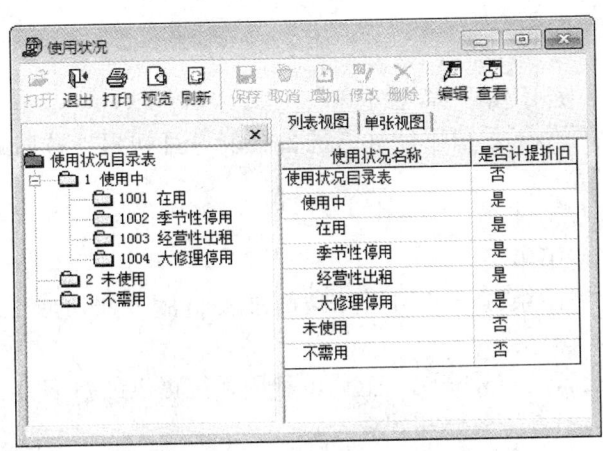

图 6.11 固定资产使用状况设置窗口

在使用状况目录表中选择使用状况，单击"增加"按钮，显示该类别"单张视图"；然后在编辑区输入上级名称、使用状况名称；接着根据使用状况和企业实际情况判断该资产"是否计提折旧"；最后单击"保存"按钮，存储设置结果。

从使用状况目录中选中要修改的使用状况，单击"修改"按钮，进行修改操作。修改某一使用状况的"是否计提折旧"的判断后，对折旧计算的影响从当期开始，不调整以前的折旧计算。

从使用状况目录中选中要删除的使用状况，单击"删除"按钮即可。已使用的使用状况类别不允许删除。

5. 折旧方法设置

折旧方法设置是系统自动计算折旧的基础。系统给出了常用的六种方法：不提折旧、平均年限法(一和二两种)、工作量法、年数总和法、双倍余额递减法，并列出了它们的折旧计算公式。这几种方法是系统设置的折旧方法，企业只能选用，不能删除和修改。

系统默认的折旧方法说明如下。

(1) 不提折旧。

月折旧率 $R=0$；

折旧额$=0$。

(2) 平均年限法(一)。

月折旧率 $R=(1-$净残值率$)/($使用年限$\times 12)$；

月折旧额$=($月初原值$-$月初累计减值准备金额$+$月初累计转回减值准备金额$)\times R$。

(3) 平均年限法(二)。

月折旧率 $R=(1-$净残值率$)/($使用年限$\times 12)$；

月折旧额$=($月初原值$-$月初累计减值准备金额$+$月初累计转回减值准备金额$-$月初累计折旧$-$月初净残值$)/($使用年限$\times 12-$已计提月份$)$。

(4) 工作量法。

单位折旧 R＝（月初原值－月初累计减值准备金额＋月初累计转回减值准备金额－月初累计折旧－月初净残值）/（工作总量－累计工作量）；

月折旧额＝本月工作量$\times R$。

(5) 年数总和法。

月折旧率 R＝剩余使用年限/（年数总和$\times 12$）；

月折旧额＝（月初原值－月初累计减值准备金额＋月初累计转回减值准备金额－净残值）$\times R$。

(6) 双倍余额递减法。

月折旧率 R＝2/（使用年限$\times 12$）；

月折旧额＝（期初账面余额－期初累计减值准备金额＋期初累计转回减值准备金额）$\times R$。

这几种方法若不能满足实际需要，企业可利用系统提供的折旧方法的自定义功能，设置适合本单位需要的折旧方法名称和计算公式。

在用友 T3 业务处理窗口，依次单击菜单"固定资产"→"设置"→"折旧方法"，系统弹出折旧方法设置窗口（图 6.12）。在此窗口可完成必要的折旧方法设置操作。

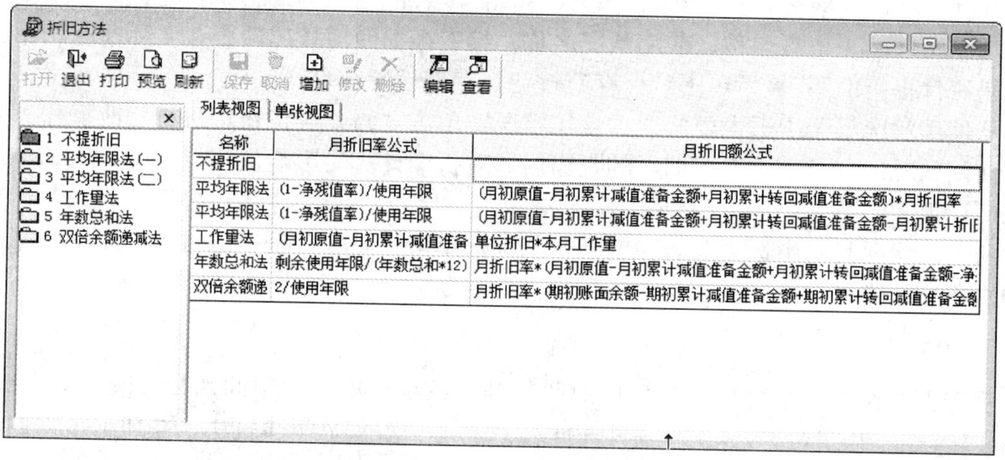

图 6.12 折旧方法设置窗口

单击"增加"按钮，进入折旧方法设置窗口，输入内容包括：折旧方法名称、月折旧率、月折旧额，可双击选择折旧项目，单击屏幕上方的"（＋ － ＊ /）"和数字键编辑月折旧率公式和月折旧额公式。单击"确定"按钮，保存设置结果。

当发现自定义的公式有误时，在折旧方法目录中选中要修改的折旧方法，单击"修改"按钮，即可进行修改。

如果一个自定义的折旧方法不再使用，同时固定资产又没有用该方法计提折旧的，可以删除。在折旧方法目录中选中要删除的折旧方法，单击"删除"按钮即可。

6. 选项设置

选项中包括在账套初始化中设置的参数和其他一些在账套运行中使用的参数。

在用友 T3 业务处理窗口，依次单击菜单"固定资产"→"设置"→"选项"，进入

"选项"设置窗口(图6.13)。选项中包括与财务系统接口、基本信息、折旧信息、其它4个标签。

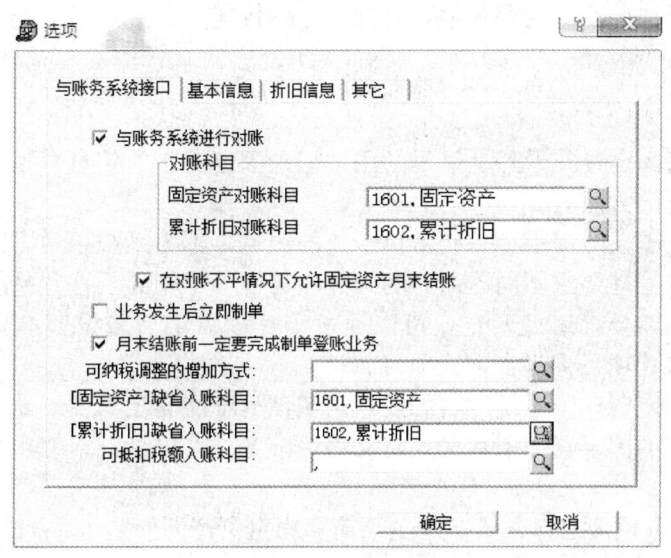

图6.13 选项设置

(1)"与账务系统接口"标签窗口项目说明。

① 与账务系统进行对账：可根据企业具体情况进行选择。

② 业务发生后立即制单：选中此复选框，业务发生后及时生成记账凭证；反之，可定期批量生成记账凭证。

③ 月末结账前一定要完成制单登账业务：业务发生后一般应生成记账凭证，但有的业务可能在其他系统已制作凭证，为避免重复制单，可不在此复选框内打勾。如若保证系统的严谨性，则在此复选框内打勾，表示一定要完成应制作的凭证，如有没有制作的凭证，本期间不允许结账。

④ 固定资产默认入账科目、累计折旧默认入账科目：固定资产系统制作记账凭证时，凭证中上述科目的默认值将由使用者的设置确定，当这些设置为空时，凭证中默认科目为空。

(2)"其它"标签窗口项目说明。

① 已发生资产减少卡片可删除时限：根据制度规定已清理的资产的资料应保留5年，所以默认为5年。可根据需要修改这个时限，系统按修改后的时限判断已清理资产的卡片和变动单能否删除。

② 自动连续增加卡片：选中此复选框，增加卡片保存后自动增加一张新的空白卡片。

③ 卡片关联图片：可以在固定资产卡片上联查由扫描仪或数码相机生成的资产图片，以便更具体、更直观的进行管理。

该标签的其他参数可参见本节前述的"编码方式"。

"基本信息"标签中所有内容在系统初始化设置后不能修改。

"折旧设置"标签参数选项，参见本节前面"折旧信息"的介绍。

6.2.2 固定资产卡片设置及期初余额录入

固定资产卡片初始设置的内容主要包括卡片项目定义、卡片样式定义和原始卡片录入及卡片管理等。

1. 固定资产卡片项目定义

卡片项目是指固定资产卡片上显示的用来记录固定资产的信息栏目，如原值、资产名称、使用年限、折旧方法等。

用友固定资产子系统提供了一些常用卡片的项目，称为系统项目。而实际工作中，不同企业对固定资产管理要求不同，需要的卡片项目也不尽相同，这些系统项目不一定能满足企业特殊管理的需要，对此，企业可以通过卡片项目定义来设置本单位需要的卡片项目。企业定义的卡片项目称为自定义项目。

企业在使用固定资产子系统时，如发现系统项目不能满足需要，就应增加相应的自定义项目，为下一步的固定资产卡片样式定义做好准备。可以说，卡片项目目录由系统项目和自定义项目组成。

在用友T3业务处理窗口，依次单击菜单"固定资产"→"卡片"→"卡片项目"，系统弹出"卡片项目定义"窗口（图6.14），在此窗口可完成固定资产卡片项目的增加、修改和删除等操作。

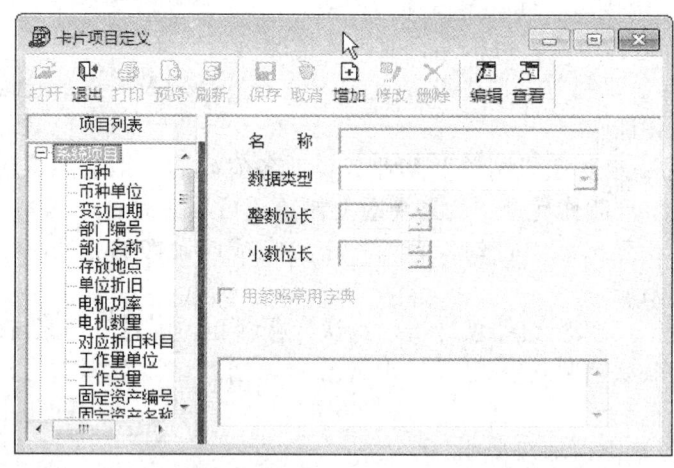

图6.14 "卡片项目定义"窗口

2. 固定资产卡片样式定义

固定资产卡片样式是指卡片的外观，包括其格式（是否有表格线、对齐形式、字体大小、字型等）、所包含的项目以及项目的布局。企业可依据各种固定资产管理的特点，利用系统提供的卡片样式定义功能，定义固定资产卡片样式。系统默认的卡片样式有通用卡片样式、土地房屋类卡片样式、机械设备类卡片样式和运输设备类卡片样式。因为卡片样式定义比较复杂，加之许多系统项目是卡片样式上的必选项目（否则无法正确计算折旧），因此，卡片样式定义一般在通用卡片样式的基础上进行。

在用友T3业务处理窗口，依次单击菜单"固定资产"→"卡片"→"卡片样式"，进入固定资产卡片样式定义窗口。在此窗口，可以对卡片样式进行定义、修改、删除操作。

通用卡片样式包括7个页面内容：①固定资产卡片页面，是固定资产的主卡，有关固定资产的主要信息均在该页显示；②附属设备页面，用来记录固定资产的附属设备信息；③大修理记录页面，用来记录固定资产的大修理信息；④资产转移记录页面，用来记录固定资产在单位内部各使用部门之间转移的信息；⑤停启用记录页面，用来记录固定资产的停用和启用信息；⑥原值变动页面，用来记录固定资产的价值变动信息；⑦减少信息页面，用来记录固定资产价值减少的信息。

【操作步骤】

(1) 在卡片通用样式预览界面选中一个卡片样式，单击"增加"按钮，输入卡片样式的名称。

(2) 定义以下几部分内容。

① 项目设置，是对卡片样式包含的项目进行设置，包括项目移入、项目移出、项目位置调整。

② 格式设置，是对卡片样式的行列进行设置，包括行高、列宽、均行或均列、插入行或列、删除行或列等。

③ 文字格式设置，是对卡片显示出的文字的字型、字体、格式、在单元格中位置等设置，包括字体设置、大小设置、字型设置、折行设置、文字位置设置。

④ 边框设置，是对样式上各单元格的边框进行的设置，主要包括边框类型设置、边框线线形设置。

分别调整各标签内表格行高、列宽、字体，方法同上。

(3) 单击"保存"按钮，完成该样式的定义。

注意事项：

① 卡片样式中"项目"和"对应折旧科目"同时存在。

② 如果修改一个使用过的样式，会影响已使用该样式录入的卡片。

③ 已使用(类别设置中已选用，或已使用该样式录入卡片)的样式不可删除。

3. 期初余额录入

为保持历史资料的连续性，在使用固定资产子系统进行核算前，除了上述的基础工作外，必须将建账日期以前的数据录入到系统中，即这里所说的原始卡片录入，实际上是指期初数据处理，日常增加固定资产卡片录入，应通过"资产增加"窗口处理。

【操作步骤】

(1) 在用友T3业务处理窗口，依次单击菜单"固定资产"→"卡片"→"录入原始卡片"，系统弹出"资产类别参照"对话框(图6.15)。

(2) 选择固定资产类别及查询方式后，单击"确定"按钮进入固定资产原始卡片录入窗口(图6.16)。在此窗口，可以完成数据录入操作。

固定资产卡片的类型多样，项目繁多，在此我们仅就其中最为核心的一些项目作以说明。

卡片编号由系统根据编码方案自动给出，不能修改，若删除某张卡片，而该张卡片又不是最后一张，系统将保留该卡片编号，并且不能再使用(会计制度规定删除的固定资产资料至少保存5年)。

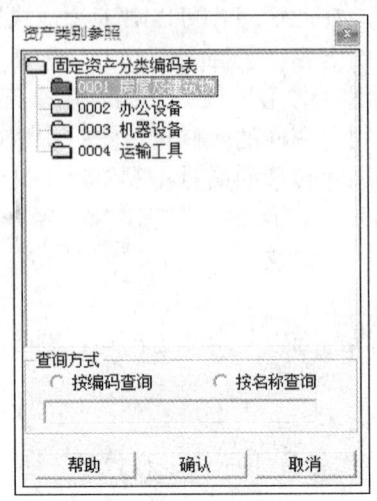

图 6.15 "资产类别参照"对话框

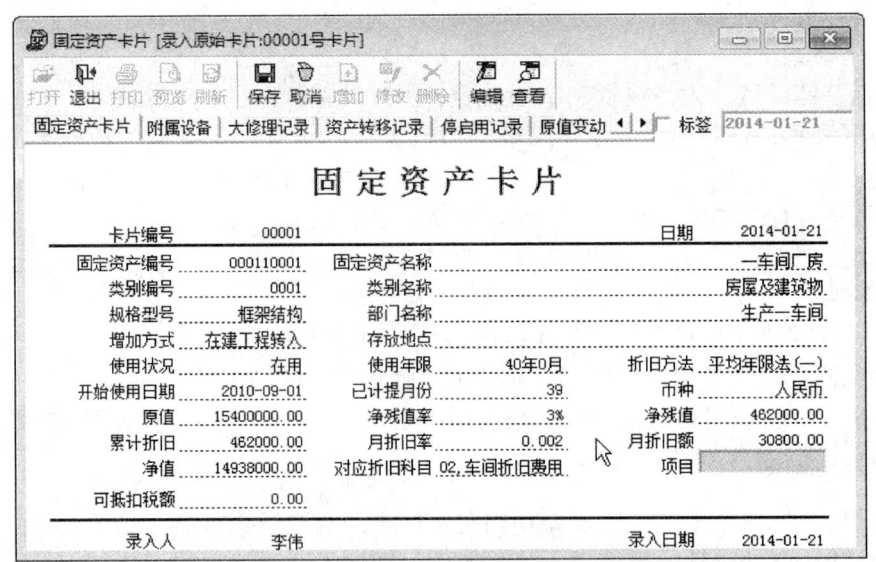

图 6.16 固定资产原始卡片录入窗口

窗口项目说明：
① 固定资产编号：企业按管理要求对资产进行的编号。
② 固定资产名称：固定资产的全称。
③ 类别编号：为类别设置中已定义的资产类别明细及编号。
④ 类别名称：与类别编号相对应的资产类别。
⑤ 规格型号：当前输入固定资产的规格型号。
⑥ 部门名称：指当前输入的固定资产使用部门。
⑦ 开始使用日期：指固定资产开始使用的日期，它直接影响到资产以哪种方式录入系统，也直接影响录入系统当月的折旧计提。当开始使用日期中的月份早于系统启用月份，则卡片为原始卡片，只能作为原始卡片录入；否则，则作为新卡片，只能通过固定资

产增加功能录入系统,当月不计提折旧。

⑧ 已计提月份:由系统根据开始使用日期自动算出,当月结账后下月计提折旧期间数,系统自动对该项增加一。

⑨ 累计工作量:指固定资产累计已完成的工作量,每一期间结账后将该期间的工作累加到期初的数量上,录入的数据应是期初的数值,不包括当月的工作量。只有采用工作量法计提折旧时,才需要录入该项内容。

⑩ 累计折旧:指截至录入期已计提的折旧额,不包括本期应计提的折旧。

⑪ 原值:可以是原始价值、重置完全价值或评估价值。

⑫ 单位折旧:指每一单位工作量在一个期间应提的折旧额。只有当折旧方法为工作量法时,才需要录入该项内容。

⑬ 项目:资产所服务或从属的项目,为企业按项目辅助核算归集费用提供方便。

⑭ 附属设备页面:录入固定资产附属设备(附属设备的价值已包括在卡片的原值中)的信息。附属设备可在资产使用过程中随时添加和减少,其价值不参与折旧的计算。

⑮ 减少信息页面:输入固定资产减少的信息,并自动生成该表格的内容,该表格中只有清理收入和费用可以手工输入。

大修理记录、资产转移记录、停启用记录、原值变动页面,均以列表的形式显示记录,第一次结账后或第一次做过相关的变动单后系统根据变动单自动填写。

(3) 在卡片数据录入过程中,许多项目,如类别名称、部门名称、增加方式、使用状况等,在录入时可以单击其左侧弹出参照窗口进行参照输入。

(4) 一张卡片录入完成后,单击"保存"按钮,存储录入结果。

在卡片数据录入后,一旦发现录入的数据有误,可进入卡片管理窗口进行修改。

6.3 固定资产日常业务

固定资产子系统日常业务处理主要包括固定资产卡片业务处理、固定资产会计事项处理和账表管理等内容。

6.3.1 固定资产卡片处理

企业固定资产的增减变化、在企业内部部门间的转移、原始价值变动等业务的发生,都应填制原始凭证,并在相应的固定资产卡片中进行登记。固定资产子系统在这方面的功能强大,操作内容繁多,本节仅就企业常用部分给予说明。

1. 固定资产增减业务处理

1) 固定资产增加

固定资产增加时,需通过固定资产卡片录入进行相应的业务处理。

在用友 T3 业务处理窗口,依次单击菜单"固定资产"→"卡片"→"资产增加",进入资产增加处理窗口。该窗口录入的信息与原始卡片录入相同,这里不再赘述。

不同的是固定资产期初资料通过"原始卡片"录入,系统启用后新增加的固定资产通过"资产增加"录入，并且卡片录入后该固定资产需要生成相应的记账凭证据以入账（即还需执行制单功能）。

若在账套参数选项设置中选择了"业务发生后立即制单"，卡片增加完毕后，系统提示生成记账凭证；否则，需要通过"固定资产"→"处理"→"批量制单"功能生成记账凭证。批量制单操作方法参考下面的介绍。

2）固定资产减少

固定资产在使用过程中，由于各种原因，如毁损、出售、盘亏等，退出企业，该部分操作称为固定资产减少。固定资产减少业务应在固定资产折旧计提完成后，方可进行处理。

【操作步骤】

（1）在用友 T3 业务处理窗口，依次单击菜单"固定资产"→"卡片"→"资产减少"，系统弹出"资产减少"处理窗口（图 6.17）。

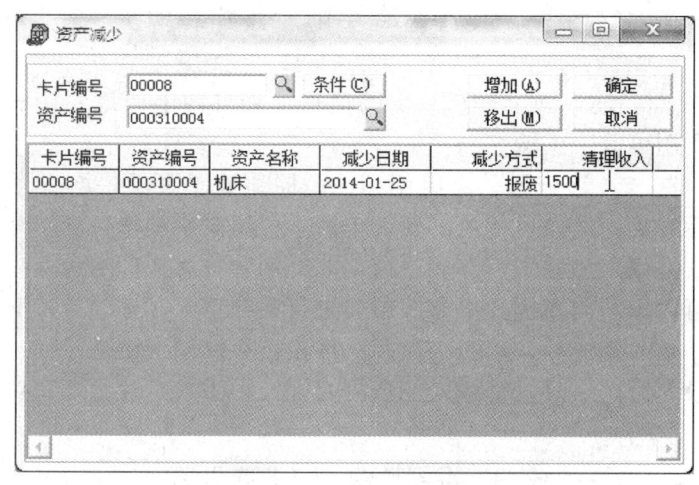

图 6.17 "资产减少"处理窗口

（2）在"资产减少"处理窗口输入"卡片编号""资产编号"等内容，如示例中，卡片编号输入"00008"，资产编号输入"000310004"。

（3）单击"增加"按钮，输入固定资产减少的信息，主要包括减少方式、清理收入、清理费用、清理原因等。

（4）录入完毕，单击"确定"按钮，案例账套参数设置中没有选择即时制单的情况下，系统会提示所选卡片减少成功。

（5）单击"确定"按钮，完成卡片减少操作。

可参阅本节下面凭证管理中介绍的方法生成记账凭证。

2. 固定资产卡片管理

卡片管理是对固定资产系统中所有卡片进行综合管理。通过卡片管理可完成的功能包括固定资产卡片查询、修改和删除等。

在用友 T3 业务处理窗口，依次单击菜单"固定资产"→"卡片"→"卡片管理"，进入"卡片管理"窗口（图 6.18）。

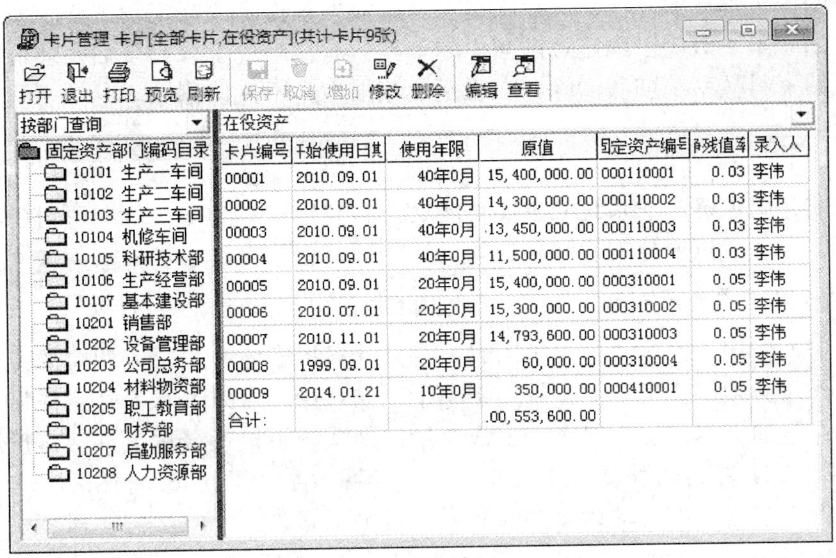

图6.18 "卡片管理"窗口

系统设置了按部门、按类别两种查询方式，也可根据需要自定义查询方式。按部门查询卡片，从查询条件下拉列表框中选择"按部门查询"选项，目录区显示部门目录，选择要查询的部门，则右侧列表显示的就是属于该部门的卡片集合。按类别查询卡片，则应从查询条件下拉列表框中选择"按类别查询"选项，目录区显示类别目录，选择要查询的固定资产类别，右侧列表显示的就是属于该类别的卡片集合。

每一张卡片在窗口以列表中的一条记录显示。通过这条记录或快捷信息窗口可快速查看该资产的简要信息。查看详细情况的操作步骤是：第一步，从卡片管理列表中选中要查看的卡片记录行；第二步，双击该记录行，即显示该卡片的详细内容。

在此窗口可对固定资产进行修改、删除等操作。

（1）卡片修改，是指当发现卡片有录入错误，或资产在使用过程中有其他原因需要修改卡片中的相关信息时，可对卡片进行修改。

卡片中的原值、使用部门、工作总量、使用状况、累计折旧、净残值（率）、折旧方法、使用年限、资产类别在没有做变动单或评估单的情况下，录入当月可修改。如果做过变动单，只有删除变动单才能修改。

通过固定资产增加录入系统的卡片在没有生成记账凭证和变动单、评估单的情况下，录入当月可修改。如果做过变动单，只有删除变动单才能修改。如果已制作记账凭证，要修改原值或累计折旧，必须删除凭证后，方可修改。

固定资产原值、使用部门、使用状况、累计折旧、净残值（率）、折旧方法、使用年限、资产类别各项目在做过一次月末结账后，只能通过变动单或评估单调整，不可对卡片直接进行修改。

（2）卡片删除，是指把卡片资料彻底从系统内清除，不是固定资产清理或减少。该功能仅适合两种情况使用：第一，卡片录入当月发现卡片录入错误，可通过"卡片删除"后重新录入，删除后如果该卡片不是最后一张，卡片编号保留空号。第二，固定资产减少引起的卡片减少。由于会计档案管理必须保留一定的时间，所以系统在账套"选项"中包含有设定减少的固定资产卡片保留的年限选项,企业可根据有关规定设置固定资产减少后对应卡片保留的年限。对应于固定资产减少的卡片只有在超过了该年限后,才能通过"卡片删除"将原始资料从系统彻底清除,在设定的年限内,不允许删除。

6.3.2 折旧处理

计提折旧是固定资产子系统的主要功能之一。利用这一功能,每期可对各项固定资产计提一次折旧,生成折旧分配表和相应的记账凭证,据此自动登账。

1. 固定资产工作量录入

当固定资产使用工作量法计提折旧时,每月计提折旧前必须录入相应的工作量。输入的本期工作量必须保证累计工作量小于等于工作总量。可以继承上月工作量,如果上期期末累计工作量加上本期继承值大于工作总量,则系统不执行继承上月工作量,而自动计算(自动计算公式:本月工作量=工作总量-上期期末累计工作量),然后在本月工作量后的单元格内标上星号,如自动计算的值有误,可手工修改。

2. 计提折旧

计提折旧时,系统将自动计算当期折旧额,并将计算结果自动累加到累计折旧项目中。固定资产折旧计算工作完成后,系统除了自动生成折旧清单外,同时生成折旧分配表和记账凭证,以便完成本期折旧费用的入账工作。系统提供的折旧清单显示了所有应计提折旧资产所计提的折旧数额。折旧分配表是生成记账凭证,并把计提折旧额分配到有关成本和费用的依据。折旧分配表有两种类型:类别折旧分配表和部门折旧分配表。

【操作步骤】

(1)在用友 T3 业务处理窗口,依次单击菜单"固定资产"→"处理"→"计提本月折旧",弹出工作量录入提示对话框(图 6.19),选择"是"按钮继续。

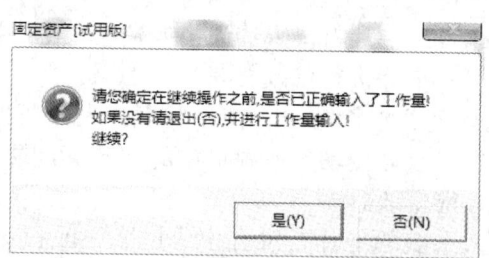

图 6.19 工作量录入提示对话框

(2)系统弹出窗口询问是否要查看折旧清单,选择"是"的情况下,系统在窗口输出本次"折旧清单"(图 6.20);选择"否"的情况下,后续处理中直接输出"折旧分配表"(图 6.21),而不输出折旧明细表。

(3)当系统询问"本操作将计提本月折旧,并花费一定时间,是否继续?",选择"是"继续处理;选择"否"退出折旧处理。

(4)计算完成后,系统弹出窗口,询问"是否要查看折旧清单?",单击"是"按钮,系统进入"折旧清单"窗口,否则直接进入"折旧分配表"窗口。

图 6.20 折旧清单

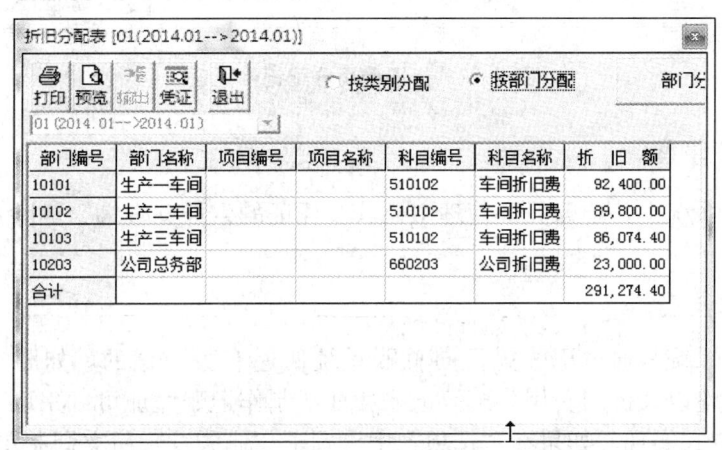

图 6.21 折旧分配表

（5）在"折旧分配表"窗口，选择分配依据，如洛阳利达材料公司选择"按部门分配"，然后单击"凭证"按钮，即可生成相应的记账凭证（图 6.22）。

注意事项：

（1）在一个期间内可以多次计提折旧，每次计提折旧后，只是将当期计提的折旧额累加到月初的累计折旧上，不会重复累计。

（2）若上次计提折旧已制单并传递到总账系统，则必须删除该凭证才能重新计提折旧。

（3）如果计提折旧后又对账套进行了影响折旧计算分配的操作，必须重新计提折旧，否则系统禁止结账。

（4）对自定义的折旧方法，若月折旧率或月折旧额出现负数，系统自动中止。

（5）固定资产的使用部门和折旧汇总的部门可能不同，为了加强资产管理，使用部门必须是明细部门，而折旧费用分配部门不一定分配到明细部门，不同的企业处理可能不同，因此在计提折旧后，分配折旧费用时应做出必要的选择。

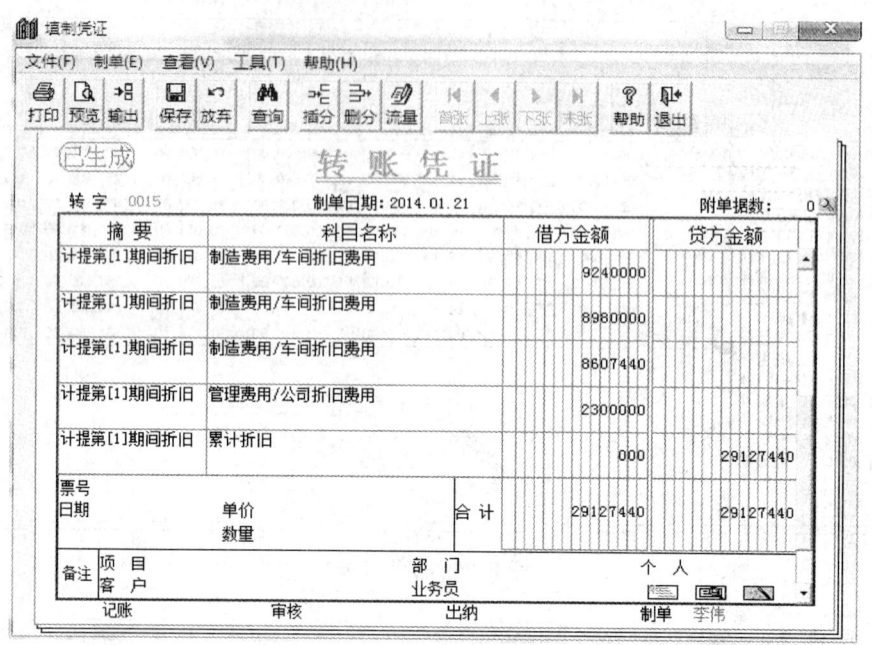

图 6.22 折旧费用分配记账凭证

6.3.3 记账凭证管理

固定资产子系统中,记账凭证管理主要涉及凭证的生成、查询、删除和修改等方面的内容。

1. 记账凭证生成

固定资产子系统是通过记账凭证向总账系统传递有关数据的,如固定资产增加、减少、累计折旧调整以及折旧费用分配等记账凭证。制作记账凭证可以采取"立即制单"或"批量制单"的方式实现。如果在"选项"中设置了"业务发生后立即制单",则业务发生后系统自动提示生成相应的记账凭证;若业务发生后没有立即制单或在"选项"中未选择"业务发生后立即制单",可利用系统提供的"批量制单"功能生成相应的记账凭证。在此主要介绍"批量制单"的相关操作。

【操作步骤】

(1) 在用友 T3 业务处理窗口,依次单击菜单"固定资产"→"处理"→"批量制单",弹出"批量制单"窗口(图 6.23)。

该窗口包含"制单选择"、"制单设置"两个页面,其中,在"制单选择"页面选择需要生成记账凭证的业务;在"制单设置"页面设置对应选择业务的记账凭证中入账科目等信息。

(2) 在"制单选择"页面,双击"制单"按钮,选择需要生成记账凭证的业务。该栏显示"Y"表明业务已选择,单击"制单设置"标签。

(3) 在"制单设置"页面(图 6.24),审查、设置记账凭证的入账科目等信息。

(4) 单击"制单"按钮,生成记账凭证。

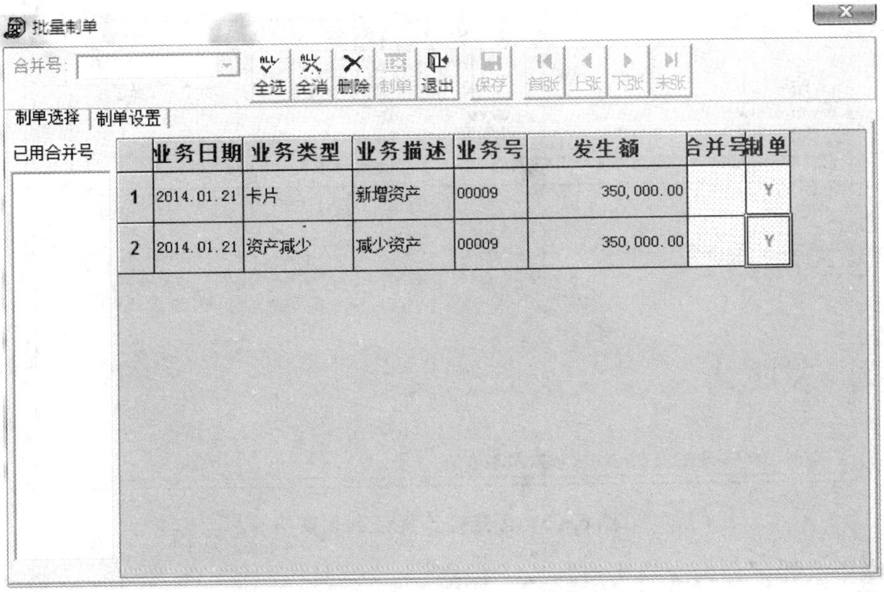

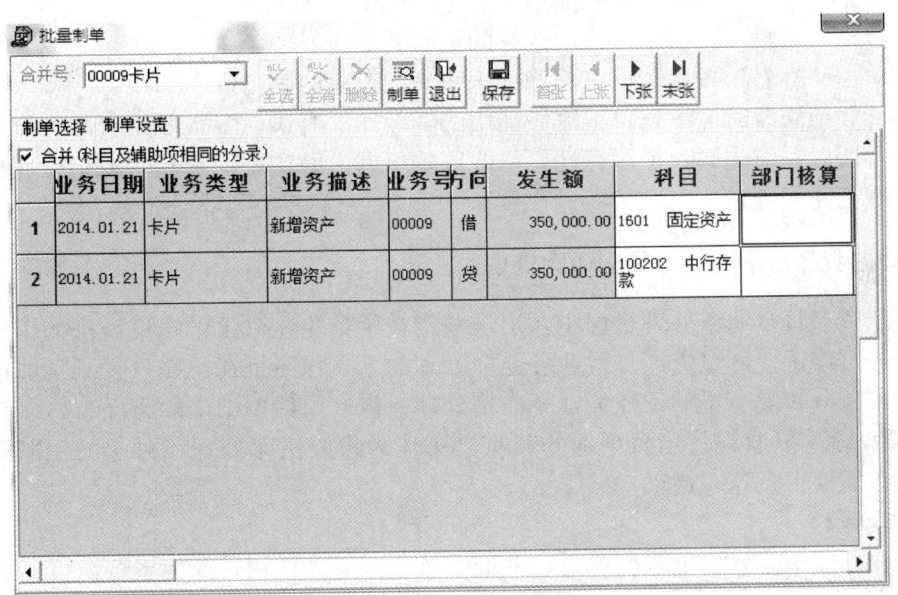

图 6.23 "批量制单"窗口—"制单选择"页面

图 6.24 "批量制单"窗口—"制单设置"页面

(5) 审查、修改生成的记账凭证。

2. 查询、删除和修改记账凭证

对固定资产系统所生成的记账凭证,可在本系统内进行查询、删除。

在用友 T3 业务处理窗口,依次单击菜单"固定资产"→"处理"→"凭证查询",系统弹出固定资产凭证列表窗口(图 6.25)。

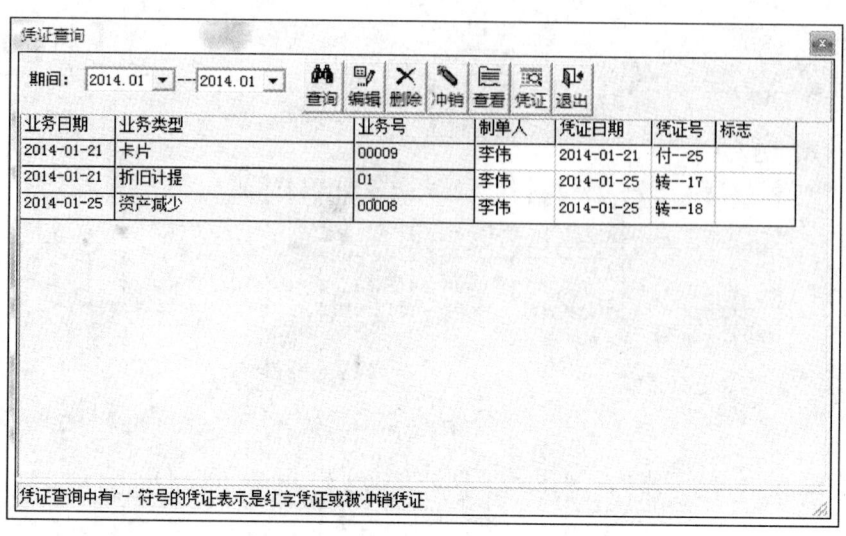

图 6.25　固定资产凭证列表窗口

在固定资产凭证列表窗口可进行以下操作。
(1) 单击"凭证"按钮，可查看选中的记账凭证；
(2) 单击"删除"按钮，可删除选择的记账凭证；
(3) 单击"编辑"按钮，可修改选择的记账凭证；
(4) 单击"查看"按钮，可查看选择记账凭证对应的固定资产卡片。

在进行凭证修改时应注意：记账凭证中的金额如果有误，多是原始卡片等原始数据错误引起的，所以，应先删除记账凭证，修改原始单据中的错误，重新生成记账凭证，而不应直接修改记账凭证。

6.3.4　固定资产日常主要业务的逆向处理

在固定资产日常业务处理过程中，出现差错在所难免，对于记账凭证中的错误可通过逆向处理进行修正。固定资产日常业务逆向处理的基本程序是在总账恢复到记账前状态→取消凭证审核→删除有错的记账凭证→撤销处理→修改原始单据中的错误。

【例6-1】　20日误将当月增加的载重汽车作为报废机床处理，对应的记账凭证已经记账，现在需要更正这一错误。

【操作步骤】
(1) 在总账中恢复到记账前状态，并取消该记账凭证审核，返回系统窗口。
(2) 在用友 T3 业务处理窗口，依次单击菜单"固定资产"→"处理"→"凭证查询"，进入"凭证查询"窗口。
(3) 删除该项减少固定资产对应的记账凭证，返回用友 T3 业务处理窗口。
(4) 依次单击菜单"固定资产"→"卡片"→"卡片管理"，进入固定资产卡片管理窗口。
(5) 在卡片管理窗口，单击减少固定资产的数据行(图 6.26)。
(6) 依次单击菜单"固定资产"→"卡片"→"撤销减少"，系统弹出撤销减少提示对话框(图 6.27)。
(7) 单击"是"按钮，完成撤销减少操作。

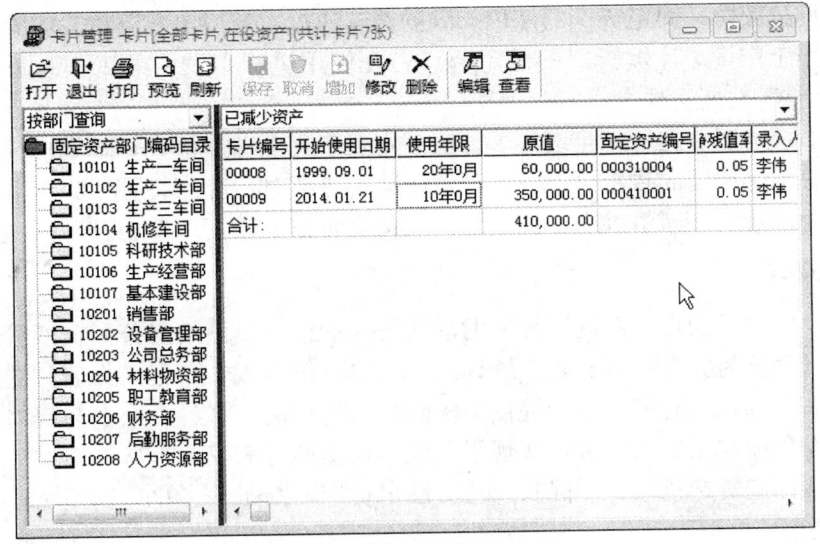

图 6.26　选择已减少的固定资产

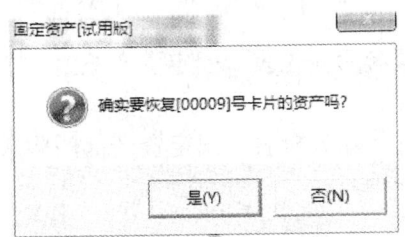

图 6.27　撤销减少提示对话框

6.3.5　其他业务处理

在固定资产日常业务中，除上述业务外还有许多其他业务处理，在此仅就企业常用部分给予介绍。

1. 变动单处理

变动单，是指反映固定资产变动业务的原始凭证。用友软件中固定资产的变动包括原值变动、部门转移、使用状况变动、使用年限调整、折旧方法调整、净残值(率)调整、工作总量调整、累计折旧调整、资产类别调整、变动单管理。其他项目的修改，如名称、编号、自定义项目等的变动可直接在卡片上进行。

(1) 固定资产原值发生变动通过"原值变动"功能实现。原值变动包括原值增加和原值减少两部分。

(2) 在使用过程中，固定资产因内部调配而发生的部门变动，通过"部门转移"功能实现。

(3) 使用过程中，固定资产使用状况发生的变化，通过"使用状况变动"功能实现。

(4) 使用过程中，固定资产折旧方法的调整通过"折旧方法调整"功能实现。

(5) 使用过程中，由于补提折旧或多提折旧需要调整已经计提的累计折旧，通过"累计折旧调整"功能实现。

（6）使用过程中，固定资产的使用年限的调整通过"使用年限调整"功能实现。

（7）使用工作量法计提折旧的固定资产，在使用过程中发生的工作总量的变动通过"工作总量调整"功能实现。

（8）企业应当至少在每年年度终了，对固定资产逐项进行检查，如果由于市价持续下跌，或技术陈旧等原因导致其可回收金额低于账面价值时，应当将可回收金额低于账面价值的差额作为固定资产减值准备。固定资产减值准备按单项资产计提。

2. 账表管理

根据企业的日常操作，系统以报表的形式将这些信息提供给财务和资产管理人员，系统所提供的报表分为五类：分析表、统计表、账簿、折旧表、自定义报表。选择相应账表可查看各报表信息，同时账表管理提供了极强的联查功能，将各类账表与部门类别明细和原始单据等有机地联系起来，真正实现了方便、快捷的查询模式。

账簿包括固定资产总账、（部门、类别）固定资产明细账、（单个）固定资产明细账、固定资产登记簿。

折旧表包括部门折旧计算汇总表、固定资产折旧计算明细表、固定资产折旧清单、固定资产到期提示表。

汇总表包括固定资产盘盈盘亏报告表、固定资产原值一览表、固定资产统计表、资产评估变动表、资产评估汇总表。

分析表包括固定资产使用状况分析表、固定资产部门构成分析表、固定资产类别构成分析表、固定资产价值结构分析表。

3. 资产评估处理

随着市场经济的发展，企业在经营活动中，要根据业务需要或国家要求对部分资产或全部资产进行评估和重估，而其中固定资产评估是资产评估最重要的部分。

固定资产子系统中"资产评估"的主要功能是：第一，将评估机构的评估数据手工录入或定义公式录入到系统；第二，根据国家要求手工录入评估结果或根据定义的评估公式生成评估结果。

本系统资产评估功能提供可评估的资产内容包括原值、累计折旧、净值、使用年限、工作总量、净残值率，可根据需要选择。

4. 对账

当在初始化或选项中选择了与账务系统对账时，可使用本系统的对账功能。为保证固定资产系统的资产价值与总账系统中固定资产科目的数值相等，可随时使用对账功能对两个系统进行审查。对账的操作不限制时间，任何时候都可以进行对账。系统在执行月末结账时自动对账一次，并给出对账结果。

5. 月末结账

当固定资产系统完成了本月全部制单业务后，可以进行月末结账。月末结账每月进行一次，结账后当期数据不得修改。有错必须修改时，可通过系统提供的"恢复月末结账前状态"功能反结账，再进行相应修改。

由于成本系统每月从本系统提取折旧费数据，因此一旦成本系统提取了某期的数据，则该期不能反结账。

本期不结账，将不能处理下期的数据；结账前一定要进行数据备份，否则数据一旦丢失，将造成无法挽回的后果。

在用友 T3 业务处理窗口，依次单击菜单"固定资产"→"处理"→"月末结账"，根据提示即可完成结账工作。

本 章 小 结

本章关于固定资产子系统的概述，重点介绍了用友 T3 系统中关于固定资产折旧处理的基本原则、系统使用前需要做好的准备工作，以及启用系统时账套参数设置的基本步骤。固定资产子系统初始设置的主要内容包括固定资产基本初始设置、固定资产卡片设置和期初余额录入。固定资产卡片处理、折旧处理、记账凭证管理等是固定资产日常业务的主要内容，而固定资产业务逆向处理，则是更正日常业务处理错误的基本程序和方法。本章的难点集中于固定资产管理业务的逆向处理。

此外，本章相关业务记账凭证的生成方法和以前章节不同，没有采用即时制单，而代之以批量制单。

业务实训 6　固定资产管理

一、固定资产管理初始设置

1. 首次启动"固定资产"管理系统过程中的初始设置

启用月份，默认系统设置。

（1）折旧信息。

本账套计提折旧：是；

主要折旧方法：平均年限法（一）；

折旧汇总分配周期：1 个月；

当（月初已计提月份＝可使用月份－1）时是否将剩余折旧全部提足（工作量法除外）：是。

（2）编码方式设置。

固定资产类别编码规则：45；

固定资产编码方式：手动编码。

（3）账务接口。

与账务系统进行对账：是；

固定资产对账科目：1601，固定资产；

累计折旧对账科目：1602，累计折旧

在对账不平情况下允许固定资产月末结账：是。

（4）选项设置。

"与账务系统接口"标签，原有设置的基础上添加以下设置：

业务发生后立即制单：是；

固定资产默认入账科目：1601，固定资产；

累计折旧默认科目：1602，累计折旧。

2. 设置部门对应折旧科目

各部门对应折旧科目见表6-1。

表6-1 各部门固定资产对应折旧科目设置资料

部门名称	折旧科目	部门名称	折旧科目	部门名称	折旧科目
生产一车间	510102	生产二车间	510102	生产三车间	510102
机修车间	500102	科研技术部	510102	生产经营部	510102
基本建设部	510102	销售部	660203	设备管理部	660203
公司总务部	660203	材料物资部	660203	职工教育部	660203
财务部	660203	后勤服务部	660203	人力资源部	660203

3. 资产类别设置

固定资产类别见表6-2。

表6-2 固定资产类别设置资料

类别编码	类别名称	使用年限	净产值率(%)	计量单位	计提属性	折旧方法	卡片样式
0001	房屋及建筑物	40	3	平方米	正常计提	平均年限法（一）	通用样式
0002	办公设备	15	5	台	正常计提	平均年限法（一）	通用样式
0003	机器设备	20	5	套	正常计提	平均年限法（一）	通用样式
0004	运输工具	10	5	辆	正常计提	平均年限法（一）	通用样式

4. 固定资产增减方式设置

固定资产增减方式见表6-3。

表6-3 增减方式设置

增加方式	对应入账科目	减少方式	对应入账科目
直接购入	100202	出售	1606
投资者投入	4001	盘亏	1511
捐赠	4002	投资转出	6711
盘盈	190102	捐赠转出	190102
在建工程转入	160401	报废	1606
融资租入	2701	毁损	1606
		融资租出	2701

二、录入原始卡片

固定资产卡片资料见表 6-4。

表 6-4 固定资产卡片资料

	卡片 1	卡片 3	卡片 3	卡片 4
固定资产编号	000110001	000110002	000110003	000110004
固定资产名称	一车间厂房	二车间厂房	三车间厂房	办公大楼
类别名称	房屋及建筑物	房屋及建筑物	房屋及建筑物	房屋及建筑物
规格型号	框架结构	框架结构	框架结构	框架结构
部门名称	生产一车间	生产二车间	生产三车间	公司总务部
增加方式	在建工程转入	在建工程转入	在建工程转入	在建工程转入
使用状况	在用	在用	在用	在用
折旧方法	平均年限法（一）	平均年限法（一）	平均年限法（一）	平均年限法（一）
开始使用日期	2010-9-1	2010-9-1	2010-9-1	2007-9-1
原值	15 400 000	14 300 000	13 450 000	11 500 000
累计折旧	462 000	429 000	403 500	276 000
	卡片 5	卡片 6	卡片 7	卡片 8
固定资产编号	000310001	000310002	000310003	000310004
固定资产名称	A产品生产线	B产品生产线	C产品生产线	机床
类别名称	机器设备	机器设备	机器设备	机器设备
规格型号				SN—103
部门名称	生产一车间	生产二车间	生产三车间	机修车间
增加方式	在建工程转入	在建工程转入	在建工程转入	直接购入
使用状况	在用	在用	在用	不需用
折旧方法	平均年限法（一）	平均年限法（一）	平均年限法（一）	平均年限法（一）
开始使用日期	2010-9-1	2010-7-1	2010-11-1	1999-9-1
原值	15 400 000	15 300 000	14 793，600.0	60 000.0
累计折旧	924 000	306 000	769 267.2	51 888.6

三、日常业务处理

注意事项：固定资产的日常增加业务，应通过"资产增加"功能进行处理；系统中"录入原始卡片"功能，是为固定资产的初始余额录入服务的，不适合处理资产增加业务。

（1）23日，购入载重货车（规格：ZT-32）一辆，价款350 000元，用中行存款转账支票支付（支票号001518）。汽车即日起交付生产经营部管理使用，该项资产编号000410001，使用工作量法计提折旧（工作量单位：公里，预计行驶800 000千米）。填制固定资产卡片，并生成如下凭证：

借：固定资产 350 000
　　贷：银行存款——中行存款 350 000

(2) 23日，计提当月固定资产折旧，并生成相应的记账凭证。

借：制造费用——折旧费用 268 274.4
　　管理费用——折旧费用 23 000
　　贷：累计折旧 291 274.4

(3) 24日，机修车间SN—103机床一台报废，原价60 000元，已提折旧51 888.6元，清理费用500元，以中行转账支票支付，支票号为004344，残值收入1 500元入存款户，转账支票号为005847。

① 冲销固定资产卡片，并生成如下凭证：

借：固定资产清理 8 111.4
　　累计折旧 51 888.6
　　贷：固定资产 60 000

② 在总账模块手工填制如下凭证：

借：固定资产清理 500
　　贷：银行存款——中行存款 500
借：银行存款——中行存款 1 500
　　贷：固定资产清理 1 500

常见问题

1. 固定资产卡片录入后，发现错误如何修改

进入固定资产卡片管理窗口进行修改。

2. 固定资产折旧处理后，没有即时制单，如何生成记账凭证

在系统菜单下，单击"处理"→"批量制单"命令，进入窗口后，选择原始单据进行制单处理。

思考题

(1) 固定资产子系统与总账系统对账，如何操作？
(2) 固定资产即时制单和批量制单各自的优缺点是什么？
(3) 固定资产业务逆向处理主要程序是什么？

第 7 章 现金管理

教学目标

通过本章的学习，了解现金管理业务的主要内容；熟悉各种日记账查询、打印输出、支票登记簿的使用、资金日报的编制方法、银行对账初始设置；在深刻理解对账目标、对账原理的基础上，掌握对账单录入、银行对账、银行余额调节表输出、银行对账情况查询、长期未达账项审计等操作。

现金业务管理是会计工作中的一项重要内容。由于这部分业务相对特殊，所以在信息化会计中均单列处理。用友 T3 系统针对这部分业务为出纳人员等进行货币资金管理提供了一套工具，包括现金和银行日记账输出、企业结算票据管理、企业与银行的对账以及对长期未达账项提供审计报告等。

7.1 日记账及相关业务

7.1.1 日记账查询

查询库存现金、银行存款日记账必须在"会计科目"设置窗口中调用"编辑"→"指定科目"功能分别指定"库存现金""银行存款"科目。如要打印正式存档用的现金日记账，应调用"打印现金日记账"功能打印。现金、银行存款日记账的查询操作基本相似，在此仅以现金日记账的查询为例予以说明。

【操作步骤】

（1）在用友 T3 业务处理窗口，依次单击菜单"现金"→"现金管理"→"日记账"→"现金日记账"，弹出"现金日记账查询条件"设置对话框（图 7.1 所示）。

对话框项目说明：

① 科目：在企业没有外币现金的情况下，查询日记账时系统会自动列出待查科目。

② 按月查：用于设置查询现金日记账的起讫月份。

③ 按日查：用于设置查询现金日记账的起讫日期。

④ 是否按对方科目展开：选中此项，则必须选中显示对方科目"名称+编码"。

⑤ 包含未记账凭证：由于未审核等原因，可能会有部分凭证尚未记账，所以如果要查询真实的现金收支情况时最好选择"包含未记账凭证"。

⑥ 编码：现金日记账显示发生业务的对方科目编码。

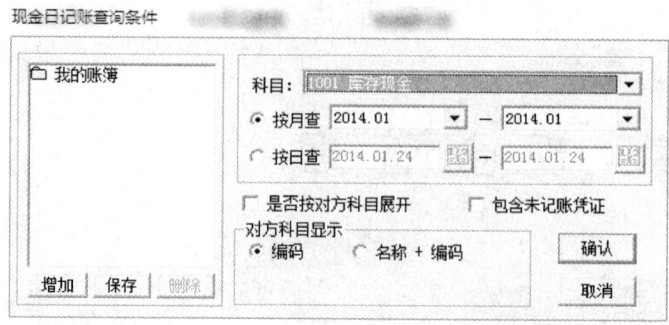

图 7.1 "现金日记账查询条件"设置对话框

⑦ 名称＋编码：现金日记账可以显示发生业务的对方科目编码及名称，可以选择显示一级科目或显示至末级。

⑧ 我的账簿：用于设置保存常用的账簿查询条件，以简化实际工作中在账簿查询条件设置过程中的频繁操作。

（2）输入查询条件后，单击"确定"按钮，系统显示"现金日记账"查询结果（图 7.2）。

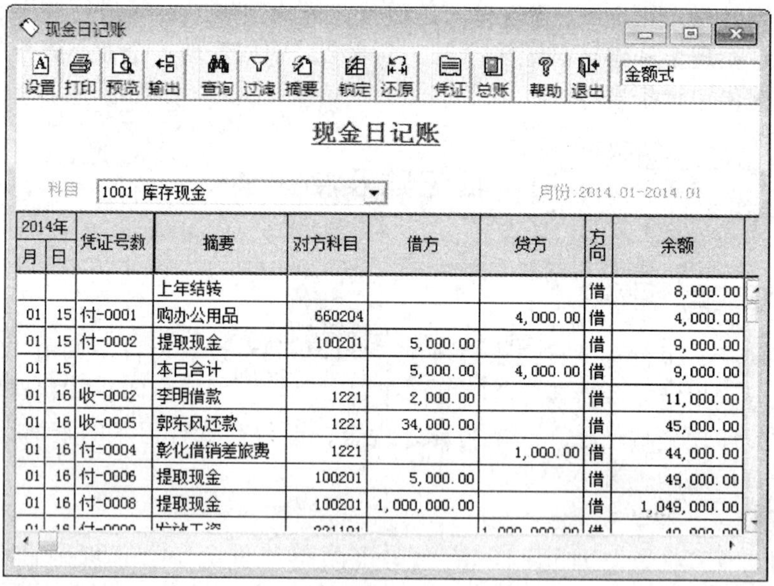

图 7.2 "现金日记账"查询结果

（3）现金日记账窗口常用的查询功能。

联查记账凭证，其操作方法是双击某行记录或选中某行后，单击"凭证"按钮，即可查看相对应业务的记账凭证。如希望查看第一行李明归还借款的记账凭证时，双击第一行即可显示对应的记账凭证。

快速过滤查询，其操作方法是单击"过滤"按钮，输入相关过滤条件包括自定义项，可缩小查询范围，快速查出需要的现金收付数据。

（4）查询完毕，单击"退出"按钮，关闭窗口。

7.1.2 日记账打印

现金、银行存款日记账的打印操作基本相同,在此以现金日记账为例予以说明。

【操作步骤】

(1) 在用友 T3 业务处理窗口,依次单击菜单"现金"→"账簿打印"→"现金日记账",屏幕显示"现金日记账打印"条件设置对话框(图 7.3)。

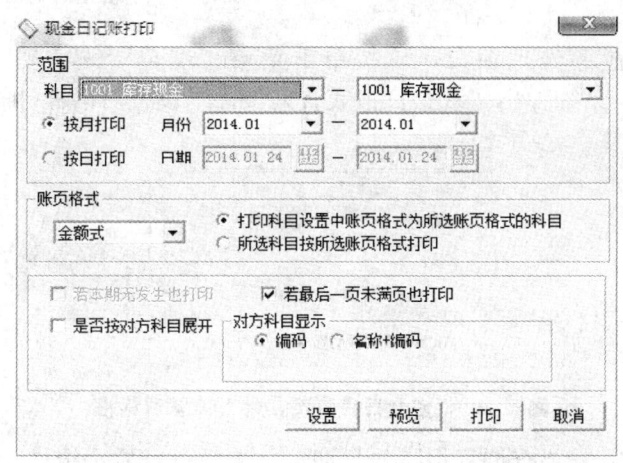

图 7.3 "现金日记账打印"条件设置对话框

对话框项目说明:

① 科目:选择打印账簿的科目范围。

② 按月打印:打印现金日记账簿的数据按月处理打印。

③ 按日打印:打印现金日记账簿的数据按日处理打印。

④ 账页格式:选择所打印账簿的格式,系统提供金额式、外币金额式、数量金额式、外币数量式格式。另外系统提供了两种选项:打印科目设置中账页格式为所选账页格式的科目,即只打印科目设置中账页格式与所选的账页格式相同的科目;所选科目按所选账页格式打印,即所选的科目全部按所选账页格式打印。

⑤ 若最后一页未满页也打印:若不选此项,则最后一页有空白行时,不打印该页。若该科目日记账只有一页且不满页,则不打印该科目日记账。

是否按对方科目展开、编码、名称+编码,和上述日记账查询条件中含义相同。

(2) 单击"预览"按钮,可在屏幕查看打印内容;单击"打印"按钮,即可打印输出。

注意事项:

若将系统"选项"→"明细账输出方式"设为"按月排页",则打印时从所选范围的起始月份开始对日记账编排页码,这样即使所选月份范围不是第一个月,打印输出仍然从"1页"开始。若将"选项"→"明细账输出方式"设为"按年排页",则打印时从本会计年度的第一个会计月份开始对日记账编排页码,这样若所选月份范围不是第一个月,则打印输出的首页可能不是"1页",而是所打月份在全年业务统一编排页码中的页号。

系统默认摘要为 20 个汉字,金额、数量、外币打印宽度为 16 位数字,单价、汇率显示宽度为12位数字（包括小数点及小数位），若期望更改打印宽度，可在"选项"中修改金额、数量、外币、单价、汇率的宽度。

系统默认日记账与明细账打印每页打印行数均为30行，但可通过"选项"进行调整。

7.1.3 资金日报

可查询输出"库存现金""银行存款"科目某日的发生额及余额情况。

【操作步骤】

（1）在用友T3业务处理窗口，依次单击菜单"现金"→"现金管理"→"日记账"→"资金日报"，系统弹出"资金日报表查询条件"设置对话框（图7.4）。

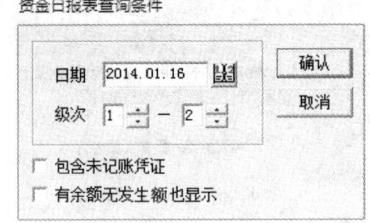

图7.4 "资金日报查询条件"设置对话框

（2）在日期处输入需要查询日报表的日期，并选择科目显示级次；如仅查询一级科目时，级次输为1—1；如欲包含未记账凭证，可选中"包含未记账凭证"，如期望查询时有余额无发生额的科目也显示，则应选择"有余额无发生额也显示"。

（3）条件选择完毕，单击"确认"按钮，系统显示"资金日报表"（图7.5）。

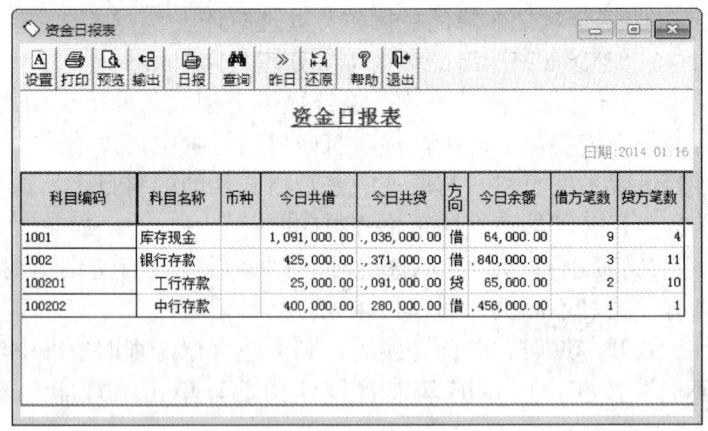

图7.5 资金日报表

（4）单击"日报"按钮可查询并打印光标所在科目的日报单；单击"昨日"按钮可查看各现金、银行科目的昨日余额。

7.1.4 支票登记簿

在手工会计中，银行出纳员通常建立支票登记簿，用来登记重要结算票据的领用、报销情况。用友财务软件系统也提供有支票登记簿功能。

若希望在制单时系统能够自动启动"支票登记簿"功能,需完成三个方面的设置。

(1) 要在"会计科目"设置中指定银行总账科目。操作方法第2章相关内容已介绍。

(2) 需要在"结算方式"设置中,对需使用支票登记簿的结算方式选择"是否票据管理"选项。

(3) 在总账的"选项"设置中,有关"凭证"的制单控制项目,应选择"支票控制"选项,具体操作方法参见第二章相关内容介绍。

完成上述设置后,可以在制单的同时记录票据的领用、报销情况。若对于制单时没有及时登记的票据,出纳员须进入"支票登记簿"窗口登记票据领用日期、领用部门、领用人、支票号以及报销等信息。

【操作步骤】

(1) 在用友T3业务处理窗口,依次单击菜单"现金"→"票据管理"→"支票登记簿",弹出"银行科目选择"对话框(图7.6)。

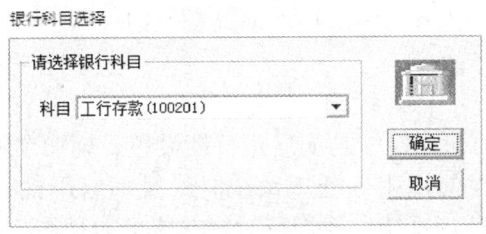

图7.6 "银行科目选择"对话框

(2) 选定银行存款日记账后,单击"确定"按钮,进入"支票登记"操作窗口(图7.7)。

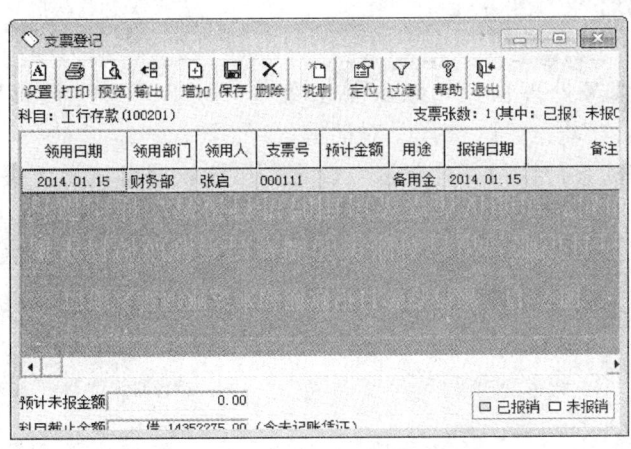

图7.7 "支票登记"操作窗口

(3) 支票登记簿中的报销日期栏一般由系统自动填写,但对于有些已报销而由于人为原因造成系统未能自动填写报销日期的支票可手工填写,即将光标移到报销日期栏,然后写上报销日期。

(4) 单击"过滤"按钮后,即可对支票按领用人或部门统计。

(5) 单击"批删"按钮后,输入需要删除已报销支票的起止日期,即可删除此期间内的已报销支票。

(6) 将光标移到需要修改的数据项上直接修改。

支票登记簿中报销日期为空时，表示该支票未报销，否则系统认为该支票已报销。已报销的支票不能进行修改。若想取消报销标志，只要将光标移到报销日期处，按空格键后删掉报销日期即可。

7.2 银行存款对账

为了能够准确掌握银行存款的实际余额，了解实际可以动用的货币资金数额，防止记账发生差错，企业必须将银行存日记账与银行对账单进行核对，并编制银行存款余额调节表。如要进行银行对账业务处理，必须在会计科目设置时将相应的银行存款日记账设置为"银行账"辅助类科目。

银行对账需要在完成必要的初始设置后方可实施。银行存款对账日常业务主要包括对账单录入、银行存款对账、调节表输出和查询以及长期未达账项审计等。

7.2.1 银行对账初始设置

银行对账初始设置主要包括对账功能启用日期设置、期初余额和启用前的未达账项输入。实际工作中许多企业在使用账务处理系统时，暂不启用银行对账模块，比如某企业2014年1月开始启用账务处理系统，而银行对账功能可能是在5月才开始使用，针对这种情况会计软件提供了启用日期设置功能。企业在处理银行对账业务前应首先检查、设置对账功能的启用日期。然后再分别录入企业日记账、银行对账单的调整前余额，以及启用日期之前的各种未达账项。

【操作步骤】

（1）在用友 T3 业务处理窗口，依次单击菜单"现金"→"设置"→"银行期初录入"，系统弹出"银行存款日记账选择"对话框（参照图 7.7）。

（2）选择欲处理的银行科目后，单击"确定"按钮，屏幕显示"银行对账期初"录入窗口（图 7.8）。

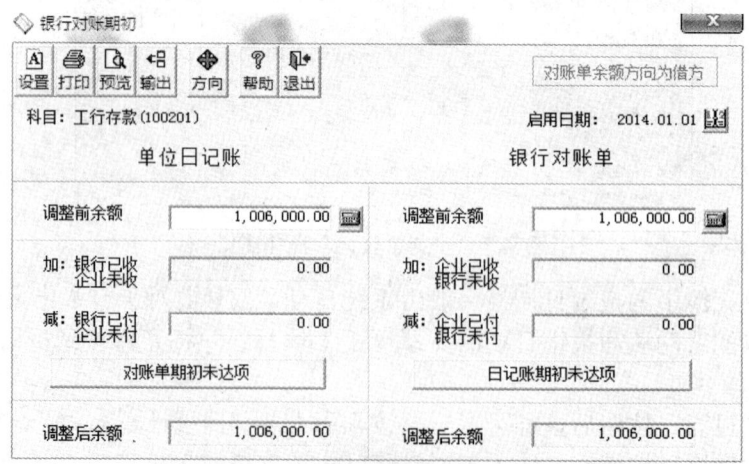

图 7.8 "银行对账期初"录入窗口

(3) 检查、设置对账功能的启用日期。设置方法为在"银行对账期初"窗口，先单击窗口右上方"启用日期"后边的日历控件，弹出日历选择窗口（图7.9），如案例中选择2014年1月1日，再选择启用日期，并单击"确定"按钮保存结果。

图7.9　日历选择窗口

(4) 分别录入"单位日记账"和"银行对账单"的调整前余额。如案例业务两者调整前余额均为1 006 000元。

(5) 单击"对账单期初未达账项"按钮，进入银行存款对账单期初未达账项录入窗口（图7.10），录入启用前原来对账单遗留的未达账项，案例业务无此项业务，即空白不需录入。

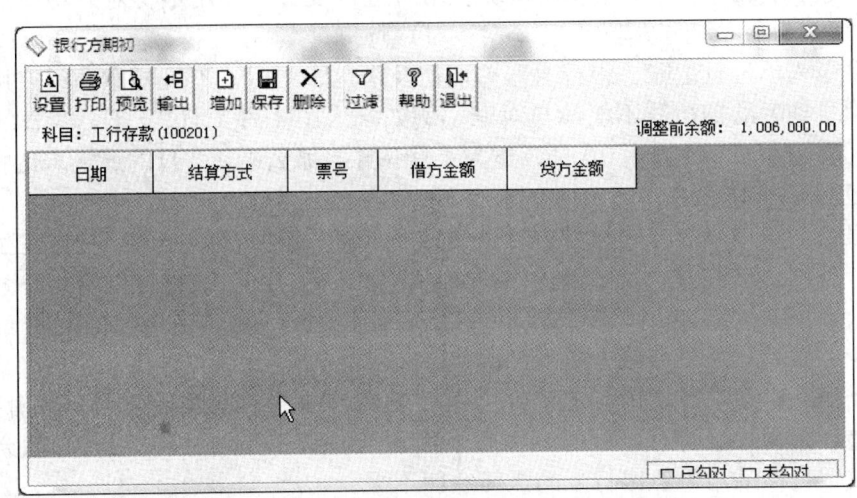

图7.10　银行存款对账单期初未达账项录入窗口

(6) 单击其中的"日记账期初未达账项"按钮，进入银行存款日记账期初未达账项录入窗口（图7.11），录入启用前原来日记账遗留的未达账项，案例业务无此项业务，即空白不需录入。

(7) 系统将根据调整前余额及期初未达账项自动计算出银行对账单与单位日记账的调整后余额。

注意事项：

(1) 如果科目有外币核算，则应录入外币余额、外币未达账项。

(2) 单位日记账与银行对账单的"调整前余额"应分别为启用日期时该银行科目的科目余额及银行存款余额；"期初未达项"分别为上次手工勾对截止日期到启用日期前的未

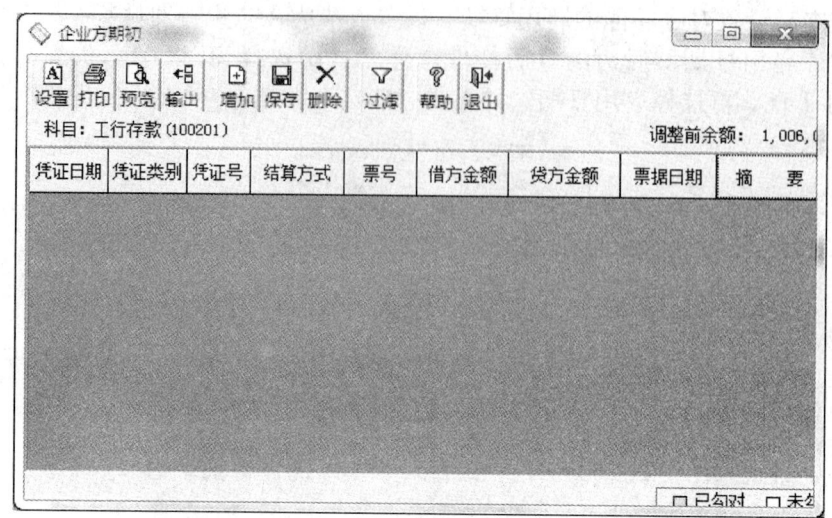

图 7.11　银行存款日记账期初未达账项录入窗口

达账项。录入后，银行日记账与银行对账单的调整后余额应保持平衡。

（3）"银行对账期初"功能仅在系统启用时进行设置，使用银行对账功能后一般不再使用。

（4）在录入单位日记账、银行对账单期初及未达账项后，不可随意调整启用日期，以免造成启用日期后的期初数不能参与对账。例如录入了 4 月 1 日、5 日、8 日的几笔期初未达项后，将启用日期由 4 月 10 日调整为 4 月 6 日，那么 4 月 8 日的那笔未达账项将不能在期初及银行对账中见到。

（5）银行对账单余额方向为借方时，借方发生表示银行存款增加，贷方发生表示银行存款减少；反之，借方发生表示银行存款减少，贷方发生表示银行存款增加。系统默认银行对账单余额方向为借方，单击"方向"按钮可调整银行对账单余额方向，已经对账的银行科目对应的银行对账单余额方向不可调整。

（6）在执行对账功能之前，应确保"银行期初"中的"调整后余额"平衡（即单位日记账的调整后余额＝银行对账单的调整后余额），否则在对账后编制银行存款余额调节表时，会造成银行存款与单位银行账的账面余额不平。

7.2.2　对账单录入

每月在处理对账业务前，首先应将银行对账单录入系统。

在用友 T3 业务处理窗口，依次单击菜单"现金"→"现金管理"→"银行账"→"银行对账单"，根据系统要求，选择银行日记账后，即出现"银行对账单"录入窗口（图 7.12）。

在对账单录入窗口，单击"增加"按钮可增加一笔银行对账单数据；单击"删除"按钮可删除银行对账单中的一笔记录；单击"过滤"按钮，可按条件过滤对账单。

在此输入的票号应同制单时输入的票号位长相同。

此功能中显示的银行对账单为启用日期之后的银行对账单。

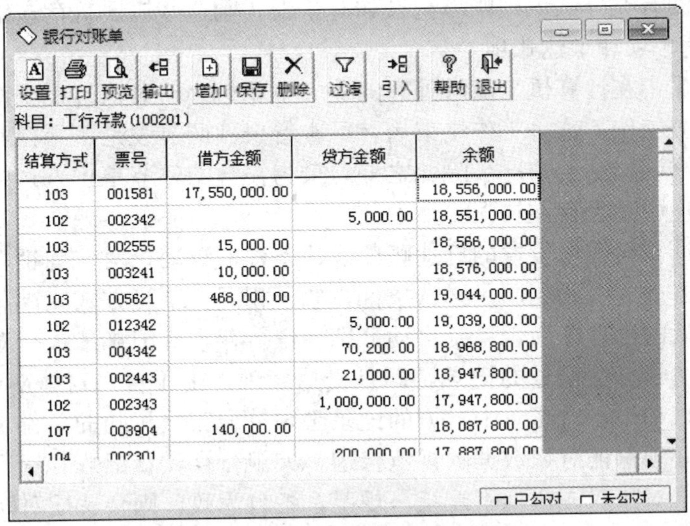

结算方式	票号	借方金额	贷方金额	余额
103	001581	17,550,000.00		18,556,000.00
102	002342		5,000.00	18,551,000.00
103	002555	15,000.00		18,566,000.00
103	003241	10,000.00		18,576,000.00
103	005621	468,000.00		19,044,000.00
102	012342		5,000.00	19,039,000.00
103	004342		70,200.00	18,968,800.00
103	002443		21,000.00	18,947,800.00
102	002343		1,000,000.00	17,947,800.00
107	003904	140,000.00		18,087,800.00
104	002301		200,000.00	17,887,800.00

图 7.12 “银行对账单”录入窗口

7.2.3 银行对账

基础会计、财务会计中所介绍的银行对账的知识，以及所做的相关训练，距离实际工作中的要求相距甚远，难以正确完成实际工作中对账的任务。在此我们基于实际工作需要介绍银行对账的知识和方法。

1. 银行对账基础

银行存款对账的目标在于检查银行存款日记账是否存在错误。银行存款对账首先应区分已达账项和未达账项。由于已达账项存在错误的可能性极小，所以在已达账项和未达账项已经清晰的情况下，应将日记账中的未达账项逐笔与原始凭证核对，两者相符表明“未达账项”属实(即未达账项正确)；反之，则属于账簿记录错误，应及时更正。而对账单上存在相对期间较长的未达账项有可能是银行记录错误，应及时与银行核实。

1）银行对账误区

银行存款对账业务对有实际工作经验的会计人员而言是极其简单的业务，但对于没有经验的初学者而言，由于理解上的误区，大多不能正确处理业务。

误区一：对于实际工作中会计的连续性认识不足，忽视对账的前提条件是账簿记录必须完整这一基本常识，即对账前必须确保当月所有记账凭证已全部登记入账，这个简单的道理似乎不需进行解释，然而初学者在进行案例业务处理时，常常忽略这一点，不时出现凭证尚未全部入账就开始进行对账，然后检查银行余额调节表平衡就认为对账工作已经完成的情况，如果在实际工作中出现这样的情况将会成为笑料。

误区二：认为银行余额调节表试算平衡足以保证对账结果正确，只要银行存款余额调节表平衡，对账工作即告结束。事实上银行余额调节表试算平衡，仅仅保证已达账项和未达账项的区分和汇总正确，而不能保证未达账项中没有错误记录。

误区三：在计算机业务处理的环境中，银行存款对账就是区分已达账项和未达账项。只要这一业务程序完成，对账工作即告完成。这种理解忽略了未达账项与相关原始记录核对的必要程序，没有充分认识到账簿记录如有错误，则这些错误就存在于未达账项之中。

2) 区分已达账项和未达账项

银行存款对账中在计算机上能够处理的业务主要是自动对账与手工对账，即已达账项和未达账项的区分工作。这一工作结束后，可查看余额调节表是否平衡，以验证手工对账过程中是否存在错误勾兑的情况。除此之外，最为关键的环节是将未达账项与原始记录核对，核查未达账项中是否存在错误。

自动对账是计算机根据设置的已达账项确认条件，自动核对、勾销。对账条件可根据需要选择，其中方向、金额相同是必选条件，票号相同、结算方式相同、日期范围等为可选条件。对已确认的已达账项，系统自动分别在银行存款日记账和银行对账单双方加注两清标志，未在两清栏标注符号的记录，即是未达账项。由于自动对账对已达账项的确认，是银行存款日记账和银行对账单中双方的记录必须符合完全相同的条件，所以为了保证自动对账的正确，必须保证对账数据的规范合理，如银行存款日记账和银行对账单的票号要统一位长等。如果对账双方数据不能统一规范，各自为政，则会造成对账效率低下。

手工对账是对自动对账的补充。手工对账主要做两方面的工作：第一，系统自动对账后，由于种种原因可能存在对已达账项的标识错误，而不能保证达到百分之百的准确，这就需要对账人员通过审查对账结果，进一步确认自动对账的正确性，如发现自动对账已达账项的标识存在错误，就必须给予调整；第二，审查、核实未达账项真实性，检查是否存在由于记账或对账单录入的错误等原因造成的未达账项，如发现这一错误应及时更正。没有实际工作经验的学员通常误认为，只要银行存款余额调节表平衡就表明日记账和对账单没有错误，对账工作也就完全正确；事实上，余额调节表平衡并不代表日记账和对账单没有记录错误，也不代表对账工作完全正确，对此，在计算机对账的情况下我们做一个小实验即可验证，试验方法是我们录入对账单后(也可故意录入一笔错误数据)，不进行任何对账操作而直接查看余额调节表，会发现其中日记账和对账单调节后的余额仍然相等，这足以证明余额调节表平衡不能说明对账工作正确，也不能说明日记账和对账单的数据没有错误。所以，必须通过手工对账，认真核查各笔未达账项是否实际存在，或是数据处理错误所致。

2. 银行对账方法和步骤

【操作步骤】

1) 打开对账窗口

(1) 在用友 T3 业务处理窗口，依次单击菜单"现金"→"现金管理"→"银行账"→"银行对账"，弹出"银行科目选择"对话框(图 7.13)。

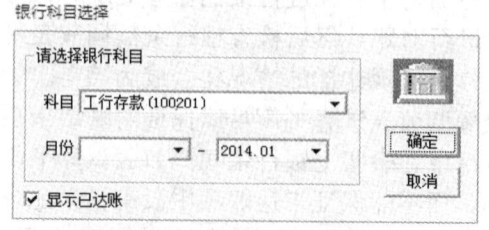

图 7.13 "银行科目选择"对话框

（2）选择对账银行科目，同时若选中"显示已达账"复选框，则显示已两清勾对的单位日记账和银行对账单（系统默认为不显示已达账）（图7.14）。

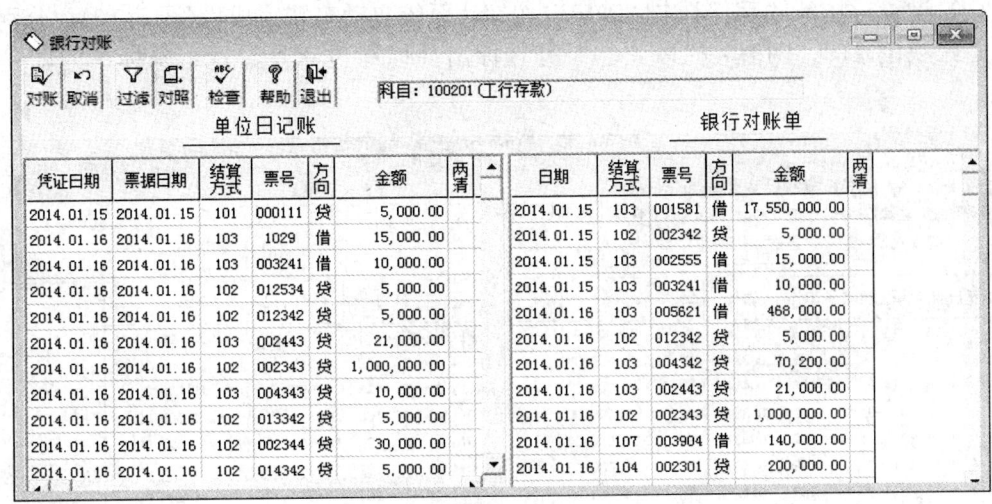

图7.14 "银行对账"窗口

2）自动对账

（1）在银行对账窗口，单击"对账"按钮，屏幕显示"自动对账"设置对话框（图7.15）。

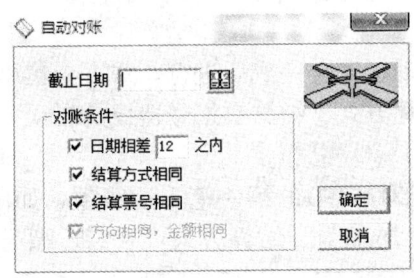

图7.15 "自动对账"设置对话框

对话框项目说明：

① 截止日期：输入本次对账截止日期，系统将对截止日期前的日记账和对账单进行勾对，若默认日期则核对所有业务。

② 日期相差"12"之内：用于设置已达账项确认条件的时间范围约束（以天为单位），"日期相差'12'之内"的含义是指日记账和对账单双方记录除满足其他条件外，还必须是12天之内记录的业务才能确认为已达账项。

③ 结算方式相同、结算票号相同：表示日记账和对账单双方记录在分别满足"结算方式相同"、"结算票号相同"（银行结算原始凭证编号相同）情况下方可确认为已达账项。

④ "方向相同，金额相同"（或"方向相反，金额相同"）：确认已达账项的基本条件（若在"银行对账期初录入"中定义"银行对账单余额方向"为贷方，则已达账项基本条件为"方向相反，金额相同"）。

可以分别选择对账条件按不同次序对账，如对账先按"票号＋方向＋金额"相同进行，然后按"方向＋金额"相同进行，且先勾对日期相差 12 天的已达账项进行对账。这样有利于观察分析对账结果的正确性。

（2）设置对账条件后，单击"确定"按钮，系统自动对账完成后（图 7.16），分别将双方已达账项记录的"两清"栏以"○"符号标出并以绿色背景显示，未标出的即是未达账项。

银行对账　　科目：100201（工行存款）

单位日记账

凭证日期	票据日期	结算方式	票号	方向	金额	两清
2014.01.16	2014.01.16	103	002443	贷	21,000.00	
2014.01.16	2014.01.16	102	002343	贷	1,000,000.00	○
2014.01.16	2014.01.16	103	004343	贷	10,000.00	
2014.01.16	2014.01.16	102	013342	贷	5,000.00	
2014.01.16	2014.01.16	102	002344	贷	30,000.00	○
2014.01.16	2014.01.16	102	014342	贷	5,000.00	
2014.01.16	2014.01.16	102	014112	贷	5,000.00	
2014.01.16	2014.01.16	102	014443	贷	5,000.00	
2014.01.20	2014.01.20	103	005621	借	468,000.00	
2014.01.20	2014.01.20	108	20081114	借	140,000.00	
2014.01.20	2014.01.20	105	05031	借	50,800.00	

银行对账单

日期	结算方式	票号	方向	金额	两清
2014.01.15	103	001581	借	17,550,000.00	○
2014.01.15	102	002342	借	5,000.00	
2014.01.15	103	002555	借	15,000.00	
2014.01.15	103	003241	借	10,000.00	
2014.01.16	103	005621	借	468,000.00	
2014.01.16	102	012342	贷	5,000.00	
2014.01.16	103	004342	贷	70,200.00	
2014.01.16	103	002443	贷	21,000.00	○
2014.01.16	102	002343	贷	1,000,000.00	○
2014.01.16	107	003904	贷	140,000.00	
2014.01.16	104	002301	贷	200,000.00	

图 7.16　自动对账结果

3）手工对账

手工对账操作应在"自动对账"完成后进行，重点应集中于未达账项审核，对于未达账项中，由于时间差距、结算方式、结算票据号造成的错误，以及更正错账的记录，可手工标记为已达账项。

（1）可选择日记账中（或对账单）的第一笔未达账项，如图 7.16 中日记账未达账项首条记录，日期"2014 年 1 月 16 日"、结算方式"102"、票号"014342"、方向"贷"、金额"5 000"。

（2）到银行对账单（或银行日记账）的未达账项中查找是否有借贷方向一致账项，金额相同的相似记录，如发现相似记录，应进一步核对原始单据，以检查该业务记账凭证中的辅助信息是否有误，如果能够确认双方记录确系同一业务，只是辅助信息有误，则可在日记账、对账单双方对应记录的"两清"一栏同时做出标记，表明它们为已达账项。

（3）如果日记账中的一条记录在对账单中找不到相似记录，或者已确认该记录为未达账项，则不作任何处理（没有两请标志的记录即是未达账项）。

（4）重复上述步骤，直到自动对账中标出的未达账项全部审核完毕（图 7.17，该图显示结果，仅是示例图，并非标准对账结果）。

（5）最后分别将日记账、对账单中未达账项与企业的实际业务记录（原始凭证）及开户银行的数据逐一进行核对，若核对结果没有发现错误，表明这些业务确属未达账项。至此，对账工作完成。

第7章 现金管理

科目：100201(工行存款)

单位日记账 | **银行对账单**

凭证日期	票据日期	结算方式	票号	方向	金额	两清		日期	结算方式	票号	方向	金额	两清
2014.01.15	2014.01.15	101	000111	贷	5,000.00	Y	付	2014.01.15	103	001581	借	17,550,000.00	○
2014.01.16	2014.01.16	103	1029	借	15,000.00	Y	收	2014.01.15	102	002342	贷	5,000.00	Y
2014.01.16	2014.01.16	103	003241	借	10,000.00	○	收	2014.01.15	103	002555	借	15,000.00	Y
2014.01.16	2014.01.16	102	012534	贷	5,000.00	Y	付	2014.01.15	103	003241	借	10,000.00	○
2014.01.16	2014.01.16	102	012342	贷	5,000.00	Y	付	2014.01.15	103	005621	借	468,000.00	Y
2014.01.16	2014.01.16	103	002443	贷	21,000.00	Y	付	2014.01.15	102	012342	贷	5,000.00	Y
2014.01.16	2014.01.16	103	002343	贷	1,000,000.00	○	付	2014.01.16	103	004342	贷	70,200.00	○
2014.01.16	2014.01.16	103	004343	贷	10,000.00	Y	付	2014.01.16	103	002443	贷	21,000.00	○
2014.01.16	2014.01.16	102	013342	贷	5,000.00	Y	付	2014.01.16	102	002343	贷	1,000,000.00	○
2014.01.16	2014.01.16	103	002344	贷	30,000.00	Y	付	2014.01.16	107	003904	借	140,000.00	Y
2014.01.16	2014.01.16	102	014342	贷	5,000.00	Y	付	2014.01.16	104	002301	贷	200,000.00	Y
2014.01.16	2014.01.16	102	014112	贷	5,000.00		付	2014.01.16	103	205116	贷	2,153,800.00	Y
2014.01.16	2014.01.16	102	014443	贷	5,000.00		付	2014.01.16	104	200516	贷	3,728,600.00	Y
2014.01.20	2014.01.20	103	005621	借	468,000.00	○	收	2014.01.16	105	051114	贷	500,000.00	Y
2014.01.20	2014.01.20	108	008111	借	140,000.00	Y	收	2014.01.16	103	004343	贷	10,000.00	○
2014.01.20	2014.01.20	105	05031	借	50,800.00	Y	收	2014.01.17	103	012543	贷	5,000.00	Y
2014.01.20	2014.01.20	103	001581	借	17,550,000.00	○	收	2014.01.17	102	013342	贷	5,000.00	Y
2014.01.20	2014.01.20	105	100621	借	2,866,500.00		收	2014.01.17	103	051123	贷	5,425.00	
2014.01.20	2014.01.20	103	004342	贷	70,200.00	○	付	2014.01.17	104	051031	借	50,800.00	Y
2014.01.20	2014.01.20	108	025112	贷	200,000.00	Y	付	2014.01.18	102	002344	贷	30,000.00	Y
2014.01.20	2014.01.20	103	200516	贷	2,153,800.00	Y	付	2014.01.18	103	014342	贷	5,000.00	Y
2014.01.20	2014.01.20	105	200516	贷	3,728,600.00	Y	付	2014.01.22	109	115432	借	1,000,000.00	
2014.01.20	2014.01.20	106	051114	贷	500,000.00	Y	付	2014.01.24	110	155321	贷	2,300,000.00	
2014.01.20	2014.01.20	103	051123	贷	5,425.00	○	付						

图 7.17 手工对账示意图

3. 取消对账标志

当发现银行对账勾对错误时，应将错误的对账标志取消。系统提供两种取消对账标志的方式，分别为手动取消某一笔的对账标志及自动取消指定时间内的所有对账标志。

手动取消勾对：双击要取消对账标志业务的"两清"区。

自动取消勾对：单击"取消"按钮，系统显示反勾对月份范围录入窗口，选择要进行反对账的期间，单击"确定"按钮，将自动取消两清标志。

7.2.4 银行余额调节表输出

银行对账完成，便可输出"银行存款余额调节表"，以检查对账是否正确。

在用友 T3 业务处理窗口，依次单击菜单"现金"→"现金管理"→"银行账"→"余额调节表查询"，屏幕显示"银行存款余额调节表"选择窗口(图 7.18)。

查看某科目的调节表时，将光标移到该科目上，单击"查看"按钮或双击该行，可查看该银行账户的余额调节表。如选择"工行存款"科目，单击"查看"按钮或双击该行，则弹出工行存款(100201)余额调节表(图 7.19)。此余额调节表为截止日期到对账截止日期的余额调节表，若无对账截止日期，则为最新余额调节表。

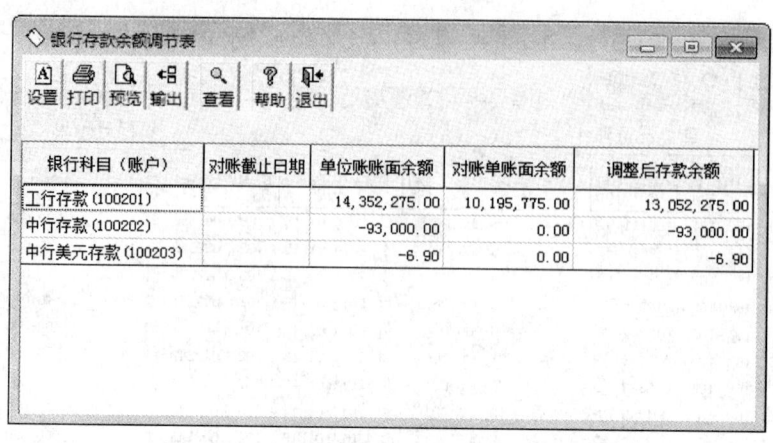

图7.18 "银行存款余额调节表"选择窗口

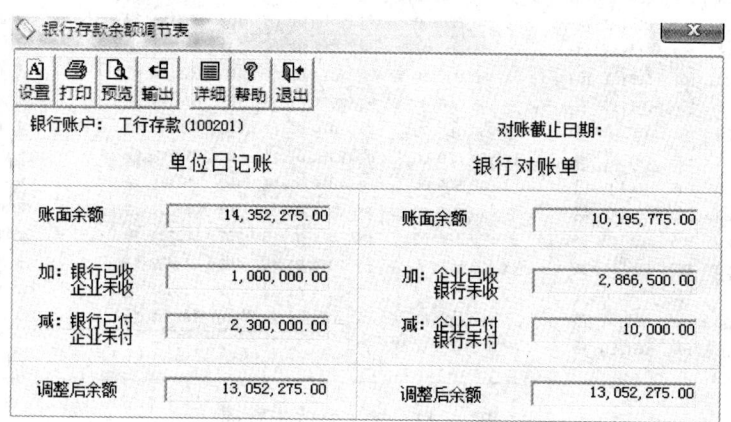

图7.19 工行存款余额调节表

单击"打印"按钮可打印银行存款余额调节表。

如余额调节表余额不平，应从以下几个方面检查。

(1)"银行期初录入"中的"调整后余额"是否平衡，若发现错误，应予以调整。

(2)"银行对账"中勾对是否正确、对账是否平衡，若发现错误，应予以调整。

7.2.5 银行对账情况查询

用于查询单位日记账及银行对账单的对账结果。

【操作步骤】

(1) 在用友T3业务处理窗口，依次单击菜单"现金"→"现金管理"→"银行账"→"查询对账勾对情况"，系统弹出查询条件输入窗口。

(2) 在查询条件输入窗口，输入要查找的银行科目，并选择查询方式。系统提供3种查询方式：显示全部、显示未达账、显示已达账，系统默认显示全部。

(3) 查询条件设置完成后，单击"确定"按钮，屏幕显示"查询银行勾对情况"窗口(图7.20)。通过单击银行对账单、单位日记账标签，可切换显示对账情况。

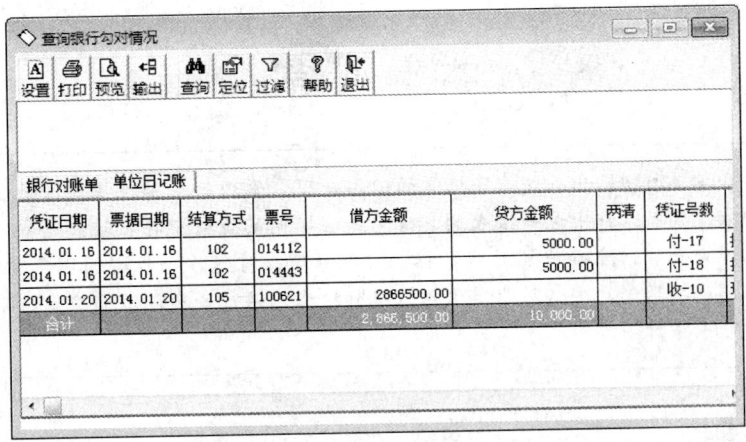

图 7.20 "查询银行勾对情况"窗口

7.2.6 长期未达账项审计

用于查询至截止日期天数超过一定天数的银行未达账项,以便企业分析长期未达原因,避免资金损失。

【操作步骤】

(1) 在用友 T3 业务处理窗口,依次单击菜单"现金"→"现金管理"→"长期未达账审计",系统弹出"长期未达账项审计条件"设置对话框(图 7.21)。

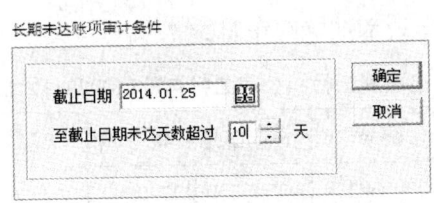

图 7.21 "长期未达账项审计条件"设置对话框

(2) 在此对话框,录入审计的截止日期,及至截止日期未达天数超过天数。审计条件录入后,单击"确定"按钮,屏幕显示"长期未达审计"窗口(图 7.22)。可以通过单击"银行对账单"和"单位日记账"标签,切换显示不同查询内容。

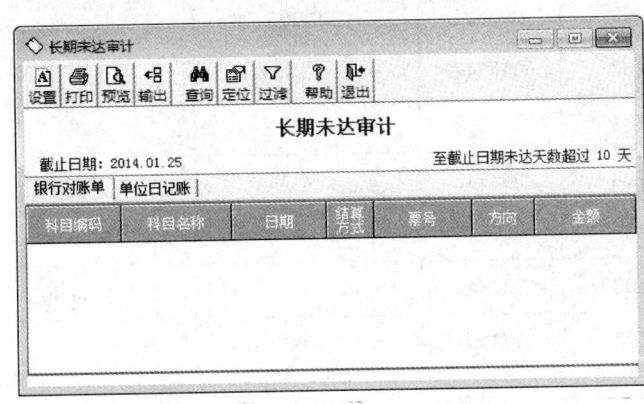

图 7.22 "长期未达审计"窗口

本 章 小 结

各种日记账查询、打印输出、支票登记簿的使用是现金管理的基础性业务,而资金日报属于企业内部管理报表,实际工作中这一报表的具体形式在不同的企业中存在较大差异,但编制方法基本相同。对初学者而言,准确理解对账目标、对账原理、对账各个步骤的现实意义更为重要。只要能够准确理解这些理论,那么对账单录入、银行对账、银行余额调节表输出、银行对账情况查询、长期未达账项审计等方法就很容易掌握。

业务实训7 现金管理

一、洛阳理工材料公司银行存款对账期初录入

资料:洛阳理工材料公司工行存款(100201)相关期初余额

银行存款日记账期初余额:1 006 000 元。

银行存款对账单期初余额:1 006 000 元。

二、洛阳理工材料公司对账单录入

洛阳理工材料公司工行存款本期对账单见表7-1。

表7-1 洛阳理工材料公司工行存款(100201)本期对账单   单位:元

日期	结算方式	票号	借方金额	贷方金额	余额
2014.01.15	103	001581	17 550 000.00		18 556 000.00
2014.01.15	102	002342		5 000.00	
2014.01.15	103	002555	15 000		
2014.01.15	103	003241	10 000		
2014.01.16	103	005621	468 000.00		
2014.01.16	102	012342		5 000.00	
2014.01.16	103	004342		70 200.00	
2014.01.16	103	002443		21 000.00	
2014.01.16	102	002343		1 000 000.00	
2014.01.16	103	004343		10 000.00	
2014.01.16	107	003904	140 000.00		

续表

日期	结算方式	票号	借方金额	贷方金额	余额
2014.01.16	104	002301		200 000.00	
2014.01.16	103	205116		2 153 800.00	
2014.01.16	104	200516		3 728 600.00	
2014.01.16	105	051114		500 000.00	
2014.01.17	103	012543		5 000.00	
2014.01.17	102	013342		5 000.00	
2014.01.17	103	051123		5 425.00	
2014.01.17	104	051031	50 800.00		
2014.01.18	102	002344		30 000.00	
2014.01.18	103	014342		5 000.00	
2014.01.22	109	115432	1 000 000.00		
2014.01.24	110	155231		2 300 000.00	10 195 775.00

三、为洛阳理工材料公司工行存款(100201)对账

1．完成自动对账；手工对账；审核未达账项是否有误

备注：本月已与开户银行核实，发现银行对账单业务有误，见表7-2。对账单中的错误仅作为手工对账时确认已达账项的参考，不需要更正对账单。

表7-2　工行对账单更正(对账参考数据)　　　　　　　　单位：元

日期	结算方式	票号	金额方向	银行更正	
				结算方式	票号
2014.01.16	107	003904	140 000.00(借)	108	20081114
2014.01.16	104	002301	200 000.00(贷)	108	00251124
2014.01.16	105	051114	500 000.00(贷)	106	
2014.01.18	103	014342	5 000.00(贷)	102	

2．查看银行存款余额调节表

四、查询现金日记账、银行存款日记账

常见问题

1．在出纳模块下无法查询现金日记账、银行存款日记账

出现这一问题，是第2章的业务实训中，没有进行"指定会计科目"初始设置或相应初始设置错误。在总账系统，进入会计科目设置窗口，重新进行"指定会计科目"的设置

即可。

2. 对账中发现日记账上结算方式或结算凭证编号错误，如何更正

若仅只是结算方式或结算凭证编号错误，通常无须更正，若对账单上已有该项业务的对应记录，可直接作为已达账项处理，否则做未达账项处理即可。

思考题

（1）从银行对账的角度考虑，银行存款余额调节表的实际作用是什么？

（2）银行存款余额调节表试算平衡，是否能保证日记账记录没有错误？

（3）在已达账项和未达账项确认无误的情况下，如何确保未达账项中没有错误的业务记录？

第 8 章 期末业务

教学目标

通过本章的学习，了解信息化会计期末转账业务处理的基本程序和主要内容；熟悉自定义转账凭证设置处理的基本操作步骤、自定义转账函数使用说明、转账函数应用举例；掌握对应结转、销售成本结转、售价（计划价）销售成本结转、汇兑损益结转、期间损益结转凭证的设置和转账凭证生成的步骤及方法。

所谓期末业务（又称月末业务），是指本月所发生的全部经济业务登记入账以后所要完成的会计工作。它主要包括成本、费用、损益的计提、分摊和结转等转账业务，以及期末对账、结账等会计业务。期末业务的内容和形式具有相对固定和程序化的特点，所以账务软件系统都专门设置一个"月末业务"功能模块处理这部分业务。

8.1 自定义转账凭证

信息化环境下的月末转账业务处理，由转账凭证定义和转账凭证生成两部分组成。用友财务软件中，转账凭证定义的功能主要包括自定义转账设置、对应转账设置、销售成本结转设置、汇兑损益结转设置和期间损益结转设置。其中自定义转账适用于期末任何形式转账凭证的定义，但其操作相对复杂；而对应转账设置、销售成本结转设置、汇兑损益结转设置和期间损益结转设置等转账凭证定义，都有各自的使用范围，其定义过程也相对简单，操作容易。本节主要介绍自定义转账。

使用自动转账时，应先根据单位的实际情况，对每个会计期末要进行结转的内容进行整理，编制相应的会计分录，确定数据的来源、结转去向、计提或分摊的比例等内容，然后按照操作步骤定义转账凭证。

8.1.1 基本操作步骤

我们结合实例说明转账凭证定义的操作步骤。

【例 8-1】 洛阳利达材料公司期末结转固定资产清理费用，其会计分录为：
借：营业外支出
　　贷：固定资产清理

【操作步骤】

（1）在用友 T3 业务处理窗口，依次单击菜单"总账"→"期末"→"转账定义"→

"自定义转账",进入"自动转账设置"窗口(图8.1)。

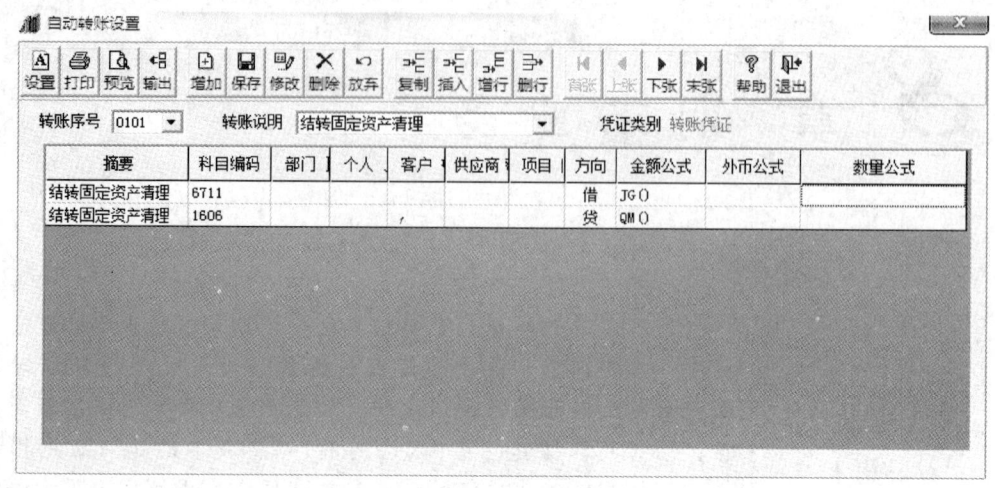

图8.1 "自动转账设置"窗口

窗口项目说明:

① 摘要:记账凭证上的业务摘要,可参照系统定义的常用摘要输入。

② 科目编码:应借或应贷的会计科目,可参照系统定义科目编码输入。

③ 部门:当前科目若含部门辅助核算,且需要按某一特定部门进行结转时,则需在此指定部门,否则表示按所有部门进行结转。对于非部门核算科目不必输入。

④ 项目:当前科目若含项目辅助核算,且需要按某项目结转时,则需在此指定项目,否则表示按所有项目进行结转。对于非项目核算科目不必输入。

⑤ 个人:当前科目若含个人往来辅助核算,且需要按某个人结转时,则需在此指定个人,否则表示按所有个人结转,若只输入部门不输入个人,则表示按该部门下所有个人结转。对于非个人往来科目不必输入。

⑥ 客户:当前科目若含客户往来辅助核算,且需要按某客户结转时,则需在此指定客户,否则表示按所有客户进行结转。对于非客户往来科目不必输入。

⑦ 供应商:当前科目若含供应商往来辅助核算,且需要按某供应商结转时,则需在此指定供应商,否则表示按所有供应商进行结转。对于非供应商往来科目不必输入。

⑧ 方向:输入该科目金额的发生方向。

⑨ 金额公式、外币公式、数量公式:三者分别是当前科目本币金额、外币金额和数量的计算公式,主要由函数、运算符(+、—、*、/)、常数等组成。可参照录入(对于初级用户,建议通过参照录入公式)也可直接输入。

(2) 单击"增加"按钮,进入"转账目录"对话框(图8.2)。

对话框栏目说明:

① 转账序号:它是该张转账凭证在转账凭证定义中使用的序列号,并非凭证编号。一张自动转账凭证对应一个转账序号,可根据实际情况定义。转账序号只能输入数字1~9,不能重号。

② 转账说明:对所定义凭证的简要说明,可与凭证摘要相同,可参照常用摘要录入。

③ 凭证类别:定义该张转账凭证的凭证类别,本书案例中的就是收、付、转中的一种。

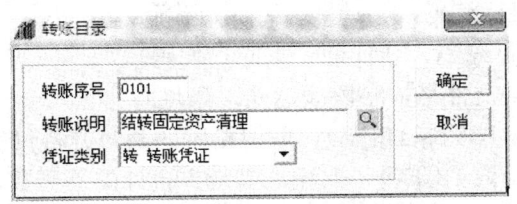

图 8.2 "转账目录"对话框

本例凭证定义：转账序号为 0101，转账说明"结转固定资产清理"，凭证类别"转 转账凭证"。

(3) 以上各项输入后，单击"确定"按钮，在图 8.1 所示窗口会增加一空行，定义转账凭证分录中的第一个会计科目的相关数据。

本例定义：摘要"结转固定资产清理"，科目"营业外支出(6711)"，本科目无部门等辅助核算信息，所以此类信息忽略为空，方向"借"，金额公式"JG()"，外币公式、数量公式忽略。

其中 JG()函数含义为取本张凭证对方科目合计数为当前科目金额，本例是取贷方科目合计金额为当前科目的金额。该函数也可以通过设置参数，取对方指定科目的金额。如本例也可将公式改为 JG(1606)，含义为取对方科目固定资产清理(1606)的金额为当前科目金额。因例中对方(贷方)科目只有固定资产清理一个科目，所以在本例中对方(贷方)科目合计数和固定资产清理科目金额相等，所以本例中 JG()和 JG(1606)等价。

(4) 单击"增行"按钮，然后在新的一行录入：摘要"期末结转"，科目"1606"(固定资产清理)，部门等辅助核算为空，方向"贷"，金额公式"QM(1606，月)"。

QM()是从账簿中提取期末余额的函数，其中参数"1606"是固定资产清理的科目代码，"月"表示提取月末余额。QM(1606，月)的含义是从"固定资产清理"中取得月末余额为当前科目余额。本例也可改写为 QM()，含义为取当前科目(当前处理的科目正是固定资产清理)的本月月末余额。

(5) 该张转账凭证的定义完成，单击"保存"按钮存储。

8.1.2 自定义转账函数使用说明

1. 用友财务软件中常用的函数

(1) 期初余额：QC(科目编码，会计期，代码)；

外币期初：WQC(科目编码，会计期，代码)；

数量期初：SQC(科目编码，会计期，代码)。

(2) 期末余额：QM(科目编码，会计期，代码)；

外币期末：WQM(科目编码，会计期，代码)；

数量期末：SQM(科目编码，会计期，代码)。

(3) 发生净额：JE(科目编码，会计期，代码)；

外币净额：WJE(科目编码，会计期，代码)；

数量净额：SJE(科目编码，会计期，代码)。

(4) 发生额：FS(科目编码，会计期，方向，代码)；

外币发生：WFS(科目编码，会计期，方向，代码)；

数量发生：SFS(科目编码，会计期，方向，代码)。

（5）通用公式：TY(文件名，字段表达式，条件)。

（6）对方科目数值：JG(科目编码)，取所指定的某对方科目的计算值。

（7）借贷平衡差额函数：CE()，取凭证借贷方合计的差额数。

（8）常数：直接赋予此科目一个数值，也可用于在分摊费用或计算税金时，将转账公式取出来的数据乘以一个比例，这个比例数在交互式输入时，可以常数的形式输入。

2. 一般函数参数

上述公式可依据实际情况携带科目编码、会计期、方向、代码等参数指明具体的取值要求。

（1）科目编码：指明依据哪个会计科目取得数据。它必须是账务中已定义的会计科目编码。如果转账凭证明细科目栏的科目与公式中的科目编码相同，则公式中的科目编码可省略。例如 QM()表示取当前分录左边科目栏定义科目的月末余额。

（2）会计期：可以为"年"或"月"。会计期为"月"时，在每月转账时系统自动结转该月的余额或发生额或净发生额；为"年"时，在每月转账时系统自动结转年初至该月的余额或发生额或净发生额；会计期输入"1"或"2"或"12"等具体月份时，表示取相应月份的余额、发生额或净发生额；会计期为空时，默认为"月"。例如 QM(640101，月)，表示取"640101"科目的月末余额；FS(640101，年，J)，表示取 640101 科目的借方年累计发生额；QM(640101，3)，表示取"640101"科目的 3 月份余额；QM(640101)，表示取"640101"科目当月的月末余额。

（3）代码：当前取数科目中辅助核算部门或项目代码(或名称)。科目含有部门核算，代码用于指定部门；科目含有项目核算时，代码用于指定项目；科目含有部门加项目核算科目时，代码用于指定部门和项目；代码为空时，取所有的部门或项目数。当要取某个项目的余额或发生额或净发生额时，应在代码处输入指定的项目。例如 QM(160401，月，高新分厂)，表示取"160401"科目高新分厂项目余额，其中"160401"为项目核算科目；而 QM(160401，月)，表示取"160401"科目所有项目的余额；"160404"科目为部门项目核算科目；则 QM(160404，月，基本建设部＋高新分厂)，表示取"160404"科目中基本建设部的高新分厂项目余额之和，其中"160404"为部门、项目核算科目；QM(160404，月，高新分厂)，表示取"160404"科目各部门高新分厂的余额之和，其中"160404"为部门、项目核算科目；QM(160404，月，基本建设部)，表示取"160404"科目基本建设部的所有项目的余额之和，其中"160404"为部门项目核算科目。

（4）方向：发生额函数的方向用"J""j"或"借"表示借方，用"D""d"或"贷"表示贷方。例如 FS(500101，月，J)，表示取"500101"科目当月借方发生额；FS(500101，月，D)，表示取"500101"科目当月贷方发生额；WFS(100204，月，J)，表示取"100204"科目的当月借方外币发生额；若"500101"科目为部门核算科目，则 QM(500101，月，J，一车间)，表示取"500101"科目一车间当月借方发生额。

3. 通用函数 TY()

若希望从用友软件其他产品中直接取数(如从工资系统中取应交所得税合计，从固定资产系统中取固定资产清理收入、清理费用等），可以使用通用取数函数。由于这些数据都在 SQL SERVER 数据库中，所以在使用通用函数时，需指定相应的数据库、数据表和数据字段取到相应的数据。由于涉及数据库的操作，所以最好由计算机专业人员来进行。

（1）函数格式：TY(SQL 数据库文件名，数据表名，计算表达式，条件表达式)。

（2）数据库文件名：必须为已存在的数据库，且应录入全部路径及数据库文件全名。例如，C：\ Ufsoft80 \ zt999 \ 1998 \ ufdata. mdb。

（3）数据表名：必须为已存在的数据表。

（4）计算表达式：可录入字段名，也可输入 SQL 语句中的统计函数。

（5）条件表达式：可以录入查找条件，相当于 SQL 语句中 where 子句中的内容。

执行公式时，系统自动将输入内容拼写成 SQL 数据库查询语句，可从数据库中取到相应的数据。若执行结果有多个值，则函数返回第一个符合条件的值。

例如 TY（C：\ Ufsoft80 \ zt999 \ 1998 \ ufdata. mdb，GL _ accsum，sum（md），ccode ="1001"），表示从 ufdata. mdb 数据库的总账数据表（GL _ accsum）中取科目编码（ccode）为 1001 的科目的借方发生数（md）合计数。

8.1.3 自定义转账凭证举例

理解了转账的工作原理及设置方法后，就可以灵活地加以运用。下面举几个实际应用中较为典型的例子，重点说明各种转账类型的公式定义方法。

【例 8-2】 洛阳利达材料公司期末分摊制造费用，其中 A 产品负担本期发生额 30%，B 产品负担本期发生额的 40%，C 产品负担 30%。

借：生产成本——基本生产——A 产品(间接制造费用)
　　生产成本——基本生产——B 产品(间接制造费用)
　　生产成本——基本生产——C 产品(间接制造费用)
贷：制造费用——工资及福利费
　　制造费用——折旧费用
　　制造费用——低值易耗品
　　制造费用——物料消耗
　　制造费用——修理费

【操作步骤】

（1）在自定义转账凭证设置窗口，单击"增加"按钮，打开转账凭证说明信息录入窗口。

（2）在转账凭证说明信息录入窗口，依次录入转账序号"0103"，转账说明"结转制造费用"，凭证类别"转 转账凭证"。

（3）单击"确定"按钮，开始定义会计分录。

（4）第一行依次输入摘要"分摊制造费用"，科目编码"50010101"，项目"间接制造费"，方向"借"，金额公式"JG()×0.3"。

（5）参照步骤（4），设置借方的另外两个科目。

（6）贷方第一个科目依次输入摘要"分摊制造费用"，科目编码"510101"，方向"贷"，金额公式"QM()"。

(7) 参照步骤(6), 设置贷方的其他科目。

(8) 单击"保存"按钮,完成凭证定义。

【例8-3】 洛阳利达材料公司期末A产品14 000吨全部完工入库,结转本期生产成本。

借: 库存商品——A产品
　　贷: 生产成本——基本生产——A产品(直接材料)
　　　　生产成本——基本生产——A产品(直接工资)
　　　　生产成本——基本生产——A产品(直接动力)
　　　　生产成本——基本生产——A产品(间接制造费用)

【操作步骤】

(1) 在自定义转账凭证设置窗口,单击"增加"按钮,打开转账凭证说明信息录入窗口。

(2) 在转账凭证说明信息录入窗口,依次录入转账序号"0104",转账说明"结转A产品完工成本",凭证类别"转 转账凭证"。

(3) 单击"确定"按钮,开始定义会计分录。

(4) 第一行依次输入摘要"结转A产品完工成本",科目编码"140501",方向"借",金额公式"JG()",数量公式"SQM(50010101,月,,*)"。

(5) 贷方第一个科目依次输入摘要"结转A产品完工成本",科目编码"50010101",项目"直接材料费",方向"贷",金额公式"QM(50010101,月,500101010101)",数量公式"SQM(50010101,月,500101010101)"。

在此,结合本例数量公式输入,说明公式向导应用(即本例数量公式"SQM(50010101,月,,500101010101)",利用系统的公式向导进行输入)。

① 在第一行的数量公示栏,单击参照输入按钮,系统弹出公式向导的选择函数对话框(图8.3)。

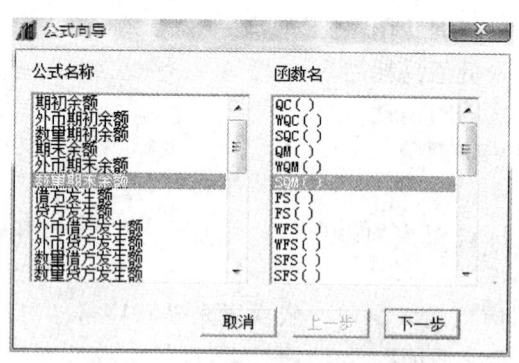

图8.3 公式向导-选择函数

② 双击窗口左侧"公式名称"列表框内的"数量期末余额"选项(或选择数量期末函数,单击"下一步"按钮),系统弹出公式向导的参数设置对话框(图8.4)。将其中的"科目"修改为50010101,项目选择"直接材料"。

③ 单击"完成"按钮,返回凭证定义窗口,系统将公式"SQM(50010101,月,*)"列示在数量公式栏。

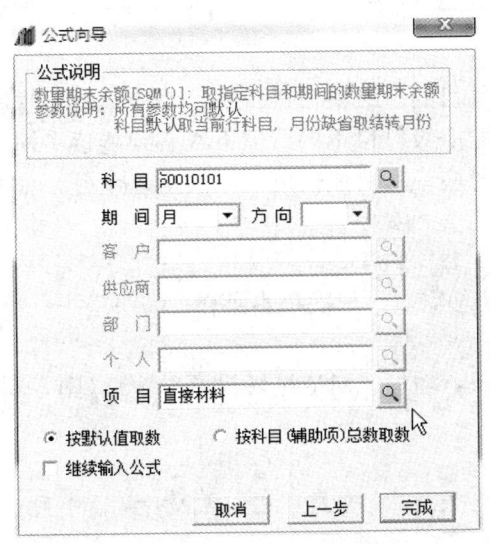

图 8.4 公式向导－参数设置

(6) 贷方其他科目,可参照步骤(5)录入,但不需输入数量公式。

(7) 单击"保存"按钮,完成凭证定义。

【例 8-4】 按税前利润 25%预提当月所得税费用。

借:所得税费用

　　贷:应交税金——应交所得税

【操作步骤】

(1) 在自定义转账凭证设置窗口,单击"增加"按钮,打开转账凭证说明信息录入窗口。

(2) 在转账凭证说明信息录入窗口,依次录入转账序号"0106",转账说明"计提应交所得税",凭证类别"转 转账凭证"。

(3) 单击"确定"按钮,开始定义会计分录。

(4) 第一行依次输入摘要"计提应交所得税",科目编码"6801",方向"借",金额公式"JG( )"。

(5) 贷方第一个科目依次输入摘要"计提应交所得税",科目编码"222106",方向"贷",金额公式"QM(4103,月,贷)×0.25"。

(6) 单击"保存"按钮,完成凭证定义。

关于所得税计算公式的设计,本例有两个假设条件:第一,本期实现利润已结转到"本年利润"科目;第二,该单位实现的利润与应税所得额恰巧相等。

8.2 特殊形式的转账凭证

用友财务软件系统,除提供自定义转账凭证外,还根据实际应用需要,设计了一些特殊的转账凭证定义工具,其内容主要有对应转账设置、销售成本结转设置、汇兑损益结转设置和期间损益结转设置。

8.2.1 对应结转

对应结转用于对两个科目的下级科目进行一一对应结转。这种结转只允许输入两个科目之间的结转,参与结转的上级科目不同,但下级必须能逐一对应,如有辅助核算,则两个科目的辅助账类也必须对应。本功能仅用于结转期末余额,如发生额结转,须在自定义结转中设置。

【操作步骤】

(1) 在用友 T3 业务处理窗口,依次单击菜单"期末"→"期末"→"转账定义"→"对应结转"。

(2) 单击"增加"按钮,增加"对应结转设置"窗口(图 8.5)。

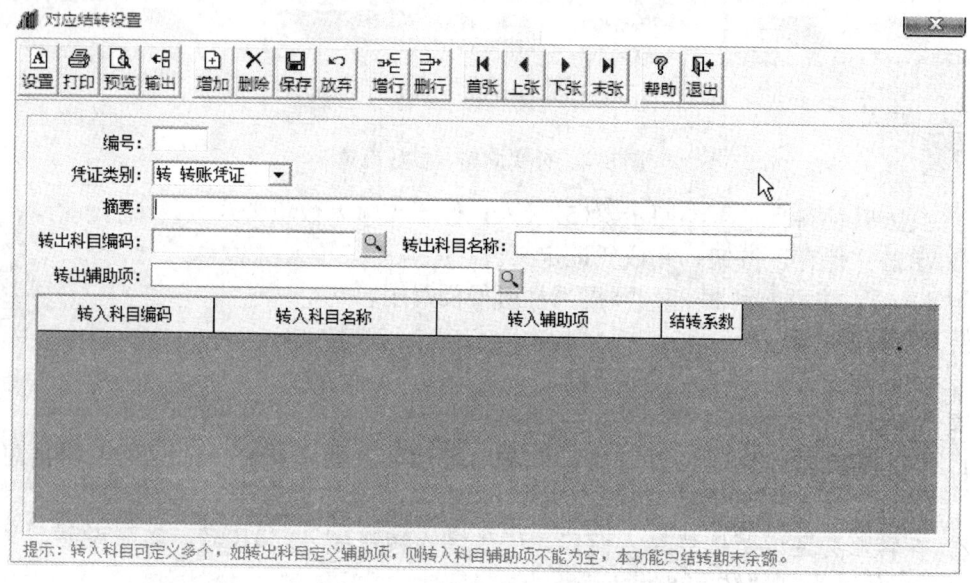

图 8.5 "对应结转设置"窗口

窗口栏目说明:

① 编号:它是该张转账凭证在对应结转类中的序列号,并非凭证号。转账编号可任意定义,但只能输入数字 1~9,字母 a~z,A~Z,不能重号。

② 凭证类别、凭证摘要:与正式凭证中的含义相同。

③ 转出科目:数据将从输入的这一科目转到其他科目中去,可参照录入,有辅助核算需输入相关信息。

④ 转入科目:可参照输入,允许多个转入科目,辅助项可与转出科目不同。

⑤ 结转系数:指结转比例,当将转出科目的部分金额转入某一科目(即按比例结转)时,应输入结转系数;默认时结转系数为 1。转入科目的金额计算公式:转入科目金额=转出科目取值×结转系数。

(3) 输入完成,单击"保存"按钮存储。

8.2.2 销售成本结转

企业销售成本按全月平均销售成本法结转，且"库存商品""主营业务成本"及"主营业务收入"科目均无部门等辅助核算时，可用此功能定义销售成本结转凭证。这一方式是按月末商品销售数量乘以库存商品（或产成品）的平均单价计算各类商品销售成本后，进行结转。对带辅助账类的科目结转成本，应使用"自定义转账"定义。

【操作步骤】

（1）在用友 T3 业务处理窗口，依次单击菜单"总账"→"期末"→"转账定义"→"全月平均销售成本结转设置"，进入"销售成本结转设置"对话框（图 8.6）。

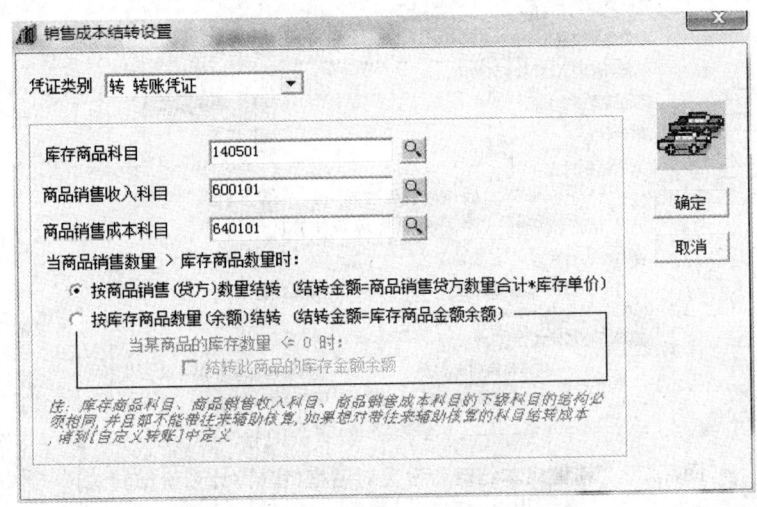

图 8.6 "销售成本结转设置"对话框

（2）对话框中的三个待输入科目，可输入总账科目或明细科目，但输入的三个科目应具有相同结构的明细科目，即要求库存商品科目和主营业务收入科目下的所有明细科目必须都有数量核算，且这三个科目的下级必须一一对应，输入完成后，系统自动计算出所有商品的销售成本。其中：

数量＝商品销售收入科目下某商品的贷方数量；

单价＝库存商品科目下某商品的月末金额/月末数量；

金额＝数量×单价。

该企业进入销售成本结转设置功能后，可作如下设置：

库存商品科目：140501（库存商品）；

主营业务收入科目：6001（主营业务收入）；

主营业务成本科目：6401（主营业务成本）；

（3）设置完成后，单击"确定"按钮保存。

需要说明的是这种成本结转定义，每次仅能处理一种产品，如企业有 A、B、C 三种产品，就需要定义 A 产品销售成本结转凭证、生产 A 产品转账凭证，再定义 B 产品销售成本结转凭证、再生成 B 产品转账凭证，反复处理三次。

8.2.3 售价（计划价）销售成本结转

本功能提供按售价(计划价)结转销售成本或调整月末成本。

在用友 T3 业务处理窗口，依次单击菜单"总账"→"期末"→"转账定义"→"售价(计划价)销售成本"，进入"销售成本结转"设置对话框(图 8.7)。

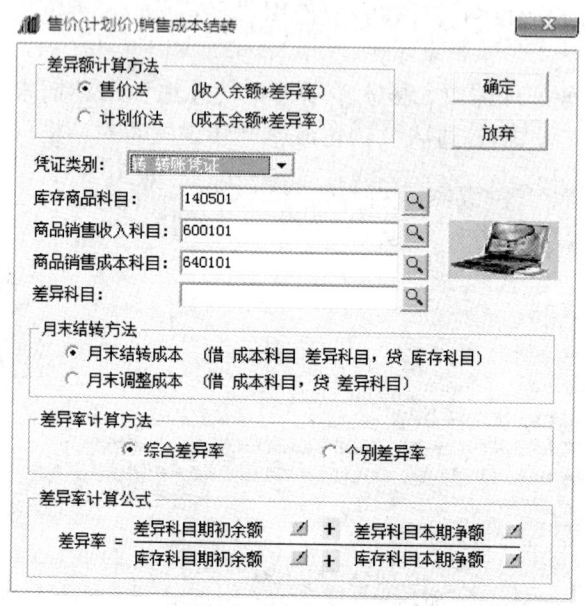

图8.7 "销售成本结转"设置对话框(售价/计划价结转法)

对话框栏目说明：

① 差异额计算方法：售价法计算公式为差异额＝收入余额×差异率(商业企业多用此法)；计划价法计算公式为差异额＝成本余额×差异率(工业企业多用此法)。

② 凭证类别：所生成凭证的类别。

③ 会计科目：指定库存商品、主营业务收入、主营业务成本、进销差价四个科目。用户可输入总账科目或明细科目，但要求库存商品、主营业务成本和主营业务收入下的所有明细科目必须都有数量核算，且这三个科目的下级必须一一对应。

④ 月末结转方法：月末结转成本方式是指月末结转成本的同时调整成本差异；月末调整成本方式是指平时在发生销售业务时即结转成本，月末仅进行成本差异调整。

⑤ 差异率计算方法：分为综合差异率、个别差异率。

⑥ 差异率计算公式：提供[A＋(－)B]/[C＋(－)D]形式的计算公式。其中 A、B、C、D 由用户指定，运算符为"＋"或"－"。A、B 按差异科目取数，C、D 按库存科目取数。A、B、C、D 为取数内容，预置为"期初余额""期末余额""借方发生额""贷方发生额""净发生额"。初始预置一个常用差异公式。

设置完成，单击"确定"按钮保存。

8.2.4 汇兑损益结转

汇兑损益须在本期所有凭证全部记账后方可进行计算。用友财务软件对处理汇兑损益的处理提供了三种解决方案,可在建立账套时选择。这三种方案分别是无外币账、固定汇率、当日汇率。汇兑损益的计算只针对采用"固定汇率"的情况而言。

对汇兑损益的计算分为两种情况:总账科目的汇兑损益计算和往来辅助账的汇兑损益计算。其中往来辅助账的汇兑损益计算又可分为个人往来汇兑损益计算、单位往来汇兑损益计算和项目往来汇兑损益计算。

另外,为了能使系统自动生成汇兑损益转账凭证,还需指定汇兑损益的入账科目,这项工作应在建账时完成,具体可参看本书有关科目设置的内容。

【操作步骤】

(1) 在用友 T3 业务处理窗口,依次单击菜单"总账"→"期末"→"转账定义"→"汇兑损益",进入"汇兑损益结转设置"对话框(图 8.8)。

(2) 在凭证类别列表框,选择"付 付款凭证"。

(3) "汇兑损益入账科目",输入该账套中汇兑损益科目的科目编码,也可参照科目录入。本书案例可输入 660301(财务费用—汇兑损益)。

(4) 将光标移到要计算汇兑损益的外币科目上按空格键或双击要计算汇兑损益的科目,选择需要计算汇兑损益的科目。本书案例选择 100203(中行美元存款)。

(5) 双击"中行美元存款"一行的最后"是否计算汇兑损益"一栏,该栏显示"Y"。

(6) 单击"确定"按钮,完成设置。

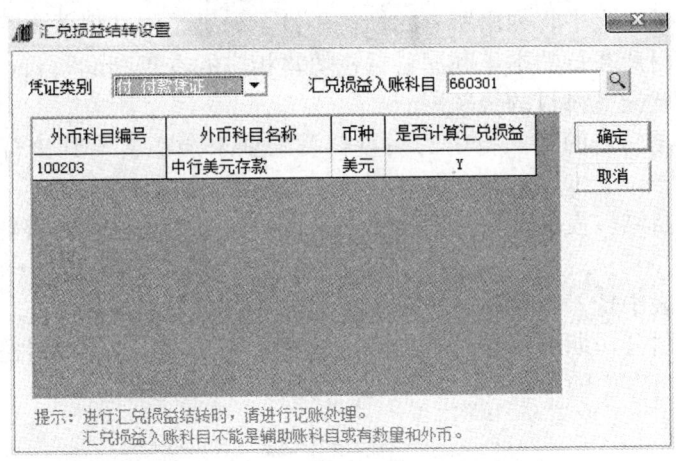

图 8.8 "汇兑损益结转设置"对话框

8.2.5 期间损益结转

期间损益结转是在一个会计期间终了将管理费用、营业费用、财务费用、主营业务收入、主营业务成本、营业外收支等损益类科目的余额结转到本年利润科目中,从而及时反映企业利润的盈亏情况。

【操作步骤】

(1) 在用友 T3 业务处理窗口,依次单击菜单"总账"→"期末"→"转账定义"→"期间损益",进入"期间损益结转设置"对话框(图 8.9)。

(2) 表格上方的本年利润科目是本年利润的入账科目,可参照录入。如果本年利润科

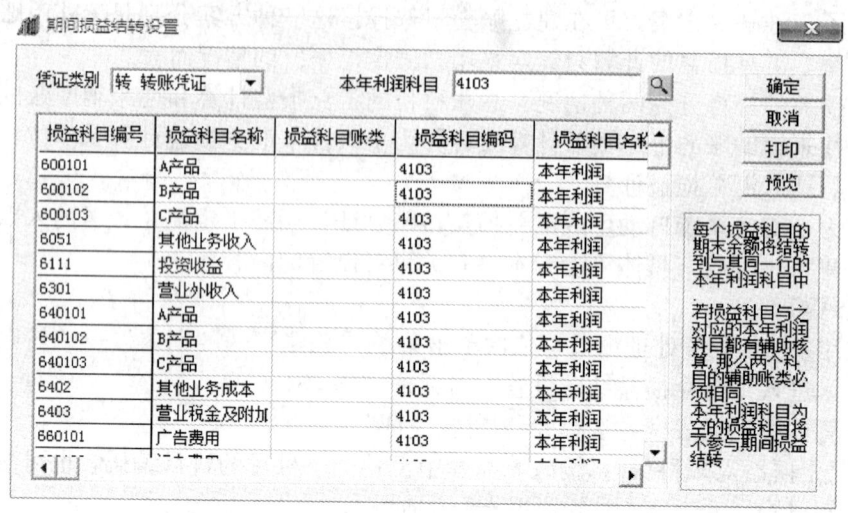

图8.9 "期间损益结转设置"对话框

目又分为多个下级科目，则可在下面表格中录入，并与相应的损益科目对应。

（3）在下面的对应结转表中录入明细级的本年利润科目。

注意事项：

（1）损益科目结转表中将列出所有的损益科目。如果希望某损益科目参与期间损益的结转，则应在该科目所在行的本年利润科目栏填写相应的本年利润科目，若不填本年利润科目，则将不结转此损益科目的余额。

（2）损益科目结转表的每一行中的损益科目的期末余额将转到该行的本年利润科目中去。

（3）若损益科目结转表的每一行中的损益科目与本年利润科目都有辅助核算，则辅助账类必须相同。

（4）损益结转表中转入本年利润科目的各个科目必须为末级科目。

如洛阳利达材料公司期末损益结转的凭证定义，在图8.9"期间损益结转设置"对话框的"本年利润科目"中输入"4103"，单击"确定"按钮完成定义。

8.3 月末常规业务

自动转账凭证定义工作一般在系统初始化时一次完成，不需要多次重复定义。每月期末需要处理的业务主要包括自动转账凭证的生成、对账及结账等。

8.3.1 自动转账凭证生成

在定义完转账凭证后，每月月末只需执行本功能即可快速生成转账凭证，并存入记账凭证数据库中。在此以自定义凭证为例说明自动转账凭证的生成操作。

【操作步骤】

（1）在用友T3业务处理窗口，依次单击菜单"总账"→"期末"→"转账生成"，系统弹出"转账生成"选择对话框（图8.10）。

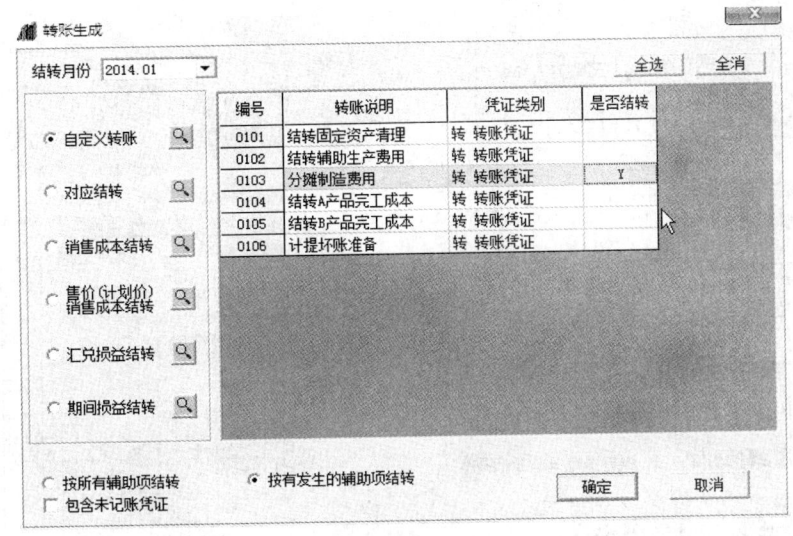

图 8.10 "转账生成"选择对话框

（2）选中对话框左侧的"自定义转账"单选按钮，则右侧显示自定义转账凭证一览表。

（3）对需要生成的转账凭证，在"是否结转"一栏处双击鼠标，显示"Y"，表示生成该项业务的转账凭证。一般不宜使用"全选"的方式一次生成定义的全部凭证，理由参阅后面的注意事项。

（4）若当月尚有记账凭证没有记账，系统弹出提示对话框(图 8.11)。

遇到系统提示存在未记账凭证时，通常不宜继续进行转账凭证的生成处理，否则可能造成生成凭证数据错误，此时应当将所有凭证全部记账再进行凭证生成处理。

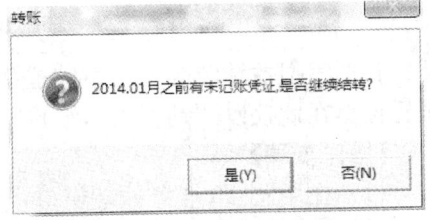

图 8.11 存在未记账凭证的提示

（5）生成凭证前若所有凭证已全部入账，凭证选择后，单击"确定"按钮，即可生成转账凭证(图 8.12)。

（6）生成的凭证如有错误，可在上述窗口修改，确认无误后单击"保存"按钮，保存凭证。

注意事项：

由于转账业务是按照账簿数据进行计算的，所以在进行月末转账工作之前，请先将所有未记账凭证记账，否则生成的转账凭证数据可能有误。因而月末转账业务要严格按顺序处理，如先生成制造费用分配转账凭证，且完成相应的记账工作后，才能编制后续的完工产品成本结转凭证。所以在自动生成记账凭证时应按照转账的实际情况，采用"生成→审核→记账→再生成→再审核→再记账……"循环方式处理，而不能一次将所有转账凭证全部生成。

8.3.2 特殊形式转账凭证生成

用友 T3 系统中期末特殊形式的转账凭证主要有对应转账、销售成本结转、汇兑损益

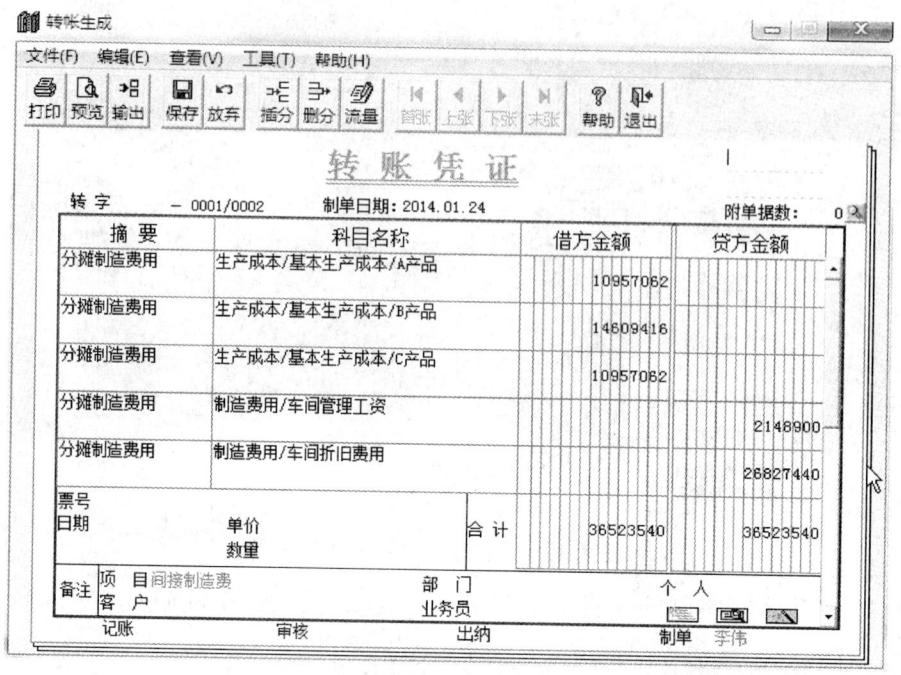

图 8.12 系统生成转账凭证

结转和期间损益结转等。在生成这些记账凭证时,按转账凭证的类型,分别生成相应的记账凭证。在此仅以"销售成本结转"为例,说明特殊形式转账凭证的生成步骤。

【操作步骤】

(1) 在用友 T3 业务处理窗口,依次单击菜单"总账"→"期末"→"转账生成",系统弹出转账凭证选择对话框。

(2) 选中对话框左侧的"销售成本结转"单选按钮,右侧显示可结转凭证(图 8.13)。

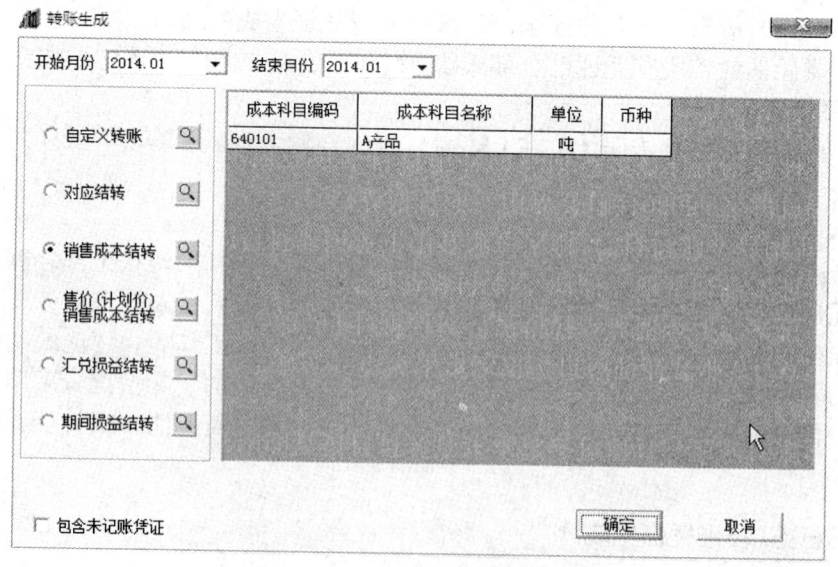

图 8.13 销售成本结转凭证选择

(3) 单击"确定"按钮，系统弹出销售成本结转一览表(图 8.14)。

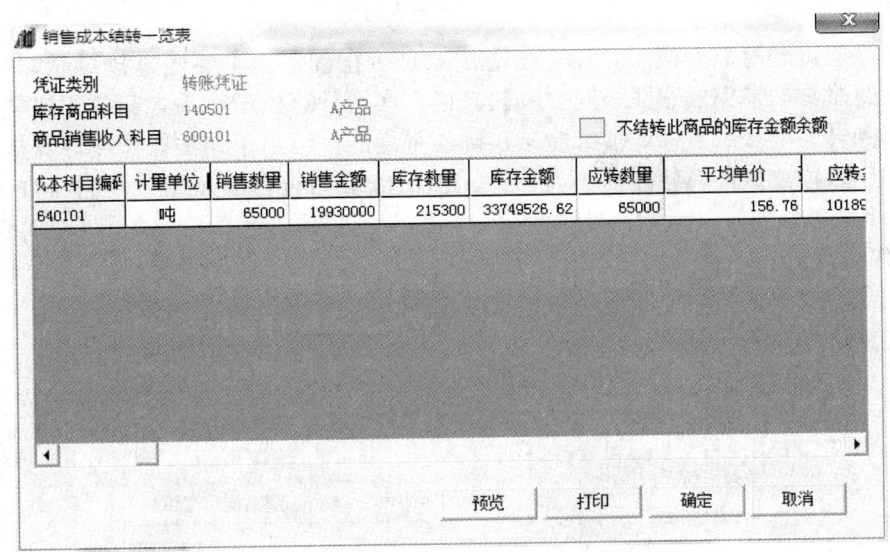

图 8.14 销售成本结转一览表

(4) 单击"确定"按钮，即可生成转账凭证(图 8.15)。

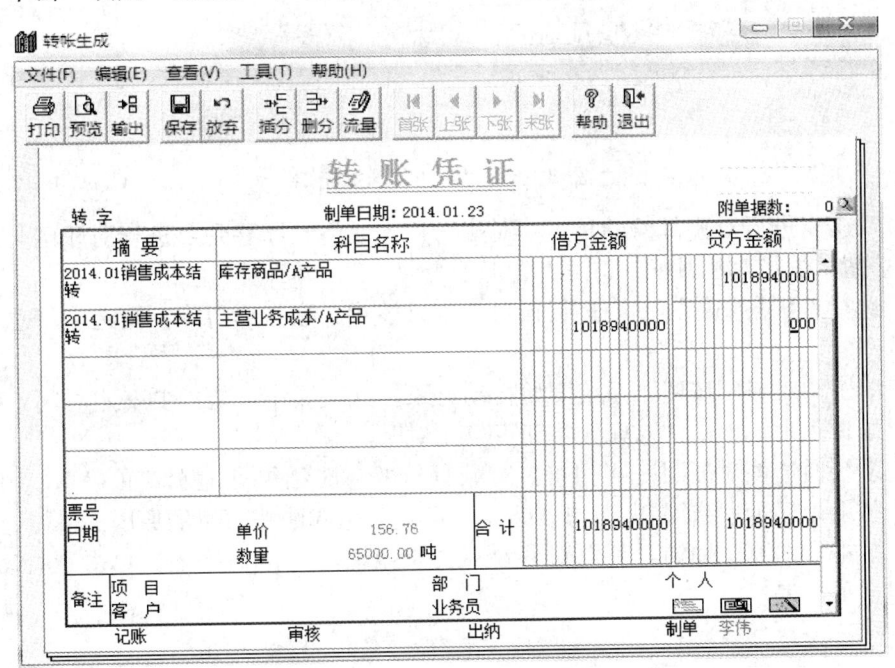

图 8.15 A 产品销售成本结转凭证

(5) 凭证保存后，返回销售成本结转凭证选择对话框(图 8.13)，单击窗口左侧"销售成本结转"旁边的参照设置图标，系统弹出"销售成本结转设置"窗口，可设置其他需要结转的科目，如洛阳利达材料公司的 B 产品销售成本结转科目。然后再生成 B 产品的销售成本结转记账凭证。

8.3.3 对账处理

对账是通过账簿数据核对,检查账簿记录是否正确。它主要通过核对总账与明细账、总账与辅助账数据来完成账账核对。一般来说,实行计算机记账后,只要记账凭证录入正确,计算机自动记账后各种账簿都应是正确、平衡的,但由于非法操作或计算机病毒等原因可能破坏账务数据,引起账账不符,为了保证账证相符、账账相符,应经常进行对账,至少一个月一次。

【操作步骤】

(1) 在用友 T3 业务处理窗口,依次单击菜单"总账"→"期末"→"对账",进入"对账"选择窗口(图 8.16)。

图 8.16 "对账"选择窗口

(2) 双击要进行对账月份的是否"对账"栏,或将光标移到要进行对账的月份,单击"选择"按钮,选择对账月份。

(3) 选择总账与哪些辅助账进行核对。若只核对总账与部门账,则选中"总账与部门账"复选框。

(4) 单击"对账"按钮,系统开始自动对账。这一操作可能需要一定时间,请耐心等待。在对账过程中,单击"对账"按钮可停止对账。

(5) 系统通过核对证明账账相符,对账月份的对账结果处显示"正确",否则对账月份的对账结果处显示"错误",单击"错误"可查看引起账账不符的原因。

(6) 单击"试算"按钮,可以对各科目类别余额进行试算平衡。单击"打印"按钮,可打印试算平衡表。

8.3.4 结账处理

同手工会计处理一样,在计算机会计处理期末也应结账,以符合会计制度的要求。结账只能每月进行一次。

【操作步骤】

(1) 在用友 T3 业务处理窗口,依次单击菜单"总账"→"期末"→"结账",系统弹出结账向导(图 8.17)。单击选择结账月份。

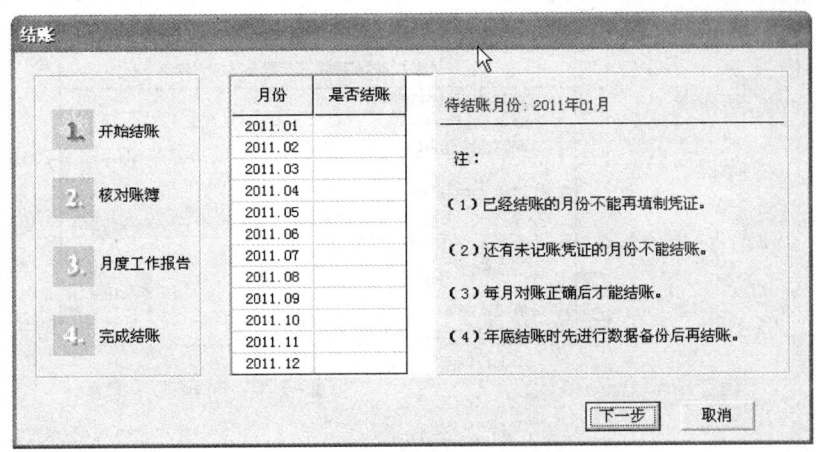

图 8.17 结转时间选择对话框

(2) 选择结账月份后,单击"下一步"按钮,窗口显示结账向导二——核对账簿。

(3) 单击"对账"按钮,系统对要结账的月份进行账账核对,在对账过程中,可单击"停止"按钮中止对账,对账完成后,窗口中的"对账"按钮转换成"下一步"按钮(图 8.18)。

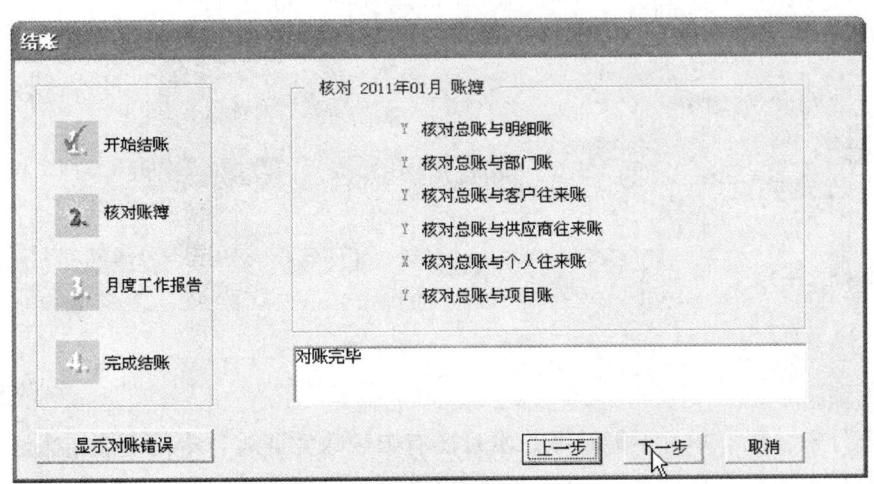

图 8.18 结账处理对话框

(4) 单击"下一步"按钮,系统显示结账向导三——月度工作报告(图 8.19)。

(5) 查看工作报告后,如发现当月尚有未处理的业务,这时应单击"打印月度工作报告"按钮即可打印出月度工作报告,并单击"取消"按钮停止结账处理。

(6) 查看工作报告后,若无异常业务在月度工作报告窗口,单击"下一步"按钮,进入结账向导四——结账处理(图 8.20)。

(7) 然后单击"结账"按钮,即可完成结账处理。

反结账操作方法,在结账向导中,选中要取消结账的月份,按 Ctrl+Shift+F6 键即可进行反结账,即将系统数据还原到结账前状态。

信息化  会计实务

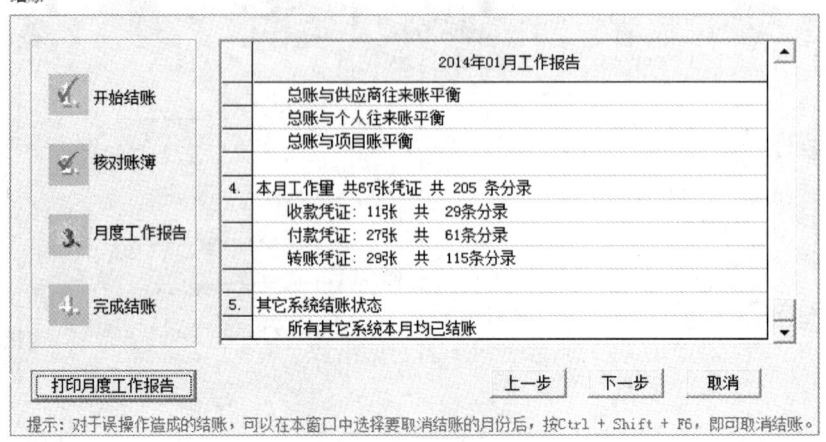

图 8.19　月度工作报告

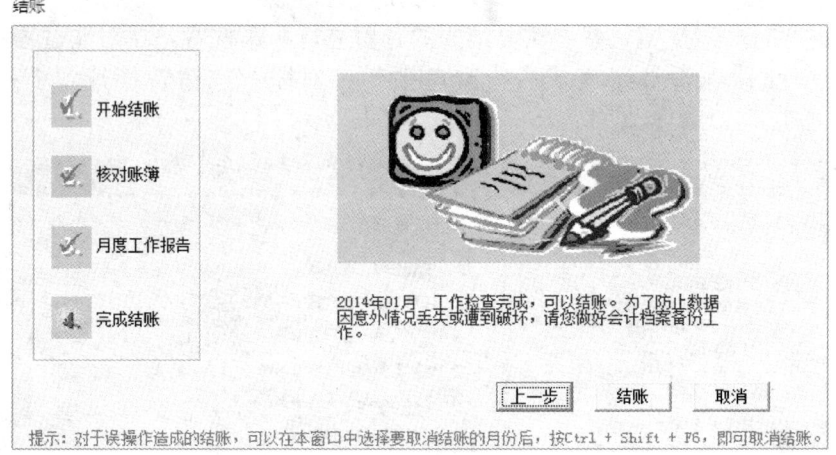

图 8.20　结账处理

注意事项：
（1）上月未结账，本月不能结账；本月还有未记账凭证时，本月不能结账。
（2）上月未结账，本月不能记账，但可以填制、复核凭证。
（3）已结账月份不能再填制凭证。

本 章 小 结

　　用友软件中，将期末转账凭证分为两大类：自定义转账凭证和特殊类型的转账凭证。自定义转账凭证即是通用转账凭证，特殊类型的转账凭证即是专用转账凭证。通用凭证可以定义任何转账凭证，但是由于设置转账凭证需要熟悉各种转账函数的含义和使用方法，所以定义方法相对复杂；

第8章 期末业务

特殊类型的转账凭证仅适合定义某一种转账业务的记账凭证,其凭证设置方法相对简单。转账凭证设置,属于初始化业务,期末转账凭证的生成,则是每个会计月末都必须完成的常规性业务。本章的难点:一是自定义转账凭证设置,二是各种转账凭证生成的基本原理。

业务实训8 期末业务

一、洛阳利达材料公司期末的转账业务及凭证

注意事项:
生成各种转账凭证,应确保对应的账簿记录完整,没有应记账而没有记账的业务凭证。

(1) 结转固定资产清理费用。
  借:营业外支出
    贷:固定资产清理
(2) 结转辅助生产费用。
  借:制造费用——修理费
    贷:生产成本——辅助生产
(3) 分摊制造费用,其中A产品负担本期发生额30%,B产品负担本期发生额的40%,C产品负担30%。
  借:生产成本——基本生产——A产品(间接制造费用)
    生产成本——基本生产——B产品(间接制造费用)
    生产成本——基本生产——C产品(间接制造费用)
    贷:制造费用——车间管理工资
      制造费用——车间折旧费用
      制造费用——低值易耗品摊销
      制造费用——物料消耗
      制造费用——修理费
(4) 计算并结转本期完工入库产品的生产成本(A产品13 900吨全部完工转出;B产品完工600吨,直接材料费按50%结转,其他费用全部转出;C产品尚未完工)。
  借:库存商品——A产品
    贷:生产成本——基本生产——A产品(直接材料)
      生产成本——基本生产——A产品(直接工资)
      生产成本——基本生产——A产品(直接动力)
      生产成本——基本生产——A产品(间接制造费用)
  借:库存商品——B产品
    贷:生产成本——基本生产——B产品(直接材料)
      生产成本——基本生产——B产品(直接工资)

　　　　生产成本——基本生产——B产品（直接动力）
　　　　生产成本——基本生产——B产品（间接制造费用）
　（5）以"销售成本结转"，结转本期销售成本（注：标准试用版有计算出错的可能，保存凭证前需检查，必要时进行修改）。
　　　借：主营业务成本——A产品
　　　　　贷：库存商品——A产品
　　　借：主营业务成本——B产品
　　　　　贷：库存商品——B产品
　　　借：主营业务成本——C产品
　　　　　贷：库存商品——C产品
　（6）编制凭证，结转当月汇兑损益。
　　　借：财务费用——汇兑损益
　　　　　贷：银行存款——中行美元存款
　（7）按应收账款余额的千分之三计提坏账准备。
　　　借：资产减值准备
　　　　　贷：坏账准备
　（8）编制凭证，结转当月损益。
　（9）按税前利润25%预提当月所得税费用。
　　　借：所得税费用
　　　　　贷：应交税费——应交所得税
　（10）按税后利润的10%计提法定盈余公积。
　　　借：利润分配——提取法定盈余公积
　　　　　贷：盈余公积——法定盈余公积
　（11）将当月所得税费用转入本年利润。
　　　借：本年利润
　　　　　贷：所得税费用

二、要求

（1）月末汇率6.7（在外币及汇率窗口录入）。

（2）对上述业务中的1、2、3、4、7、9、10、11计七项转账业务，采用"自定义转账"方式定义转账凭证；上述业务中的5、6、8计三项业务，分别通过"销售成本结转""汇兑损益""期间损益"定义转账凭证。

（3）按照期末转账凭证数据计算的实际要求，依次生成相应的转账凭证。

常见问题

1. 生成记账凭证时，系统提示"公式非法或账簿余额为零"，无法生成记账凭证

　　检查转账凭证所涉及的账簿余额是否为零，亦即对应账簿记录是否正确。如对应账簿期末余额为零，且不是错误所致，则不需要生成转账金额为零的记账凭证。

2. 结转完工产品成本或产品销售成本时无法生成记账凭证

查询相关存货或主营业务收入账簿，检查相应的库存数量或销售数量是否正确。如果有误，应予以更正。

3. 结账时，最后一步显示没有通过结账检查，不能结账

在出现提示的窗口，单击"上一步"按钮，返回结账检查报告窗口，详细阅读"检查报告"（注意拖动窗口右侧的滚动条，将结转报告完整阅读），查看不能结账的具体原因，然后作相应的补充处理。

4. 生成转账凭证的会计分录与实训中给出的会计分录不同（缺少部分会计科目）

检查所缺少会计科目对应的账簿，分析其是否有记录或期末余额。若对应账簿没有业务发生且不是错误所致，则生成的转账凭证即是正确无误。若对应账簿有业务记录，而且没有"数量"等核算方面缺项，可能是转账公式定义错误。

思考题

（1）转账凭证的原始依据是什么？

（2）如何判断转账凭证的正误？

（3）如何判断账簿记录的正误？

第 9 章　会计报表处理

> **教学目标**
>
> 通过本章的学习，了解UFO报表管理系统的主要功能、报表格式设计的基本操作步骤；在深刻理解UFO报表相关基本概念、报表函数的基础上，掌握日常会计报表处理的基本方法，能够熟练地进行会计报表数据处理、表页管理、报表打印输出等。

目前，国内流行两种报表软件，一种是专门为会计报表编制而设计的软件，这种软件操作简单，但功能单一，只能用于主要会计报表的编制；另一种是通用财务电子报表软件，这种软件在电子报表风格基础上，强化财务报表处理功能，操作稍显复杂，但功能强大，可以进行任何形式报表格式的设计以及表间数据运算处理。用友UFO报表软件就是在会计报表处理能力的基础上，以棋盘表形式开发的可用于任何领域的通用财务电子报表软件。

9.1　UFO报表概述

9.1.1　UFO报表管理系统的主要功能

UFO报表管理系统是用友公司开发的通用电子报表软件，既可以独立使用，也可以和网络财务软件结合使用。其主要功能包括以下几个方面。

（1）格式管理功能，使企业可根据需要设计各种报表格式，同时系统提供了众多行业会计报表的模板。

（2）二次开发，提供批命令和自定义菜单自动记录命令窗口中输入的多个命令，并将有规律性的操作过程编制成批命令文件。

（3）数据处理功能，可以进行数据的排序、定位等，从不同模块中提取数据。

（4）具有文件管理功能，可进行TXT、DBF、Excel、LOTUSI1-2-3等文件格式转换。

（5）图表功能，可以进行图形数据处理，以不同的形式组织数据。

（6）报表打印功能，报表和图形都可以打印输出。

9.1.2 UFO报表中的基本概念

1. 格式状态与数据状态

UFO报表系统将会计报表分为两种处理类型,即报表格式设计工作与报表数据处理工作。这两种处理工作分别在"格式状态"和"数据状态"下进行。

在格式状态下,设计报表的格式,如表尺寸、行高列宽、单元属性、单元风格、组合单元、关键字、可变区等。在格式状态下所做的操作对本报表所有的表页都发生作用;但不能进行数据的录入、计算等操作,报表的数据全部隐藏。

在数据状态下,管理报表的数据,如输入数据、增加或删除表页、审核、舍位平衡、做图形、汇总、合并报表等。在数据状态下不能修改报表的格式,看到的是报表的全部内容,包括格式和数据。

UFO报表系统的两种处理状态可以通过"格式/数据"切换。

2. 单元

单元是组成报表的最小单位,是指表格中行和列交错位置的空格。换句话说,任何一个表格均有行和列,由行和列确定的方格为单元。在电子报表中,一般用英文字母(A,B,C,…)表示列号,用阿拉伯数字(1,2,3,…)表示行号。例如:D22表示第4列第22行的那个单元。

在用友报表系统中,单元是构成一个表格的基本要素,以下划分为3种类型:

(1) 数值单元是报表的指标数据,在数据状态下处理报表的指标数据。数值单元的内容可以是15位有效数字,数字可以直接输入或由单元中存放的单元公式运算生成。

(2) 字符单元的内容可以是汉字、字母、数字及各种键盘可输入的符号组成的一串字符,一个单元中最多可输入63个字符或31个汉字。

(3) 表样单元是报表的格式,定义一个没有数据的空表所需的所有文字、符号或数字。一旦单元被定义为表样,那么在其中输入的内容对所有表页都有效。表样单元在格式状态下输入和修改相应内容,在数据状态下无法修改。

3. 组合单元

组合单元由相邻的两个以上的单元组成,这些单元必须是同一种单元类型(表样、数值、字符),UFO报表系统在处理报表时将组合单元视为一个单元。可以组合同一行相邻的几个单元,可以组合同一列相邻的几个单元,也可以把一个多行多列的平面区域设为一个组合单元。其名称可以用区域的名称或区域中的单元的名称来表示。例如,把B2到B3定义为一个组合单元,这个组合单元可以用"B2"、"B3"或"B2:B3"表示。

4. 区域

区域由一张表页上的一组单元组成,自起点单元至终点单元是一个完整的长方形矩阵。在UFO报表系统中,区域是二维的,最大的区域是一个二维表的所有单元(整个表页),最小的区域是一个单元。在描述一个区域时,开始单元和结束单元之间用":"(冒号)连接,即一个区域可表示为"该区域的左上角单元名称:该区域的右下角单元名称",如C2:E5。

5. 表页

一个 UFO 报表最多可容纳 99 999 张表页，每一张表页是由许多单元组成的。一种报表中的所有表页具有相同的格式，但其中的数据不同。

每张表页都有自己的序号，并在表页的下方以标签的形式出现，称为"页标"。"页标"用"第 1 页"～"第 99 999 页"表示。

6. 二维表和三维表

确定某一数据位置的要素称为"维"。在一张有方格的纸上填写一个数据，这个数据的位置可通过行和列（二维）来描述。

如果将多个相同的二维表叠在一起，找到某一个数据的要素需增加一个，即表页号（Z 轴）。这一叠表称为一个三维表。

7. 关键字

UFO 报表系统是一个立体的报表管理系统，可将结构相同的多张表纳入一个表文件进行管理。例如：一个资产负债表的表文件可存放一年 12 张不同月份的资产负债表（或者数年之内的许多张报表）。在这种情况下，要在结构相同的多张表页中准确地确定某张表，对其进行定位操作，就需要为每张表页设立一个定位标志，在 UFO 报表系统中，这类定位标志被称为关键字。UFO 报表系统提供的关键字有五类：编制单位编号、单位名称、年度、季度、月份。

在制表时，借助关键字的值，即可在成百上千张结构相同的表页中唯一地确定一张表页，起到高效、准确的定位作用。在实际应用中，可以根据情况需要灵活地使用关键字。

8. 表的关联关系

UFO 报表系统在多个三维表之间操作时，主要通过关联关系来实现数据组织。在实际制表工作中，孤立的报表很少，往往一个表同另外一个表中的某些表页有着内在联系，这种联系就称为关联关系。

例如：分析 12 月份的资金占用和收入费用情况，只能对 12 月份的"资产负债表"表页和 12 月份的"利润表"表页中的有关数字进行分析，而不能将 12 月份的"资产负债表"表页同 10 月份的"利润表"表页中的有关数字进行比较。这两表中的对应关系可由关键字"月＝12"来建立，如果在做 12 月份"资产负债表"表页时，要引用当月"利润表"表页中的数字，同样可通过关键字按月份建立表间的对应关系，UFO 报表系统按对应要求，找到当月的"利润表"表页，这样引用来的数字才是有意义的。关联关系的使用，同样适用于同一报表的不同表页。通过报表之间的关联，可以引用本表其他页的数据。

9. 格式套用

UFO 报表系统提供的报表模板包括了 19 个行业的 70 多张标准财务报表，用户可以根据所在行业，通过"格式"菜单中的"套用格式"命令直接调用。

9.2 报表格式设计

会计报表处理的基本流程：启动 UFO 报表系统→建立报表→设计报表的格式→定义报表数据的计算公式→报表数据处理→报表图形处理→打印报表→退出 UFO 报表系统。

9.2.1 报表格式设计的基本操作步骤

如前所述，用友报表有两种工作状态：格式状态和数据状态。设计报表格式前，应将报表的工作状态调整为"格式"，然后才能进行报表格式设计。报表格式设计的基本步骤如下。

（1）设置报表尺寸，即设定报表的行数和列数。
（2）定义行高和列宽。
（3）画出表格线。
（4）设置单元属性。
（5）定义组合单元，即把几个单元作为一个使用。
（6）设置可变区，即确定可变区在表页上的位置和大小。
（7）确定关键字在表页上的位置，如单位名称、年、月等。

9.2.2 会计报表格式设计举例

下面以资产负债表为例说明固定报表格式的定义过程，其格式见表9-1。该报表可分为两个组成部分：表头、表体。

表头包括"资产负债表""会企01表""编制单位""年　月　日""单位：元"；其中，"编制单位"和"年　月　日"为关键字。这部分内容在报表中占用3行。

表体是会计报表的主要组成部分。企业资产、负债、所有者权益等主要财务指标都在表体中反映。该部分共计34行、6列。行高8毫米；第一列列宽50毫米，第二、三列列宽35毫米，第四列列宽50毫米，第五、六列列宽35毫米。

表头加表体共计37行，另外增加1空行，该表总计38行，6列，采用B4纸输出。

表9-1　资产负债表

编制单位：　　　　　　　　　年　月　日

会企01表
单位：元

资　　产	年初数	期末数	负债及所有者权益	年初数	期末数
流动资产：			流动负债：		
货币资金			短期借款		
交易性金融资产			交易性融资负债		
应收票据			应付票据		
应收账款			应付账款		
预付款项			预收款项		

续表

资　产	年初数	期末数	负债及所有者权益	年初数	期末数
应收利息			应付职工薪酬		
应收股利			应交税费		
其他应收款			应付利息		
存货			应付股利		
一年内到期的非流动资产			其他应付款		
其他流动资产			一年内到期的非流动负债		
流动资产合计			其他流动负债		
非流动资产：			流动负债合计		
可供出售金融资产			非流动负债：		
持有到期投资			长期借款		
长期应收款			应付债券		
长期股权投资			长期应付款		
投资性房地产			专项应付款		
固定资产			预计负债		
在建工程			递延税款负债		
工程物资			其他非流动负债		
固定资产清理			非流动负债合计		
生产性生物资产			负债合计		
油气资产			所有者权益（或股东权益）：		
无形资产			实收资本（或股本）		
开发支出			资本公积		
商誉			减：库存股		
长期待摊费用			盈余公积		
递延税款资产			未分配利润		
其他非流动资产			所有者权益合计		
非流动资产合计					
资产总计			负债和所有者权益总计		

【操作步骤】

1. 建立资产负债表基本框架

（1）在用友 T3 业务处理窗口，单击左侧菜单"财务报表"，进入报表系统管理窗口（图 9.1）。

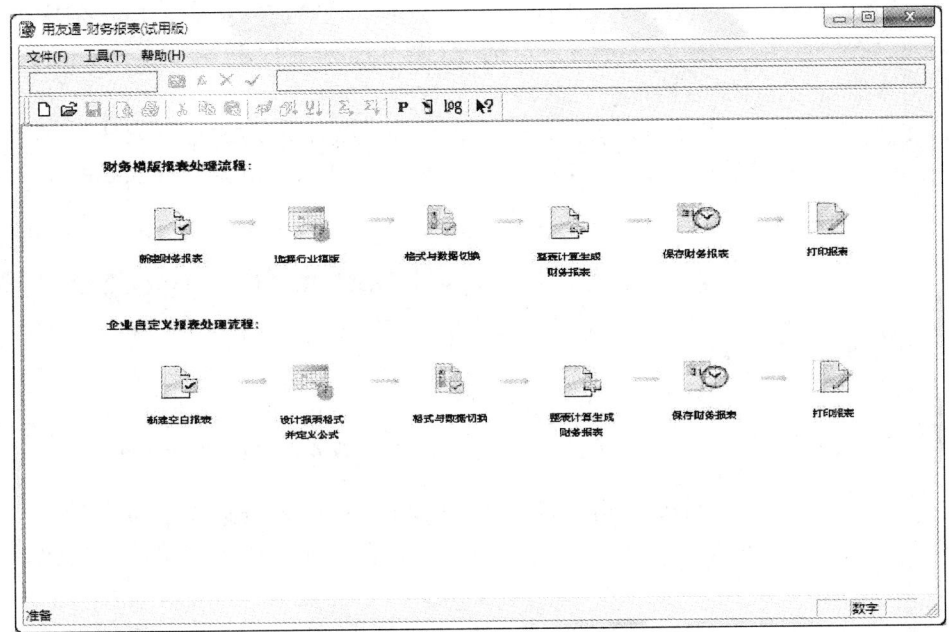

图 9.1　报表系统管理窗口

（2）单击"新建"命令，建立一个新的报表文件（图 9.2）。窗口左下角的"格式"为一个开关式的切换按钮。单击该按钮，可以改变报表的工作状态。当按钮显示"格式"时表明此时报表处于设计状态，可进行报表设计处理；如果每月生成具体对外报送会计报表，则将此按钮切换到"数据"状态（单击该按钮即可进行状态切换）。

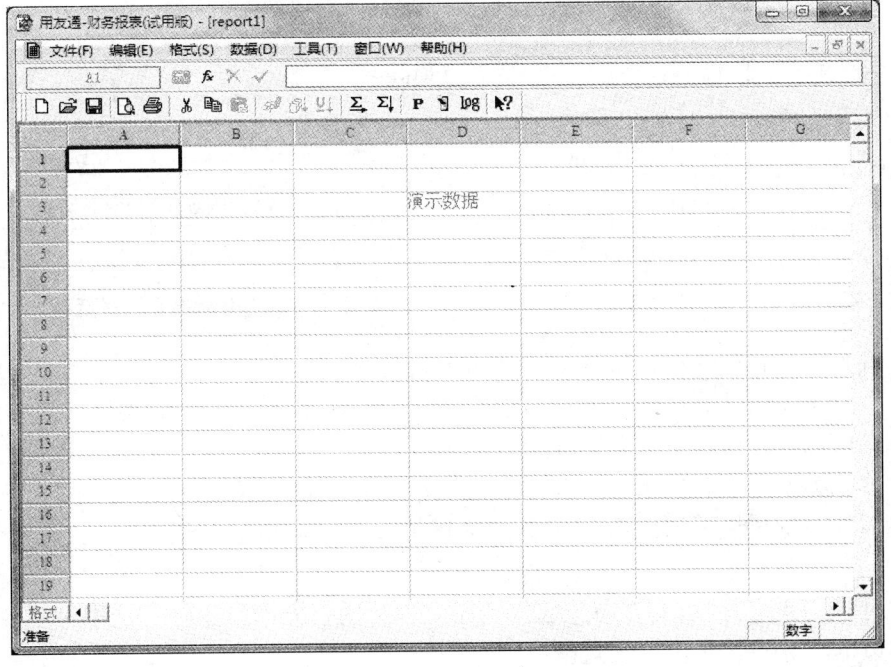

图 9.2　报表格式设计窗口

（3）设置上述资产负债表尺寸，即定义行、列数。在 UFO 报表窗口，依次单击菜单"格式"→"表尺寸"，弹出"表尺寸"对话框（图 9.3）。在"行数"文本框输入 38，在"列数"文本框输入 6，完成后单击"确认"。

（4）设置行高。在 UFO 报表窗口选中所有单元，依次单击菜单"格式"→"行高"，弹出"行高"对话框（图 9.4）。将"行高[毫米]"调整为 8；单击"确认"按钮，保存行高设置。

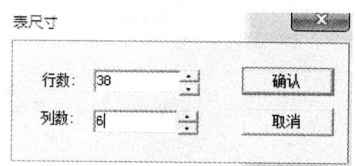

图 9.3 "表尺寸"对话框

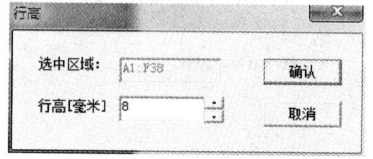

图 9.4 "行高"对话框

（5）设置列宽。在 UFO 报表窗口选中 A 列单元，依次单击菜单"格式"→"列宽"，弹出"列宽"对话框（图 9.5）。将"列宽[毫米]"调整为 50；单击"确认"按钮，保存列宽设置。

按资产负债表表体要求依次设置 B、C、D、E、F 各列列宽。

2. 设计表头

会计报表的表头包括报表标题、报表关键字等项内容。

1）设计报表标题"资产负债表"

（1）选中合并单元 A1:F1，即第一行的 6 个单元；依次单击菜单"格式"→"组合单元"，则弹出"组合单元"对话框（图 9.6）。在"组合单元"对话框，单击"按行组合"按钮。

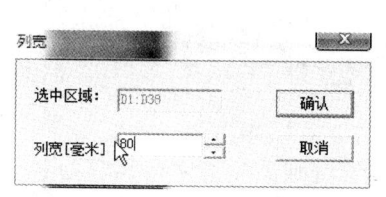

图 9.5 "列宽"对话框

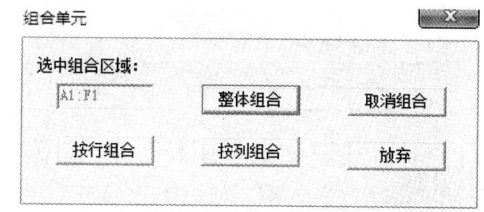

图 9.6 "组合单元"对话框

（2）将光标移到第一行，输入"资产负债表"。

（3）设置单元属性。选择"资产负债表"后，依次单击菜单"格式"→"单元属性"，弹出"单元格属性"对话框（图 9.7）。

在"单元类型"列表框选择"表样"选项；在"字体图案"标签，"字体"选择"宋体"，"字型"选择"粗下划线"，"字号"选择"20"，"前景色"选择黑色，"背景色"选择白色。

在"对齐"标签，"水平方向"选择"居中"，"垂直方向"选择"居中"。

在"边框"标签，选择"无边框"。

单击"确定"按钮，保存单元属性设置。

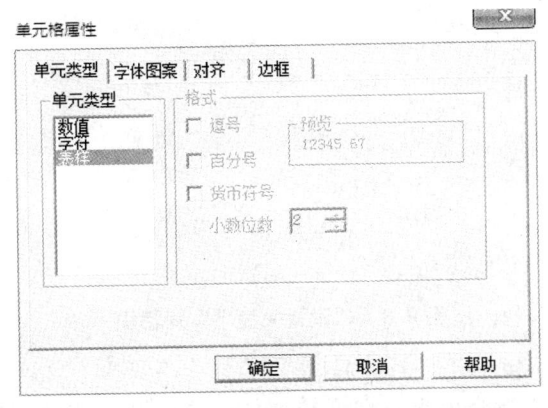

图9.7 "单元格属性"对话框

(4) 用鼠标拖动第一行右侧的行高调整线或选择"格式","行高"调整行高,使标题能够看清。

2) 设计第二行

(1) 在F2单元输入"会企01表"。

(2) 依次单击菜单"格式"→"单元属性",在"单元类型"列表框选择"表样"选项;在"字体图案"标签,"字体"选择"宋体","字型"选择"普通","字号"选择"10","前景色"选择黑色,"背景色"选择白色;在"对齐"标签,"水平方向"选择"自动","垂直方向"选择"自动";在"边框"标签,选择"无边框"。

(3) 单击"确定"按钮,保存单元属性设置。

3) 设计第三行

资产负债表第三行主要是"关键字"设计。UFO报表系统共提供了六个关键字和一个自定义关键字。关键字的显示位置在格式状态下设置,关键字的值在数据状态下录入,每个报表可以定义多个关键字。操作步骤如下。

(1) 设置关键字。选中要设置关键字的单元,依次单击菜单"数据"→"关键字"→"设置",弹出"设置关键字"对话框。在对话框中的关键字名称中选择一个,单击"确定"按钮后,在选定单元中显示关键字名称。依次单击菜单"数据"→"关键字"→"取消",弹出"取消关键字"对话框,选中待取消的关键字,则该关键字被取消。

(2) 设置关键字之后,可以改变关键字在单元中的左右位置。依次单击菜单"数据"→"关键字"→"偏移",弹出"定义关键字偏移"对话框,在其中输入关键字的偏移量。单元偏移量的范围是[-300,300],负数表示向左偏移,正数表示向右偏移。

注意事项:

① 每个关键字只能定义一次,对一个已经定义的关键字再次定义时,系统自动取消第一次的定义。

② 每个单元中可以设置多个关键字,其显示位置由单元偏移量控制。

继续上例"资产负债表"设计。

(1) 设置"单位名称",将A3:B3合并成一个组合单元;将光标移动到组合单元内;在系统窗口,依次单击菜单"数据"→"关键字"→"设置",弹出"设置关键字"对话框(图9.8);在"设置关键字"对话框,选中"单位名称"单选按钮后,单击"确定"按钮。

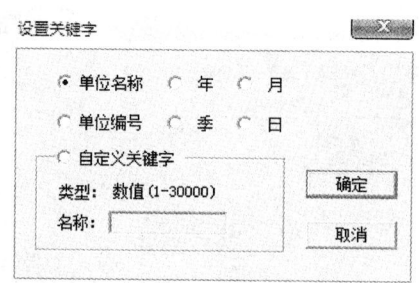

图 9.8 "设置关键字"对话框

（2）设置编报时间，包括年、月、日。

将 C3:D3 合并为一个组合单元；在系统窗口，依次单击菜单"数据"→"关键字"→"设置"，弹出"设置关键字"对话框；在"设置关键字"对话框，选中"年"单选按钮后，单击"确定"按钮。

在系统窗口，依次单击菜单"数据"→"关键字"→"设置"，弹出"设置关键字"对话框；在"设置关键字"对话框，选中"月"单选按钮后，单击"确定"按钮。

在系统窗口，依次单击菜单"数据"→"关键字"→"设置"，弹出"设置关键字"对话框；在"设置关键字"对话框，选中"日"单选按钮后，单击"确定"按钮。

（3）设置编报时间的"偏移量"，即调整"年""月""日"的显示位置。

在"偏移量"对话框中可按需要输入适当的关键字偏移量，关键字偏移量的范围是[－300，300]，负数表示向左偏移，正数表示向右偏移。设置偏移量后，可以改变关键字单元中的位置。例如关键字向左移或向右移。

依次单击菜单"数据"→"关键字"→"偏移"，弹出"定义关键字偏移"对话框（图 9.9），如实例中"年"的偏移量为"－160"，"月"的偏移量为"－120"，"日"的偏移量为"－80"。偏移量设置好后，单击"确定"按钮。

（4）在 F3 的单元内录入"单位：元"。

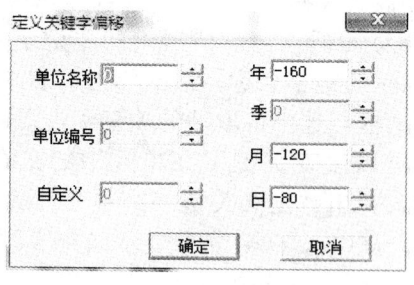

图 9.9 "定义关键字偏移"对话框

3．设计表体

1）表格画线

选中 A4:F37 要画线的区域；依次单击菜单"格式"→"区域画线"，将弹出"区域画线"对话框（图 9.10）。在"画线类型"选项组和"样式"下拉列表框中选择一种线型，单击确认按钮后，选定区域中按指定方式画线（实例选择"网线"）。

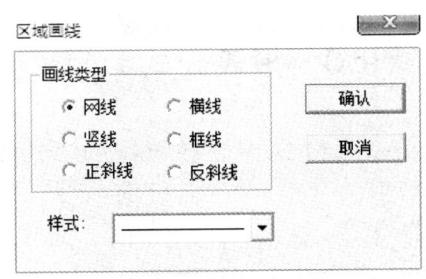

图 9.10 "区域画线"对话框

如果删除区域中的表格线,在"区域画线"对话框中选择相应的画线类型样式为"空线"即可。如果画斜线,可选择"正斜线"或"反斜线"和线形。若要删除斜线,选择"正斜线"或"反斜线",线形选"空线"。

2) 设计表体栏目名称

在 A4:F4 的各单元内,依次录入"资产""年初数""期末数""负债及所有者权益""年初数"和"期末数"。

选中 A4:F4 单元,依次单击菜单"格式"→"单元属性",弹出"单元属性"对话框;在"单元类型"标签,选择"表样";在"字体图案"标签,"字体"选择"宋体","字型"选择"粗体","字号"选择"12";对齐方式中,"水平对齐"选择"居中","垂直对齐"选择"居中";单击"确定"按钮。

将表体中其他各项指标,依次在各对应单元中录入,完成表体设计。

设计完成后(图 9.11),单击"保存"按钮,输入报表文件名"ZCFZB"后,单击"确定"按钮,保存资产负债表格式文件。

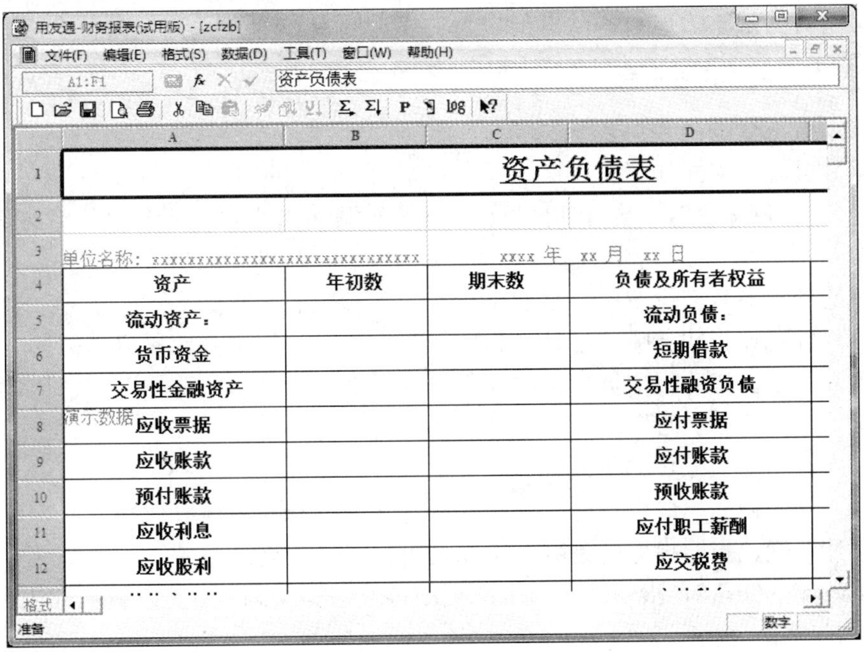

图 9.11 资产负债表设计窗口

9.3 报表公式编辑

我们可以把软件中的各个子系统视为业务数据的"入口",把诸如用友电子报表(UFO)这样的系统看作业务数据的"出口",而数据本身经过处理后被储存在业务数据库中。

显然,我们需要一套工具,把数据从业务数据库中取出。一旦数据进入"出口",即可被加工成用户感兴趣的各种图表或文档。这个取出数据的工作由一套被称为"应用服务"的工具完成。

9.3.1 业务函数概述

业务函数相当于发出的取数命令,而应用服务则是命令的执行者。业务函数相对于通用函数而言,是一种专用函数。业务函数依附于特定子系统业务,离开了该业务,业务函数就没有意义。但这并不等于说,能使用某业务函数的前提是要安装某子系统,因为业务函数是在"应用服务"而不是在子系统当中实现的。

用友财务、分销软件各子系统作为数据"入口"和业务处理的坚实底层,用友电子报表和决策支持软件作为数据"出口"和用户浏览定义层,其间的纽带是业务函数。可以视业务函数为用友管理软件二次开发平台的核心环节。

9.3.2 常用函数介绍

企业常用的财务报表数据一般是来源于总账系统或报表系统本身,取自于报表系统本身的数据又可分为从本表取数和从其他报表的表页取数。

1. 自总账系统取数的函数

自总账系统取数的函数见表9-2。

总账函数的基本格式如下。

函数名("科目编码","会计期间","方向","账套号","会计年度","编码1","编码2")。

函数中的各个参数需用双引号括起来,其中各参数的含义如下。

(1) 科目编码,指明从哪一会计科目取得数据,也可使用会计科目名称。

(2) 会计期间,指明提取数据的时间范围,可以是"全年"、"季"、"月"等变量,也可是表示具体"年、季、月"的常量。

(3) 方向,指明从账户的借或贷提取数据,可省略。

(4) 账套号,指明提取数据的账套,默认为从第一套账中提取数据。

(5) 会计年度,指明提取的是哪一年度的数据,可省略。

(6) 编码1、编码2,指明某一科目的辅助核算账类编码。

表 9-2 自总账系统取数的函数

总账函数	金额式	数量式	外币式
期初函数	QC()	SQC()	WQC()
期末函数	QM()	SQM()	WQM()
发生额函数	FS()	SFS()	WFS()
累计发生额	LFS()	SLFS()	WLFS()
条件发生额	TFS()	STFS()	WTFS()
对方科目发生额	DFS()	SDFS()	WDFS()
金额函数	JE()	SJE()	WJE()
汇率函数	HL()		

2. 自本表本页提取数据的函数

数据合计：PTOTAL()
平均值：PAVG()
计数：PCOUNT()
最大值：PMAX()
最小值：PMIN()

3. 自本表其他表页提取数据的函数

SELECT()，该函数可以从本表其他页提取数据。对于取自本表其他表页的数据可以利用某个关键字作为表页定位的依据或者直接指明特定表页标号作为定位依据，指定提取某张表页的数据。如 C1 单元的数据取自本表上月 C2 单元，则可定义：C1＝SELECT(C2，月@＝月+1)。

4. 函数应用范例

1) 期初函数

QC("1012"，全年,,"001"，2014)，返回"001"套账"1012"（其他货币资金科目）2014 年年初余额。

QC("1012"，全年,"借","001"，2014)，返回"001"套账"1012"（其他货币资金科目）2014 年借方年初余额的合计。

QC("2202"，全年,,"001")，若当前表页关键字值为年＝2014，月＝1；返回"001"套账"2202"（应付账款科目）2014 年年初余额。

QC("2202"，全年,,"001"，2014,"财务部")，返回"001"套账"2202"（应付账款科目）2014 年财务部的年初余额。

QC("2202"，1,,,,"财务部")，若当前表页关键字值为年＝2014，默认账套号为"001"，返回"001"套账"2202"（应付账款科目）2014 年 1 月份财务部的月初余额。

2) 期末函数

QM("1012"，全年,"借")，若当前表页关键字值为年＝2014，默认账套号为"001"，则返回"001"套账"1012"（其他货币资金科目）2014 年借方年末余额合计。

QM("2202",月,,,"001"),若当前表页关键字值为年＝2014,月＝12,默认账套号为"001",则返回"001"套账"2202"(应付账款科目)2014年12月份期末余额。

QM("2202",全年,,,"001",2014,"财务部"),返回"001"套账"2202"(应付账款科目)2014年财务部的年末余额。

QM("2202",12,,,,"财务部"),若当前表页关键字值为年＝2014,默认账套号为"001",返回"001"套账"2202"(应付账款科目)2014年12月份财务部的月末余额。

3) 发生额函数

FS("1012",全年,"借","001",2014),返回"001"套账"1012"(其他货币资金科目)2014年全年借方发生额。

FS("1012",月,"借","001",2014),若当前表页关键字值为年＝2014,月＝12,默认账套号为"001",则返回"001"套账"1012"(其他货币资金科目)2014年12月借方发生额。

FS("1012",全年,"借"),若当前表页关键字值为年＝2014,默认账套号为"001",则返回"001"套账"1012"(其他货币资金科目)2014年全年借方发生额。

FS("2202",月,"贷","001"),若当前表页关键字值为年＝2014,月＝12,则返回"001"套账"2202"(应付账款科目)2014年12月贷方发生额。

FS("2202",全年,"贷","001",2014,"财务部"),返回"001"套账"2202"(应付账款科目)2014年财务部全年的贷方发生额。

FS("2202",12,"贷",,,"财务部"),若当前表页关键字值为年＝2014,默认账套号为"001",返回"001"套账"2202"(应付账款科目)2014年12月份财务部的贷方发生额。

4) 累计发生额函数

LFS("1012",2,"借","001",2014),返回"001"套账"1012"(其他货币资金科目)2014年从年初到2月份的借方累计发生额。

LFS("1012",月,"借","001",2014),若当前表页关键字值为月＝2,则返回"001"套账"1012"(其他货币资金科目)2014年从年初到2月的累计借方发生额。

FS("1012",,"借","001",2014),表示提取"001"套账"1012"(其他货币资金科目)2014年全年的借方发生额。

LFS("1012",全年,"借"),若当前表页关键字值为年＝2014,默认账套号为"001",则返回"001"套账"1012"(其他货币资金科目)2014年全年的借方累计发生额。

LFS("2202",月,"贷","001"),若当前表页关键字值为年＝2014,月＝2,则返回"001"套账"2202"(应付账款科目)2014年从年初到2月的贷方累计发生额。

LFS("2202",全年,"贷","001",2014,"财务部"),返回"001"套账"2202"(应付账款科目)2014年财务部全年的贷方累计发生额。

LFS("2202",月,"贷","001",2014,"财务部"),若当前表页关键字值为月＝2,返回"001"套账"2202"(应付账款科目)2014年财务部从年初到2月的贷方发生额。

LFS("2202",2,"贷",,,"财务部"),若当前表页关键字值为年＝2014,返回"001"套账"2202"(应付账款科目)2014年从年初到2月份财务部的累计贷方发生额。

5) 条件发生额函数

TFS("660201",2,"借",,,"001",2014),返回"001"套账"660201"(管理费

用——工资费用科目)2014年2月份的借方发生额。

TFS("660204"，2,"借","财务部报订阅资料",""="","001"，2014)，返回"001"套账"660204"（管理费用——办公费用科目)2014年2月份的发生业务中，摘要等于"财务部报订阅资料"的借方发生额合计。

TFS("660204"，月,"借","领办公用品",""="")，若当前表页关键字值为年＝2014，月＝2，默认账套号为"001"，返回该套账"660204"（管理费用——办公费用科目)2014年2月的发生业务中，摘要中包含有"领办公用品"的借方发生额合计。

TFS("660204","2/13/2014,2/15/2014","借","领办公用品",""="","001"，2014,"财务部",,"b")，返回"001"套账"660204"（管理费用——办公费用科目)财务部2014年2月的发生业务中，摘要中包含有"领办公用品"，且发生日期在"2/13/2014"之后"2/15/2014"之前的借方发生额合计。

TFS(，月,"2/13/2014,2/15/2014","借","领办公用品",""="","001"，2014,"财务部",,"b")，假设其他科目并没有发生财务部的业务，则返回"001"套账财务部2014年2月的发生业务中，摘要中包含有"领办公用品"，且发生日期在"2/13/2014"之后"2/15/2014"之前的借方发生额合计。

6）对方科目发生额函数

DFS("660201","1001"，2,"借",,,"001"，2014)，返回"001"套账"660201"（管理费用——工资费用科目)2014年2月份且其对方科目为"1001"的业务，其借方发生额合计。

DFS("660204"，2,"1001","借","财务部报订阅资料",""="","001"，2014)，返回"001"套账"660204"（管理费用——办公费用科目)2014年2月份的发生业务中，摘要等于"财务部报订阅资料"且其对方科目为"1001"的业务，其借方发生额合计。

DFS("660204"，月,"1231","借","领办公用品",""="")，若当前表页关键字值为年＝2014，月＝2，默认账套号为"001"，则返回"001"套账"660204"（管理费用——办公费用科目)2014年2月的发生业务中，摘要中包含有"领办公用品"且其对方科目为"1231"的业务，其借方发生额合计。

DFS("660201"，月,"3131","贷","结转",""="")，若当前表页关键字值为年＝2014，月＝2，默认账套号为"001"，则返回"001"套账"660201"（管理费用——工资费用科目)2014年2月的发生业务中，摘要中包含有"结转"且对方科目为"3131"的业务，其贷方发生额合计。

7）净额函数

JE("1012"，全年,"001"，2014)，返回"001"套账"1012"（其他货币资金科目)2014年全年净发生额。

JE("1012"，月,"001"，2014)，若当前表页关键字值为年＝2014，月＝12，默认账套号为"001"，则返回"001"套账"1012"（其他货币资金)科目2014年12月份净发生额。

JE("1012"，全年)，若当前表页关键字值为年＝2014，默认账套号为"001"，返回"001"套账"1012"（其他货币资金科目)2014年全年净发生额。

FS("2202"，月,"001")，若当前表页关键字值为年＝2014，月＝12，则返回"001"

套账"2202"(应付账款)科目2014年12月净发生额。

FS("2202",全年,"001",2014,"财务部"),返回"001"套账"2202"(应付账款科目)2014年财务部全年的净发生额。

FS("2202",12,,,"财务部"),若当前表页关键字值为年＝2014,默认账套号为"001",返回"001"套账"2202"(应付账款)科目2014年12月份财务部的净发生额。

8) 汇率函数

HL("美元",5,"gd","001",2014),返回"001"套账2014年5月份美元当月固定汇率。

HL("美元","5/29/2014","fd","001",2014),返回"001"套账2014年5月29日美元当日浮动汇率。

HL("美元",月,"tz"),若当前表页关键字值为年＝2014,月＝5,默认账套号为"001",则返回"001"套账2014年5月份美元月末调整汇率。

HL("美元",月,"fd",),若当前表页关键字值为年＝2014,月＝5,默认账套号为"001",则返回"001"套账2014年5月1日的美元当日汇率。

9.3.3 会计报表数据的采集

会计报表数据的采集方式主要有两种,其一是通过会计报表反映各项财务指标的单元定义"单元公式",实现其数据的自动采集;其二是利用UFO报表系统的二次开发功能,编写反映各项财务指标的单元数据采集的批处理命令,实现其数据的自动采集。

1. 单元公式定义

下面仍以上节设计的资产负债表为例说明单元公式的定义。

【操作步骤】

(1) 启动UFO报表系统,打开9.3.2节设计的资产负债表文件"ZCFZB"。

(2) 当打开报表文件时,若窗口左下角显示"数据"表明该报表文件处于数据处理状态,此时应单击"数据"按钮,将报表调整为格式设计状态,以便进行单元公式定义。

(3) 将光标移到B6单元,该单元反映货币资金的年初数,依据"现金""银行存款""其他货币资金"三个科目的年初数填写。其公式应为QC("1001",全年)＋QC("1002",全年)＋QC("1012",全年)。

依次单击菜单"数据"→"编辑公式"→"单元公式",弹出"定义公式"对话框(图9.12)。

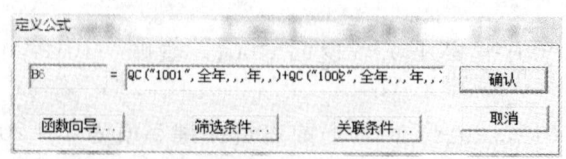

图9.12 "定义公式"对话框

单元公式输入方法一:利用向导录入单元公式。

利用函数向导输入公式时,单击"函数向导"按钮,弹出"函数向导"对话框(图9.13)。

第9章 会计报表处理

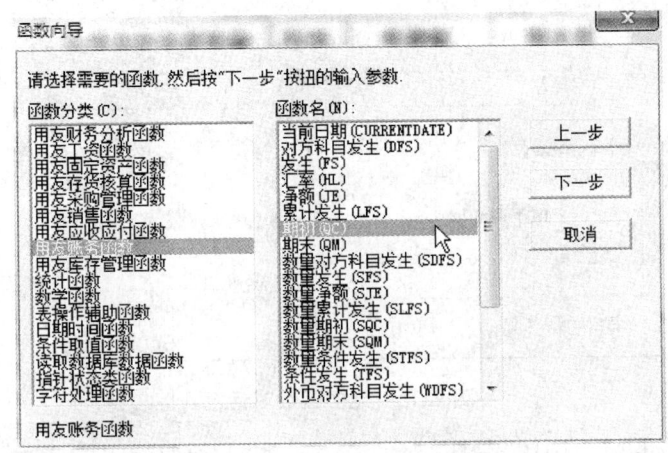

图 9.13 "函数向导"对话框

选择"用友账务函数"选项,单击"下一步"按钮,弹出函数选择对话框。

在右侧"函数名"列表框中选择"期初(QC)"函数,单击"下一步"按钮,弹出"用友财务函数"对话框(图 9.14)。

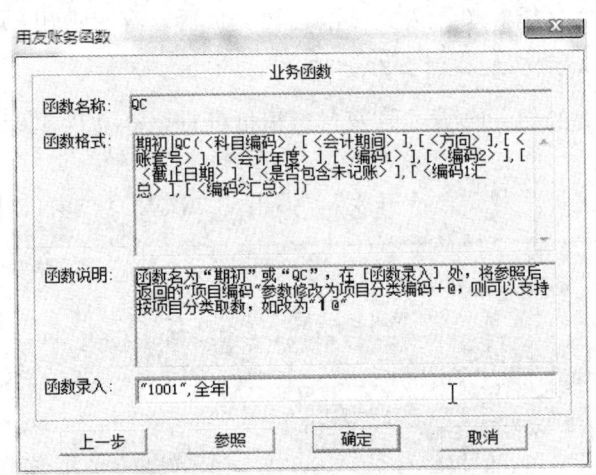

图 9.14 "用友账务函数"对话框

单击"参照"按钮,弹出"账务函数对话框"(图 9.15)。

在"账务函数对话框"进行设置,账套号"默认",会计年度"默认",科目"1001"(库存现金),截止日期"空",期间"全年",方向"默认"。

单击"确定"按钮,返回参数设置窗口,输入"+"号。

重复上述步骤,完成"银行存款""其他货币资金"的年初金额取数函数的设置。

在公式定义窗口,单击"确定"按钮,返回系统窗口。

单元公式输入方法二:直接在"单元公式"编辑窗口输入"QC("1001",全年)+QC("1002",全年)+QC("1012",全年)";单击"确定"按钮,返回系统窗口。

(4)将光标移到 C6 单元,该单元反映的是货币资金的月末数,应依据"现金""银行存款""其他货币资金"三个科目的月末余额合计填写。其公式应为 QM("1001",月)+

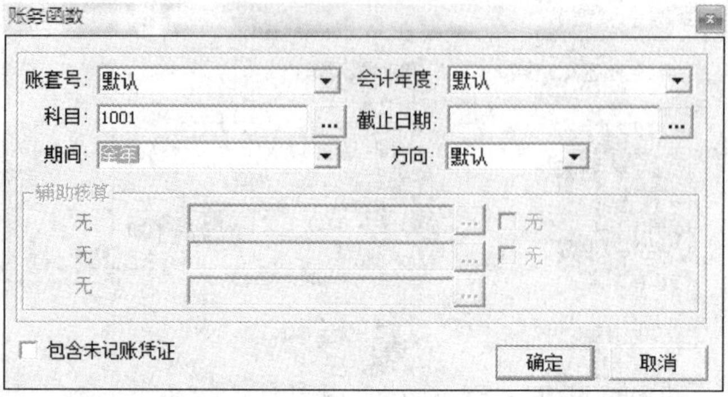

图9.15 账务函数对话框

QM("1002",月)+QM("1012",月)。

依次单击菜单"数据"→"编辑公式"→"单元公式",弹出"定义公式"对话框。在"定义公式"对话框中输入"QM("1001",月)+QM("1002",月)+QM("1012",月)";单击"确定"按钮,返回系统窗口。

(5) 资产负债表中其他各项指标的计算公式可参照下面介绍的批处理命令中的公式进行编辑,这里不再逐一介绍。单元公式全部编辑完成后,存盘退出。

2. 编辑报表数据处理的批处理命令文件

会计报表数据采集的另一种方式是通过编辑批处理命令文件实现。

【操作步骤】

(1) 单击菜单"工具"→"二次开发",弹出"二次开发"窗口(图9.16)。

图9.16 二次开发窗口

(2) 在二次开发窗口中,单击菜单"新建",弹出"新建"对话框(图9.17)。

(3) 新建文件类型选择窗口,选择"批命令文件*.shl",单击"确定"按钮,则弹出批命令编辑窗口。

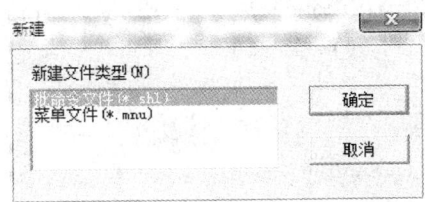

图 9.17 "新建"对话框

(4) 在批命令编辑窗口中逐行输入各单元计算公式,如下所示。

LET B6=QC("1001", 全年)+QC("1002", 全年)+QC("1012", 全年)
LET C6=QM("1001", 月)+QM("1002", 月)+QM("1012", 月)
LET E6=QC("2001", 全年)
LET F6=QM("2001", 月)

LET B7=QC("1101", 全年)
LET C7=QM("1101", 月)

LET B8=QC("1121", 全年)
LET C8=QM("1121", 月)
LET E8=QC("2201", 全年)
LET F8=QM("2201", 月)

LET B9=QC("1122", 全年)-QC("1231", 全年)
LET C9=QM("1122", 月)-QM("1231", 月)
LET E9=QC("2202", 全年)
LET F9=QM("2202", 月)

LET B10=QC("1123", 全年)
LET C10=QM("1123", 月)
LET E10=QC("2203", 全年)
LET F10=QM("2203", 月)

LET E11=QC("2211", 全年)
LET F11=QM("2211", 月)

LET E12=QC("2221", 全年)
LET F12=QM("2221", 月)

LET B13=QC("1221", 全年)
LET C13=QM("1221", 月)

LET B14=QC("1401", 全年)+QC("1403", 全年)+QC("1404", 全年)+QC("1405", 全年)+QC("1408", 全年)+QC("1411", 全年)-QC("1471", 全年)+QC("5001", 全年)

LET C14=QM("1401", 月)+QM("1403", 月)+QM("1404", 月)+QM("1405", 月)+QM("1408", 月)+QM("1411", 月)-QM("1471", 月)+QM("5001", 月)

LET E15=QC("2241", 全年)
LET F15=QM("2241", 月)

LET B16=QC("1461", 全年)+QC("1901", 全年)
LET C16=QM("1461", 月)+QM("1901", 月)

LET B17=B6+B7+B8+B9+B10+B11+B12+B13+B14+B15+B16
LET C17=C6+C7+C8+C9+C10+C11+C12+C13+C14+C15+C16

LET E18=E6+E7+E8+E9+E10+E11+E12+E13+E14+E15+E16+E17
LET F18=F6+F7+F8+F9+F10+F11+F12+F13+F14+F15+F16+F17

LET E20=QC("2501", 全年)
LET F20=QM("2501", 月)

LET E21=QC("2502", 全年)
LET F21=QM("2502", 月)

LET B22=QC("1511", 全年)
LET C22=QM("1511", 月)
LET E22=QC("2701", 全年)
LET F22=QM("2701", 月)

LET B24=QC("1601", 全年)-QC("1602", 全年)-QC("1603", 全年)
LET C24=QM("1601", 月)-QM("1602", 月)-QM("1603", 月)

LET B25=QC("1604", 全年)
LET C25=QM("1604", 月)

LET B27=QC("1606", 全年)
LET C27=QM("1606", 月)
LET E27=E20+E21+E22+E23+E24+E25+E26
LET F27=F20+F21+F22+F23+F24+F25+F26

LET E28=E18+E27
LET F28=F18+F27

LET B30=QC("1701", 全年)
LET C30=QM("1701", 月)
LET E30=QC("4001", 全年)

```
LET F30=QM("4001",月)

LET E31=QC("4002",全年)
LET F31=QM("4002",月)

LET B33=QC("1801",全年)
LET C33=QM("1801",月)
LET E33=QC("4101",全年)
LET F33=QM("4101",月)

LET E34=QC("410415",全年)
LET F34=QM("4103",月)-FS("4104",月,"借")

LET E35=E30+E31-E32+E33+E34
LET F35=F30+F31-F32+F33+F34

LET B36=B22+B24+B25+B27+B30+B33
LET C36=C22+C24+C25+C27+C30+C33

LET B37=B17+B36
LET C37=C17+C36
LET E37=E28+E35
LET F37=F28+F35
```

（5）公式编辑完成后，保存（文件名为"ZCFZB"）。

以上两种方法均可实现会计报表的数据自动采集，具体采用哪一种方法应根据企业的实际情况而定。批处理命令易于修改整表公式，重要的是批处理命令文件可移植性较强，对报表的辅助性操作，参与表页、表间等多维操作都适用，功能十分强大。单元公式比较直观，便于检验数据来源的正误。对不正确的公式输入能及时给出信息，而批处理命令只有在执行过程中才能发现公式错误。单元格式的应用有一定的局限性，有些表数据采集复杂多变，利用单元公式很难实现。两种数据采集方法各有特点，应依据具体情况灵活应用。对于复杂的会计报表，也可两种方法配合使用。

9.4 日常会计报表

9.4.1 会计报表数据处理

报表格式和报表中的各类公式定义完成后，即可进行数据处理。报表数据处理在数据状态下进行。一般操作主要内容包括以下方面。

（1）追加表页。系统默认只有一张表页，而在编制过程中往往需要多张表页，每张报表均会占用一个表页。所以，编制报表之前需增加足够的表页。如果需要编制整个年度12个月份的报表，则需另外增加11个表页，但一次增加一个表页为宜，不要增加过多，以免影响报表数据的处理速度。

（2）录入每张表页上的关键字。关键字是表页定位的特定标识，设置完关键字后只有对其实际赋值才能真正成为表页的识别标志，为表页间、表表间的数据提供依据，即每一张表页均对应不同的关键字，输出时随同单元一起显示。日期关键字可以确认报表数据取数的时间范围，即确定数据生成的具体日期。

（3）审核报表。报表数据产生以后，需对报表数据进行审核，以验证数据的正确性。

（4）如果报表数据较大或者是汇总报表，在报表汇总时数据位数不统一，则需对报表的位数进行舍位操作，使舍位后的数据便于阅读或汇总。

下面仍以前面设计的资产负债表为例，说明其数据处理操作步骤。

【操作步骤】

（1）启动 UFO 报表管理系统，打开资产负债表，将报表调整为数据处理状态。

（2）依次单击菜单"编辑"→"追加"→"表页"，弹出"追加表页"对话框（图 9.18）。在"追加表页"对话框输入"1"，单击"确定"按钮。

（3）依次单击菜单"数据"→"关键字"→"录入"，弹出"录入关键字"对话框（图 9.19）。在"录入关键字"对话框中"单位名称"录入"洛阳利达材料公司"，"年"录入"2014"，"月"录入"1"，"日"录入"31"；单击"确定"按钮。

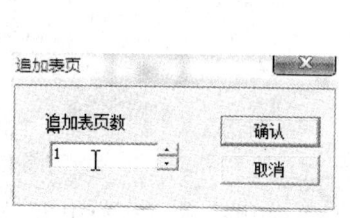

图 9.18 "追加表页"对话框

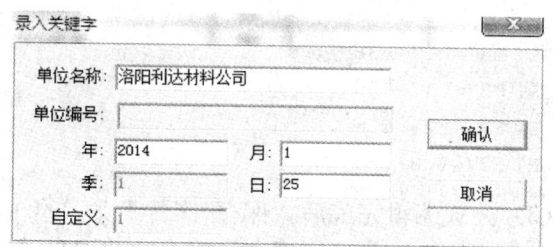

图 9.19 "录入关键字"对话框

（4）依次单击菜单"文件"→"执行"，找到批处理命令文件"ZCFZB.SHL"，将其输入在打开文件名内（图 9.20）（如采用单元公式方式采集数据，该步骤的操作应为依次单击菜单"数据"→"表页重算"）；单击"执行"按钮，即可完成报表数据采集。

（5）对报表数据审核无误后，保存退出。

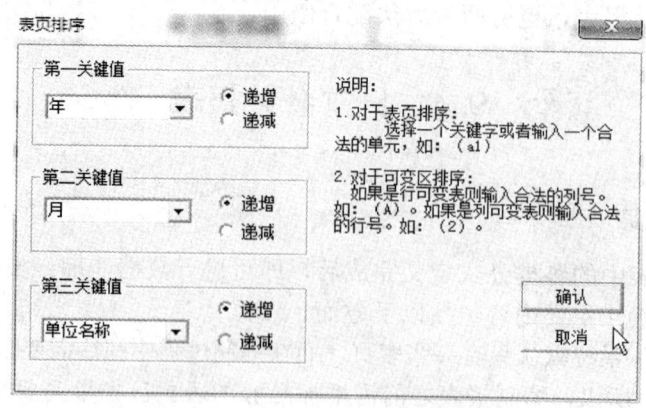

图 9.20 "表页排序"对话框

9.4.2 表页管理

表页管理功能是 UFO 报表的一大特色，灵活地运用表页的相关功能将极大地提高数据查询输出的效率，方便查找到需要的报表数据，为轻松管理报表提供便利。表页管理操作主要包括表页排序、查找和透视等。

1. 表页排序

在生成表页数据时，表页的顺序可能和我们翻阅查找的习惯不一致，在同一张报表存在大量表页的情况下，无疑会造成一定的不便，这时可利用表页的排序功能重新排序。UFO 报表系统提供表页排序功能，可以按照表页关键字的值或者按照报表中的任何一个单元的值重新排列表页。

【操作步骤】

（1）单击"格式"按钮，进入数据状态。

（2）依次单击菜单"数据"→"排序"→"表页"，将弹出"表页排序"对话框（图 9.21）。

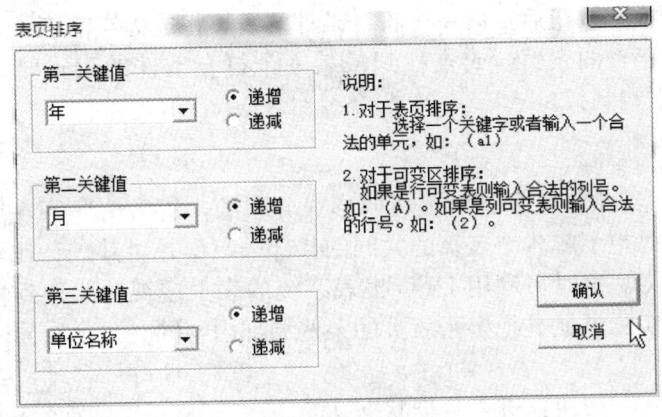

图 9.21 "表页排序"对话框

"第一关键值"指根据什么内容对表页进行排序。"第二关键值"指当有表页的第一关键值相等时，按照此关键值排列。"第三关键值"指当有多张表页用第一关键值和第二关键值还不能排列时，按照第三关键值排列。

（3）在"第一关键值"下拉列表框中选择一个关键字或输入一个单元名称；选择"递增"或"递减"顺序。依次定义第二和第三关键值。

以关键字为关键值排序时，空值表页在"递增"时排在最前面，在"递减"时排在最后面。例如：以关键字"单位名称"递增排序，"单位名称"为空的表页排在第 1 页。以单元为关键值排序时，空值作为零处理。

2. 表页查找

存在相同格式的多张表页时，逐一翻阅表页查找无疑费时费力，为了能在众多的表页中实现快速查找，UFO 报表系统提供了表页查找功能，可以对表页进行快速查找。查找可以某关键字或任意单元为查找依据。

【操作步骤】

（1）单击"格式"按钮，进入数据状态。

（2）依次单击菜单"编辑"→"查找"，将弹出"查找"对话框（图9.22）。

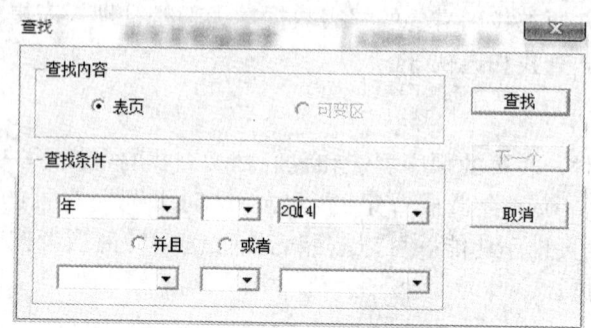

图9.22 "查找"对话框

（3）在"查找内容"中选中"表页"单选按钮。在"查找条件"下拉列表框中定义查找条件。

（4）单击"查找"按钮后，第一个符合条件的表页将成为当前表页。

如果没有符合条件的表页，或查找到最后一个符合条件的表页时，状态栏中将显示"满足条件的记录未找到！"。

3. 表页透视

在UFO报表系统中，数据是以表页的形式分布的，正常情况下，每次只能看到完整的一张表页，但有时想了解各个表页的共同的某部分数据并对其进行比较，如果一页页翻阅表页无疑费时费力。这时可利用UFO报表系统的表页透视功能达到快速查找报表数据的目的。表页透视实际上就是把多张表页的某些局部内容同时显示在同一窗口。

【操作步骤】

（1）单击"格式"按钮，进入数据状态。

（2）单击要透视的第一张表的页标（资产负债表），对它和它之后各表页的数据进行透视。

（3）依次单击菜单"数据"→"透视"，弹出"多区域透视"对话框（图9.23），在编辑框中输入区域范围，如A6:F6。

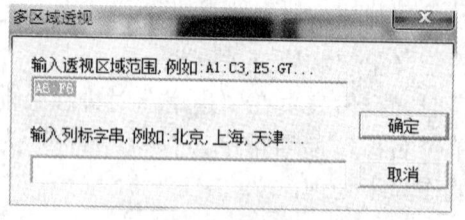

图9.23 "多区域透视"对话框

（4）输入完毕后，单击"确定"按钮将生成透视结果"透视"对话框。拉动水平滚动条到最右边，可以看到各个表页中的关键字的值显示在相应数据的右边。

（5）利用对话框中的"保存"按钮可以把数据透视结果保存为报表，单击"确认"按钮关闭对话框。数据透视结果将保存到报表中。

9.4.3 报表打印输出

报表打印是报表管理的重要内容，报表一般都要求打印输出，不同的报表打印输出的要求也不一样。打印输出一般包括页面设置、打印设置、打印预览和打印输出等几个步骤。

1. 页面设置

利用"页面设置"可以设置报表的页边距、缩放比例、页首和页尾。

打开报表文件，依次单击菜单"文件"→"页面设置"，将弹出"页面设置"对话框（图9.24）。

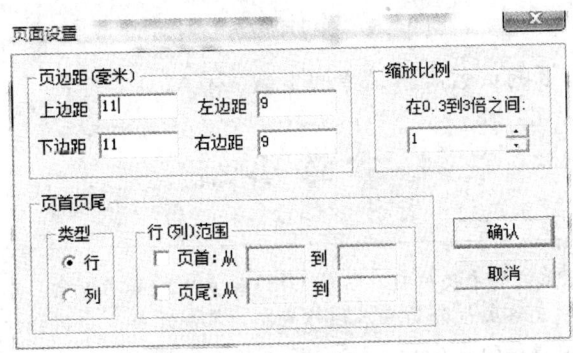

图9.24 "页面设置"对话框

窗口栏目说明：

（1）页边距：页边距以毫米为单位。上、下边距范围：4~106毫米，默认为11毫米。左、右边距范围：4~88毫米，默认为9毫米。

（2）缩放比例：缩放倍数在0.3~3倍之间。

（3）页首页尾"类型"：选中"行"单选按钮则以行为页首和页尾，则应在编辑框中输入起始行和终止行的数字；选中"列"单选按钮则以列为页首和页尾，则应在编辑框中输入起始列和终止列的字母。

（4）缩放比例：表示打印时的缩放倍数，取值在0.3~3倍之间。

2. 打印设置

打印设置包括设置打印机、打印纸、打印质量等。

打开报表文件，选择需要打印的表页，依次单击菜单"文件"→"打印"，将弹出"打印设置"对话框（图9.25）。

窗口栏目说明：

（1）名称：显示本计算机可使用的打印机，可在其中选择输出的打印机。

（2）属性：可设置打印纸的大小、打印方向、纸张来源、图像的分辨率、图像抖动、图像的浓度和打印品质。打印到文件，将此文件有关的打印信息输出到一个PRN文件中，可以在Windows操作系统中或使用其他打印机打印该PRN文件。

（3）打印范围：选择"全部"选项后打印整个报表或图表。

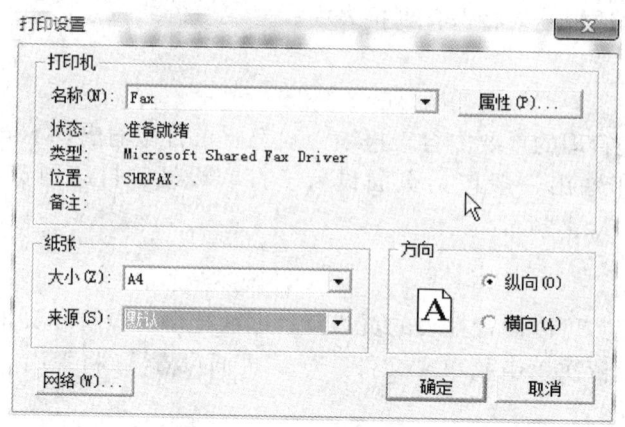

图 9.25 "打印设置"对话框

(4) 页数:指打印纸的页数,不是指表页数。

本 章 小 结

认识 UFO 报表管理系统的主要功能,熟悉 UFO 报表中的基本概念,是信息化会计处理会计报表业务的基础。明确报表格式设计的基本操作步骤,有利于整体把握会计报表格式设计;会计报表设计是会计人员不可或缺的基本技能。会计报表数据处理、表页管理、报表打印输出等内容,是会计人员每月都要完成的会计工作。本章难点集中于会计报表中各种指标取数公式设计。

业务实训 9 会计报表处理

一、洛阳利达材料公司的资产负债表管理

要求:

(1) 设计的资产负债表与现行会计制度一致。

(2) 设计内容包括格式定义、数据采集公式定义。

(3) 依据本单位账套的会计数据,输出当月的资产负债表。

二、设计洛阳利达材料公司的利润表

要求:

(1) 设计的利润表与现行会计制度一致。

(2) 设计内容包括格式定义、数据采集公式定义。

(3) 依据本单位账套的会计数据,输出当月的利润表。

三、完成当月结账

常见问题

1. 会计报表数据错误，可否直接修改报表予以更正

由于会计报表只能依据账簿自动生成，所以，对于会计报表数据错误，只能通过修改报表公式的方法修改报表数据错误。

2. 资产负债表不平衡，如何解决

资产负债表不平衡的原因极为复杂，应结合期末"平账"的方法进行排查。首先，检查公式定义环节是否有误；其次，检查期末转账业务（第8章实训业务）是否有误。

思考题

（1）生成会计报表前，为什么需要追加表页？
（2）会计报表格式状态和数据状态有什么不同？
（3）会计报表的单元公式和批处理命令各自的优缺点是什么？

参 考 文 献

[1] 全国专业技术人员计算机应用能力考试专家委员会. 用友（T3）会计信息化软件 5 日通[M]. 北京：电子工业出版社，2012.
[2] 全国计算机高新技术考试教材编写委员会. 用友 T3 职业技能培训教程[M]. 北京：科学出版社，2010.
[3] 杜天宇. 信息化会计实务[M]. 上海：立信会计出版社，2011.
[4] 龚中华，何平. 用友 ERP—U8 完全使用详解[M]. 北京：人民邮电出版社，2013.
[5] 龚中华. 新编会计信息化教程（用友 T6 版）[M]. 北京：电子工业出版社，2009.
[6] 金蝶软件有限公司. 金蝶 K/3 标准财务培训教程[M]. 北京：机械工业出版社，2010.
[7] 陈明然. 会计信息化教程[M]. 北京：高等教育出版社，2014.
[8] 艾文国，孙洁. 会计信息化[M]. 2 版. 北京：高等教育出版社，2008.
[9] 杨秀平. 会计综合模拟试验[M]. 2 版. 上海：立信会计出版社，2013.
[10] 王新玲，汪刚，赵婷. 会计信息系统实验教程（用友 ERP—U8.72）[M]. 2 版. 北京：清华大学出版社，2013.
[11] 樊彩霞，刘欣华，樊彩霞，刘欣华. 会计模拟综合实验教程[M]. 3 版. 北京：中国纺织出版社，2013.
[12] 刘雪清. 企业会计模拟实训教程（综合实训）[M]. 5 版. 大连：东北财经大学出版社，2013.
[13] 丁宇，徐哲. 财务会计模拟实训教程[M]. 北京：电子工业出版社，2009.
[14] 张君瑞. 会计信息系统[M]. 北京：中国人民大学出版社，2004.
[15] [美]弗雷德里克·L. 琼斯，达萨拉撒·V. 拉玛. 会计信息系统：商务过程方法[M]. 甄阜铭，译. 北京：经济科学出版社，2006.
[16] [美]George H. Bordnar, William S. Hopwood. 会计信息系统[M]. 卢俊，译. 北京：清华大学出版社，2003.
[17] 张志荣. 企业信息化实务[M]. 北京：北京大学出版社，2010.
[18] 杜天宇. 会计电算化[M]. 上海：立信会计出版社，2004.

北京大学出版社本科财经管理类实用规划教材（已出版）

财务会计类

序号	书　名	标准书号	主编	定价	序号	书　名	标准书号	主编	定价
1	基础会计（第2版）	7-301-17478-4	李秀莲	38.00	25	税法与税务会计实用教程（第2版）	7-301-21422-0	张巧良	45.00
2	基础会计学	7-301-19403-4	窦亚芹	33.00	26	财务管理理论与实务（第2版）	7-301-20407-8	张思强	42.00
3	会计学	7-81117-533-2	马丽莹	44.00	27	公司理财原理与实务	7-81117-800-5	廖东声	36.00
4	会计学原理（第2版）	7-301-18515-5	刘爱香	30.00	28	审计学	7-81117-828-9	王翠琳	46.00
5	会计学原理习题与实验（第2版）	7-301-19449-2	王保忠	30.00	29	审计学	7-301-20906-6	赵晓波	38.00
6	会计学原理与实务（第2版）	7-301-18653-4	周慧滨	33.00	30	审计理论与实务	7-81117-955-2	宋传联	36.00
7	会计学原理与实务模拟实验教程	7-5038-5013-4	周慧滨	20.00	31	会计综合实训模拟教程	7-301-20730-7	章洁倩	33.00
8	会计实务	7-81117-677-3	王远利	40.00	32	财务分析学	7-301-20275-3	张献英	30.00
9	高级财务会计	7-81117-545-5	程明娥	46.00	33	银行会计	7-301-21155-7	宗国恩	40.00
10	高级财务会计	7-5655-0061-9	王奇杰	44.00	34	税收筹划	7-301-21238-7	都新英	38.00
11	成本会计学	7-301-19400-3	杨尚军	38.00	35	基础会计学	7-301-16308-5	晋晓琴	39.00
12	成本会计学	7-5655-0482-2	张红漫	30.00	36	公司财务管理	7-301-21423-7	胡振兴	48.00
13	成本会计学	7-301-20473-3	刘建中	38.00	37	财务管理学实用教程（第2版）	7-301-21060-4	骆永菊	42.00
14	管理会计	7-81117-943-9	齐殿伟	27.00	38	政府与非营利组织会计	7-301-21504-3	张　丹	40.00
15	管理会计	7-301-21057-4	彤芳珍	36.00	39	预算会计	7-301-22203-4	王筱萍	32.00
16	会计规范专题	7-81117-887-6	谢万健	35.00	40	统计学实验教程	7-301-22450-2	裴甫明	24.00
17	企业财务会计模拟实习教程	7-5655-0404-4	董晓平	25.00	41	基础会计实验与习题	7-301-22387-1	左　旭	30.00
18	税法与税务会计	7-81117-497-7	吕孝侠	45.00	42	基础会计	7-301-23109-8	田凤彩	39.00
19	初级财务管理	7-301-20019-3	胡淑姣	42.00	43	财务会计学	7-301-23190-6	李柏生	39.00
20	财务管理学原理与实务	7-81117-544-8	严夏海	40.00	44	会计电算化	7-301-23565-2	童　伟	49.00
21	财务管理学	7-5038-4897-1	盛均全	34.00	45	中级财务会计	7-301-23772-4	吴海燕	49.00
22	财务管理学	7-301-21887-7	陈　玮	44.00	46	会计规范专题(第2版)	7-301-23797-7	谢万健	42.00
23	基础会计学学习指导与习题集	7-301-16309-2	裴　玉	28.00	47	基础会计	7-301-24366-4	孟　铁	35.00
24	财务管理理论与实务	7-301-20042-1	成　兵	40.00	48	信息化会计实务	7-301-24730-3	杜天宇	35.00

工商管理、市场营销、人力资源管理、服务营销类

序号	书　名	标准书号	主编	定价	序号	书　名	标准书号	主编	定价
1	管理学基础	7-5038-4872-8	于千千	35.00	29	市场营销学：理论、案例与实训	7-301-21165-6	袁连升	42.00
2	管理学基础学习指南与习题集	7-5038-4891-9	王　珍	26.00	30	市场营销学	7-5655-0064-0	王槐林	33.00
3	管理学	7-81117-494-6	曾　旗	44.00	31	国际市场营销学	7-301-21888-4	董　飞	45.00
4	管理学	7-301-21167-0	陈文汉	35.00	32	市场营销学（第2版）	7-301-19855-1	陈　阳	45.00
5	管理学	7-301-17452-4	王慧娟	42.00	33	市场营销学	7-301-21166-3	杨　楠	40.00
6	管理学原理	7-5655-0078-7	尹少华	42.00	34	国际市场营销学	7-5038-5021-9	范应仁	38.00
7	管理学原理与实务（第2版）	7-301-18536-0	陈嘉莉	42.00	35	现代市场营销学	7-81117-599-8	邓德胜	40.00
8	管理学实用教程	7-5655-0063-3	邵喜武	37.00	36	市场营销学新论	7-5038-4879-7	郑玉香	40.00
9	管理学实用教程	7-301-21059-8	高爱霞	42.00	37	市场营销理论与实务（第2版）	7-301-20628-7	那　薇	40.00
10	管理学实用教程	7-301-22218-8	张润兴	43.00	38	市场营销学实用教程	7-5655-0081-7	李晨耘	40.00
11	通用管理知识概论	7-5038-4997-8	王丽平	36.00	39	市场营销学	7-81117-676-6	戴秀英	32.00
12	管理学原理	7-301-21178-6	雷金荣	39.00	40	消费者行为学	7-81117-824-1	甘理琴	35.00
13	管理运筹学（第2版）	7-301-19351-8	关文忠	39.00	41	商务谈判（第2版）	7-301-20048-3	郭秀君	49.00
14	统计学原理	7-301-21061-1	韩　宇	35.00	42	商务谈判实用教程	7-81117-597-4	陈建明	24.00
15	统计学原理	7-5038-4898-5	刘晓利	28.00	43	消费者行为学	7-5655-0057-2	肖　立	37.00
16	统计学	7-5038-4898-8	曲　岩	42.00	44	客户关系管理实务	7-301-09956-8	周贺来	44.00
17	应用统计学（第2版）	7-301-19295-5	王淑芬	48.00	45	公共关系学	7-5038-5022-6	于朝晖	33.00
18	统计学原理与实务	7-5655-0505-8	徐静霞	40.00	46	非营利组织管理	7-5038-4889-6	王　玫	32.00
19	管理定量分析方法	7-301-13552-5	赵光华	28.00	47	公共关系理论与实务	7-5038-4889-6	周　华	35.00
20	新编市场营销学	7-81117-972-9	刘丽霞	30.00	48	公共关系学实用教程	7-81117-660-5	晏　琼	35.00
21	公共关系理论与实务	7-5655-0155-5	李泓欣	45.00	49	跨文化管理	7-301-20027-8	代海涛	36.00
22	质量管理	7-5655-0069-5	陈国华	36.00	50	企业战略管理	7-301-20089-6	王　挺	35.00
23	企业文化理论与实务	7-81117-663-6	王水嫩	30.00	51	员工招聘	7-301-20089-6	王　挺	35.00
24	企业战略管理	7-81117-801-2	陈英梅	34.00	52	服务营销理论与实务	7-81117-826-5	杨丽华	39.00
25	企业战略管理实用教程	7-81117-853-1	刘松先	35.00	53	服务企业经营管理学	7-5038-4890-2	于千千	36.00
26	产品与品牌管理	7-81117-492-2	胡　梅	35.00	54	服务营销	7-301-15834-0	周　明	40.00
27	东方哲学与企业文化	7-5655-0433-4	刘峰涛	34.00	55	运营管理	7-5038-4878-0	冯根尧	35.00
28	市场营销学	7-301-21056-7	马慧敏	42.00	56	生产运作管理（第2版）	7-301-18934-4	李全喜	48.00

序号	书名	标准书号	主编	定价	序号	书名	标准书号	主编	定价
57	运作管理	7-5655-0472-3	周建亨	25.00	76	现代企业管理理论与应用（第2版）	7-301-21603-3	邸彦彪	38.00
58	组织行为学	7-5038-5014-1	安世民	33.00	77	服务营销	7-301-21889-1	熊 凯	45.00
59	组织设计与发展	7-301-23385-6	李春波	36.00	78	企业经营ERP沙盘应用教程	7-301-20728-4	董红杰	32.00
60	组织行为学实用教程	7-301-20466-5	冀 鸿	32.00	79	项目管理	7-301-21448-0	程 敏	39.00
61	现代组织理论	7-5655-0077-0	岳 澎	32.00	80	公司治理学	7-301-22568-4	蔡 锐	35.00
62	人力资源管理（第2版）	7-301-19098-2	颜爱民	60.00	81	管理学原理	7-301-22980-4	陈 阳	48.00
63	人力资源管理经济分析	7-301-16084-8	颜爱民	38.00	82	管理学	7-301-23023-7	申文青	40.00
64	人力资源管理原理与实务	7-81117-496-0	邹 华	32.00	83	人力资源管理实验教程	7-301-23078-7	畅铁民	40.00
65	人力资源管理实用教程（第2版）	7-301-20281-4	吴宝华	45.00	84	社交礼仪	7-301-23418-1	李 霞	29.00
66	人力资源管理：理论、实务与艺术	7-5655-0193-7	李长江	48.00	85	营销策划	7-301-23204-0	杨 楠	42.00
67	政府与非营利组织会计	7-301-21504-3	张 丹	40.00	86	企业战略管理	7-301-23419-8	顾 桥	46.00
68	会展服务管理	7-301-16661-1	许传宏	36.00	87	兼并与收购	7-301-22567-7	陶启智	32.00
69	现代服务业管理原理、方法与案例	7-301-17817-1	马 勇	49.00	88	统计学（第2版）	7-301-23854-7	阮红伟	35.00
70	服务性企业战略管理	7-301-20043-8	黄其新	28.00	89	广告策划与管理：原理、案例与项目实训	7-301-23827-1	杨佐飞	48.00
71	服务型政府管理概论	7-301-20099-5	于千千	32.00	90	客户关系管理理论与实务	7-301-23911-7	徐 伟	40.00
72	新编现代企业管理	7-301-21121-2	姚丽娜	38.00	91	市场营销学（第2版）	7-301-24328-2	王槐林	39.00
73	创业学	7-301-15915-6	刘沁玲	38.00	92	创业基础：理论应用与实训实练	7-301-24465-4	郭占元	38.00
74	公共关系学实用教程	7-301-17472-2	任焕琴	42.00	93	生产运作管理（第3版）	7-301-24502-6	李全喜	54.00
75	现场管理	7-301-21528-9	陈国华	38.00					

经济、国贸、金融类

序号	书名	标准书号	主编	定价	序号	书名	标准书号	主编	定价
1	宏观经济学原理与实务（第2版）	7-301-18787-6	崔东红	57.00	24	保险学原理与实务	7-5038-4871-1	曹时军	37.00
2	宏观经济学（第2版）	7-301-19038-8	塞令香	39.00	25	东南亚南亚商务环境概论	7-81117-956-9	韩 越	38.00
3	微观经济学原理与实务	7-81117-818-0	崔东红	48.00	26	证券投资学	7-301-19967-1	陈汉平	45.00
4	微观经济学	7-81117-568-4	梁瑞华	35.00	27	证券投资学	7-301-21236-3	王 毅	45.00
5	西方经济学实用教程	7-5038-4886-5	陈孝胜	40.00	28	货币银行学	7-301-15062-7	杜小伟	38.00
6	西方经济学实用教程	7-5655-0302-3	杨仁发	49.00	29	货币银行学	7-301-21345-2	李 冰	42.00
7	西方经济学	7-81117-851-7	于丽敏	40.00	30	国际结算（第2版）	7-301-17420-3	张晓芬	35.00
8	现代经济学基础	7-81117-549-3	张士军	25.00	31	国际结算	7-301-21092-5	张 慧	42.00
9	国际经济学	7-81117-594-3	吴红梅	39.00	32	金融风险管理	7-301-20090-2	朱淑珍	38.00
10	发展经济学	7-81117-674-2	赵邦宏	48.00	33	金融工程学	7-301-18273-4	李淑锦	30.00
11	管理经济学	7-81117-536-3	姜保雨	34.00	34	国际贸易理论、政策与案例分析	7-301-20978-3	冯 跃	42.00
12	计量经济学	7-5038-3915-3	刘艳春	28.00	35	金融工程学理论与实务（第2版）	7-301-21280-6	谭春枝	42.00
13	外贸函电（第2版）	7-301-18786-9	王 妍	30.00	36	金融学理论与实务	7-5655-0405-1	战玉峰	42.00
14	国际贸易理论与实务（第2版）	7-301-18798-2	缪东玲	54.00	37	国际金融实用教程	7-81117-593-6	周 影	32.00
15	国际贸易（第2版）	7-301-19404-1	朱廷珺	45.00	38	跨国公司经营与管理（第2版）	7-301-21333-9	冯雷鸣	35.00
16	国际贸易实务	7-301-20486-3	夏合群	45.00	39	国际金融	7-5038-4893-3	韩博印	30.00
17	国际贸易结算及其单证实务	7-5655-0268-2	卓乃坚	35.00	40	国际商务函电	7-301-22388-8	金泽虎	35.00
18	政治经济学原理与实务（第2版）	7-301-22204-1	沈爱华	31.00	41	国际金融	7-301-23351-6	宋树民	48.00
19	国际商务	7-5655-0093-0	安占然	30.00	42	国际贸易实训教程	7-301-23730-4	王 茜	28.00
20	国际贸易实务	7-301-20919-6	张 肃	28.00	43	财政学	7-301-23814-1	何育静	45.00
21	国际贸易规则与进出口业务操作实务（第2版）	7-301-19384-6	李 平	54.00	44	保险学	7-301-23819-6	李春蓉	41.00
22	金融市场学	7-81117-595-0	黄解宇	24.00	45	中国对外贸易概论	7-301-23884-4	翟士军	42.00
23	财政学	7-5038-4965-7	盖 锐	34.00	46	国际经贸英语阅读教程	7-301-23876-9	李晓娣	25.00

法律类

序号	书名	标准书号	主编	定价	序号	书名	标准书号	主编	定价
1	经济法原理与实务（第2版）	7-301-21527-2	杨士富	39.00	6	金融法学理论与实务	7-81117-958-3	战玉锋	34.00
2	经济法实用教程	7-81117-547-9	陈亚平	44.00	7	国际商法	7-301-20071-1	丁孟春	37.00
3	国际商法理论与实务	7-81117-852-4	杨士富	38.00	8	商法学	7-301-21478-7	周龙杰	43.00
4	商法总论	7-5038-4887-2	任先行	40.00	9	经济法	7-301-24697-9	王成林	35.00
5	劳动法和社会保障法（第2版）	7-301-21206-6	李 瑞	38.00					

电子商务与信息管理类

序号	书名	标准书号	主编	定价	序号	书名	标准书号	主编	定价
1	网络营销	7-301-12349-2	谷宝华	30.00	6	电子商务概论	7-301-13633-1	李洪心	30.00
2	数据库技术及应用教程（SQL Server版）	7-301-12351-5	郭建校	34.00	7	管理信息系统实用教程	7-301-12323-2	李 松	35.00
3	网络信息采集与编辑	7-301-16557-7	范生万	24.00	8	电子商务概论（第2版）	7-301-17475-3	庞大莲	42.00
4	电子商务案例分析	7-301-16596-6	曹彩杰	28.00	9	网络营销（第2版）	7-301-23803-5	王宏伟	36.00
5	管理信息系统	7-301-12348-5	张彩虹	36.00	10	电子商务概论	7-301-16717-5	杨雪雁	32.00

序号	书名	标准书号	主编	定价	序号	书名	标准书号	主编	定价
11	电子商务英语	7-301-05364-5	覃 正	30.00	27	数字图书馆	7-301-22118-1	奉国和	30.00
12	网络支付与结算	7-301-16911-7	徐 勇	34.00	28	电子化国际贸易	7-301-17246-9	李辉作	28.00
13	网上支付与安全	7-301-17044-1	帅青红	32.00	29	商务智能与数据挖掘	7-301-17671-9	张公让	38.00
14	企业信息化实务	7-301-16621-5	张志荣	42.00	30	管理信息系统教程	7-301-19472-0	赵天唯	42.00
15	电子商务法	7-301-14306-3	李 瑞	26.00	31	电子政务	7-301-15163-1	原忠虎	38.00
16	数据仓库与数据挖掘	7-301-14313-1	廖开际	28.00	32	商务智能	7-301-19899-5	汪 楠	40.00
17	电子商务模拟与实验	7-301-12350-8	喻光继	22.00	33	电子商务与现代企业管理	7-301-19978-7	吴菊华	40.00
18	ERP原理与应用教程	7-301-14455-8	温雅丽	34.00	34	电子商务物流管理	7-301-20098-8	王小宁	42.00
19	电子商务原理及应用	7-301-14080-2	孙 睿	36.00	35	管理信息系统实用教程	7-301-20485-6	周贺来	42.00
20	管理信息系统理论与应用	7-301-15212-6	吴 忠	30.00	36	电子商务概论	7-301-21044-4	苗 森	28.00
21	网络营销实务	7-301-15284-3	李蔚田	42.00	37	管理信息系统实务教程	7-301-21245-5	魏厚清	34.00
22	电子商务实务	7-301-15474-8	仲 岩	28.00	38	电子商务安全	7-301-22350-5	蔡志文	49.00
23	电子商务网站建设	7-301-15480-9	臧良运	32.00	39	电子商务法	7-301-22121-1	郭 鹏	38.00
24	网络金融与电子支付	7-301-15694-0	李蔚田	30.00	40	ERP沙盘模拟教程	7-301-22393-2	周 菁	26.00
25	网络营销	7-301-22125-9	程 虹	38.00	41	移动商务理论与实践	7-301-22779-4	柯 林	43.00
26	电子证券与投资分析	7-301-22122-8	张德存	38.00	42	电子商务项目教程	7-301-23071-8	芦 阳	45.00

物流类

序号	书名	书号	编著者	定价	序号	书名	书号	编著者	定价
1	物流工程	7-301-15045-0	林丽华	30.00	34	逆向物流	7-301-19809-4	甘卫华	33.00
2	现代物流决策技术	7-301-15868-5	王道平	30.00	35	供应链设计理论与方法	7-301-20018-6	王道平	32.00
3	物流管理信息系统	7-301-16564-5	杜彦华	33.00	36	物流管理概论	7-301-20095-7	李作荣	44.00
4	物流信息管理	7-301-16699-4	王汉新	38.00	37	供应链管理	7-301-20094-0	高举红	38.00
5	现代物流学	7-301-16662-8	吴 健	42.00	38	企业物流管理	7-301-20818-2	孔继利	45.00
6	物流英语	7-301-16807-3	阚功俭	28.00	39	物流项目管理	7-301-20851-9	王道平	30.00
7	第三方物流	7-301-16663-5	张旭辉	35.00	40	供应链管理	7-301-20901-1	王道平	35.00
8	物流运作管理	7-301-16913-1	董千里	28.00	41	现代仓储管理与实务	7-301-21043-7	周兴建	45.00
9	采购管理与库存控制	7-301-16921-6	张 浩	30.00	42	物流学概论	7-301-21098-7	李 创	44.00
10	物流管理基础	7-301-16906-3	李蔚田	36.00	43	航空物流管理	7-301-21118-2	刘元洪	32.00
11	供应链管理	7-301-16714-4	曹翠珍	40.00	44	物流管理实验教程	7-301-21094-9	李晓龙	35.00
12	物流技术装备	7-301-16808-0	于 英	38.00	45	物流系统仿真案例	7-301-21072-7	赵 宁	25.00
13	现代物流信息技术(第2版)	7-301-23848-6	王道平	35.00	46	物流与供应链金融	7-301-21135-9	李向文	30.00
14	现代物流仿真技术	7-301-17571-2	王道平	34.00	47	物流信息系统	7-301-20989-9	王道平	28.00
15	物流信息系统应用实例教程	7-301-17581-1	徐 琪	32.00	48	物料学	7-301-17476-0	肖生苓	44.00
16	物流项目招投标管理	7-301-17615-3	孟祥茹	30.00	49	智能物流	7-301-22036-8	李蔚田	45.00
17	物流运筹学实用教程	7-301-17610-8	赵丽君	33.00	50	物流项目管理	7-301-21676-7	张旭辉	38.00
18	现代物流基础	7-301-17611-5	王 侃	37.00	51	新物流概论	7-301-22114-3	李向文	34.00
19	现代企业物流管理实用教程	7-301-17612-2	乔志强	40.00	52	物流决策技术	7-301-21965-2	王道平	38.00
20	现代物流管理学	7-301-17672-6	丁小龙	42.00	53	物流系统优化建模与求解	7-301-22115-0	李向文	32.00
21	物流运筹学	7-301-17674-0	郝 海	36.00	54	集装箱运输实务	7-301-16644-4	孙家庆	34.00
22	供应链库存管理与控制	7-301-17929-1	王道平	28.00	55	库存管理	7-301-22389-5	张旭凤	25.00
23	物流信息系统	7-301-18500-1	修桂华	32.00	56	运输组织学	7-301-22744-2	李小霞	39.00
24	城市物流	7-301-18523-0	张 潜	24.00	57	物流金融	7-301-22699-5	李蔚田	40.00
25	营销物流管理	7-301-18658-9	李学工	45.00	58	物流系统集成技术	7-301-22800-5	杜彦华	40.00
26	物流信息技术概论	7-301-18670-1	张 磊	40.00	59	商品学	7-301-23067-1	王海刚	30.00
27	物流配送中心运作管理	7-301-18671-8	陈 虎	40.00	60	项目采购管理	7-301-23100-5	杨 丽	38.00
28	物流项目管理	7-301-18801-9	周晓晔	35.00	61	电子商务与现代物流	7-301-23356-6	吴 健	48.00
29	物流工程与管理	7-301-18960-3	高举红	39.00	62	国际海上运输	7-301-23486-0	张良卫	45.00
30	交通运输工程学	7-301-19405-8	于 英	43.00	63	物流配送中心规划与设计	7-301-23847-9	孔继利	49.00
31	国际物流管理	7-301-19431-7	柴庆春	40.00	64	运输组织学	7-301-23885-1	孟祥茹	48.00
32	商品检验与质量认证	7-301-10563-4	陈红丽	32.00	65	物流管理	7-301-22161-7	张仝举	49.00
33	供应链管理	7-301-19734-9	刘永胜	49.00					

相关教学资源如电子课件、电子教材、习题答案等可以登录www.pup6.cn下载或在线阅读。

扑六知识网(www.pup6.com)有海量的相关教学资源和电子教材供阅读及下载(包括北京大学出版社第六事业部的相关资源),同时欢迎您将教学课件、视频、教案、素材、习题、试卷、辅导材料、课改成果、设计作品、论文等教学资源上传到 pup6.cn,与全国高校师生分享您的教学成就与经验,并可自由设定价格,知识也能创造财富。具体情况请登录网站查询。

如您需要免费纸质样书用于教学,欢迎登录第六事业部门户网(www.pup6.com.cn)填表申请,并欢迎在线登记选题以到北京大学出版社来出版您的大作,也可下载相关表格填写后发到我们的邮箱,我们将及时与您取得联系并做好全方位的服务。

扑六知识网将打造成全国最大的教育资源共享平台,欢迎您的加入——让知识有价值,让教学无界限,让学习更轻松。联系方式:010-62750667,wangxc02@163.com, lihu80@163.com,欢迎来电来信。